サピエンティア sapientia 73

出版帝国の戦争

不逞なものたちの文化史

출판제국의 전쟁

高榮蘭［著］

法政大学出版局

はじめに

私が日本にきたのは、一九九四年である。当時、長期滞在を目的とする外国人には、外国人登録が義務付けられており、その手続きには指紋押捺も含まれていた。すでに韓国で成人を迎えたとき、住民登録証（日本のマイナンバーカードに近いもの）を作るために、両手のすべての指紋を取られる経験をしていた。その時は、自分の身体が国家の管理下に置かれることへの怒りや恐れはなかった。住民登録証を大人である証と理解し、発行されると周りに見せびらかして喜んだ。

韓国政府が、朝鮮半島の南側に住む韓国国籍者すべての指紋を集めはじめたのは一九六八年である。偶然にも私の生まれた年でもある。軍事独裁の永続を企てた当時の大統領・朴正熙は、一九七二年一〇月一七日に非常事態宣言を発し、「一〇月維新」体制に入った。当時の国務総理であった金鍾泌が、「維新」という言葉を使用した理由を聞かれ、「日本の明治維新と精神的に通じるところがある」からだと述べた逸話はとても有名である。[1] 一〇月維新体制は、韓国が常に戦争の危機にあることを喧伝し、人々の不安を煽りながら、厳しい行動や思想制限を行うためのものであった。

私が一九七五年に入学した国民学校は、一〇月維新の理念を叩き込む場であった。その理念が凝縮されたものの一つが、旧日本帝国の「教育勅語」との類似性が批判的に指摘されることの多い、「国民教育憲章」である。これは「我々は民族的な中興の歴史的な使命を背負ってこの国に生まれた」で始まり、「反共と民主の精神を徹底した愛国と愛族が我らの道標であり、自由世界の理想を実現する基盤である。子孫に永続的に継承しうる栄光ある統一祖国の将来を見越し、信念と誇りを持つ勤勉な国民として、民族の知恵を集め、たゆまぬ努力を持って、新しい歴史を創造しよう」で締めくくる、全三九三文字で構成されている。このような文章の丸暗記を強要されるような環境(2)で子供時代を過ごした私は、管理社会に慣れ過ぎていたようである。外国人登録のために指紋押捺を求められても、あまり違和感を持たずに受け入れていたのである。

管理社会の怖さは、それ自体を内面化し、無感覚になることにあるのではないだろうか。満州国将校出身の朴正熙(3)による戦時体制は、夜一二時以降の外出を禁じた「通行禁止令」の継続、朝鮮民主主義人民共和国との戦争を想定した民防衛訓練(Civil defense、毎月一五日)、高校での教練科目(軍事訓練)など、様々な形で日常に戦争を持ち込んだ。戦争の危機を口実に、統制の恒常化を図った。今になって振り返るとひどい社会に暮らしていたと憤りを覚えるが、そのさなかにいると、大きな疑問を感じずに過ごしていくものである。独裁政権に耐えがたい息苦しさを感じ、批判をしながらも、自分の日常を厳しく縛っている支配装置に対してはあまり苦痛を感じないという、いわば麻痺した状態で一〇代を過ごした。それ以外の生き方、別の世界に対する想像力があまり持てなかった。なぜなら、書物やニュースなどの移入も制限され、外部からの情報もほとんどなかったからである。

韓国に住んでいる一七歳以上のすべての人間の指紋を採集する。それだけを見ても、満州国の未完の夢を見事に実現したのは朴正熙であったことがわかる。私の子供時代をかえせと訴えるべきは、朴正熙だけではなく、満州国の政策立案者や日本帝国なのかもしれない。満州国で構想された管理システム(4)は、二〇二〇年代を生きる私の身体にも影響を与えている。

私の身体は二重に管理されている。長期滞在外国人として「在留カード」の携帯が義務付けられている。最近は「マイナンバー」の記入が求められることも多く、非合法的な資本の移動を把握するために個人通帳に紐づけられる可能性も高まっている。しかし、マイナンバーが最初に導入されていた時に見られていた強い拒否反応が徐々に薄れているように感じるのは、私の勘違いなのだろうか。

また、指紋を取られることにも反発はなくなった。例えば、出入国の際に少しでも早く手続きを済ませるために、指紋を登録し、機械チェックを利用する人も増えている。外国人として入国する際にも、あきらめに近い心境で、無駄な抵抗などせずに指紋を提供している。もしそれが嫌なら、日本の国内に留まり続けるしかない。昨今では、現金カードの指紋認証などのように、個人の情報を守るセキュリティーの手段として指紋を自発的に登録する傾向がみられる。指紋採集による人々の動きの把握＝管理という日本帝国の未完の夢は、人々の自発的な提供に後押しされ実現されつつある。

しかし、目的が何であれ人々をコントロールしたいと願う集団は、つねに人・もの・資本の移動を管理したがるものである。それは情報として蓄積され、権力の維持のために分析される。これは日々の消費動向はもちろん、大文字の思想のベクトルに介入するための大切な参照軸になる。例えば、「検閲」という言葉で可視化されることの多い思想統制にも、指紋の採集と同様な欲望がうごめいている。ここには情報の流れを把握しておきたい、人々の頭のなかを覗きたいという欲望が強く絡んでいるのである。

素朴な好奇心から、植民地時代に刊行された朝鮮語新聞『東亜日報』のデータベースで「指紋」を検索してみたことがある。一九二〇年に朝鮮語の民間メディアが許されてから、比較的に早い段階で「指紋」という言葉が現れたのは「流産された日本共産党」（『東亜日報』一九二一年一二月六日）という記事である。日本共産党とロシア労農政府をつなぐ役割をしていたイギリス人を取り調べた後、写真と指紋をとり、日本入国を禁じたと記されている。植民地朝鮮の支配権力は、満州当局と同じように、指紋は「不良分子[5]」に分類している朝鮮人の「移動」管理と制限を可能にすると考えていたようである。あるいはそのように人々を信じ込ませようとしたのかもしれない。

検索した記事のリストで興味深いと思ったのは、『東亜日報』一九三〇年一二月一八日付「最後まで警察翻弄、指紋によって本性がばれる」である。警察駐在所の銃器盗難事件で逮捕された犯人「金善學の大胆な犯行を鑑みて思想系統の人物なのか、強盗窃盗なのかという点について、警察の内部でも意見が分かれ」た。犯人は思想的な理由で盗んだと自白しているが、「指紋によって詐欺と窃盗〔の〕前科」があることが判明したという。「海外思想系統」の人であるかのように振る舞えたのは、かつて服役中に出会った思想犯からの情報を利用したからだという。詐欺・窃盗犯や独立運動、社会主義運動にかかわる思想犯の混在する中、指紋が「不良分子」を分類する指標になっていたのである。

ニュースの検索語として思想と指紋を掛け合わせて検索すると、多くの場合「満州」という言葉と響きあう関係にあることがわかる（『東亜日報』一九三四年一一月八日付「咸鏡北の檄文は三種　主動団体は満州から」など）。満州が抵抗運動の拠点であったからである。しかし、この時期の朝鮮人と満州の関係は非常に複雑なものであった。それについて鄭栄桓は、次のように述べている。

> 一九三〇年代になると朝鮮域外への渡航自体が、日本の侵略政策の中に組み込まれることになる。「避難」の地であった中国東北部は、日本の占領地となり、関内の例に見られるように日本占領の尻馬に乗るかたちでの朝鮮人の「進出」が現れるようになる。（中略）在外朝鮮人は日本と敵対する他の民族から潜在的な「敵」として疑惑の目を向けられることになる。中国東北部での「反民生団闘争」と、ソ連における朝鮮人強制移住はそれが最悪のかたちで顕在化したものである。（中略）〔民生団は〕一九三二年に結成された親日団体だが、この団体自体はさしたる影響力も持たずぐに解散した。だが、中国共産党が民生団を日本の手先として警戒し、部隊内の朝鮮人幹部が民生団に加わっていると疑い、（中略）五〇〇〜二〇〇〇人といわれる朝鮮人党員が粛清されることになった。間島遊撃区の人口が約二万人であることを考えれば、これがいかに凄まじい粛清劇であったかがわかる。[6]

鄭のいう「中国東北部」は満州地域にあたる。日本の支配権力による朝鮮人の移住計画は、満州にいる朝鮮人を日本人とは違う形で、中国の「潜在的な「敵」」として認識する契機となったのである。一方、そのような朝鮮人を満州では、「不良分子」である／になる可能性が高いと考え、指紋を確保しようとした。満州を拠点としながら、日本帝国内を「移動する不良分子」が増えるにしたがい、朝鮮総督府の法務局や末端の警察も移動を管理する手段として指紋を利用していた。「不良分子」朝鮮人の移動は、内地や植民地、中国などの占領地の管理体制網を緩やかに繋いでいく。それは、日本帝国に対する抵抗思想の拡散を阻止するため、検閲システムが整備されていったことと不可分の関係にある。本書では、この現象が著しくなる一九二〇年代から一九三〇年代を主な軸としている。

この時期を研究対象とする時、従来の研究ではいわゆる「日本人」にだけ適用された義務教育制度を軸に議論の枠組みが作られてしまったために、当時のひらがな、カタカナがわからない、数字の計算ができない被植民者の読者のレベルにまで、思考の領域を広げることはほとんどなかった。そのような「読者」が、日本語メディア空間を支えていた可能性について考慮しないのである。それと同時に、これまでの日本語空間をめぐる人文学の研究では、当時、日本の合法／非合法的な出版資本が、日本語も朝鮮語も読み書きできない朝鮮人読者までをみずからの商品を購入する読者として想定していた可能性、しかもそのような読者が主体的に日本語メディアの読者共同体の一人としての自己認識を持っていた可能性を視野に入れていない。

また、これまでの人文学研究では、旧植民地を連想させる言葉が介在すると、朝鮮学や台湾学といった特定の研究分野に押し出すか、「ポストコロニアル」という言葉の中に閉じ込め、日本文学・文化・思想などの本流とは線引きしている。ポストコロニアル批評もやはり学問制度に飼い慣らされ、ラディカルな批評意識を失ったという批判から自由ではない。特に日本において「ポスコロ」という言葉で侮蔑的に揶揄され、敬遠される背景には、ポストコロニアリズムも学会の知的ファッションとして消費されたという認識が影響している。

しかし、その一方で「ポスコロ」は、姜尚中の指摘通り「民族差別や性差別さらには人種主義の機制によって支えられる政治・経済システムや、それらとの不均等な交換過程のなかで産出される「他者」の表象やイメージに対するポストコロニアリズムからの切り込みが、〈近代〉の物語に亀裂を持ち込み、その物語に浸っている人々のアイデンティティや知のパラダイム、あるいは感情構造すらも揺るがす異化作用をもたらしている」(7)ことへの反応とも考えられる。これと合わせて考えるべきは、「戦後日本」という時間意識が介在する形で、植民地支配の記憶が後景に追いやられてきたこともポストコロニアリズムをめぐる議論が充分に展開できなかった要因の一つになっていることである。

帝国日本の政治的な影響が及んだ植民地の地域で自らの近現代について研究する人々にとって、日本語の資料や文献の検討は避けて通れない。これは、なかなか逃れられない前提である。それに対し、とりわけ日本語を第一言語とする研究者の場合、朝鮮や朝鮮語の文献を参照しなくても、日本帝国の研究が可能であるという考えは根強い。植民地時代からの知の位相は強固なのである。本書ではこのような状況を浮き彫りにするために、帝国日本の植民地朝鮮「から」帝国・日本の知の連環を考えるファクターを導入する。

日本の合法／非合法的な出版メディアが、ともに大きな期待を寄せていた植民地市場の被植民者読者のほとんどは、何らかの形で読み書き能力を身に着けていた日本人の読者とは異なる世界を生きていた。しかし、階級・資本・ジェンダーによって日本人読者を細分化して考える必要があることと同じように、「朝鮮人」という民族をただ「日本人」の下に置かれた被抑圧的な位置に留めるだけでは充分な議論はできない。なぜなら、「朝鮮人」もやはり植民地政策の一環として進められた資本主義システムの形成および階層の分化やジェンダーの問題に絡め取られていたからである。

例えば、一九三〇年前後、朝鮮語の新聞や雑誌において最大の広告主は、内地の出版資本だった。日本の侵略戦争に協力的であったといわれる講談社系の雑誌、とりわけ『キング』の読者欄には、『キング』を通して、日本語の読み書きができるようになったという朝鮮人読者の逸話が紹介されることがあった。一九三九年には、一二歳で孤児になり、学業を中断したが、『キング』が面白すぎて、繰り返して読んでいるうちに日本語が身に着いたという平壌在住の朝鮮人労働者の手紙が紹介されている(8)。

これは、抵抗と協力という線引きではとらえきれない動きである。こうしたステレオタイプとは違う形で、重層的な日本語の読書空間を明らかにしたい。さらにこの問題を、日本の帝国大学や朝鮮総督府をはじめとする各種の図書館、古本、露店など、情報を広げる空間と接合させ、検閲などの情報統制と駆け引きしながら、どの空間でどのような媒体が排除され、どのような媒体が移動・拡散していたのかについて議論する。媒体・読者・空間に介在する民族・階級・資本の問題を論じ、「戦後」という枠組みに内在している、日本中心の内向きの構図とは異なる、新たな議論の土台作りを提案したい。

注

(1) 韓洪九「한홍구의 유신과 오늘④」『한겨레신문』二〇一二年三月一〇日。

(2) これは、私の個人的な体験ではない。例えば、韓国『中央日報』の記者は「国民教育憲章と教育勅語」という記事で「〔国民教育憲章は〕国民学校三～四年の時、毎日のように級友たちと合唱していた文章である。四〇年前の古い記憶が無意識のなかに残存していたようである。維新時代、われわれは憲章を暗唱できないと家に帰ることも、運動場で遊ぶこともできなかった」と述べている（『中央日報』二〇一七年四月四日）。国民教育憲章の強要については、신주백「국민교육헌장의 역사 (1968-1994)」한국민족운동사학회『한국민족운동사연구』四五号、二〇〇五年を参照した。

(3) 植民地時代の朴に関しては、Carter J. Eckert, *Park Chung Hee and Modern Korea*, Harvard University Press, 2016 を参照した。

（4）指紋を媒介とする日本帝国と満州の関係については、高野麻子『指紋と近代――移動する身体の管理と統治の技法』みすず書房、二〇一六年を参照した。

（5）「不良分子」という言葉は、一九三八年実施された労働者の指紋登録の原案となった、一九三四年の「労働者指紋管理法案」（実施・交付されなかった）で使われた言葉である。高野麻子によれば、満州では「指紋登録をおこなったうえで労働許可証の発給」を受けなければ、働くことを認めないシステム作りが目指されていた（前掲高野『指紋と近代』九二頁）。「不良分子」と「朝鮮人」という言葉の親和的な関係については、高榮蘭「「不良分子」の指紋と「朝鮮人」の位置づけから――高野麻子著『指紋と近代』を手がかりに」『クァドランテ』第二〇号、東京外国語大学海外事情研究所、二〇一八年三月、一七～二六頁で詳論した。

（6）鄭栄桓「「解放」前における在外朝鮮人の形成と離散」陳天璽・小林知子編『東アジアのディアスポラ』明石書店、二〇一一年、二一二頁。

（7）姜尚中編『思想読本4　ポストコロニアリズム』作品社、二〇〇一年、一〇六頁。

（8）「私の恩師」『キング』一九三九年三月号。

出版帝国の戦争◎目次

第一章　プロレタリア

1　「共産党宣言」と平民

一九二七年、植民地朝鮮の代表的な朝鮮語新聞『東亜日報』の婦人講座欄に「無産婦人」というエッセイが四回（九月四〜七日）にわたって掲載された。植民地朝鮮の産業化の過程で新たな階級ピラミッドが作られ、その最下層で女性労働者が可視化されたのである。(1) エッセイは、階級ピラミッドの差別的な構造について、マルクスの『資本論』を拠り所としながら説明する。そして、女性労働者を Proletarier という言葉を使い、新たな階級として位置付けようとした。

生産手段を持たないため、労働力を売り、賃金を得ている人々を無産者あるいは労働者、または「プロレタリア」と言います。そして、それらの人々全体を無産階級あるいは労働階級、または「プロレタリアート」と言います。そして、労働者を雇用する人々を資本家、それらの全体を資本階級と言います。

ここまで説明すると無産者とは何か、また無産階級は何かについて理解できたと思います。（中略）無産者または無産婦人は以前の時代にはありませんでした。現代社会が作り出したものです。（中略）最初に労働市場に登場したのは男でした。しかしその後産業が徐々に発達し、全ての工場が機械で物を生産するようになると（中略）女性も工場に入るようになりました。（中略）近年京城、大邱、釜山などの縫製、煙硝工場では驚くほど大勢の女工が働いています。それだけではありません。近年では毎年のようにおびただしい数の少女たちが日本に渡っていきます。（『東亜日報』一九二七年九月五日。原文は朝鮮語、筆者訳）

朝鮮において「無産者」「労働者」「プロレタリア」という言葉が目新しいわけではない。一九二〇年に植民地朝鮮で朝鮮人による朝鮮語メディアが許可されて以来、無産者・労働者・プロレタリアという言葉を使う記事は増え続けた。一九二〇年代半ば以降の植民地朝鮮を説明する上で不可欠な「무산자《無産者》」「노동자《労働者》」「프로레타리아《プロレタリア》」といった朝鮮語は、マルクス主義文献をドイツから輸入し朝鮮語に訳す過程で作られた言葉ではなく、日本語に訳した本を重訳する過程で作られた。しかし、これらの言葉が朝鮮語として定着していった一九二〇年代に、日本語と朝鮮語、あるいは内地と植民地で同じ枠組みを持っていたわけではない。翻訳語の意味が定着する過程では、植民地か内地かという空間的な条件や、言語、ジェンダー、資本、民族などの様々な条件が交錯し、介入してくるからである。そのため同じ漢字で表記されていても、その意味内容にはずれが生じることになる。

朝鮮人が本格的に朝鮮半島外部へ渡航するようになったのは、一九一七年からである。その後、多くの朝鮮人が産業基盤の貧弱な朝鮮半島から、生計を立てるため内地にも移動するようになった。一九二〇年代に内地の産業化、都市化が進んだ空間に朝鮮人はやってきて、社会の底辺で部落を形成した。第三章で述べる通り、一九一九年に朝鮮で起きた三・一独立運動を契機に「不逞鮮人」という言葉が内地でもメディアを通して拡散し、「よからぬことを企んでいるイメージ、現代風にいえば「テロリスト」のイメージが、朝鮮人と結びつけられた」(2)。この現象は、上記の記事の通り、「おびただしい数の少女たち」が内地に現れるまで、内地で「チョウセンジン」と発音される人々が、日本の労働階級よりもさらに下の、若い男性を意味していたことと合わせて考える必要がある。

金富子は、森田芳夫『数字が語る在日韓国・朝鮮人の歴史』(3)に示された国勢調査の記録などを援用しながら、一九二〇年代はじめの内地には、朝鮮人の女性よりは男性労働者の比率が極めて高かったことに注目した。金は、この時期、内地で「朝鮮人」と言えば、「若い」「男性」「労働者」を意味し、それが「不逞鮮人」言説に接合され、朝鮮人（男性）の「レイピスト神話」が生み出される原因となり、朝鮮人虐殺が正当化される流れを丁寧に論じている(4)。

「不逞鮮人」言説が、流言・政府発表・新聞報道を通じて〝放火・掠奪・投毒・殺人・強姦〟など具体性をもった凶悪犯罪者像にふくらんで一人歩きしていったのである。（中略）とりわけ官憲史料に現れた「強姦」流言は、震災当日に横須賀で発生し、横浜では明確な「レイピスト神話」として創造され、二日以降には東京を含めて瞬く間に広がった。東京の木根川橋近くでは二日、実際に

「婦人暴行」流言が虐殺をひき起した。小田原では三日、肥大化した「強姦」流言によって罹災民が「憤慨」し「手に武器、凶器」を持つに至った。朝鮮人「レイピスト神話」が、自警団＝日本人男性集団のナショナリズムと家父長意識を刺激し、虐殺心理へと駆り立てた原動力の一つとなったと考えられる(5)。

ここで浮上する「日本人男性集団」について、藤野裕子は「歴史を見る際に、権力に対抗する民衆と被差別者を迫害する民衆とは、別の民衆であるかのように分離したくなる」。しかし、「権力に反発する意識と他民族などを差別する意識は、一人の人間や社会集団のなかに矛盾なく存在し、ひとたび始まった暴力を契機に、両方が引き出されることがあり得る(6)」という大切な指摘をしている。

同じ「朝鮮人」と表記される言葉が、「チョウセンジン」と発話されるか、「조선사람《ジョソンサラム》」と発話されるかによって、異なるイメージが作り出される。この現象は内地にProletarierという言葉が輸入され、どのように理解すればいいのか、翻訳語としてどのような言葉を当てればいいのかが模索されていた日露戦争前後には想定できなかった事態である。なぜなら、日露戦争の主戦か非戦かをめぐる議論は、内地に朝鮮人が大勢現れ、定住することを想定しておらず、領土の狭い日本から外に出て、日本（人）の膨張を試みるには何が最善かという論争であったからである。そのため、朝鮮支配は、内地の日本人を朝鮮半島に移住させるための手段として理解されていた(7)。

Proletarierという言葉が日本に輸入された時期、翻訳者たちが想定していた階級とは、先述した藤野が述べている「日本人男性集団」とほとんど重なっており、「チョウセンジン」は同じ枠組みに入れて思考すべき対象とはされなかった。Proletarier の概念を日本に適用するための模索は、マルクス＝エンゲルス「共産党宣言」の翻訳を通して行われた。「共産党宣言」を初めて日本語に訳したのは幸徳秋水と堺利彦である。『平民新聞』は、日露戦争中の一九〇四年一一月一三日に創刊一周年を記念し、第五三号に「共産党宣言」の第一章、第二章、第四章の日本語訳を掲載した。一九〇六年には雑誌『社会主義研究』の創刊号で第三章を含めた完全訳を公開した。第三章は秋水が渡米中であったため、堺利彦が一人で翻訳したという。表1-1にあるように、Proletarier の訳語として最初から「無産者」や「プロレタリア」が選ばれたわけではない。幸徳秋水と堺利彦は、『平民新聞』版（①）と『社会主義研究』版（②）では「平民」を選択している。堺利彦はこの頃、「我々はまだ社会主義の歴史についても、その理論にいつ《ママ》ても、何程の知る所もなかつた」と述べている。[8] 「共産党宣言」の全訳が掲載された『社会主義研究』（図1-1）は、社会主義理論を勉強し、広めるために堺が創刊した雑誌である。『平民新聞』版が後述する通り、厳しい制裁を受けたにもかかわらず、雑誌『社会主義研究』を「共産党宣言」からスタートさせているのである。「共産党宣言」は、日本が敗戦する

明治卅九年三月十五日發行 價十五錢

堺利彦編輯

社會主義研究

第一號

THE STUDY OF SOCIALISM

MARCH 15, 1906.—NO. 1.

本號要目

共産黨宣言

マルクス傳

エンゲルス傳

萬國社會黨大會略史

失業者問題應急策

明治三十九年小史

"In every historical epoch, the prevailing mode of economic production and exchange, and the social organization necessarily following from it, form the basis upon which is built up, and from which alone can be explained, the political and intellectual history of that epoch."
—KARL MARX.

發賣所 東京麹町區元園町一丁目二十七番地 由分社

図1-1 『社会主義研究』創刊号（1906年3月15日）。幸徳秋水と堺利彦による「共産主義宣言」の全訳が掲載された。

までマルクス主義文献のなかでもっとも厳しい出版制限をうけたが、それでも帝国日本の支配圏を横断しながら、広く読まれていた。『平民新聞』第五三号は発売頒布禁止（以下、発禁と略す）となり、幸徳秋水と堺利彦、そして発行人の西川光二郎の三人が新聞紙条例の秩序壊乱の廉で逮捕される。五三号事件は『平民新聞』廃刊の原因の一つとなる。しかし、堺利彦は五三号に対する東京地方裁判所の判決文を逆手にとり、「単に歴史上の事実」に基づく「学術研究の資料」として「法律の許可の下」で、『社会

流通状況	原書
『週刊平民新聞』。発売頒布禁止	英訳
『社会主義研究』創刊号	英訳
	英訳
「マルクスの社会主義の理論体系」『社会問題研究』1 − 3 冊，1919 年 2 月 − 1922 年 9 月	ドイツ語
「社会主義及び共産主義文書」『経済学研究』第 1 巻 1 号	ドイツ語
地下出版。1929 年頃大原社会問題研究所に売る	ドイツ語を原則とし，英訳も参照。④と⑤も参照
「外事警察研究資料」第 13 集	ドイツ語を原則とし，英訳を参照。⑥も参照
イスクラ閣／マルクス主義の旗の下に社。発売頒布禁止	ロシア語
彰考書院。1945 年 12 月初版，1946 年 10 月改訂版発行。青空文庫で確認可能	⑥を底本とする

作成)」，編者「例言」(『共産党宣言』彰考書院，1952 年)，玉岡
究所雑誌』2009 年 1 月)，玉岡敦「日本における『共産党宣言』
究』49 号，マルクス・エンゲルス研究者の会，2008 年 6 月)，
を中心に」(『東アジア文化交渉研究』10 号，2017 年 3 月)，向
序」(『共産党宣言』リヤザノフ編評註，大田黒年男・早川二郎

表 1-1 『共産党宣言』日本語訳の比較：Proletarier・Proletariat

発表年	翻訳者	訳語	翻訳情報
① 1904	幸徳秋水・堺利彦	平民	1・2・4 章の翻訳
② 1906	幸徳秋水・堺利彦	平民	全訳
③ 1919	内務省警保局	無産者階級	全訳。ガリ版刷り
④ 1919	河上肇	無産者・無産者階級	主に 1・2 章の一部を論文に翻訳引用した
⑤ 1920	櫛田民蔵	無産者・無産階級	3 章のみ
⑥ 1921	堺利彦の改訂版	プロレタリヤ	①②を元に，④⑤を参照。①②の誤訳・脱落をほぼ訂正
⑦ 1925	内務省警保局	プロレタリア	活字印刷。表紙に「特秘」印
⑧ 1930	早川二郎・大田黒年男 リャザノフ編評註	プロレタリア	
⑨ 1945	堺利彦の改訂版	プロレタリヤ	

出典：堺利彦「共産党宣言日本語訳の話」(『労農』1930 年 4 月号)，堺利彦「訳者序文（1921 年
敦「『共産党宣言』邦訳史における幸徳秋水／堺利彦訳（1904, 1906）の位置」(『大原社会問題研
の翻訳と，訳語の変遷―― 1904 年から 1925 年まで」(『マルクス・エンゲルスマルクス主義研
劉孟洋「日本媒介の『共産党宣言』漢訳と訳語の変遷――「平民」から「無産者」への移り変わり
坂逸郎「解説」(『共産党宣言』大内兵衛・向坂逸郎共訳，岩波書店，1951 年)，大田黒年男「邦訳
共訳，マルクス主義の旗の下に社，1930 年）を参照し作成した。

主義研究』創刊号に共産党宣言全文を掲載すると宣言した。[9]『社会主義研究』版は大逆事件まで発禁にならなかった。敗戦まで合法的に出版された「共産党宣言」はこれが最後だった。『平民新聞』版と『社会主義研究』版は英語版からの重訳であったのに対し、堺利彦の改定版（地下出版、⑥）はドイツ語版を底本に河上肇の翻訳（④）と櫛田民蔵の翻訳（⑤）を参照しながら翻訳している。[10] 合法的な出版は不可能であったため、地下出版でほとんど筆写という形で広まったと言われている（図1-2）。しかも思想を規制する側であった内務省警保局も、堺訳（⑥）を参考に独自に翻訳を行った。[11] 先駆者の堺利彦は後進による新訳があらわれないことを嘆いたが、彼の旧訳①②や、その改訂版の⑥は、日本の敗戦まで日本語訳の一つの絶対的な参照枠としてとどまり続けたのである。

勿論、この新訳〔⑥〕は今だに公判《ママ》の機会を得ないで、只だ少数が写本として世に行はれて居るだけである。然し先年から二回ばかり、共産党宣言の秘密出版が世上に流布されたが、その訳文は大体私の新訳を採用したものらしく見受けられた。

その後、又一回、共産党宣言日本訳のパンフレットが、アメリカから日本の処々に送附されたが、それは遺憾ながら、私共の旧訳〔①②〕その儘のものであつた。アメリカで自由の発行が出来るのなら、新訳をやつて貰ひたかつた。

最近に又、イスクラ閣から、リヤザノフ編の共産党宣言が発行されて、直ぐにに《ママ》禁止された。惜しい事だつた。[12]

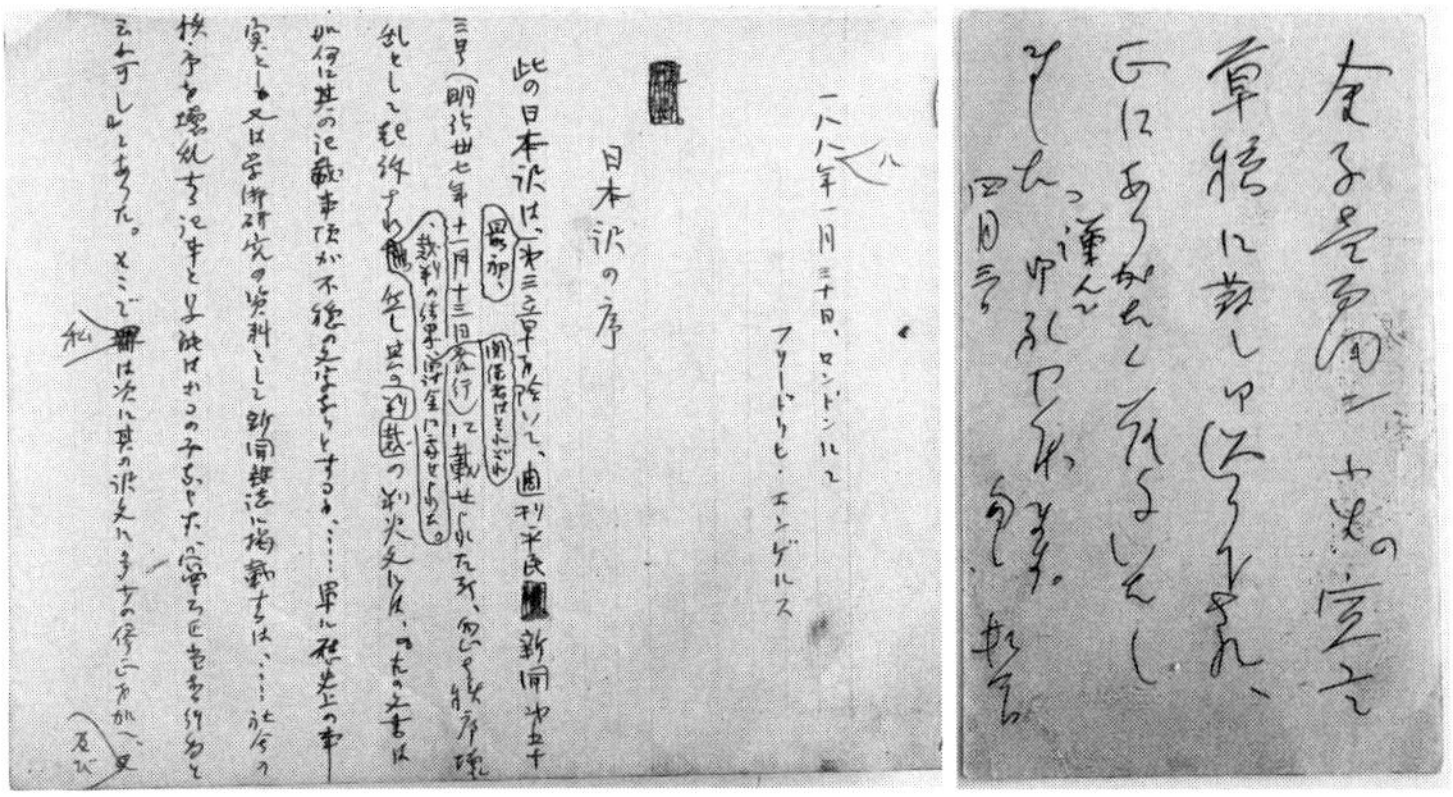

図 1-2　左は堺利彦の改訂版（表 1-1-⑥）。筆写本，地下出版。堺利彦が衆議院選挙資金を作るため、大原社会問題研究所に売却。右は，堺利彦が大原研究所に宛てたハガキ（1930 年 4 月 3 日付，投函 4 月 4 日）。売却費用として「金子壱百円」を受領したことを確認するために送ったもの。大原社会問題研究所所蔵。

本書の第四章と五章で論じている通り、発禁に処されたとしても、流通できないわけではないし、読むことができないわけでもない。正確な数字だとは思えないが、一九二一年の改訂版（⑥）を底本として一九四五年一二月に刊行された彰考書院版（⑨）の「例言」には、「初訳以来本訳書は、合法非合法、その版を重ねること数十回、その発行部数は優に百万部を突破した」と記されている。このように社会主義関連書籍は、第五章で議論するように、検閲による抑圧や処分が読者を獲得するうえで付加価値として機能する時代があったことを見落としてはならない。Proletarier の訳語が①②の「平民」から⑥では「プロレタリヤ」になったのは、Proletarier をめぐる枠組みの変容と合わせて考える必要がある。

　堺利彦と幸徳秋水が Proletarier などの訳語について議論を重ねていた時期は、日露戦争を挟みながら、朝鮮を帝国日本の保護国化していく時期と重なる。一九〇四年二月、朝鮮と満州の主導権をめぐる日露戦争が開戦し、一九〇五年九月のポーツマス講和条約で日本の勝利が確認される。それにより、日本は朝鮮と満州を侵略する土台を整えることになる。日露戦争前後は、堺利彦が回想するように「日本社会主義運動の最初の大飛躍[13]」の時期でもあった。その原動力となったのは、改めて強調するまでもなく、社会主義者による「非戦論」である。しかし、その大飛躍は、社会主義運動史という限定された枠組みだけではとらえきれないのであり、日本語メディア環境の再編と複雑に絡みながら展開していたことを意識する必要がある。すでに資本の力学が優先されていた日本語メディア市場では、販売部数をめぐる激しい競争が繰り広げられていた。多くのメディアが、大量印刷を基盤としながら、より速く情報をつかみより多くの読者の獲得を目指していたのである。

堺利彦は Proletarier の訳語として「平民」を選んだ経緯について以下のように振り返っている。

訳語の中で、今日から見て最も目に立つのは『紳士と平民』といふ言葉で、それの原語はブルジョアとプロレタリアである。『平民』といふ訳語は、当時の『平民社』『平民新聞』などから考へる時、善くその心持がわかる。然し当時でも、『平民』だけでは不適当とも考へられたと見え、或る場所には『平民即ち近代労働階級』と書いてある[14]。

このように「平民」という訳語は、平民社活動と結び付けるために選ばれた。平民社が想定している「平民」の枠組みについて考えることは、日露戦争前後の初期社会主義運動における階級の問題について考えることを意味する。しかも、この作業は朝鮮の保護国化を本格化する時期に、「朝鮮人」をどのように捉え、位置付けていたのかを理解することにもつながる。本章ではそれについて議論する。

2　情報戦時代のスローメディア『平民新聞』

一九〇三年六月末から日露戦争をめぐって「開戦」か「非戦」か論争が繰り広げられ、新聞界を二分した。こうして「大阪紙では報道新聞の時代」になり、「東京では三面新聞、報道新聞、家庭新聞が群雄割拠し」「言論新聞、独立新聞は衰退の方向に」向かうことになる。『大阪朝日新聞』『東京朝日新聞』がもっとも強硬に主戦論を唱え、『時事新報』『大阪毎日新聞』『国民新聞』なども開戦を主張した。非戦の立場をとったのは伊藤博文を支持する『東京日日新聞』、島田三郎が主筆の『毎日新聞』、秋山定輔が創刊した『二六新報』、黒岩涙香の『万朝報』であった。

同年一〇月八日、ロシアが満州から撤退するという約束を破った。これを契機に『万朝報』は社長である黒岩涙香が「戦は避く可からざるか」を発表し、非戦論から開戦論へと方針転換した。それに反発した幸徳秋水と堺利彦は、同日神田キリスト教会館で開かれた社会主義協会主催の「社会主義者反戦大会」で『万朝報』からの退社を表明し、一〇月一三日には内村鑑三も退社する。一〇月一二日付の『万朝報』には、この三人連名の「退社の辞」が掲載された。『万朝報』の方針転換とまったく同じ日（一〇月八日）に、『毎日新聞』もやはり「共同の要求最後の決心」を掲載し、主戦論を唱えるようになる。

この流れはそれぞれの新聞の経営上の問題から出てきた。非戦論を主張していた『二六新報』と『万朝報』は、当時東京の新聞界を牽引していた。どちらも「センセーショナリズムとスキャンダリズム、そして権力批判という形で、「下等社会」の読者層を獲得[16]」していた。言いかえれば同じ読者層を奪い合う敵対的な関係にあったといえよう。表1-2は、一九〇三年一一月二六日の『二六新報』に掲載された情報をもとに作成された販売部数の一覧である。[17]それを『警視庁統計表』と比べてみたい。『警視庁統計表』によると、『万朝報』の年間発行部数は、一八九七年に二六四一万五八六八部、一八九八年に三一四八万一七九〇部、一八九九年は三四九九万四六七七部であった。[18]これを日割りに換算すると、一八九九年の一日平均発行部数は一〇万部を超えている。両方を比較すると、非戦を強く訴える前は一〇万部を超えていた『万朝報』が、非戦論の影響で八万部前後まで減っていることがわかる。『二六新報』の場合、『万朝報』より早い、一九〇三年九月二日に社説「今日の勢いにして止まずんば開戦は遂に已むべからざらん」を掲載し、開戦やむなしという認識を示していた。しかし、『二六新報』もやはり社主の秋山定輔の「露探」疑惑もあいまって、一九〇四年夏頃には一〇万部以上も売上部数を減らしてしまう。結局、非戦を唱えていた二つの大衆新聞はナショナリスティックな戦争報道のただ中で、部数拡大競争から脱落していったのである。

開戦か非戦かをめぐる『万朝報』『二六新報』『毎日新聞』らの方針転換は、商業ジャーナリズム化したメディアの宿命を露わにしたといえよう。日露戦争に関する外交と内政の複雑な議論はないがしろにされ、非戦か開戦かという単純な図式にすり替えられた。しかも、それは小森陽一も指摘している通り、「三国干渉以来ジャーナリズム全体が育成してきた「臥薪嘗胆」(三宅雪嶺『日本』一八九五・五・一五)という屈折したナショナリズムのスローガンと重ねられ、開戦論がそれに踏み切らない政府を批判するという形で国内的にはあたかも反権力的であるかのような装いをとったとき、メディアの煽動によって形成されたナショナリスティックな感情は、「名は日露の衝突であれ、実は両国の帝国主義の衝突である」（内村鑑三「万朝報」一九〇三・九・四）という本質的な認識を抑圧する」ことになった。「最早「正論」を展開する、内村、幸徳、堺といった有名記者の時代は終わった」のである。[19] 平民社の創立は、こうした背景とともに捉えなければならない。

一〇月一〇日に『万朝報』を退社した堺と秋水は、二七日には新聞紙条例に基づいて警視庁に届出を済ませ、平民社を創立した。平民社は、社会民主党や社会主義協会のように治安維持法の定める結社ではなく、あくまでも新聞紙条例の定める新聞社として届け出たことに注目したい。条例が定めた政府に納める保証金一〇〇〇円は、幸徳秋水の師中江兆民の友人である小島新太郎からの借金である。二人が退職の際に受け取った二か月分の俸給二四〇円の他、ドイツ帰りの医師加藤時次郎から創業費として借りた七五〇円を充てた。一〇月一六日には、社会主義協会会員山根吾一の協力を得て、平民社の業務を開始することができた。[20] 一一月一五日発行の創刊号は一二頁、第二号と八号は一〇頁であるが、それ以外は八頁である。サイズはほぼタブロイド版で五段組み、毎週日曜の発行であった。

表1-2　1903年11月の主要新聞販売部数

新　聞	発行部数
二六新報	142,340
大阪朝日新聞	104,000
大阪毎日新聞	92,355
万朝報	87,000
報知新聞	83,395
東京朝日新聞	73,800
都新聞	45,000
時事新報	41,500
中央新聞	41,000
読売新聞	21,500
国民新聞	18,000
毎日新聞	14,000
中外商業新報	11,800
東京日日新聞	11,700
日本	10,000

出典：『二六新報』1903年11月26日。

週刊『平民新聞』創刊号は五〇〇〇部刷ったが、売り切れて三〇〇〇部を増刷している。その後も平均して三三〇〇部程度を維持した。一九〇四年三月六日付「平民社籠城の記」、六月五日付「籠城後の平民社」では、創刊以降の収支を載せ、新聞の赤字を平民文庫などの出版事業で埋め合わせていると語った。社員の給料は三月から二割に減じ、さらに四月からは無報酬にした。結局、困窮から抜け出すため、七月二四日に「平民社維持の方策（寄附金二千円の募集）」（図1－3）を掲げて寄付金集めを発表し、毎号のように寄付金について報告した。これは、第五章で論じる一九二〇年代に雑誌『戦旗』などの社会主義系の媒体が大々的に行った基金募集の先駆けともいえる。

寄付金募集は成功し、一九〇五年一月まで約一三五九円が集まったが、五二号（一一月六日）と五三号（一一月一三日）事件によって廃刊に追い込まれていく。五四号（一一月二〇日）一面の最上段の「発売停止又来る!!」「発売停止又々来る!!!」によると、五二号は社説「小学教師に告ぐ」「所謂愛国者の狼狽」「戦争に対する教育者の態度」などが新聞紙条例違反に問われ、発売禁止処分を受けたという。発行人兼編集責任者の西川光二郎は軽禁錮七か月、罰金五〇円に、印刷人幸徳秋水は軽禁錮五か月、罰金五〇円に処せられ、さらに、印刷所の国光社の印刷機械一台が没収された。創立一周年記念の五三号は秋水・堺の共訳「共産党宣言」を載せたことが問題になり、発売禁止の処分を受けた。秋水、堺、西川は、それぞれ八〇円の罰金を課せられ、同じ日に開かれる予定の「創立一周年記念園遊会」もやはり禁じられた（「園遊会禁止の記」五四号）。その四日後、社会主義協会も「安寧秩序に妨害あり」という理由で、治安警察法によって結社を禁止された。五二号、五三号に関する結審裁判は一九〇五年二月二三日に行われ、結局『平民新聞』は発行禁止となり、廃刊が決定した。

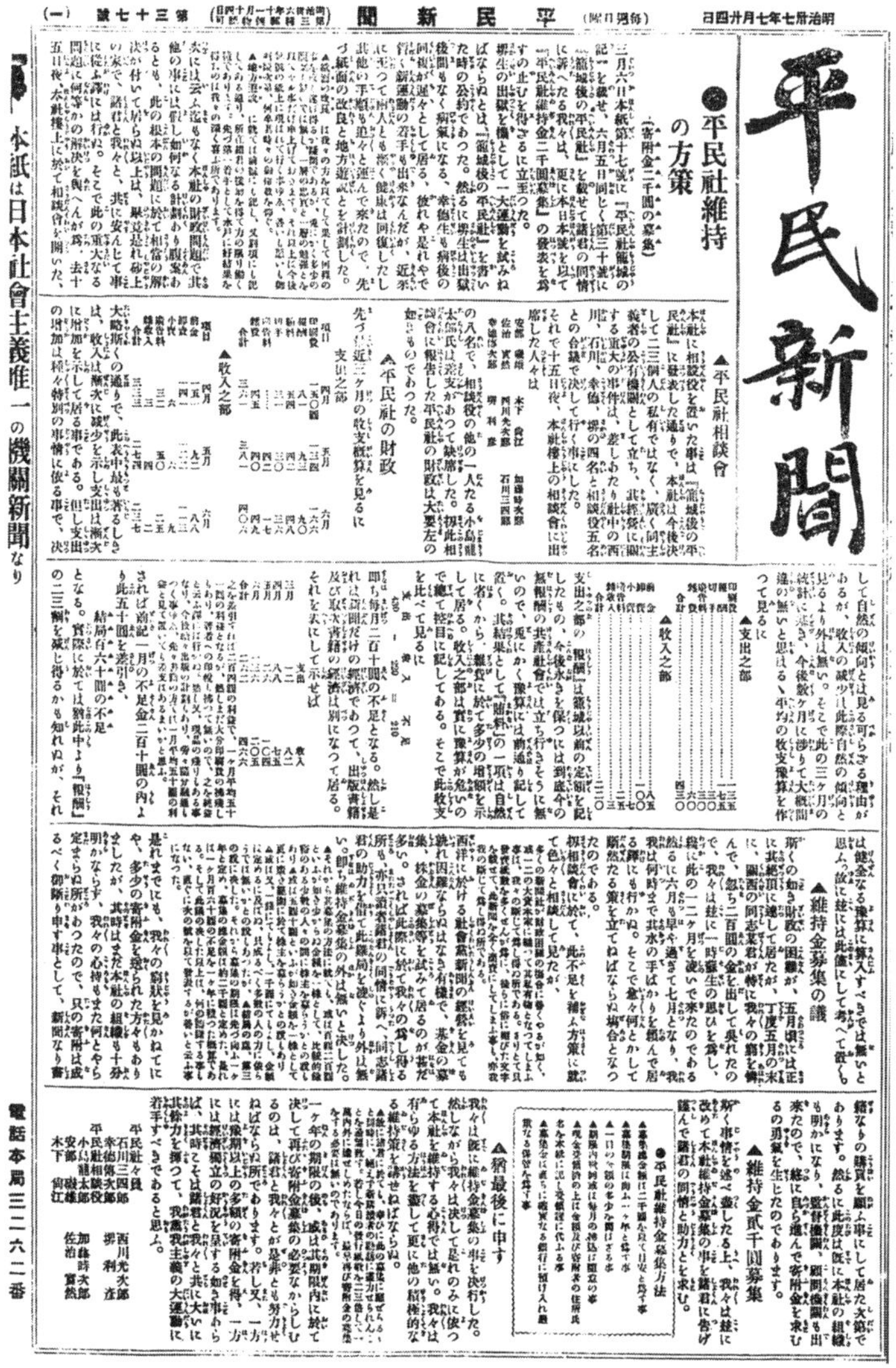
明治卅七年七月廿四日　（毎日曜日發行）　平民新聞　（明治卅六年十一月十四日第三種郵便物認可）　第三十七號　（一）

平民新聞

本紙は日本社會主義唯一の機關新聞なり

●平民社維持の方策

（寄附金二千圓の募集）

三月六日本紙第十七號に『平民社籠城の記』を載せ、六月五日同じく第三十號に『籠城後の平民社』を載せて諸君の同情に訴へたる我々は、更に本日本號を以て『平民社維持金二千圓募集』の發表を爲すの止むを得ざるに立至つた。

堺生の出獄を機として一大運動を試みねばならぬとは、『籠城後の平民社』を書いた時の公約であつた。然るに堺生は出獄後間もなく病氣になる、幸徳生も病後の回復が遲々として居る、彼れや是れやで兎角新運動の着手も出來なんだが、近來に至つて兩人とも漸く健康は回復したし、其他の手順も追々と運んで來たので、先づ紙面の改良と地方遊説とを計劃した。

▲紙面の改良

▲地方遊説

其次に云ふ迄もなく本社の財政問題で、其他の事には假し如何なる計劃あり腹案あるとも、此の根本の問題に於て相當の解決が付いて居らぬ以上は、畢竟是れ砂上の家で、諸君と我々と、共に安んじて事に從ふ譯には行かぬ。そこで此の重大なる問題に何等かの解決を與へんが爲、去十五日夜、本社樓上に於て相談會を開いた、

▲平民社相談會

本社に相談役を置いた事は『籠城後の平民社』に發表した通りで、本社は今後決して二三個人の私有ではなく、廣く同主義者の公有機關として立ち、其經營に關する重大の事件は、差しあたり社中の西川、石川、幸徳、堺の四名と相談役五名との合議で決して行く事にした。

それで十五日夜、本社樓上の相談會に出席した人々は

安部　磯雄　木下　尚江　加藤時次郎
佐治　實然　西川光次郎　石川三四郎
幸徳傳次郎　堺　利彦

の八名で、相談役の他の一人たる小島龍太郎氏は差支があつて缺席した。扨此相談會に報告した平民社の財政は大要左の如きものであつた。

▲平民社の財政

先づ近三ケ月の收支概算を見るに

支出之部

項目	四月	五月	六月
印刷費	一五〇	一三四	一六六
紙料	八一	九三	九〇
郵料	五四	四二	四八
切手	三一	三〇	三六
原稿料	……	四二	一七
雜費	四五	四〇	四九
合計	三六一	三八一	四〇六

▲收入之部

項目	四月	五月	六月
前金	[illegible]	九二	八八
卸賣	一四一	[illegible]	一一三
小賣	六	六	九
廣告料	三二	五〇	二五
雜收入	三	四	二
合計	三三三	二七四	二三七

大略斯くの通りで、此表中最も著るしきは、收入は漸次に減少を示し支出は漸次に増加を示して居る事である。但し支出の増加は種々特別の事情に依る事で、決して自然の傾向とは見る可らざる理由があるが、收入の減少は此際自然の傾向と見るより外は無い。そこで此の三ケ月の統計に基き、今後數ケ月に渉りて大概間違の無いと思はるゝ平均の收支豫算を作つて見るに

▲支出之部

印刷費	一三五
紙料	一七五
切手	三〇
原稿料	三〇
雜費	六〇
合計	四三〇

▲收入之部

前金	八五
卸賣	一〇〇
小賣	七
廣告料	二五
雜收入	三
合計	二二〇

支出之部の『報酬』は籠城以前の定額を記したもの、今後永きを保つには到底今の無報酬の共産社會では立ち行きそうに無いので、兎にかく豫算には前通り記して置く。其結果として『贈料』の一項は自然に省くから、雜費に於て多少の増額を示して居る。收入之部は實に豫算が危いので總て控目に記してある。そこで此收支を比べて見るに

支出　430　－　收入　220　＝　不足　210

即ち毎月二百十圓の不足となる。然し是れは新聞だけの經濟であつて、出版書籍及び取次書籍の經濟は別になつて居る。それを表にして示せば

	支出	收入
三月	一二二	八二
四月	[illegible]	[illegible]
五月	[illegible]	[illegible]
六月	[illegible]	[illegible]
合計	[illegible]	四六六

されば前記一月の不足金二百十圓の内より此五十圓を差引き、

結局百六十圓の不足

となる。實際に於ては猶此中より『報酬』の二三割を減じ得るかも知れぬが、それは健全なる豫算に算入すべきでは無いと思ふ。故に茲には此儘にして考へて置く。

▲維持金募集の議

斯くの如き財政の困難が、五月頃には正に其絶頂に達して居たが、丁度五月の末に、關西の同志某君が特に我々の窮を憐んで、忽ち二百圓の金を出して呉れたので、我々は茲に一時蘇生の思ひを爲し、纔に此の一二ヶ月を凌いで來たのである。然るに六月も早や過ぎて七月となり、我々は何時まで其水の手ばかりを頼んで居る譯にも行かぬ。そこで愈々何とかして斷然たる策を立てねばならぬ場合となつたのである。

扨相談會に於て、此不足を補ふ方策に就て色々と相談して見たが、

西洋に於ける社會黨新聞の經營を見ても孰れ困難ならぬはなき有様で、基金の募集、株金の募集等を試みて居るのが甚だ多い。されば此際に於て我々の爲し得る所も、亦只讀者諸君の同情に訴へ、同志諸君の助力を借て此難局を凌ぐより外は無い。即ち維持金募集の外は無いと決した。

是れまでにも、我々の窮狀を見かねてにや、多少の寄附金を送られた方々もありましたが、其時はまだ本社の組織も十分明かならず、我々の心持もまた何とやら定まらぬ所があつたので、只の寄附は成るべく御斷り申す事として、新聞なり書籍なりの購買を願ふ事にして居た次第であります。然るに此度は既に本社の組織も明かになり、監督機關、顧問機關も出來たので、終に自ら進んで寄附金を求むるの勇氣を生じたのであります。

▲維持金貳千圓募集

斯く事情を述べ盡したる上、我々は茲に改めて本社維持金募集の事を諸君に告げ、謹んで諸君の同情と助力とを求む。

●平民社維持金募集方法

▲募集總金額は二千圓を以て目安と爲す事
▲募集期限は向ふ一ヶ年と爲す事
▲一口の金額の多少を問はざる事
▲現金受領の上は金額及び寄附者の住所氏名を本紙に記し受領證に代ふる事
▲募集金は直ちに確實なる銀行に預け入れ嚴重なる保管を爲す事

▲稍最後に申す

我々は既に維持金募集の事を決行した。然しながら我々は決して是れのみに依つて本社を維持する心得では無い。我々は有らゆる方法を盡して更に他の積極的なる維持策を講ぜねばならぬ。

一ヶ年の期限の後、或は其期限内に於て、決して再び寄附金募集の必要なからしむるのは、諸君と我々とが是非とも努力せねばならぬ所であります。若し又、一方には豫期以上の多額の寄附金を得、一方には經濟獨立の好況を呈する如き事あらば、其時こそは諸君と我々と共に大いに其餘力を揮つて、我黨我主義の大運動に着手すべきであると思ふ。

平民社々員
石川三四郎　西川光次郎
幸徳傳次郎　堺　利彦

平民社相談役
小島龍太郎　加藤時次郎
安部　磯雄　佐治　實然
木下　尚江

電話本局三二六二番

図 1–3 「平民社維持の方策」（『平民新聞』1904 年 7 月 24 日）。財政危機から脱するために，寄付金集めを開始する。

『平民新聞』六四号の一面に「終刊の辞」が掲載される。終刊号はマルクスが発行した『新ライン新聞』の終刊号にならって、全ページを赤インクで印刷して抗議の姿勢をあらわにした。もちろん、これですべてが終わったわけではない。同じ六面（図1-4）の木下尚江「平民新聞を弔ふ」の下段には、「本紙廃刊に就ての注意」が配置され、『直言』が『平民新聞』の「発展」媒体であることを強調した。

『直言』は一九〇四年一月五日に、消費組合「直行団」の機関紙として月刊で発行され、社会改良主義思想の宣伝にあたっていた小冊子であった。一九〇五年一月五日まで一四号を発行した。『平民新聞』の廃刊の一週間後には、それと同紙型で、週刊誌に姿を変え、第二巻一号を刊行した。『平民新聞』終刊号に載った『直言』の広告に「特約せる執筆者」として名前があがっていた一四名は、秋水、堺を含めて、すべて『平民新聞』の寄稿者であった。塩田庄兵衛によると「直行社は名目だけの存在」で、『直言』は「『平民新聞』と同じく平民社で編集・発行されていたようである[21]」。

『平民新聞』終刊号では、「平民新聞前金」をそのまま『直言』の前金として振替えるよう読者に訴えた。同頁三段には裁判による数百円の罰金や数百円の損害金（印刷機械没収の件）、「現に種々言ひがたき費用を要」するため「運動基金募集」を願うという文章が、最後の二段には週刊新聞『直言』の広告が掲載される。特に、二面の三段組みの「露国革命の火」という記事は、「終刊の辞」と向かい合うレイアウトになっており、『平民新聞』から『直言』への移行が、まるで「非戦」から「ロシア革命」へ争点が移行することを予告しているかのように見える。このような過程を経て、一九〇五年二月五日に『直言』第二巻第一号は刊行された。

ここで『平民新聞』と『直言』のような媒体の登場を、弾圧と抵抗という二項対立的な図式に当ては

（六）　明治卅八年一月廿九日　（毎週日曜）　平民新聞　（第三種郵便物認可）　第六十四號

●平民新聞を弔ふ　木下尚江

露西亜國民の自覺心は燃へて革命の要求となれり、輕率なる大和民族は兜の下に冷笑を湛へて、徒に「敵國」の混亂を喝采しつゝあり、ア、甲斐なくも、我、此時を以て我が唯一の愛兒を生きながら埋葬せざるべからず、嘗と消えたき我心なり、慚愧の汗は身を浸して血の如し、ア、我兒「平民新聞」、明日よりは、汝、全く歴史の物なり、――去れど汝は死せるに非ず、否な、死することを得るものに非ず、汝は紙に非ず、墨に非ず、文字に非ずして、生命なれば也、太初より太終に向て時と共に發展する活動なれば也

去れば今ま我が葬るは眞の汝に非ずして暫ばし汝が宿れる廢紙枯骸のみ、汝は既に人の心の奥に在り、血管の中に在り、汝の目より之を見れば、更に汝を葬むるもの、却て汝が活動の一端ならんも知るべからず、

斯くて汝は我薄志弱行の罪を寛恕せん、去れど我が慚愧の情は是れが爲めに益々深きなり、遠山には雪輝き、軒端には梅笑ふ、雲散じて月皓々たり、思出多き春の夕かな、今夜の苦痛、我、何の時か忘れん、

暫ばし救るせ我が愛兒、

。　。　。　。

殉死の俳句

寝られぬ夜半の苦しさに、人のするなる十七字詩なる者を試みて數句を得たり、之を友に示す、皆な笑つて相手にもして呉れず、依て無理に終刊の平民新聞に割愛を乞ふて、殉死の名譽を擔はしむ

花を散らす嵐の後の月夜かな

梅が香い枕に匂のたよりあり

さよならとショールに包む涙哉

●本紙廢刊に就ての注意

▲平民新聞の消滅　平民新聞は本號を最終として潔よく消滅致します、然しながら日本社會主義の機關紙は嚴然として存在致します

▲『直言』の發展　昨年まで社會主義の機關紙は三個ありました、即ち『社會主義』『平民新聞』及び『直言』であります、然るに其中『社會主義』は今年一月より『渡米雜誌』と改題し『平民新聞』は斯くの通りの始末、そこで殘る唯一つの『直言』は大いに其の中央機關たるの任を盡さんが爲に此度其紙幅を擴大し、其發行回數を增し、二月五日を以て第二卷第一號を出し、以後毎週日曜發行の筈であります

▲平民社の存在　又、平民新聞の消滅に係はらず平民社は依然として存在致します、平民社は平民新聞の發行所たる資格は失ひましたけれども『平民文庫』の發行所として、『直言』の一手大賣捌所として、同志西川、石川、神崎、松岡、堺等の住所として、是迄どほり麹町區有樂町三丁目一番地に存在致します

▲平民新聞前金の處分　平民新聞の消滅に就ては、前金御拂込の諸君に對し、一一御拂戻し致すべき筈でありますが、若し諸君に於て御差支なくば、甚だ勝手ながら、それを直ちに『直言』の前金として御拂込の事に御承知下さる譯には參りますまいか、さすれば平民社は『直言』の一手大賣捌所の事ゆゑ『直言』の發行元と熟議の上、便宜の取計ひを致したいと存じます、是に對し別段異議の御申越なき諸君は、右御承諾下されたるものと見做し、其運びに致します、此段宜しく御承知を乞ふ

▲『社會主義研究會』及『婦人講演』は是まで通り（前者は隔週、後者は月一回）平民社にて開會致します

●運動基金募集

我々は是まで平民新聞を機關とし、平民社を中心として、社會主義の傳道に從事して居りました、そして其平民社は常に四方硝子張の如くにして、社中の事務も經濟も、生活も、一切同志諸君の前に公表して、諸君の同情と助力とに依頼して今日まで此中心を維持して來ました

然るに、今や我々の運動は、種々なる壓迫と妨害とを受けて、到底從來の形態を保つ事が出來なくなりました、四方硝子張と云ふ譯にも行かなくなりました、一切の經營劃策を暗中に行はねばならぬ事になりました、而して同志諸君の同情と助力とに依頼すること、更に多大ならざるを得ざる次第であります

我々は兎にかく『運動基金』の必要を感じます、壓迫を受くれば受くるだけ用心金の必要を感じます、故に我々は敢て茲に諸君に訴へて其の供給を求むるのであります

我々は現に『運動基金』として左の金額を有して居ります

一、金八百九十圓卅三錢……元平民社維持金

一、金七十三圓卅一錢……元社會主義協會より寄附

合計　金九百六十三圓四十六錢也

約千圓の金、我々に取りては決して少きものではありませぬ、然しながら我々は數百圓の罰金と數百圓の損害金（印刷器械沒收の爲）とを負擔すべき運命に迫つて居ります、而して又現に種々言ひがたき費用を要し、又將來如何に測りがたき費用を要するかも知れませぬ、故に我々は敢て茲に諸君に訴へて、卒直に其供給を求むるのであります

石川　三四郎　西川　光次郎　小島　龍太郎

加藤　時次郎　幸德　傳次郎　堺　利彦

佐治　實然　齋藤　兼治郎　木下　尚江

▲『運動基金』の受付、保管及び支出は總て平民社内に於て其任に當る事と致します

▲猶『運動基金』に關しては今後『直言』紙上を借りて報告する事に致します

週刊　直言　新聞

社會主義中央機關

第二卷　第壹號　二月五日（日曜）發行

▲本紙は第二卷第一號より紙幅を擴大して平民新聞型八頁と爲し、發行回數を增加して毎週日曜發行と爲し、日本社會主義の中央機關を以て任ぜんと欲す

▲本紙の特約せる執筆者は左の如し

原　霞外　山田　滴海　堺　枯川

石川　旭山　木下　尚江　西川光次郎

白柳　秀湖　小野　有香　幸德　秋水

加藤時次郎　小川　芋錢　松岡　文子

小田　頼造　山口　義三

▲定價一部郵税共金三錢五厘、廿部前金郵税共六十五錢、五十部同一圓六十錢、

▲御注文は便利の爲め成るべく一手大賣捌所たる平民社へ御申込を乞ふ

社會主義中央機關

發行所　東京府豊多摩郡淀橋町大字柏木　直言社

一手大賣捌所（東京市麹町區有樂町三丁目）平民社

●新刊紹介

▲防病自然療法（文明堂）

▲基督教世界（一一一四）

▲帝國文學（十一の一）

▲ニヒホシ（第一號）

▲日本人（四〇三）

▲六合雜誌（二八九）

▲經濟新聞（十二）

▲國學院雜誌（十一の二）

▲十字架實踐（一七八）

▲中央公論（五八）

▲日本之小學教師（七三）

▲新佛教（十二の一）

▲法律新聞（二五五）

▲六大新報（七六）

▲歴史地理（八六）

▲通俗宗教談（二四）

●社會主義婦人講演

二月五日午後一時半より平民社樓上に開く會費金五錢、男子も傍聽差支なし、講演左の如し

△國民に對する今日の迷信及疑問……木下尚江

△天地と人間……松岡文子

△題未定……今井歌子

●本社に於ける今日の會合

▲社會主義研究會　今日午後六時半より例の如く本社樓上に開く、會費金五錢、何人にても來會隨意、講演左の如し

△性慾論……堺利彦

図 1-4 『平民新聞』の終刊号，1905 年 1 月 29 日。マルクスが発行した『新ライン新聞』の終刊号にならって，赤いインクで印刷している。

めたいわけではない。平民社という空間を作り上げた人々は、もともとは商業ジャーナリズムの勝ち組に属していて、新聞媒体で資本を生み出す仕組みに詳しい人々であったことに注目したい。例えば、秋水が『万朝報』に入社したのは創刊翌年（一八九三年）、堺利彦は一八九九年である。二人とも、同紙が東京で最高部数（一九〇〇年前後の約三〇万部[22]）まで勢力を伸ばすのに大きな貢献をしている。彼らの『万朝報』から『平民新聞』への移行は次章で議論することになるが、ニュースの速さを競いながら読者の読みたい欲望を刺激する形で、販売部数を伸ばしていく当時の商業ジャーナリズムの動きに逆行するものであった。これらの点を踏まえながら、平民社の出版物が、「平民」という言葉を媒介としながら、読者共同体を如何に作り、それをつなぎ合わせたのかについて検討したい。

3 「露探」と戦う平民行商たち

非戦論を掲げる『平民新聞』や『直言』は、日露戦争期に本格化した商業ジャーナリズム的な競争から降りた新聞人が作った媒体である。非戦論を貫くということは、勢いのある戦場報道には関わらないことを意味していた。よく知られているように、日露戦争は近代日本の戦争報道史において、大きな画期をなす出来事であった。日清戦争以前、発行部数が上位の東京の新聞でも一日平均三万～四万部だったが、日露戦争を経ながらほぼ二〇万部まで伸ばしていく。山本武利は「大多数の新聞は戦争の恩恵に浴した」と指摘しながら、「日露戦後から明治末期にかけては、戦中から目立ってきた東京紙の勢力交替がより進展する時期となった」と述べた[23]。この時期もっとも成長した『報知新聞』などは「二十万から三十万枚近く売れ出した」。非戦論の影響で一時期八万七〇〇〇部（一九〇三年一一月）まで落ちこんでいた『万朝報』は、堺利彦、幸徳秋水、内村鑑三の退社以後、開戦論を軸とする日露戦争報道によって一六万部まで盛り返している[24]。飛躍的な成長は見られなかったが、一九〇九年には「昔は非難があった新聞だが、今は信用がある」といわれるようになった[25]。発行部数だけを見ても、どのような論調が大衆の支持を得ていたのかは明らかである。

日露戦争期のメディア環境の変化は、日清戦争の反復と量的拡大だけではなく、大きな質的な変換をも含んでいた。報道の通信速度があがり、戦況はたちまちのうちに国内へ伝えられ、新聞で報道された。一方、戦場は日清戦争よりも拡大した。バルチック艦隊の航路が戦争の焦点になったように、空間の移動が地球レベルに広がり、それを意識しながら局地的な戦略が練られた。こうした空間の拡大に応じて読者に対し情報の提供が求められたのも、この戦争の特徴である。

紅野謙介のまとめを借りると、紙面構成も写真印刷の増加により洗練されたものになり、印刷力の増大は新聞報道に影響力を広げた。号外を発行し、情報伝達の速さをアピールするなど、新聞報道が戦争をさながら同時中継するがごとく読者の感受性をとらえつづけた。また雑誌の場合、博文館の『日露戦争実記』（一九〇四年二月創刊）が売れていた。こうした旬刊・月刊のジャーナルによって、新聞ほどの速さはないが、日々の新聞紙面では把握しきれない情報が蓄積され、戦争をめぐる歴史・経済・地理・軍事など様々なレベルにわたるアプローチが行われた。他にも、単行本、幻燈や活動写真などの映像、在郷軍人会や学校、青年団が頻繁に開いた講演のようなオーラルメディアも、戦争の情報を伝える役割を担った[26]。

図1−5　荒畑寒村編『社会主義伝道行商日記』の表紙。平民新聞や社会主義書籍を売り歩く青年たちの姿を描いている。

まさにこの時期、非戦論の「伝道」を自負していた週刊『平民新聞』や、ロシア革命を伝えた週刊『直言』（『平民新聞』の後継誌）において、社会主義を宣伝する新形式が生み出される。情報発信の方法として、当時のメディア状況から考えるとそれは異様とも言えるものであった。図1−5は、荒畑寒村編『社会主義伝道行商日記』（新泉社、一九七一年）の表紙である。二人の若い青年が引いている箱車は、日露戦争前後の牛乳配達用の箱車と同じ型である。この車についての最初の記述は、一九〇四年三月一三日付『平民新聞』の「行商伝道の消息」欄に見られる。彼らは徒歩で全国を回りながら集会を開き、箱車に積んだ「社会主義書類」を売り歩いた。この本を書いた荒畑寒村も『直言』時代に行商をした経験がある。

『平民新聞』の「伝道行商」自体が、速さを競う戦争報道中心のメディア環境に逆らうものであったのは確かである。一九〇四年三月一三日（第一八号）の「行商伝道の消息」欄から始まり、「同志の運動」欄に掲載枠が移動し「伝道行商日記」（第四九号）、「伝道行商の一日」（『直言』一九〇五年三月二六日）のようにタイトルを少しずつ変えながら、後継の『直言』が廃刊するまで、毎号のように行商からの報告が紙面を飾った。ここでは、最年少の伝道行商だったと言われる荒畑寒村の「伝道行商の思い出」や「直言時代」、そして堺利彦の「平民社時代」を手がかりとしながら、伝道行商について整理してみたい。

堺利彦は「社会主義運動史話」の中で、伝道行商には、思想上および運動上の「クリスチャン的傾向」が現れていたことを認めつつも、

それらの運動〔平民社運動〕のうち、ことにめざましかったのは、「伝道行商」で、それが「全国同志の血潮をわきたたせ」「社会主義運動に一道の霊火を投じた」とさえも言われた。「熱心な二青年」(小田頼造、山口義三)が社会主義書類を満載した赤塗りの箱車を引っぱって、箱根を越えて東海道をくだり、さらに山陽道を下の関まで行った大旅行は、見る者も、聞く者も、みなそのけなげさに感嘆するのであった。その時、小田は下の関で山口に別れ、さらに九州を一周した。その後、また、深尾韶(ふかおあきら)、荒畑勝三らの青年も、同じく諸地方に「伝道行商」を試みた。[27]

と述べ、「伝道行商」が日本の社会運動を盛り上げた記念碑的な運動であったと評価した。荒畑寒村によれば「宣伝と商売とを結合させた新しい運動形式」(荒畑寒村「『直言』の時代」四一頁、以下引用頁番号のみ記す)[28]であるが、「当時は宣伝という語がほとんど使われず、つねに伝道と称せられていた」(四三頁)という。実際に平民社にかかわっていた木下尚江や内村鑑三はキリスト教徒として知られていたし、大杉栄すらこの時期は牧師の海老名弾正門下であった。まだ充分な社会主義理論が紹介されていなかった時代に、自らの運動を的確に表す日本語もなかったのである。だから「社会主義」は信仰に近い

メタファーで表現されることが多かった。(29)

先の引用にあるように、はじめて「伝道行商」を行ったのは小田頼造であった。小田は無宗教であったが、「新宗教、新倫理は即ち社会主義」（四四頁）という立場をとっていた。彼とともに「伝道行商」に出た山口義三（山口孤剣）はキリスト教の洗礼を受けている。山口もやはり「予は如何にして社会主義者となりし乎」（『平民新聞』四四号）において、社会主義を「世界人類の大宗教」に例えている。また、「伝道行商の為めに京を発するに臨みて」（『平民新聞』一〇月二日、四七号）では「日本の至る処に同志の諸君と会して、共に此主義を談じ、共に此福音宣伝に尽す」と宣言している。

図1―5は小田と山口の二人を描いたものである。土砂降りのなか、強い風にもめげず、泥道を重い箱車を引きながら前に進もうとする二人の姿は、苦難のなか布教に向かう宣教師の姿を彷彿とさせる。実際、この二人の後を継いで平民社の伝道行商に出る青年らは、東京から出発し、徒歩で箱車を引きながら地方に下っていく。その距離の長さは言うまでもなく、「時世の不利、政府の迫害、官憲の干渉に加うるにまた山河の嶮、風雪の難を凌がなければ」（荒畑寒村「『直言』の時代」四六頁）ならなかった。

行商の旅費は、平民文庫を半額で仕入れ、その売上金によって賄われた。彼らはまず『平民新聞』『直言』の個人読者や、全国各地の社会主義団体を訪ねて販売するほか、談話会を開いたり、講演会を行って社会主義協会員を募った。やはり「本命は文字の示す通り社会主義の書類を売ること」（四七頁）であった。『平民新聞』や『直言』の「行商伝道の消息」欄では、日付ごとに、日誌のような行商の記録、講演会や談話会の回数、便宜をはかってくれた人々の名前、本の売り上げなどが報告された。その記録を辿ると、「共産党宣言」を掲載した五三号が発売禁止になり、翻訳者らが秩序紊乱罪に問われて以降、平民行商も当局に厳しく監視されるようすがわかる。行商への協力者はもちろん、宿泊先まで先回りされ、宿すらも見つからない日が増えていく。

また、この頃、ロシアのスパイを意味する「露探」という言葉が流行っており、行商は「露探」扱いを受けることが増えた。以下の引用にあるように、確固たる根拠があって「露探」に結び付けられたわけではない。平民社の「非戦」や「ロシア革命」関連の記事は「露国」を敵対視しない姿勢をとっており、それが「露探」と呼ばれる一因となったのである。

①小田はすでに二回の千葉県行商の経験があるから多少はコツを心得ていたろうが、山口が早口に滔々と社会主義の理論を述べ立てるにはさぞ先方が驚いたろうと想像される。中にはテンから相手にしない者もあり、甚だしいのは露探とか売国奴とか罵る者もあった。(30)

②水戸市の同志の許へは、警察より左の如き御達しありたり『這度平民社より荒畑なる者が来訪せむも、彼れは金銭の強請に来れる者なれば面会する勿れ、尚聞く所に依れば彼れは露探なり』と、噫愍笑せよ、「露探」てふ流行の悪語を放つに非ざれば、大政府と雖も敢て社会党の一小僧たる余に対して抗すべからざるに非ずや。(「味噌汁を以て汝等の面を洗来れ(伝道行商に対する干渉)」『直言』第二巻一六号、一九〇五年五月二一日)

「露探」という言葉が、①社会主義の理論を聞いた談話会の聴衆から、②は警察の通達から発せられたことを報告している。「露探」という言葉は、一九〇三年夏の終わり頃から新聞各紙に登場し、翌年に『二六新報』社長の秋山定輔の「露探」事件をめぐる報道が過熱したことによって広く普及する[31]。東京の新聞界を牽引していた『二六新報』は、一九〇三年一一月に発行部数が約一四万部であったが、「露探」事件の影響で、一九〇四年一〇月には三万二〇〇〇部[32]まで落とした。

人々の「露探」に対する過剰な反応について、陸羯南は「恐露病[33]」であると、木下尚江は「流行の毒語[34]」であると批判した。木下は「熱心なる非戦論者にして、又最も厳格なる正教会信徒」である友人が、「近時小生を指して露探なりと吹聴するものあり、学校に於ても汝の父は露探なりと罵らるとて、娘共の帰り来つて泣き悲む」と知らせてきたと述べている。だが攻撃の対象は正教会だけではなく、「非戦論」もやはり「露探」という記号を引き寄せる危うい位置にあった。藤野裕子が指摘する通り、「日露戦争の挙国一致は、誰かを「露探」と指さし、排除する風潮を同時に生み出していた」のである[35]。

一九〇五年八月一〇日からアメリカのポーツマスで講和会議が開かれる。ロシアとの交渉が難航していることはほとんど報道されなかった日本では、ロシアから多額の賠償金と領土が取れるという期待が高まっていた。交渉の結果、大韓帝国を実質的な支配下に置くこと、満州からのロシア軍の撤退、大連・旅順の租借権、樺太の南半分の権利、長春から旅順までの東清鉄道南満州支線なども譲り受けた。問題は賠償金である。賠償金の放棄について、『国民新聞』以外の主要メディア（『朝日新聞』『万朝報』『二六新報』など）は批判的であり、講和反対の論陣を張った。その条件をのんだ政府を糾弾する際に「露探」が使われることもあった[36]。

同年九月五日、日比谷公園で講和反対の「国民大会」が開催される。三万人が集まり、警察と衝突すると、日比谷焼打ち事件に発展していく。「日比谷の戦勝祝賀会はこの「赤の他人同士」に連帯感をもたらし、民族感情をもりあげるために支配層が考案したお仕着せの行事」であり、そのような「大衆運動の方式が、その意図をうらぎって都市民衆暴動の前提条件を用意」した[37]。ただ、国民大会の特異性は藤野裕子の指摘通り「広汎な階層を「国民」という概念で包括し、一人ひとりを決議する主体として動員した点」にあり、主催者側は「屋外に群衆状態を作り出すことによって、参政権を持たない広汎な民衆にも政治的な価値が生まれることを発見した」のである[38]。

『報知新聞』『朝日新聞』『万朝報』などの主要メディアは、こうした民衆を読者と想定し、政府批判を展開していた。非戦的な立場を維持しながら、講和の問題をめぐる賛否議論の場に参入しない平民社は、民衆の関心を引く話題提供はしていない。

日比谷焼打ち事件を鎮圧するために、政府は九月六日の夜、二つの緊急勅令を発令した。一つは国内治安維持を目的とした行政戒厳（戒厳令）、もう一つは新聞雑誌取締令である。講和をめぐるメディア同士の論争に積極的に介入しなかったにもかかわらず、『直言』は新聞雑誌取締令によって長い間発行を禁じられた。民衆ともっとも距離を置いていた『直言』がむしろ日比谷焼打ち事件のあおりをうけて廃刊となり、一〇月九日には平民社も解散する。

しかし、平民社の解散劇を権力による弾圧という文脈だけで捉えるべきではない。平民社の伝道行商が茨の道に例えられたのは、民衆（＝日本人）の支持が得られない「伝道」に乗り出したからである。平民社が厳しい経営難に喘ぎ続けたのは、当局による厳しい弾圧だけではなく、非戦論、ロシア革命を伝える記事がロシアに近しい印象を与え、「露探」という記号を呼び寄せてしまったことにも原因がある。平民社は売れない雑誌や本を作っていたのである。それは、第四章と五章で論じる、社会主義運動から生まれた雑誌や書物の売れ行きが好調であった一九二〇年代半ばから後半までの状況とは違うものであった。

平民社が作るメディアにおいて「平民＝Proletarier」はどのようにイメージされていたのだろうか。一九二〇年代に「平民」から「プロレタリア」へと訳語に変化が起きる（表1－1）。その間、朝鮮半島が日本の領土として併合され、朝鮮人の内地への移動が本格化する。社会主義メディアは、常に社会の底辺に対する関心を表明している。そのため、自らのメディアの名前に「平民」という言葉を採用したはずである。だとすれば、新たに帝国の勢力圏に包摂され、内地に移動し、日本の労働現場を底辺で支えることになった「朝鮮人」を、社会主義メディアはどのように位置付けていくことになるのだろうか。次章ではそれについて考えたい。

4　「新／平民」と朝鮮人の曖昧な境界

『平民新聞』の創刊号に掲げられた「宣言」には、「吾人は人類の自由を完からしめんが為めに平民主義を奉持す、故に門閥の高下、財産の多寡、男女の差別より生ずる階級を打破し、一切の圧制束縛を除去せんことを欲す」と記されている。これを、「発刊の序」にある「平民新聞は、人類同胞をして、他年一日平民主義、社会主義、平和主義の理想境に到達せしむるの一機関に供せんが為めに創刊す」と合わせて考えると、「平民主義」は社会の身分・資本・ジェンダーによって構成された階級制度の打破を目指していることがわかる。

堺利彦と幸徳秋水は「共産党宣言」の翻訳の際、Bourgeois と Proletariat について、それぞれ「紳士」と「平民」という訳語を充てている。『平民新聞』という名称は Proletariat に由来するわけではない。創刊時は「共産党宣言」をはじめ社会主義関連書にあまり接する機会を持たなかった堺と秋水が、『平民新聞』創刊一周年企画として「共産党宣言」を翻訳する際、Proletariat の訳語として、いつも好んで使っていた「平民」を選んだと見るべきである。

『平民新聞』から『直言』に移行した後も紙面の構成はほぼ同じであった。目立つ変化といえば「内外時事」コーナーに「露国革命の火」など、ロシア革命を伝える記事が増えたことである。露国の「民衆」「人民」「農民」「女性」らの運動に注目している記事が多い。なかでも欧米の社会党が露国社会党の革命運動に如何に連帯しているかという記事が目立つ。「平民」という言葉は、主に社会党に用いられている。例えば、ロシア帝国政府を支えようとするフランス政府の動きについて「佛国の平民（殊に社会党）は之を喜ばず」（『直言』一九〇五年二月五日）のように表記した。

平民社のメンバーが強い連帯の気持ちを表明するのも、やはり露国社会党のメンバーに対してである。例えば、幸徳秋水は「露国革命の祖母」（『直言』一九〇五年二月一二日）において、一九〇四年八月にアムステルダムで開かれた万国社会党大会に「露国革命社会党」の代表として参加したブレンコウスカヤ夫人が、アメリカで集めた募金をロシアに持ち込むために帰国を決意したと紹介する。彼女の「大胆な計画」を知った秋水は、「慚愧と感奮と交々胸中に湧き返つて、何の語を以て結ぶべきかを知らぬ」と揺れ動く感情をあらわにしながら、「『露国革命の祖母』万歳！」という言葉でエッセイを締めくくっている。

このような流れを踏まえながら『平民新聞』における「平民」の枠組みについて考えてみたい。平民社の創設メンバーは、大衆新聞の『万朝報』と『二六新報』出身であることをもう一度確認しよう。繰り返しになるが、『万朝報』、とりわけ『二六新報』を支える読者層には労働者階級が多く含まれている。『二六新報』は、一九〇一年に読者を対象とする労働者大懇談会を開催した。それは、日本初のメーデーとも言える空前のメディア・イベントであった。「五万余人の会員を得たるが、其の筋に於ては治安警察法第八条の明文に拠り」集会の参加者を五〇〇〇人に制限しなければならないほど大盛況であった(39)。片山潜が「懇親会を『二六』の新聞拡張政策の具」にされることを承知の上で労働組合期成会を通してバックアップした結果である。このイベントを契機に『二六新報』は「職工中心の下階読者層をいっそう開拓することができた(40)」。

『二六新報』や『万朝報』の読者をねらう『平民新聞』も『直言』も、両紙と同じように読者の声を積極的に掲載しようとした。「労働者小作人諸君!」に呼びかける広告を掲載したり(図1‐6)、「新聞と読者」欄などを設け、読者の声を掲載する際には、必ず平民社側からのコメントをつけるようにしている。しかし、なかには「平民新聞をして少しく平易の文字ならしめば従て読者の数を増し其主義目的を達する点に於て一年若くは十年速かならしむるならん」(『平民新聞』一九〇四年四月二四日)と指摘する読者もいた。実際、労働者の読者はわかりやすい文章と刺激的な記事が満載された『二六新報』の方を好んだ(41)。一方、『平民新聞』は山本武利の指摘通り、「文章ばかりでなくその他の新聞内容も進歩的知識人読者層の「新聞意識」をもっぱら対象」としていた。「部数増加がはかばかしくないため、読者のカンパでようやく経営が成り立っていた」[42]。そのため、読者共同体を作るための努力は絶えず行われており、先述の「伝道行商」も大切な役割を担っていた。

「伝道行商の日記」コーナーは「この一週」でまとめられ、本の販売部数と「〇名の同志を作った」という報告がなされた。一方「同志の運動」欄には全国各地の平民倶楽部講演会や平民社茶話会の報告が並び、読者がお互いの活動を確認できるようになっている。図1－7は、他の読者の存在を確認したいという多数の要望でできた「平民新聞直接読者統計表」である。お互いが平民社を支える読者共同体の一員であることを確認するとともに、どこかにいる「同志」と繋がりたいという強い欲望がここには垣間見える。

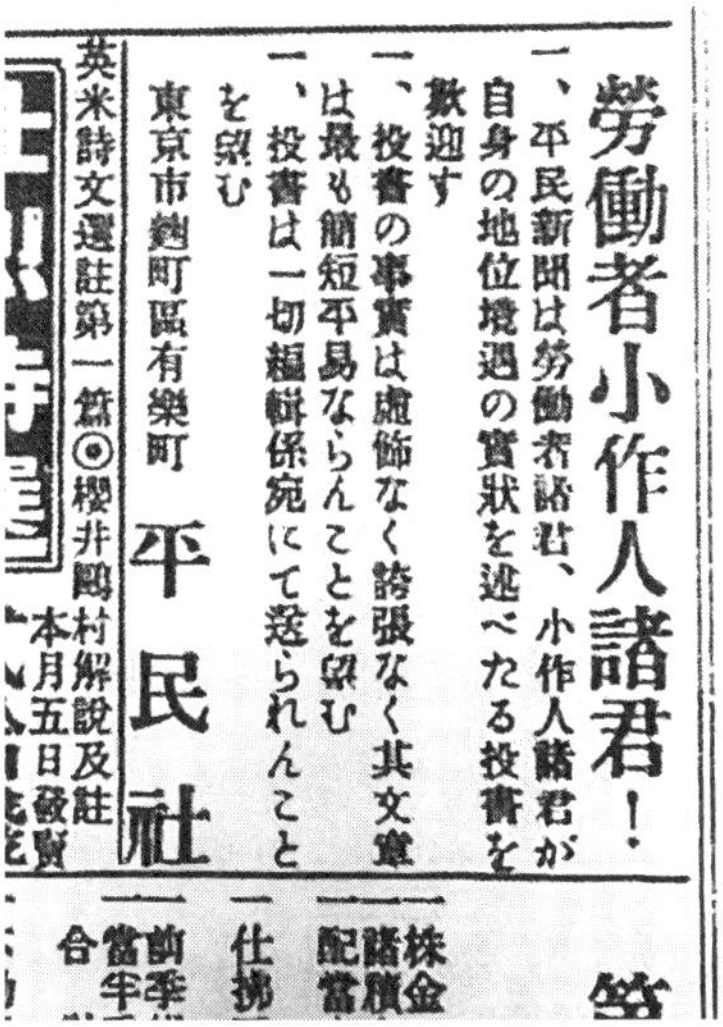
労働者小作人諸君！
一、平民新聞は労働者諸君、小作人諸君が自身の地位境遇の實狀を述べたる投書を歡迎す
一、投書の事實は虛飾なく誇張なく其文章は最も簡短平易ならんことを望む
一、投書は一切編輯係宛にて送られんことを望む
東京市麴町區有樂町　平民社
英米詩文選註第一卷◉櫻井鷗村解説及註　本月五日發賣

図1–6　「労働者小作人諸君！」という見出しで，労働者の投書をうながしている。『平民新聞』1903年12月20日。

このような形で見出される「平民」共同体は、堺利彦も関心を持っていた被差別部落民のあり方と合わせて考える必要がある。一八七一年の賤民解放令後「部落民衆の呼称は、おおむね「旧穢多」「元穢多」「新平民」「新民」「新平」といったもので、それらはいずれも旧身分に由来するものであった。そのように民衆が旧習によって被差別部落の人々を日常生活から排除した」[43]。黒川みどりは「「解放令」は日本近代史研究者にも充分理解されず、「解放令」によって「穢多」「非人」等が「新平民」にされたと叙述され」ることがあるが、「それは誤り」であるとした。「新平民」は差別する社会の構成員がつくりだした差別語である。(44)

明治に入ってから被差別部落の異民族起源説は日本人の境界を作り出すために援用されることが多かった。「新平民」は「異民族」「異人種」という言葉と接合され、われわれとは違うものを意味する記号として使われた。そのため「平民」という言葉を考察する際、プロレタリアとして前景化している人々

平民新聞直接讀者統計表

本紙讀者諸君よりは、讀者の姓名を知らせよとの御請求が屡々あり、本社に於ても諸君の間に親しき御交際のあることを切に希望するので、可成は本紙上に諸君の御姓名を發表したいと思ひましたが、中には其名を公にするのを憚る方も有るやうですから、此には唯其數を府縣別にして發表することゝ致しました

△神奈川	二七	△京都	二五	△山口	一四	△宮城	八
△千葉	三四	△大阪	一五	△廣島	九	△岩手	九
△栃木	一六	△兵庫	三四	△岡山	二一	△山形	四
△群馬	五五	△徳島	三	△島根	一六	△青森	一七
△埼玉	一八	△高知	三七	△鳥取	六	△北海道	九七
△茨城	二九	△愛媛	八	△福井	三	△臺灣	一四
△靜岡	三四	△大分	五	△石川	一〇	△清國	五
△愛知	一二	△宮崎	八	△富山	八	△韓國	四
△岐阜	二二	△鹿兒島	六	△山梨	九	△在外軍隊	三
△滋賀	四	△熊本	一〇	△長野	四四	△歐米	四〇
△三重	八	△長崎	二四	△新潟	三五	△東京	四五三
△和歌山	二〇	△佐賀	九	△秋田	二六		
△奈良	八	△福岡	二八	△福島	二二	△合計	一四〇三

右は直接の讀者のみです、此の直接讀者に約二倍せる、各賣捌所よりの讀者は如何様に配布せれて居るか本社でも取調が付きませぬ、然し多分は之に準じて居る事であらうと思ひます

図 1-7　平民新聞直接読者統計表（『平民新聞』1904 年 7 月 10 日）。多いとは言えないが，数字で全国各地に読者がいることを可視化させている。

が、「新平民」をどのように捉えていたのかについても考える必要がある。

堺利彦をはじめ、多くの社会主義者は被差別部落民に対する厳しい差別を批判する文章を書いている。堺利彦の「人種的反感」は、一九〇三年七月二八日の『万朝報』に掲載された。そもそも、このエッセイは、七月一八日に創立大会を開いた、大日本同胞融和会を支援するために書かれた。大日本同胞融和会は、創立総会を開催しただけで活動はしなかったが、部落改善を謳った初めての全国ネットワークであったと言われている。(45) 秋定嘉和は、水平社創立における社会主義の影響力が過大評価されてきたと指摘し、「堺は身分闘争のもつ意味がわからなかったとしかいいようがない。彼には、運動のなかで、身分闘争の課題を置くことすら考慮にない(46)」と批判している。それ以来、「人種的反感」についても、同様の評価がなされてきたのは確かである。

堺のエッセイが日露戦争をめぐる「非戦論」がたくさん書かれた時期のものであり(47)、そこには、「非戦」言説と類似した構図が見られることに注意すべきであろう。しかも、この構図は、二つの点において、同じ時期に非戦論を主張した幸徳秋水や木下尚江による「新平民」をめぐる議論ともリンクしている。例えば、堺利彦は「人種的反感」において、「反感」とは優等な人種による劣等な人種への差別を意味すると論じた。「露人の猶太人に対する人種的反感」や、「米人の黒人に対する人種的反感」を、「日本国内における劣敗人種」アイヌの「冷遇」や、「新平民」に対する「軽べつ」と同じレベルの行いとして扱う。また、日本人を、「優等なる白人種」と「劣等なる黄人種」に挟まれた「苦労人」として位置づけている。それによって、「劣等な黄人種」の中国人・朝鮮人との差異が見出されるのだ。

今の日本人の為す所を見よ。一方には白人の軽侮に憤慨しながら、一方には支那人を嘲り、朝鮮人を辱め、己の欲せざる所を以て常に人に施すにあらずや。是れ豈に苦労人の心がけならんや。更に転じて日本国内に於ける劣敗人種に対する日本人の態度を見よ。彼のアイノ〔アイヌ〕の如何に冷遇せらるゝかを見よ。彼の謂はゆる新平民の如何に軽蔑せらるゝかを見よ。（中略）日本人にして深く其国内の劣敗人種に同情を寄せ、日本国民にして深く其近隣諸国民を敬愛し、相共に人類同胞の大義を唱へ、欧米白人と相並んで世界の事を処するに至らば、其時にこそ東洋の文明は始めて真に偉大なる光輝を発揚すべきなれ。而して吾人は信ず、是れ実に日本人種の天職なりと。

敬愛する中国人・朝鮮人とは、日本人が「欧米白人と相並んで世界の事を処する」際に、その対象となる人種であることはいうまでもない。人種的差異に基づく差別を批判するが、差別される対象として部落・アイヌ・朝鮮人・中国人を交換可能な記号として使用している。欧米と同等な関係を築けるのは日本人だけだと限定すると、差別の問題が解消されても、日本人と「新平民・アイヌ・朝鮮人・中国人」の位階関係は保持される。この構図は、「平民」という言葉を媒介に、日本の社会主義者と欧米の社会主義者は対等な関係にあると『平民新聞』『直言』で示していることからも浮かび上がる。

中国人や朝鮮人と、日本人の位階の構図は、「如何にして朝鮮を救ふべきや」から始まる木下尚江の「敬愛なる朝鮮」（『平民新聞』一九〇四年六月一九日）で、「古代の猶太」に喩えられる朝鮮と「侵略者」日本の位階関係にも見出すことができる。木下は、「朝鮮人の眼を以てすれば、支那と露西亜と日本と、其の侵略者たるに於て何等相違する所あらず」といいながらも、朝鮮人にとって「最重厄介」は朝鮮政府や皇帝であると指摘している。そのため、日本政府のように、朝鮮の王室と政府とを教導することは最善ではないという。すなわち、他国の支配を免れるには、朝鮮人を「国家的観念の否定」に導くべきであると述べているのである。彼は、「日本」をはじめ、あらゆる「国家」の解体を主張していたわけではない。ここに、「古代の猶太」を媒介に朝鮮と「新平民」の接点が見出されるのである。

幸徳秋水は日韓併合を批判的に語った「朝鮮併合論を評す」（『平民新聞』一九〇四年七月一七日）で、朝鮮人に対する軽蔑と虐待を「新平民」に対する差別を例に説明した。このように部落民と朝鮮人は交換可能な記号として使われていたのである。

新人子更に曰く、

▲スラブ民族が如何に異民族に悪感を懐き居るかは彼れがユダヤ民族に対することにて明白なり、……韓人が露人と合同せんとするは……合同にあらずして併呑なり、韓人は到底使役せらるゝのみ。

吾人の見る所を以てすれば、日本民族が如何に異民族に悪感を懐き居るかは、彼れが謂ゆる新平民に対することにても明白也、日本人が如何に韓人を軽蔑し虐待せるかは、心ある者の常に憤慨せる所に非ずや、韓人が日本人と合同せんとする事あらば、そは合同に非ずして併呑也、韓人は到底使役せられんのみ、（中略）日本が文明の為に戦ひて東洋諸国を指導すと謂ふものゝ其の公明正大なること一に何ぞ此に至るや

ここでは、「東洋諸国を指導」する日本は「公明正大」でなければならないと強調される。秋水はこ

の頃、軍事的に朝鮮を強制併合するのに反対し、経済的膨張を主張していたことと併せて考えると、ここで述べる併合に対する批判は、彼の非戦論や帝国主義批判で繰り返し見られた平和的膨張主義[48]として捉えるべきである。

『平民新聞』『直言』が掲げる「平民」とは日本のプロレタリア、とりわけ平民社や社会主義運動の「同志─読者共同体」を指す。「平民」と「新平民」の境界は、「平民」という枠組みが日本の最下層「新平民」を排除していることを露呈している。同じような構図のもと「新平民」に接続される「朝鮮人」は、「平民」として思考されることはない。ロシア革命をめぐる言説では、連帯すべき外国の「平民」とは、ロシア社会党など欧米の社会主義運動家だったからである。

Proletarier の訳語としての「平民」と、一九二〇年代からよく使われるようになった「プロレタリア」「無産者」との隙間は、帝国日本の支配権力に「不逞鮮人」と名指された者たちの移動と切り離せない。特に内地への朝鮮人の移動は、民族構成に対する想像力の変容を迫り、帝国日本の歴史に亀裂を生むのである。

注

(1) 一九二〇年代から三〇年代までの植民地朝鮮における「女性労働者」に関する研究の流れについては、裵相美『혁명적 여성들 : 프롤레타리아 문학의 젠더、노동、섹슈얼리티』(소명출판、二〇一九年、一九〜二四頁)に詳しく紹介されている。

(2) 藤野裕子『民衆暴力──一揆・暴動・虐殺の日本近代』中公新書、二〇二〇年、一五四頁。

(3) 明石書店、一九九六年、四一頁。

(4) 金富子「関東大震災時の「レイピスト神話」と朝鮮人虐殺――官憲史料と新聞報道を中心に」『大原社会問題研究所雑誌』六六九号、二〇一四年七月、三頁。
(5) 同前、一九頁。
(6) 前掲藤野『民衆暴力』二〇〇頁。
(7) 高榮蘭『戦後というイデオロギー』藤原書店、二〇一〇年の第一章「幸徳秋水と平和的膨張主義」で詳論した。
(8) 堺は、『平民新聞』の一周年記念として共産党宣言の翻訳を薦めたのは、安部磯雄でも、片山潜でもないと述べ、「一番の先輩」であった二人もこの宣言の「名前は聞いて居たが、まだ読んだ事はない」という程度であったと回想している。翻訳を薦めてくれたのは、中江兆民の弟子であり、『平民新聞』創刊のための資金を提供してくれた小島新太郎であった(堺利彦「共産党宣言日本語訳の話」『労農』一九三〇年四月、五七頁)。堺利彦は「日本共産主義運動史話」「(1)平民社時代」(『堺利彦全集第六巻』中央公論社、一九三三年、二一一〜二四一頁)では、小島龍太郎と表記している。
(9) 「共産党宣言」の巻頭言として掲載された堺利彦の言葉(『社会主義研究』一号、一九〇六年三月)。
(10) 前掲堺「共産党宣言日本語訳の話」五八頁。
(11) 玉岡敦「日本における『共産党宣言』の翻訳と、訳語の変遷――1904年から1925年まで」(『マルクス・エンゲルスマルクス主義研究』第四九号、マルクス・エンゲルス研究者の会、二〇〇八年六月、五四〜五八頁)。
(12) 前掲堺「共産党宣言日本語訳の話」五八頁。
(13) 堺利彦「社会運動史話」『社会科学』一九二八年二月。
(14) 幸徳秋水と堺利彦が数節ずつ交互に翻訳を行い、それを相互に批評しながら訂正したようである。堺は「漢文癖の多い秋水の文と、稍や和文臭の多い枯川の文とは、今日でも猶その痕跡を読者に認めしめるもの」があると述べている(前掲堺「共産党宣言日本語訳の話」五六頁)。
(15) 山本武利『新聞記者の誕生――日本のメディアをつくった人びと』新曜社、一九九〇年、一六九頁。
(16) 小森陽一「文学の時代」『文学』第四巻二号、一九九三年四月、七頁。
(17) ここでは、山本武利『近代日本の新聞読者層』法政大学出版局、一九八一年、四一二頁の別表5(A)を使用。

(18) 前掲山本『新聞記者の誕生』一六八頁の「表Ⅲ―1東京、大阪有力紙の年間発行部数」を参照。
(19) 前掲小森、六頁。
(20) 『平民新聞』第一号の「発刊事情」や一七号の「平民社籠城の記」を参照。
(21) 『『直言』解説』労働運動史研究会編『明治社会主義資料集 第1集 直言』明治文献資料刊行会、一九六〇年、Ⅳ頁。
(22) 前掲山本『近代日本の新聞読者層』九六頁。
(23) 前掲山本『新聞記者の誕生』一七二頁を参照。
(24) ここでの数字は、前掲山本『近代日本の新聞読者層』四一二頁にある別表5(A)と(C)を比較した結果である。(C)は『広告大福帳』一九〇四年一〇月号による。
(25) 永沢信之助『東京の裏面』金港堂書籍、一九〇九年、三四四頁。
(26) 紅野謙介「想像の戦争 戦場の記録――『愛弟通信』『第二軍従征日記』『大役小志』を中心に」小森陽一・成田龍一編『日露戦争スタディーズ』紀伊國屋書店、二〇〇四年を参照。
(27) 「社会主義運動史話」より。『中央公論』に一九三一年一月から連載されたもの。ここでは、『堺利彦全集』第六巻、法律文化社、一九七〇年、二〇五頁を使用した。
(28) 以下、荒畑寒村「『直言』の時代」『荒畑寒村著作集』第一巻、平凡社、一九七六年。
(29) 荒畑は自分が「東北伝道行商」の声明で「伝道行商」という言葉を使ったことについて、「キリスト教界が日露戦争の開始に当ってこの戦争を是認し、日本政府の戦争政策に協力する態度に出たのに憤慨して、他の多くの青年社会主義者と同じように棄教した。従って、まだ宗教的観念の残滓が多分に存していたのである」と振り返っている(前掲荒畑「『直言』の時代」四五頁)。
(30) 荒畑寒村編『社会主義伝道行商日記』新泉社、一九七一年、一〇頁。
(31) 「露探」という言葉の作用については、奥武則『露探――日露戦争期のメディアと国民意識』中央公論新社、二〇〇七年を参照。
(32) データは注24(山本武利『近代日本の新聞読者層』)と同じ。

(33) 陸羯南「恐露病の一奇因」『日本』一九〇三年六月二六日(『陸羯南全集』第八巻、みすず書房、一九七二年、一一五頁)。
(34) 木下尚江「流行の毒語「露探」」『毎日新聞』一九〇三年三月四日。
(35) 藤野裕子『都市と暴動の民衆史――東京・1905―1923年』有志舎、二〇一五年、三〇頁を参照。
(36) 前掲藤野『都市と暴動の民衆史』三〇頁、前掲藤野『民衆暴力』一一五頁。
(37) 前田愛『幻影の明治』朝日選書121、一九七八年、二三二頁。
(38) 前掲藤野『都市と暴動の民衆史』二七頁。
(39) 『風俗画報』一九〇一年四月一五日。
(40) 山本武利「週刊『平民新聞』の読者層の系譜」『一橋論叢』第六一巻五号、一九六九年五月、五九頁と六一頁。
(41) 山口功二「『二六新報』のスキャンダリズムとポピュリズム」同志社大学人文学会『評論・社会科学』第五六号、一九九七年一月を参照。
(42) 前掲山本「週刊『平民新聞』の読者層の系譜」五九頁。
(43) 黒川みどり『異化と同化の間――被差別部落認識の軌跡』青木書店、一九九九年、三六頁。
(44) 黒川みどり「近現代編」寺木伸明・黒川みどり『入門 被差別部落の歴史』解放出版社、二〇一六年、一四〇頁。
(45) 小正路淑泰「堺利彦と部落問題――身分・階級・性別の交叉」『初期社会主義研究』第一一号、一九九八年。
(46) 秋定嘉和「部落解放運動と共産主義――初期水平社の階級運動参加をめぐって」渡部徹・飛鳥井雅道編『日本社会主義運動史論』三一書房、一九七三年。一九六五年に部落問題研究所から発行された『部落問題セミナー4』において、馬原鉄男は、堺の「人種的反感」が、「部落異民族説をとりながら、同時に人間平等の立場から帝国主義的民族抑圧にたいして部落民の「民族的自決」の権利を求めている」ものだとして、堺のような考えは、「佐野学をはじめとする初期水平運動の理論家にうけつがれ、水平運動の激烈な実践活動に理論的基礎をあたえている」(二八〇頁)と評価している。秋定嘉和の批判は、馬原のような主張に向けられたものである。
(47) 前掲高『戦後というイデオロギー』第一章「幸徳秋水と平和的膨張主義」を参照していただきたい。
(48) 同前。

第二章　図書館

1　焚書と「図書無館」の時代

一九二一年一一月一三日、朝鮮語新聞『東亜日報』には、平壌支局の記者による「図書館設置を絶叫する」が掲載された。記事は、平壌が朝鮮第二の都市であること、人口がすでに七万人を超えていることに触れながら、このような都市に「図書館類の設置機関が皆無であることは、平壌人士の無能を表示することであり、だから恥辱じゃないだろうか。じつに痛嘆し、絶叫せざるをえない」と嘆いた。植民地朝鮮の他の地域も同様な状況にあった。

そもそも朝鮮半島で近代的な図書館設立運動が本格化したのは一九〇六年頃からである。この動きは、朝鮮が日露戦争の結果として日本の支配下に置かれたことへの危機意識から生まれた。その切実さは、『皇城新聞』の社説「賀図書館之設立」（一九〇六年二月一五日）[1]が、「国力の発達のためには、民智の開明が必要である。（中略）人間の知識は書籍によるが、書籍は教育の根本である。（中略）図書館が設立されれば、それは文明への道を開くことになり、学校を一つや二つ設立することとは比較にならないほどである」と述べていることからも確認できる。

しかし朝鮮人による図書館開館運動は頓挫し、運営中の既存の図書館も閉館に追い込まれてしまう。例えば、一九〇六年二月から設立準備に入った「大韓図書館（設立当初は韓国図書館）」の場合、政府要人の多くが出資者となり、一九一〇年四月に宮内部傘下の国立図書館として発足し、書籍と備品を集め、開館に向けて準備を進めていた。しかし、日韓併合を契機に、すべての蔵書が朝鮮総督府取調局に没収され（一九一一年五月）、閉鎖された。一方、一九〇六年三月に朝鮮最初の民間図書館として平壌で開館した「大同書観」も、蔵書が一万冊あまりで、一週間貸し出し可能な本も数千冊に達するなど、順調に経営されていたにもかかわらず、大韓図書館とほぼ同じ時期に閉館に追い込まれた(2)。こうして「図書館設置を絶叫する」という記事が書かれるほど、一九一〇年代を通して、朝鮮人向けの図書館のない時代が続いていた。この頃、朝鮮語の書物をほとんど所蔵しない、在朝日本人による図書館が増えていったことを考えると、図書館政策も、朝鮮総督府による出版および教育政策と同様に、民族別に差別的な形で進められたことがわかる(3)。

日本人の移動は、一八七六年の江華島条約を契機に本格化する。翌一八七七年には釜山口租界条約により日本専管居留地が設置され、無関税、日本貨幣の流通、治外法権、領事裁判権などが保証される。このような不平等条約を頼りに山口、長崎、福岡県など、主に西日本の人々が移動しはじめた(4)。その後、元山（一八八〇年）、仁川（一八八二年）が相次いで開港する。表２－１にあるように、日韓併合前までは、釜山と仁川の居留地の人口が多かったが、一九〇五年以後京城への移動が急激に増え、日韓併合前後からは京城が在朝日本人の中心地になる。この時期、京城在住の日本人の多くは、植民事業を専門的に進めるために移動してきた「政策的植民者」である。一九一一年六月の職業別統計を見ると一位が官吏（二二三四名）、二位が商店員（一四七八名）、三位が雇用員（一二六九名）の順であった[5]。彼らにとって朝鮮は「最早出稼地にはあらざるなり、儲けたら帰んなんかを歌ふべき土地には非ざるなり、此土は我皇土なり、此土は我墳墓の地」[6]になりつつあった。そのため京城という空間を植民者にとってより住みやすい場に変えるための作業も本格化したのである[7]。

一九〇九年一一月一日、朝鮮皇室所有の昌慶宮を一部壊して、博物館と植・動物園が開園した。「観桜」と呼ばれた花見の名所としても知られ、朝鮮人と日本人を問わず大人気スポットになっていく[8]。また一九一〇年代に入ると劇場は京城だけでも一六館に増え、歌舞伎・浄瑠璃・寄席・浪花節・講談・新派劇・活動写真などが楽しめた[9]。もちろん朝鮮人もこれらの文化施設に出入りが禁じられていたわけではない。ただし日本語で上演される劇を楽しめる朝鮮人は限られていた。日本人が居住する地域では必ず日本語の新聞が発行されている[10]。出版については、一九一〇年代は「新しい統治秩序に適応するために必要な法令集をはじめ受験書と農業書、そして各種の実用書」が主に刊行され、歴史書や文芸書は少なかった。営利を目的とする出版社もほと

表 2-1　都市別の日本人人口

都市	釜山	元山	仁川	京城
1890 年	4,344	680	1,612	609
1900 年	5,758	1,578	4,208	2,115
1910 年	24,936	4,636	11,126	38,397
1930 年	47,761	9,260	11,758	105,639
1940 年	52,003	11,121	13,359	124,155

出典：木村健二「「朝鮮編」総合解題」『日本人物情報大系　第 71 巻 朝鮮編 1』皓星社，2001 年，464 頁より引用。

んどなかったため、単行本は内地からの移入に頼っていた[11]。

一九一〇年代に図書館は、私設図書館だけでも京城文庫の開館（一九〇九年）以来、全国に二〇館ほど作られた。しかし、府民にとって充分な数ではなかったようである。朝鮮総督府の機関紙『京城日報』は一九一六年六月七日付夕刊に、「京城に何が欲しいか」というアンケート結果を掲載している。これによると『京城日報』の読者の希望は、①公会堂（一〇三二人）、②日鮮人社交機関（九八七人）、③本町の混雑を防ぐための交通制限（九七八人）、④図書館（九六二人）、⑤美術館（九四七人）、⑥劇場（九一八人）、⑦私立中学（九〇六人）の順であった。この調査について商業会議所の原勝一は、二日後の同紙に「京城に何が欲しいか——図書館と私立中学校」（一九一六年六月九日夕刊）という論稿を寄せた。彼は、個人が経営する私立図書館は新・旧図書を充分に収集することが難しい。新しい科学がさらなる新しい科学を作り出す現代、京城のような都市には必ず府営の図書館が必要であると述べた。図書館以外にも美術館や劇場といった文化施設を望む声が多く、これは張信の指摘する通り、移動してきた日本人は、自分だけでなく長く朝鮮に根付いて生活する子孫のために教育と教養の再生産を願ったためと思われる[12]。

同様の要望が雑誌『朝鮮』や『朝鮮及満洲』でも散見され、例えば寺内正毅総督が武断政治を実行するための取締や干渉に使う国費と努力の一部を趣味の方面にも分けてほしいといった統治政策批判とも言える形で現れた[13]。在朝日本人社会では、近代的な学校空間を拠点としながら図書館運動が進められていた。しかし、朝鮮人の場合は、民間の募金に依拠した学校や図書館の設立すらも厳しく制限されていた。総督府は、朝鮮の上流階級の蔵書と、比較的出版年の新しい朝鮮語の図書では、明らかに異なる扱いをした。王家や上流階級の両班が所有する漢籍や漢文史料は総督府が貴重書として押収し、日本に移送するか、総督府関連施設や京城帝国大学図書館などで大切に保管した。[14]

一方、植民地朝鮮の出版については、第三次日韓協約(一九〇七年七月二四日)と同じ日に公布した新聞紙法をはじめ、保安法(同年七月二七日)、私立学校令(勅令第六二号、一九〇八年八月二六日)、教科用図書検定規定(学部令第一六号、一九〇八年九月一日)、出版法(公布、一九〇九年二月)を相次いで策定し、差押と焚書を繰り返した。

出版法の公布から日韓併合までの間、書物の差押には二つの経路があった。一つは朝鮮統監府学部が認可しなかった教科書の差押である。学部は七〇種を私立学校で使用できない教科書と認定した。二つ目は出版法に基づいた警察による一般書の差押である。一九〇九年は約一〇種五七六三冊、一九一〇年はさらに三種が追加され、五八三三冊が押収されている。[15] また、一九〇九年の出版法公布以前に刊行された書籍についても、遡及適用する形で(出版法の第一六条に依拠)、押収の範囲を広げていった。その多くは「歴史書、古典、伝記、地理書、初等学校中等学校の教科書で内容が民族的なもの、外国の独立運動」に関するものであり、とりわけ「書名に「大韓」の文字が含まれるものなどは書名を指定して、全国の学校、書店」から押収して一部は「焼却処分」も行ったという。[16]

焚書をめぐる批判は、朝鮮人亡命者が多数暮らす上海から発信されていた。[17] 朝鮮末期に『皇城新聞』の主筆であった朴殷植(一八五九〜一九二五)は、亡命先である上海で刊行した『韓国独立運動之血史』(維新社、一九二〇年)に焚書に関する証言を残している。[18] 朴は、日韓併合前後から「歴史・国語・国文に対する取締が厳しかった」と述べ、その例として、『皇城新聞』の同僚記者であり、五星学校の教師でもあった崔昌植の事件を取り上げている。崔は密かに執筆した韓国史の本を五星学校の教材として使ったことが問題となり、一九一六年一二月二日に、保安法違反で懲役八か月に処された。崔もやはり、その後上海に亡命する。

歴史書が集中的に焚書されたのは、朝鮮総督府が日本人の研究者だけを集めて一九一五年から「朝鮮半島史編纂計画」を進めていたことと無縁ではない。この事業を継承している総督府の直轄機関「朝鮮史編修会」[19]は、「公明・的確」な史書が必要な理由について、「〔史籍の〕絶滅の策を講ずるは徒に労して功なきのみならず、或は其の伝播を激励する」可能性があること、「〔新しい朝鮮半島史の〕編纂なからむか、朝鮮人は漫然併合と連絡なき古史、又は併合を呪咀せる書籍を読むに止まるべし」ことをあげている。[20] そして、「史籍の絶滅」すなわち焚書よりは、朝鮮人が「併合」に納得するように、新しい歴史書作りを優先すべき時期にきていると主張したのである。このような方針は、一九二〇年代半ば以後、図書館の役割に民衆の教化が加えられた文脈と重なる。

ちょうど、この時期（一九二五年四月）に朝鮮総督府は総督府図書館を開館した。とはいえ、その予算は同じ京城にあった李範昇の京城図書館の年間支出額よりも少ないほど貧弱なものであった。京城図書館は李範昇の私財や民間の寄付金によって賄われていた（図2－1）。一方、総督府図書館の開館時に配架された一万二〇〇〇冊のうち一万冊は「朝鮮総督府の事務用図書の払い下げ」であり、「荻山館長も認めていたように、実際の利用に耐えるものではなく、朝鮮教育会からの二〇〇〇冊の寄付によって、かろうじて閲覧業務が成り立って」いて、「図書無館」と揶揄されるほどであった。[21]

朝鮮総督府図書館は、一九三五年一〇月に『文献報告』を創刊するまで、開館から一〇年間、館報す

図 2-1 『東亜日報』1923 年 7 月 29 日 3 面。日韓併合の時に子爵となった閔泳徽からの寄付金 1 万ウォンと，民間の寄付金を集めて作られた京城図書館の開館を伝える記事。

ら発行していなかった。そのためそれまでの図書館の様子は、雑誌『朝鮮之図書館』くらいしか知るすべがない。これは、朝鮮の図書館職員有志による朝鮮図書館研究会の機関誌である。会員のなかには、けっして多くないとはいえ、朝鮮人職員も含まれている。

本章では『朝鮮之図書館』をてがかりとしながら、支配権力の文書庫（Colonial Archives）の役割が期待されていた「図書館」と、そのような空間への侵入が許されなかった不穏な書物たちが、植民地という空間を生きる人々の読書経験にいかに刻まれていくのか、その過程で浮かび上がる様々な立場の人々の動きについても考えてみたい。

2　文化政治と朝鮮語の規範化

一九二〇年代から一九三〇年代はじめにかけて、朝鮮では京城図書館（一九二〇年）、京城府立図書館（一九二二年）、朝鮮総督府図書館（一九二五年）、京城帝

表２-２　植民地朝鮮の図書館利用状況

年度	図書館数	利用者数	１館平均人数
1910	2	7,441	3,721
1919	21	28,496	1,357
1920	18	56,282	3,127
1922	24	190,168	7,924
1923	25	229,060	9,162
1925	36	400,165	11,116
1926	42	481,638	11,463
1928	46	760,204	16,526
1931	50	798,376	15,968
1932	52	1,087,288	20,090
1941	42	1,899,789	45,233

出典：朝鮮総督府編『朝鮮総督府統計年報』1910-1942年，박희영『近代韓国図書館史』などに基づき，김남석（『일제치하 도서관과 사회교육』태일사，2010年，83頁）が作成した統計を再整理した。

国大学図書館（一九二六年）、仁貞図書館（一九三二年）と開館が相次いだ。なかでも京城図書館と仁貞図書館は、朝鮮人によって運営され、朝鮮人の利用者が著しく多かった図書館である。いずれも、他の図書館にはほとんど備わっていなかった朝鮮語の書籍を所蔵していたことも深く関係している。表２-２にある通り、一九一〇年から図書館は増えつづけ、一九三二年にピークを迎えている。その後、図書館の数は減るが、利用者数は増えていく。利用者は、京城図書館が開館した一九二〇年は五万六二八二人だったが、仁貞図書館が本格的に稼働しだした一九三二年には一〇〇万人を超えている。図書館利用者の増加は、普通学校の朝鮮人入学志願者の増加と連動している。日本語リテラシーを持った朝鮮人が増えたのである。そのため図書館の考察には、書物を読むための前提条件となる文字言語をめぐる状況の変化の確認が必要である。

日本帝国は、朝鮮で義務教育を行わなかった。一九一〇年代には、普通学校を志願する朝鮮人は決して多くなかった。しかし、第三章で取り上げる三・一独立運動以降、官公立学校への志願者が急増し、韓国の多くの研究者は一九二〇年以降を「教育熱の時期」と呼ぶほどである（表2−3）。しかし、学生を受け入れることのできる教育機関の増加率は低く、朝鮮が独立するまで劇的な改善は見られなかった[22]。例えば一九二二年に植民地朝鮮の中心都市である京城では、某普通学校の定員一五〇人に対し、志願者が六八五人も集まり、五〇〇人近くの児童が入学できなかったと『東亜日報』は伝えている（一九二二年三月二七日）。この年は京城にある一四校の公立・私立普通学校の定員が二二五九人であったのに対し、志願予定者は二万二〇〇〇人に達していた[23]。在朝日本人向けの学校の数に比べ、朝鮮人が通える学校は少なかった。そのために、普通学校では入学試験が行われることになる。

〔志願する〕児童が数年前に比べ倍以上に増えたため、普通学校を増やす必要がある。しかし、当局は何の対策も講じないまま、むしろ児童を苦しめ、志願者を減らす方策に出た。この四月から入学する児童に入学試験を課したのである。非常に難解な試験で、普通学校の二、三年生の授業が理解できる児童だけを入学させ、残りの半分は落とした。（中略）これを見るだけでも、当局がいかに教育を疎かにし無責任であるかがわかる。（「初学者の入学試験」『東亜日報』一九二〇年四月九日）

表2−3　普通学校入学志願者数

年度	合計	うち女学生	就学率
1912	44,638	3,998	0.4
1918	90,778	11,207	1.0
1920	107,201	13,916	1.2
1922	236,031	32,075	2.7
1924	374,122	55,039	4.5
1926	438,990	68,395	5.2
1930	489,889	86,889	6.2

出典：김진섭『일제강점기 입학시험 풍경』지성사，2021年，50頁の統計により筆者作成。

入学試験は口述式で、日本語や朝鮮語、漢文の能力が問われていたようである[24]。子供に受験勉強をさせるなど、よりよい就労の機会を求めて朝鮮人同士の競争も激しくなっていく。階級やジェンダー、資本の影響により、教育格差はさらに拡がった。この問題は、次節で取り上げる図書館の利用者の増加と深い関係がある。

一九二〇年代の朝鮮では、朝鮮語（ハングルと漢字交じり文を含む）・漢文・日本語の使い分けに慣れなければならなかった。その能力はまさに、入学を望む児童に求められた条件に近い。例えば地名の日本式読み、電話交換手とのやりとり、税金以外の公的な書類の手続きなどをうまくこなせるかどうかは、個々人の言語能力に委ねられていた。

教育現場でいくら日本語を強制しても、総督府の差別的政策により教育を受けられない階層の方が多かったため、植民地の日本語圏は朝鮮語圏の支えなしには成り立たないのが現状であった。しかも口語のレベルでそうだったのであり、文字言語のレベルはさらに複雑な様相を帯びていた。一九二〇年代半ばまで朝鮮人口の九〇％近くが非識字の状態にあった[25]。一九二一年に朝鮮総督府学務局が発表した「朝鮮人の国語を解する者の人口に対する割合表」（『国語普及の状況』）によると、「普通会話ニ差支ナキ者」は男性の〇・五九六％、女性の〇・〇四九％、「稍解シ得ル者」でも男性の一・二〇〇％、女性の〇・一八五％であり、「国語」を「解セサル者」は、男性の九八・二〇四％、女性の九九・七六六％に及んだ[26]。

一九一九年の三・一万歳運動を契機に、日本の支配政策が「武断統治」から「文化政治」へと軌道修正され、言語政策にも大きな変化が見られるようになった。第三章で取り上げるように、日韓併合後、総督府は朝鮮語メディアをすべて廃刊させた。一九二〇年までは、総督府の機関紙である『毎日申報』だけが、唯一の朝鮮語新聞であった。一九一九年八月に朝鮮総督と政務総監が更迭された後、九月二日に朝鮮総督に就任した齋藤実は、朝鮮語メディアを禁じたこれまでの施策のせいで朝鮮人の動向を把握できず、三・一運動を招いてしまったとして、方針転換を図る。総督に就任した二日後には、新聞紙法[27]が禁じていた朝鮮人による新聞・雑誌メディアを許可する旨明らかにした[28]。いわゆる「文化政治」時代の幕開けである。新しい政務統監として文化政治を推進した水野蓮太郎は、「朝鮮字新聞の許可」についで以下のように述べている。

東亜日報や朝鮮日報の諺文〔朝鮮語〕新聞を許したことについては、当時各方面から色々の非難を受けた。寺内伯の如きも反対であつた。併し自分等は朝鮮人の気分を知るには、只総督府の機関新聞だけでは充分で無く、朝鮮人間に如何なる空気が流れて居るかといふことを知るには、多少反対的態度を採る者であつても、根本的に治安を害しないものならば、寧ろこれを認める方が良くはないかといふ考へを持つて居つたので、諺文新聞を許した次第である。諺文新聞中には多少朝鮮統治上に反対の言論をなしたものもあつたが、或る点に於ては、朝鮮人の意向を知る上に於て、利益する所もあつた。殊に今日の時代に、朝鮮人に何時迄も新聞発行を認めないといふことは、事情許さないのであるからして、諺文新聞を許したことは止むを得ぬのである[29]。

朝鮮総督府は、一九一九年一二月五日に日本人が申請した新聞・雑誌六件を認可し、翌年一月六日には朝鮮人による朝鮮語の民間紙の発行を許可した。こうして三月五日に『朝鮮日報』が、四月一日には『東亜日報』と『時事新聞』が創刊された。[30]韓国文学研究者である韓基亨は、総督府がこのような政策に基づき「メディアを通じた民族どうしの「仮想的対立」を許し、検閲体制でこのゲームをコントロールした」[31]という。

「そのゲーム」を支える朝鮮語の規範化が本格化するのも、文化政治期以後である。よく知られているように、朝鮮総督府は、一九二〇年代に入ると教育政策に重点を置くようになった。[32]一九二二年には、文化政治への転換を象徴する第二次朝鮮教育令を公布し、「朝鮮語」が科目として独立する。しかし、それはイ・ヨンスクの指摘通り「国語」の役割をむしろ強め、「同化政策の強化を図るもの」[33]でもあった。このようななか、一九二一年に李允宰、崔鉉培らのハングル研究者は朝鮮語研究会を組織し、ハングル普及運動を展開した。李恵鈴は、武断統治から文化政治への移行によって「言語ナショナリズムとハングル運動を本格化させるための土壌」[34]が整ったと指摘した。確かに「ハングル運動は、その流通と普及のために、メディアとして学校や教会、新聞社、さらに近代国民国家のようなシステムを必要とした」のだった。[35]

そもそも、一九二〇年に創刊された『東亜日報』や『朝鮮日報』のような、朝鮮人による朝鮮語メディアは、最初から朝鮮人の読者にとって読みやすい媒体であったわけではない。問題は、一九二〇年代半ばまで朝鮮人口の九〇％近くが非識字者だったということだけに留まらなかった。それを考えるために、一九二二年に、総督府学務局内の朝鮮教育研究会の機関紙『朝鮮教育』に掲載された、公立普通学校教員洪秉三の言葉を取り上げてみよう。[36]

現今我が朝鮮語の状態を見ると、恰も乱麻の様である。其の不整理なること甚だしく、同一のことを云ひ現はすのに人に依り地方に依りて異り、同一のことを記述するのに亦然りで、時に依つては相語つて意思を通ぜず、人の文章を読みて其の意味を誤解し、為めに飛んだ失敗を招く事さへある。(中略) 天下の人の読む新聞雑誌等に随分間違つた諺文を書いても記者も読者も平気である。

三ツ井崇はベネディクト・アンダーソンを援用しながら「出版語の規範を調える文字、書きことばが「国民」形成に大きな役割を果たす」が「ここに、言語表象の規範としての文字問題が政治化することになる」と指摘している。[37] 上記の引用において、同一のことを示す表現が「人に依り地方に依りて異」なるというのは、まだこの時期に朝鮮語が充分に規範化されていなかったことを物語っている。教員の洪が新聞雑誌に「間違つた諺文」がずいぶんあると言っているので、彼が典拠とする規範は存在している。また、ここで「間違つた諺文を書いても」「平気」であると言われている記者や読者は、別の規範に頼りながら、文章を書き、読書をしている可能性が高い。

朝鮮総督府は一九一二年に「普通学校用諺文綴字法」を制定し、その一回目の改正は文化政治へ政策を転換した翌年(一九二一年)に、二回目の改正は一九三〇年に行っている。この一〇年間は、朝鮮語の規範化をめぐって、総督府の政策と被支配者側のハングル普及運動の緊張関係[38]がもっとも高まっていた時期である。そしてこの頃、ハングル普及運動の先頭に立っていた『東亜日報』『朝鮮日報』など朝鮮語新聞の紙面には、日本語書籍の広告が溢れていた。

『東亜日報』は一九三〇年に、ハングル普及運動を推進して、三年間で三〇万人が朝鮮語を読めるようにすると宣言した。[39] 崔誠姫はこのような動きを「識字率向上の実行と、識字率向上の必要性を世論へアピールし、民衆の利益を獲得しようとした」[40]と捉える。しかし両紙はともに、「朝鮮人」という民族意識の覚醒が販売部数の伸張につながると確信していたことを見落とすわけにはいかない。そのためハングル運動については、新聞の部数拡大の試みとして議論する必要もある。一九二〇年代は、いわゆる「国語ヲ解セル」読者の増加による日本語書籍市場の拡大と、朝鮮語の識字率の向上による朝鮮語メディアの拡大が同時に起きた時期であった。こうしたなか、朝鮮総督府主導の図書館設立政策も進められていたのである。

3　帝国から／への向上心をあおる

図書館が増えると、図書館関係者らの研究会が組織され、朝鮮半島の主要図書館がほとんど参加する規模に成長していく。端緒は、一九二六年に設立された京城図書館研究会であった。一九二八年に全国主要図書館の従事者が参加する形に拡張され、一九三一年には朝鮮図書館研究会に改称された。事務所は朝鮮総督府図書館におき、機関誌『朝鮮之図書館』の発行は京城帝大司書官であった吉村定吉が担当した（『朝鮮之図書館』一九三一年九月号、七一頁。以下『朝鮮之図書館』からの引用は刊行年・号だけ表記する。図2-2）。同誌は、一九三一年九月から一九三八年七月まで、通巻三〇号が刊行された。一九三一年創立時の会員数は、一般会員が一一三名、特別会員が八名、名誉会員が二名（総督府図書館長、京城帝大図書館長）の計一二三名であった。ここには、帝大図書館の三四名、総督府図書館の二三名が含まれていた。会員の内訳や役割をみると、朝鮮図書館研究会とその機関誌は京城帝大図書館主導で運営されていたことがわかる。また、非売品であったこの雑誌に掲載される記事やエッセイ、閲覧者の動向に関する分析などは、購読者が司書をはじめ図書館に何らかの形でかかわっていることを想定して書かれていた。

予算や蔵書の規模の面で朝鮮の図書館の頂点にあったのは、総督府図書館ではなく、京城帝大図書館であった[41]。これはもちろん、総督府の支援がなければ不可能な構図である。第一次世界大戦後、帝大図書館はドイツの賠償金を使って、中国やヨーロッパ諸国の資料と研究書を集め、一九一〇年から総督府の管轄下にあった朝鮮王室の図書館・奎章閣の蔵書まで移管している。同館は、一九二六年から一九二八年までの三年間で、図書購入費として八〇万円を使っている。総督府図書館の一年平均予算が八万円であったこと、京城帝大全体の年間予算が四〇〇万円でその二〇%を図書購入費にあてていることからも、帝大図書館の扱いは特別であったことがわかる。京城帝大の蔵書は、一九二七年の七万七四七七冊から一九三

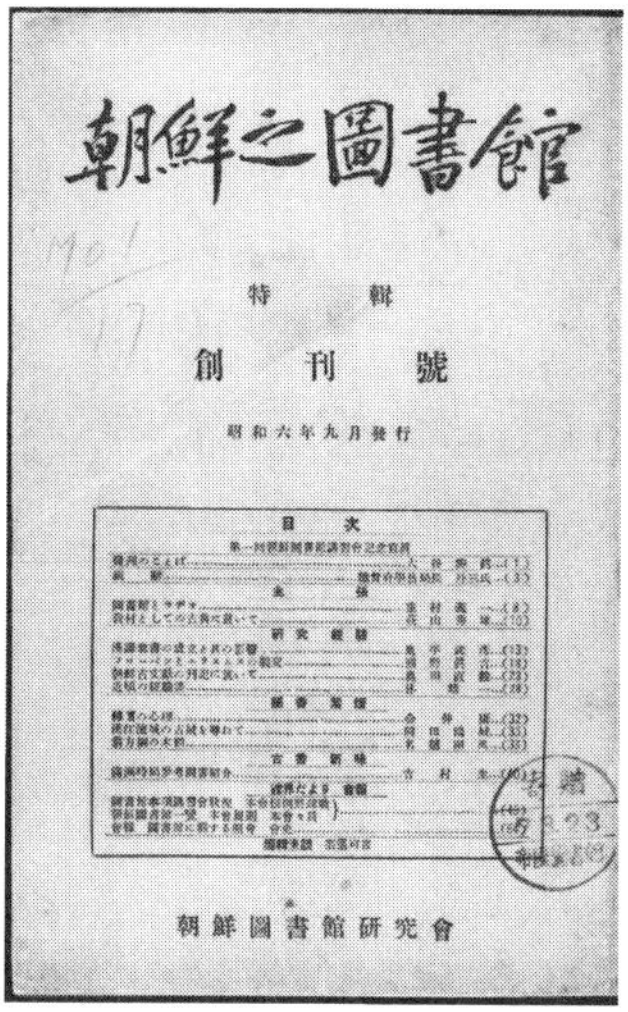

図2-2　『朝鮮之図書館』創刊号の表紙

数	閲覧者の数	
西洋書	年間総数	1日平均
621,848	25,262	79
476,331	993,561	3,236
129,741	436,700	1,327
309,966	32,514	99
130,188	30,104	148
226,954	19,917	60
140,800	132,655	420
139,977	6,268	25
未詳	50,202	159
未詳	341,716	949

元に，陳泌秀「도서목록과 도서원부」陳泌秀編
頁が作成した統計の一部である。

二年には三五万冊に急増した。これは、朝鮮内の官立と私立専門学校の蔵書をすべて合わせた数より多かった[42]。一九三八年三月に行われた日本青年図書館員連盟の調査によると、日本帝国全体で蔵書の数では第五位だった（表2－4）。一般に開かれている帝国図書館に比べ、帝国大学の図書館は「西洋書」の比率が高い。この調査時点で京城帝大には法学部（法科・哲学科・史学科・文科）と医学部しかなかったが（理工学部は一九四一年から）、その傾向は変わらない。

帝大図書館の蔵書は他を圧倒し、京城帝大の学問的権威を確立する大きな要因となっていた。『朝鮮之図書館』創刊号に祝辞を寄せたのも、同誌の刊行責任者だった京城帝大の司書官・吉村である。吉村は創刊号以降、全国の図書館司書を啓蒙するエッセイを次々掲載している。創刊号で「経済国難、思想国難」における図書館の奮起を促し、第三号では「天皇礼賛のシオン運動　附、共産とファッショもの〻紹介」（一九三二年新年号）を発表した。ここでは、一九三二年一月八日の朝鮮独立運動家・李奉昌によるいわば「大逆事件」（桜田門外で昭和天皇の馬車に向かって手榴弾を投げた）を「真に恐懼措く能はざるもの」（一一頁）であり、「当局並に教育家諸氏は非常なる重責を感じ、恐竦痛心して居らる〻事と深く同情」（一二頁）すると述べている。注目すべきは、「教育家」の枠内に図書

表 2-4　10 万冊以上の蔵書を保有した図書館（1937 年 3 月末現在）

	図書館名	設立年月	種類	蔵書の冊	
				総数	和漢書
1	京都帝国大学附属図書館	1899	帝大付設	1,138,878	517,030
2	東京帝国大学附属図書館	1892	帝大付設	1,038,414	562,083
3	帝国図書館	1872	官立	847,676	717,935
4	九州帝国大学附属図書館	1925	帝大付設	566,542	256,675
5	京城帝国大学附属図書館	1926	帝大付設	449,833	319,695
6	東北帝国大学附属図書館	1911	帝大付設	429,758	202,804
7	早稲田大学図書館	1902	私立	408,592	267,792
8	台湾帝国大学附属図書館	1928	帝大付設	346,832	206,855
16	満鉄大連図書館	1907	私立	212,876	未詳
18	朝鮮総督府図書館	1923	官立	199,032	未詳

出典：天野敬太郎・森清『図書館総覧：昭和十三年版』青年図書館員連盟，1938 年，42-129 頁を
『경성제국대학 부속도서관 장서의 성격과 활용——식민주의와 총동원체제』소명출판，2017 年，20

館員（司書）を含めていることである。李奉昌の行為は「共産ロシアの思想、遡っては仏蘭西革命の思想、遠くはシーザー弑虐尚遡っては希臘民主主義の思想に魅せられてる」（一二頁）ためだと断言しながら、図書館利用者をそのような方向に行かせない蔵書の選択を提案している。また、同年七月号「研究　読書指導の一方面実演」においては、図書館人が良書を薦めるレベルに留まっていてはならないといい、「当半島の国語教育に、公衆図書館員が協力努力すべき、語学に関する読書指導」について、「大衆小説家矢田挿雲」（一頁）の『太閤記』を例に説明している。すなわち、図書館員の大切な役割の一つとして、朝鮮人の日本語教育と、良書による朝鮮人の「教化」を強調しているのである。

しかし、吉村が所属している京城帝大図書館が、その役割を担うわけではない。一九三二年に、帝大学生組織の講演部が主催した図書館座談会には

帝大図書館館長と、図書館職員の八名が参加したが、図書館の運営が教員の研究支援に重点を置いており、多くの本が教員個人の研究室に移されていることに不満が噴出した。そして、現在様々に制限のある学生の閲覧を改善してほしいと訴えた[43]。このように、ほとんどが日本人であった在学生への貸出すらも積極的に行われていなかった。帝大側は、蔵書の一般公開はもちろん、「奎章閣」図書の閲覧を朝鮮人研究者にもほとんど認めなかった。

吉村はエッセイで図書館の公共性を強調したものの、それは神聖なる帝国大学を除く、他の図書館の話であった。それに歩調をあわせるかのような動きが、一九三一年に入ってから、官立図書館を中心にみられるようになる。特に総督府図書館では、図書館の利用者層の拡大、すなわち大衆化に向けた新しい試みが始まる。一九三一年一〇月から、釜山、感興、新義州の図書館は巡回文庫を開始した。この年の一月に始まった、本館付属の大衆文庫が軌道に乗りはじめた時期でもある。大衆文庫は、「現在学校教育を受け居らざる一般大衆」を優先して学生の利用を禁ずるとともに、有料であった本館とは違い、無料で利用できるようにした。図書は、吉村が語学教材用として使っていたような、「通俗実用向け」の書籍が揃えられた（一九三二年二月号）。もっとも利用者が多かった学生を制限するために、成人席を一二八に増やし、生徒席を六〇に抑え、「専ら成人教育の達成」を目指していることを強調した（「朝鮮総督府図書館閲覧近況」一九三二年一月号）。一九三三年に入ってからは、大衆文庫に「独学図書、実業教育」の書架を新設し、独学者を支援する方針を明らかにした（一九三三年一〇月号）。しかし、学生を厳しく制限してもあまり効果はなかった。中学生の利用は減らなかったし、専門学校や大学生は一般枠に算入されたため、大衆文庫を利用する学生は結構多かった。これらの利用者に朝鮮人が多く含まれていたのはいうまでもない。

朝鮮人の利用者は年々増え、図書館の利用率は上昇していた。「十月中の一日平均入館者数は六百十人である。この中には新聞観覧者一日平均約二百五十人を含んでゐる」という総督府図書館の報告は、それを示している。他の図書館でも利用者がもっとも多かったのは新聞閲覧であり、総督府図書館もやはり入館者の四〇％近くが新聞観覧者であった。その大半が朝鮮人である可能性が高い。

> 京城府立図書館の読書統計で（中略）鐘路分館の統計を見ると（中略）読書者は日本人よりも朝鮮人の方が一万五百九二人ほど多かった。新聞閲覧者の場合、日本人は一人もいなかったので、朝鮮人の方が一千九六人多いらしい。朝鮮人が日本人より勉学に励むことがこの統計で明らかになっているように見える。しかし、（別）《ママ》の理由を聞いてみると、読書する人々はほとんどが学生と児童であるが、日本人学生と児童は欲しい本が自由に買えるのに対し、朝鮮人の学生は入場料二銭だけ払えば好きなだけ本が読めるので、図書館にいくことが多いらしい。（「春光등진 読書子」『東亜日報』一九二八年四月一〇日）

京城府立図書館の閲覧者の統計から、新聞を購読する経済的な余裕がある日本人学生や児童とは違い、お金のない朝鮮人の学生や児童が無料の新聞閲覧室を多く利用していることがわかる。その他にも、新聞を読むためだけに図書館を利用する朝鮮人が多かったことが伝えられている。

朝鮮人の図書館利用率を考える上で参考になるのが、表2－5である。京城府立図書館は一九二二年

表 2-5　京城府立図書館 朝鮮人と日本人の閲覧

	1924 年 8 月	1926 年 11 月	1928 年 3 月
本館			
朝鮮人	491	2,859	4,128
日本人	2,647	2,879	717
分館			
朝鮮人		7,504	6,922
日本人		75	25

出典：「府立図書館近況」『朝鮮日報』1923 年 2 月 9 日,「府立図書館入場者数：十一月에…」『毎日申報』1923 年 12 月 5 日,「府立図書館閲覧状況」『毎日申報』1924 年 9 月 8 日,「両図書館의 読書者의 近況」『中外日報』1926 年 12 月 6 日,「科学，経済가 全盛…文学 , 語学등 점차감퇴…京城図書館　昨年一二月中 閲覧状況」『東亜日報』1927 年 1 月 8 日,「春光등진 読書子」『東亜日報』1928 年 4 月 10 日に基づいて，김남석（『일제치하 도서관과 사회교육』，태일사, 131 頁）が作成した統計を再整理した。

に開館し、一九二六年には朝鮮人が運営する京城図書館を吸収して分館とした。京城図書館は一九二〇年に開館し、一九二三年には利用者が七万人を超えていたにもかかわらず、安定的な運用資金を確保できなかったため、民間の募金に頼っていた。だが長期にわたる経営難に耐えきれず、京城府立図書館に経営権を譲り渡すことになる。分館には京城図書館時代からの朝鮮語の蔵書が揃っているため、朝鮮人の利用者が多かった。専門書を含め日本語の蔵書が多かった本館でも、一九二六年頃から朝鮮人の利用者が増えていく。利用者の数は、当時の朝鮮人の人口比率を考えると、極めて低い数値かもしれないが、『朝鮮之図書館』の「館界だより」に公開される全国主要図書館で、朝鮮人の利用者の割合が年々高くなっていったのは確かである。

教育機会が得られない朝鮮人の図書館利用者が増えた理由は、教育熱と合わせて考えなければならない。一九二〇年代の朝鮮語新聞を見ると、日本語で書かれた受験準備書と学習参考書の広告が多く見られる。教育熱が沸騰するなか、先述した通り、朝鮮人の入学を許す学校が充分ではなかったからである。

東亞日報

五十萬大兵을擁한
未曾有의北伐計劃

注目되는今後形勢

十日以内에
奉軍總攻擊

北軍歸德占領

五國公使會議

諒解遂成立

松平大使와手交

女學講義

中學講義

商業講義

中等教育の一般的普及!

發行所　早稻田大學出版部

図 2-3 『東亜日報』1928 年 3 月 18 日 1 面。『早稲田大学七大講義』シリーズの広告。このシリーズの広告は，1920 年代の『東亜日報』に掲載された広告で最上位の頻度を誇った。

『東亜日報』の広告で上位七位までは、中学課程の独学が可能なことを売りにする『早稲田大学七大講義』シリーズが占めた（図2-3）。そのうちの一冊であった『中学講義』の広告は、「これからの世の中は、中学卒業位の学力がなければ渡れません」と謳っている。朝鮮の人々にとって「普通学校卒」と「中学校（高等普通学校）卒」は大きな違いがあったようで、朝鮮語による『高等普通学校人学準備書』の広告も頻繁に紙面に登場していた[44]。一九二〇年代後半には、安定した職業や社会的な上昇志向が高まりつつあり、『朝鮮官界の進路』『小学校卒業立身案内』や総督府官僚試験関連の受験書などが、『東亜日報』などの朝鮮語メディアを繰り返しにぎわせた。

それは、『朝鮮之図書館』が伝える閲覧状況の変化とも合致する流れであった。一九三一年一二月号の「朝鮮総督府図書館閲覧近況」では、図書館が「受験勉強の集合所と見做されてゐた時代からは既に完全に脱却して、図書館本来の機能が理解され」るようになったと述べるなど、図書館で受験勉強をすることに批判的だった。しかし、図書館の役割として、民衆の「教化」を強く打ち出す時期から、まるで予備校のように、図書館利用者の受験結果を発表するようになる。特に、一九三四年七月号の「朝鮮図書館界　朝鮮総督府図書館」は「高文や弁護士や医師其他の試験準備のため晴雨に拘らず日々登館して、熱心に勉強して居る内鮮人は頗る多く、また試験合格者も毎年多数に出して居る。最近の医師試験にも毎日登館して居た朝鮮婦人が、三人迄見事好成績で合格した」と述べ、ほかにも「普通文官や警察官、自動車運転手など」の試験を準備する朝鮮人の勉強の場になっていると報告している。

このように、図書館が受験勉強を支える方向へ転換したのは、朝鮮人の利用がもっとも多かった京城府立図書館が「卑猥に失する小説類や、過激に失する思想関係の図書類などは、閲覧を厳禁」（一九三三年一〇月号「館界だより」）としたことと連動していた。図書館という空間が、植民地の人々、とりわけ男性が安定した生活や地位を獲得するための学習の場になろうとした時、そこに相応しくない思想と風俗関連書の排除がさらに進められた。図書館という合法的な場から追い出された書物は、どのような運命を辿るのだろうか。

4　夜市・露店という空間

まず、一九三三年八月一五日の『東亜日報』に掲載された「焚書三千巻　大同江辺の煙に」という記事を読んでみよう（図2–4）。

秦始皇帝やヒトラーにも負けない平壌警察の思想取締り
焚書は昔の秦始皇帝や遠いドイツでだけ見られるものではない。数日中に平壌の大同江辺りでも三千冊の本が煙になるとのこと。これまで押収し、保存期限が過ぎたものの処分に困り、燃やしてしまうことになったという。日本の灯台社が刊行した問題の書物、『審判』『最後の日』などをはじめ、なかなか手に入らない社会科学書の類がほとんどであるが、なかには、口にするのもはばかれる「エロ」書籍も混ざっているという。
最近、平壌では、特に古本屋さんの取締りを強化し、発売禁止になった書物を見つけ次第押収している。その過程で、仁貞図書館の書籍九七冊も問題となり、数日中に燃やされるとのこと。大同

焚書三千卷
大同江邊의煙氣로
◇진시황이나, 히틀러를謂할
平壤警察의思想取締
二人國境마라손
保寧에落雷
兩女子重傷
◇몸이 숯뎅이같이 검어지
應急治療나生命危篤

図 2-4 『東亜日報』1933 年 8 月 15 日。平壌で 3,000 冊もの本が焼かれたことを『東亜日報』も大きく取り上げた。

江辺りで消える書籍だけでも三千冊にのぼるという。

宗教、風俗、思想関連の書物を中心に押収されていることがうかがえるが、ここで注目したいのは、仁貞図書館の蔵書が問題になっていることである。仁貞図書館は、平壌の資産家、金仁貞（図2-5）が私財を投じて、一九三一年一二月に開館した図書館である。植民地期に朝鮮人が運営した図書館は全国で一七か所あったが、仁貞は規模、蔵書、利用率がもっとも安定していた図書館として知られた。開館式に総督府の官僚、地方長官、地元有志らが参列し、大盛況であったことからもわかるように、植民地権力の政策に歩調を合わせる形で運営し、所蔵する本についても、問題が起きないように細心の注意を払っていた。この事件は、仁貞図書館が赤色書籍（全部で九七冊）を任意提出の形式で平壌署に送って解決する。[45]だが、

図2-5 『文献報国』第1巻2号より。朝鮮総督府図書館前で撮った写真。「宇垣総督訪問の一行」というキャプション。右から，22年にわたって朝鮮総督府図書館長を務めた荻山秀雄，仁貞図書館設立者の金仁貞，沖偵介記念図書館長の沖荘蔵，仁貞図書館長の鄭斗鉉。

『東亜日報』や『朝鮮日報』の広告で宣伝され、朝鮮で流通が許可され、図書館でも問題なく閲覧できていた書物が、突然焚書の対象になったことをどうとらえればよいだろうか。

『朝鮮之図書館』をみると、仁貞図書館が開館した一九三一年から翌年にかけて蔵書に対する考え方に変化が起きていることがわかる。創刊号では、次号から「新刊便利帳」という欄を設けると予告される。「毎第揃へて置きますと、出版図書年鑑となる計画です。会員諸彦の利便を計る積りで此欄を設けやうとするのであります」とあるが、それは「会員諸彦の図書購入上の御参考」にしてもらうためだという。興味深いのは、創刊号から誌面には「思想の国難」という言葉が躍っていたにもかかわらず、図書案内には「東日（東京日日）、東京帝大新聞及び京城日報の広告」を網羅していることである。そのため、目録にはレーニン、ブハーリン、マルクス、戦旗派と言われる作家の著作が多く並んだ。

しかし、一九三三年三月（第三巻一号）から状況は急変する。突然、「編輯子は選択した良書の紹介を必要事と考へ安心して備付け得る図書の目録を掲げる」と述べ、新刊紹介の方針が変わったことを明らかにする。初年度には毎号のように並んでいた社会主義関連の書物が消え、その代りに、同誌の「使命の一として特に朝鮮、満蒙に関する図書及び図書館関係図書を夫々別に綱を設け」るとした。朝鮮人の書き手による書物も少数ではあるが、新刊のリストに並ぶことになる。積極的に奨励されていなかったとはいえ、蔵書の候補とされていた思想関連書が、『朝鮮之図書館』から排除された。

これは単に朝鮮の図書館に限定された問題ではない。内地では、一九三三年七月一日に図書館令が全面改正された。大きな改正点の一つが、第一〇条の中央図書館指定に関する規定である。帝国図書館―道府県中央図書館―各管内中小の図書館というラインを作り、上位の指定図書館が下位の図書館の蔵書を管理するシステムが構築された。これについて長尾宗典は「図書館の統制強化」と述べ、「その背景には、地域の青年会が設立した小規模私立図書館の蔵書中にマルクス主義などの過激思想の本が含まれていることへの危惧があった」と指摘している[46]。例えば、長野県立長野図書館長の乙部泉三郎は一九三四年に発禁図書が急激に増えていくなかで「図書館の生命である所の自館の図書が発禁であるか否やを速知するに途無く、一月乃至それ以上後に於て刊行される月報等によつて、初めてその然るを知ると云ふに至つては甚だ心もとなく感ぜざるを得ない」と述べている[47]。それは全国図書館員の共通の悩みであったようで、一九三三年五月一二日に開かれた日本図書館協会主催、第二七回全国図書館大会で富山市立図書館長菊池水造が議題として提出した「発売禁止図書速報」は「賛成」「異議なし」で可決された。それは、「社会教育の中心なる図書館員は警察よりも早く或はそれと同時に発禁図書の内容と理由とを知りたいと思ふ。或は内務省と文部省と協定されて全国図書館に速かに通知願ひたい」という内容であった。(48)

内地で「図書館の統制強化」を進めようとする、まさにその時期に、仁貞図書館の書物の一部が不穏なものとして見出され、燃やされてしまったのである。この問題は、一九三〇年代に入ってから京城の鐘路夜市が急成長したことと合わせて考える必要がある。植民地朝鮮の首都京城において、日本人の盛り場は本町（現在の忠武路）であり、朝鮮人の盛り場は鐘路であった。(49) 最先端の知識を求める人々は民族を問わず、本町の丸善や日本書房などの書店に行くが、安い本や朝鮮語の本を求める場合は、鐘路など朝鮮人が経営する古本屋あるいは夜市を散歩していたようである。(50) この頃の鐘路の古書店や夜市の賑わいは、『朝鮮之図書館』（一九三四年三月号）に掲載された京城帝国大学図書館員・上斗米正の「屑本の埃」からもうかがえる。

十銭均一の中から五十銭、一円の価値ある本を見付けても掘り出しのうちに入ると思はれる人は、鐘路の夜店も歩いて見るべきであらう。此所は私に最初興味を与へた所で、そして今も尚私を楽しませる存在である。時候のよい時は夕食後の散歩に恰好だし、種々の小店が客を呼ぶさまも未だ朝鮮の匂ひを失はないで面白い。この数十の夜店の間に古雑誌、屑本の類を蓆の上に並べた店が六七軒ばかりも出て居る。外に又諺文〔ハングル〕の新小説などを販ぐ店も二三軒あるが、そんな店には大概年増女が立膝で店番をして居る。此所の古本類の出所はボロ買ひからしく、引越をしたとか、押入を片付けたと思はれる日曜の後などに少し変つたものが出る様である。

上斗米のいう「諺文の新小説」とは李光洙の小説など朝鮮語の近代小説が現れる前の小説を意味する。それらは、露店で量り売りされることが多かった。帝国大図書館員である彼は、露店や汚い朝鮮の古本屋にある書物を、図書館に並べるために見て回っているわけではない。図書館への侵入が許されないものを見て回る趣味を持っていたようである。上斗米と同じルートを、朝鮮人のなかでも高等教育を受けている人々は、社会主義書物や禁書を求めて歩いた。露店の場合、この引用のような「非識字の女性」が重さを基準に値段の交渉をすることが多く、人々は掘り出し物を探す感覚で立ち寄っていた。[51] しかし、鐘路の古本屋は、一九一〇年一一月以降、日本憲兵、警察、朝鮮人憲兵補助員による家宅捜査を繰り返し経験しており、常連客や信頼できると判断する客にだけ、禁書を紹介・販売していたようである。[52]

こうした風景は京城だけに見られたわけではなかった。權明娥の指摘する通り、風俗紊乱の恐れがあるとして厳しく取り締まられた旧小説（朝鮮王朝時代の小説）は「一九三七年になっても、相変わらず、近代的な流通の経路ではなく、ジャンナル（地方などで市場の立つ日）の露店や貸本屋、回し読みなど、非公式的な流通経路」[53]によって生き延びていた。図書館で所蔵が許されない取締対象の書物が回し読みや第五章で議論する雑誌『戦旗』の読書会のような場で、朗読（翻訳）を媒介に広がる時、それに参加しているにもかかわらず書物の読者と想定されなかった、非識字者による「読書」の形態についても考える必要がある。

このように常に移動し拡散する「屑本」の文書庫は、支配権力の文書庫（Colonial Archives）としての役割を担っていた「図書館」とは明らかに異なる形態で維持され、生き延びてきた。京城帝国大学図書館が、莫大な資金をかけて、立派な蔵書や建物を作りあげることができたのは、朝鮮総督府が植民地統治の成功の結晶として帝国中央に示そうとしたからである(54)。だとすれば、図書館こそが、帝国日本における文化的なヘゲモニーを争う場であり、支配権力の戦略的な空間フレームによって作り上げられたものと言えよう。

朝鮮総督府が支援する形で、京城帝大図書館が帝国のヒエラルキーで上位を目指す動きは、識字能力のある朝鮮人が図書館で夢見た上昇志向とパラレルな関係にある。先述したように、「高文や弁護士や医師其他の試験準備」に勤しむ朝鮮人や、「普通の文官や警察官、自動車運転手など」の試験を準備する朝鮮人、帝国大学図書館で勉強する朝鮮人にとって、図書館は、日本帝国の統治システムで上昇するための空間であったからである。そのため図書館という分析軸を用いた議論には、支配者側の視点がすでに内包されていることに意識的でなければならない。

しかし、もう一つの路上の図書館ともいえる「屑本」たちを軸に考えると、農村の女性、特に非識字読者までをも視野に入れる必要がある。その意味において「図書館」という名詞を、支配権力による空間フレームの呪縛から切り離して考えることは大切であり、以下ではまさにそのような「屑本」たちも視野に入れながら議論を展開したい。

注

（1）김남석『일제치하 도서관과 사회교육』태일사、二〇一〇年、一六頁、注2には、社説全文が収録されている。

（2）宇治郷毅「近代韓国公共図書館史の研究――開化期から一九二〇年代まで」国立国会図書館『参考書誌研究』の「I開花期の図書館事情」、国立国会図書館、一九八五年九月を参照。

（3）在朝日本人図書館については、加藤一夫・河田いこひ・東條文規『日本の植民地図書館』社会評論社、二〇〇五年の「第五章　朝鮮の図書館」、金永起『공공도서관 장서를 통해본 한국사회 지식의 흐름』한울아카데미、一九九九年を参照。

（4）부산대학교 한국민족문화연구소『부산의 역사와 문화』부산대학교출판부、一九九八年、一四四～一四五頁。

（5）高崎宗司『植民地朝鮮の日本人』岩波書店、二〇〇二年、一二一頁。

（6）「趣味化の設備」『朝鮮及満洲』第四九号、朝鮮及満洲社、一九一二年三月、六頁。

（7）一九〇五年から一九三〇年代までの京城という都市空間作りと在朝日本人の「趣味」言説については、辛承模「식민지기 경성에서의〝취미〟――재경성（在京城）일본인의 이념화 변용과정을 중심으로」『日本言語文化』第一七号、韓国日本言語文化学会、二〇一〇年を参照した。

（8）「観桜」と植民地空間の記憶については、박선영「식민지 근대 경관（景観）과 장소성（場所性）、창경원 벚꽃놀이와 군중의 탄생」『문학과 환경』第二〇巻三号、二〇二一年九月を参照。

（9）홍선영「경성의 일본인 극장 변천사――식민지도시의 문화와〝극장〟」『日本文化学報』四三号、二〇〇九年一一月を参照。

（10）在朝日本人の新聞発行については、박용규「일제하 지방신문의 현실과 역할」『韓国言論学報』第五〇巻六号、韓国言論学会、二〇〇六年一二月、李相哲『朝鮮における日本人経営新聞の歴史（一八八一―一九四五）』角川学芸出版、二〇〇九年、水野直樹「식민지기 조선의 일본어 신문」『역사문제연구』第一八号、역사문제연구소、二〇〇七年一〇月を参照。

（11）一九一〇年代における朝鮮の出版市場と在朝日本人の出版業については、張信「1910년대 재조선 일본인의 출판활동 연구」『日本学』第三五号、東国大学校日本学研究所、二〇一二年一一月を参照した。

(12) 同前、一九頁。

(13) 「趣味の向上」『朝鮮』第一九号、一九〇九年九月、「趣味化の設備」『朝鮮及満洲』第四九号、一九一二年三月など。

(14) 藤本幸夫『日本現存朝鮮本研究 集部』京都大学学術出版会、二〇〇六年、ix～x頁と藤本幸夫『日本現存朝鮮本研究 史部』の「前言」大韓民国東国大学出版部、二〇一八年を参照。

(15) 張信「한국강점 전후 일제의 출판통제와 〝51종 20만권 분서(焚書)사건〟의 진상」『역사와 현실』第八〇号、韓国歴史研究会、二〇一一年六月、二二九頁には、当時の『朝鮮総督府官報』『警察月報』などに基づいた詳細な統計資料が示されている。ここでの数字は張信のデータを参考にした。

(16) 前掲加藤・河田・東條『日本の植民地図書館』一九五頁。

(17) 例えば、上海で刊行された英字新聞 *The China Press*(『大陸報』)の記者ナサニエル・ペッファー(Nathaniel Peffer)は、一九一九年に朝鮮を取材して「朝鮮の歴史は〔出版は〕厳禁である。合併条約が締結されるやいなや、日本人は韓国のあらゆる国史を押収し燃やしてしまった。韓国の文化を一字一画でも記録していると、没収し、焼却した」と書いている。「あらゆる国史を押収し燃やし」たという過度な表現については注意を要するが、焼却が行われていたのは確かである。前掲張「한국강점 전후 일제의 출판통제와 〝51종 20만권 분서(焚書)사건〟의 진상」二二七頁。

(18) ここでは、소명출판、二〇〇八年度版(一三一頁)を使用。

(19) 「朝鮮半島史編纂計画」を本格化するために、一九二二年に朝鮮史編纂委員会が発足するが、それを拡大する形で、一九二五年には総督府の直轄機関「朝鮮史編修会」が設立される。ここでは東京帝大、京都帝大の国史学者、東洋史学者をはじめ、朝鮮の知識人までをも含んだ大がかりな歴史編纂プロジェクトが進められた。沈熙燦「「朝鮮史編修会」の思想史的考察——植民地朝鮮、帝国日本、「近代歴史学」」(博士論文、立命館大学、二〇一二年)を参照。

(20) 朝鮮総督府朝鮮史編修会編『朝鮮史編修会事業概要』一九三八年、六頁。

(21) 前掲加藤・河田・東條『日本の植民地図書館』二〇三頁。

(22) 김진섭『일제강점기 입학시험 풍경』지성사、二〇二一年から、植民地朝鮮における「教育熱」について多くの示唆を得た。
(23) 同前、五六頁。
(24) 「『桃花』를 何其知耶 여섯살먹은신입학생에게『모々하나』등日語로試験」『東亜日報』一九二二年三月二〇日など。
(25) 盧榮澤「日帝時期의 文盲率」国史編纂委員会『국사관論叢』一九九四年。
(26) ここでの数値は、朝鮮総督府学務局『大正十年一月 国語普及の状況』七〜九頁(ここでは渡部学・阿部洋編『日本植民地教育政策史料集成 朝鮮篇』第一七巻、龍渓書舎、一九八七年を参照)に基づいて、イ・ヨンスク(『「国語」という思想――近代日本の言語認識』岩波書店、一九九六年、二五三頁)が算出したものを使用した。
(27) 「一九〇七年七月二四日附則三条を含め、全三八条によって構成された新聞紙法が頒布された。統監府による新聞紙法の制定は、韓国内の言論統制を布くためのものであった。(中略)一次新聞紙法が充分な効果を発揮しなかったために、一九〇八年四月には改訂案が作られた。(中略)朝鮮総督府は、韓国の強制的な領有と同時に『大韓毎日申報』をはじめ、韓国人による新聞を強制的に廃刊し、世論に基づく潜在的な対抗権力の存在可能性を消滅させた。これによって、総督府は、植民地社会の唯一な絶対的権力としての位置を獲得した」(韓基亨「근대어의 형성과 매체의 언어전략」『문예공론장의 형성과 동아시아』成均館大学出版部、二〇〇八年、五四〜五五頁)を参照。
(28) 「訓示」『朝鮮総督府官報』第二一二一号、一九一九年九月四日。
(29) 「朝鮮行政」編輯総局編『朝鮮統治秘話』帝国地方行政学会、一九三七年、二〇八〜二〇九頁。
(30) 『朝鮮日報』と『東亜日報』の創刊の背景については、張信『조선・동아일보의 탄생――언론에서 기업으로』역사비평사、二〇二一年、이민주『제국과 검열――일제하 신문통제와 제국적 검열체제』소명출판、二〇二〇年を参照した。
(31) 韓基亨「문화정치기 검열정책과 식민지 미디어」윤해동・천정환・허수・황병주・이용기・윤대석엮음『근대를 다시 읽는다②』역사비평사、二〇〇六年、一八三頁。

(32) 駒込武『植民地帝国日本の文化統合』岩波書店、一九九六年。
(33) 前掲イ『「国語」という思想』の第一二章「〈同化〉とはなにか」を参照。なお、イ・ヨンスクは、「「三・一独立運動」の衝撃を受けて朝鮮総督府は、「文化政治」という聞こえのいいスローガンで民族運動を押さえこもうとしたが、実際には「同化政策」はより巧妙になり、ますます強化されていった」(同書、二四四頁)と指摘している。
(34) 李惠鈴「한자 인식과 근대어・문학의 내셔널리티」『한국소설과 골상학적 他者들』소명출판、二〇〇七年を参照。
(35) 李惠鈴「한글운동과 근대 미디어」『大東文化研究』第四七号、成均館大学校大東文化研究院、二〇〇四年九月。
(36) 洪秉三「朝鮮語の研究」『朝鮮教育』第六巻第一二号、一九二二年九月、四七頁、五一頁。この資料については、三ツ井崇『朝鮮植民地支配と言語』明石書店、二〇一〇年、一三九頁から示唆を得た。なお、朝鮮総督府による朝鮮語の規範化に関する問題についても、三ツ井の同書から大きな示唆を得た。
(37) 前掲三ツ井『朝鮮植民地支配と言語』七六頁を参照。
(38) 同前、第三章第四節に詳論されている。
(39) 『東亜日報』の社長である宋鎮禹の「三年間に三十万名」。三ツ井崇、임경화・고영진訳『식민지 조선의 언어 지배 구조―조선어 규범화 문제를 중심으로』소명출판、二〇一三年、二二九頁から再引用。
(40) 崔誠姫「植民地期朝鮮におけるハングル普及運動――朝鮮日報・東亜日報の運動を中心に」二〇〇五年度一橋大学院修士論文、二〇〇六年、七七頁。
(41) この時期の京城帝大図書館の特別な立ち位置については、鄭根埴「경성제국대학 부속도서관의 형성과 운영――제도이식론과 권력의 재현 사이에서」『사회와 역사』八七輯、한국사회사학회、二〇一〇年九月を参照。
(42) 鄭駿永「제국일본의 도서관체제와 경성제대 도서관」『사회와 역사』一〇五輯、한국사회사학회、二〇一五年三月、一三四～一三五頁を参照。
(43) 京城帝国大学学友会「会報」一九三二年、一七〇頁(ここでは、復刻版、소명출판、二〇一二年を使用)。
(44) 表「一九二〇～一九三〇年 東亜日報 広告 頻度数가 높은 책」千政煥『근대의 책읽기――독자의 탄생과 한국근대문학』푸른역사、二〇〇三年、一八六～一八七頁などを参照。
(45) 「仁貞図書館赤色書籍処分」『東亜日報』一九三三年八月一七日による。仁貞図書館の本が処分される過程は『東亜日報』と『朝鮮日報』で数回報道された。
(46) 長尾宗典『帝国図書館――近代日本の「知」の物語』中公新書、二〇二三年。
(47) 乙部泉三郎「発禁物と公共図書館」『図書館雑誌』一九三四年四月号、一五頁。
(48) 「第二十七回全国図書館大会記事」『図書館雑誌』一九三三年七月号、一六九頁。
(49) 최병택、예지숙『경성리포트』시공사、二〇〇九年、第三章を参照。
(50) 鐘路の街が本屋を中心に賑やかな様子は、雑誌『三千里』一九三五年一〇月号の「書籍市場調査記：漢図・以文・博文・永昌等書市에 나타난」を参照。
(51) 이경훈『(続) 책은 만인의 것』보성사、一九九三年、三九九頁を参照。
(52) 이중연『고서점의 문화사』혜안、二〇〇七年、第二章と三章を参照。
(53) 權明娥『음란과 혁명―풍기문란의 계보와 정념의 정치학』책세상、二〇一三年、一一五頁。
(54) 前掲鄭「제국일본의 도서관체제와 경성제대 도서관」。

第三章　不逞鮮人

1　朝鮮統監政治の新造語

帝国日本の統治権力やその権力に守られている人々にとって、「不逞鮮人」とは「われわれ」の世界を乱す犯罪者をさす言葉である。植民地朝鮮の警察官僚だった頃から、民俗学の研究者としても知られていた今村鞆は、[1]一九二八年に京城で刊行された『歴史民族朝鮮漫談』（南山吟社）[2]で「抹殺したい熟字」として「不逞鮮人」を真っ先に取り上げている。

故国復興の熱誠に燃えて不軌を図るならば夫れが間違つて居るにもせよ其志しには多少の敬意を与へて「政治犯鮮人」と云ふべく、若し夫れ強盗無頼の徒ならば「鮮人強盗団」とでも云ふべきである、或は悪事をする鮮人と云ふ意味ならば、不逞内地人も、不逞米人も、不逞英人も有るべきで、鮮人のみに特に不逞を冠する理由が無い。

此熟字を慣用せしため、一般鮮人の迷惑は甚だしい、若し此熟字無かりせば、彼の大震災の時の不祥事は軽微の程度を超へざりし事と思ふ。

初めに排日鮮人と云ふ文字を使用して居たが、伊藤統監は、甚しく夫れを嫌ひ、公文に其文字を書くことを禁じた、其後警務局の誰れかゞ不逞鮮人と云ふ文字を造つた。

今村は全ての朝鮮人が同じではないとし、独立運動を試みる人々には「多少の敬意」をはらって「政治犯鮮人」と呼び、強盗など刑事法に触れそうな部類は「鮮人強盗団」、ただの悪事を働くものであるなら朝鮮人も内地人も英国人も同じ「不逞」に分類すべきだという。今村は「不逞」に重きをおいているが、「鮮人」も「不逞」に負けず劣らずの差別語であった。今村は「鮮人」という言葉については無頓着である。それは「鮮人」と呼ぶ側、そして「鮮人」と呼ばれる側の間にはかなりの温度差があったことを示す。

そもそも「鮮人」は「日韓併合」後に、総督府の支配政策が生み出した新造語（日本語）である。一九一〇年八月二九日に公布された「併合条約」の表記は「韓国」「韓人」で統一されていた。しかし、同じ日の勅命によって「韓国の国号は之を改め、爾今朝鮮と称す」ことになり、まずはあらゆる公文書や地名などから「大韓」と「皇帝」が消えた。第二章で述べた通り、「書名に「大韓」の文字が含まれるもの」は押収し、その一部は焼却した。

このような措置と連動する形でメディアにおいても変化が生じた。植民地の人々の呼び名に関する内海愛子と梶村秀樹の詳細な調査によると、併合直後は「朝鮮人」が多く用いられていたが、一〇月頃から新聞紙上に「鮮人」という言葉が見えはじめ、急激に一般化したという。(3) 一九二〇年まで朝鮮人による朝鮮語メディアが許されていなかったことを鑑みると、「鮮人」という言葉は植民者が朝鮮人を呼ぶために作られ、日本語メディアを通して広がったと言えよう。それに対し、植民地の外部で増えていった抵抗運動グループは、「韓」という漢字を組織名に取り入れた。例えば、上海の「新韓青年団」「大韓民国臨時政府」「韓人社会党」のように、併合の直後から「鮮」と「韓」の闘いが繰り広げられたのである。

このような植民者と被植民者の「鮮人」をめぐる温度差は、一九二一年に歴史学者の喜田貞吉が朝鮮で行った講演の逸話にもうかがえる。喜田は講演の主催者から「植民地」とか「朝鮮人」「鮮人」という言葉は「こちらの人が嫌がるからなるべく避けてほしいと言われた」という。それについて喜田は「事実朝鮮の人を「朝鮮人」と云ひ、或は略して「鮮人」といふに何の不思議があらう。自分は今日民族同化の事を述べたいと思うて居るのに、朝鮮人又は鮮人といふ語を封じられては洵に話が仕にくい」(4)と記している。喜田は、一九一〇年の日本と韓国の「「併合」のさい、熱心に日本と朝鮮の「同種」論を唱えた代表的人物」(5)である。

講演の主催者は、三・一独立運動からまだ二年で、日鮮同祖論を喧伝するために用意した場で「植民地」「朝鮮人」「鮮人」という言葉を使えば、聴衆の朝鮮人を刺激するかもしれないと危惧したのだろう。一方、喜田にとって、次節で議論する朝鮮民衆の独立闘争である三・一運動は「朝鮮に於て騒擾事件」、「暴動」であった。喜田は、三・一運動を起こすような暴力的な朝鮮人が「漸次其の多数に同化して、言語・風俗・習慣を改め、其の思想を一にするに至らば、彼我の区別は全然撤廃せられて、渾然融和したる一大日本民族をなす」ことが可能であると主張している。[6]「同化」する前の「朝鮮人」を「鮮人」と略することについて、朝鮮人がどのように思うかについては興味がない。

このような言葉の使用は、同じ時期に、社会主義者である山川均の文章にもあらわれている。山川は「若し日本の労働運動が是等の鮮人労働者をその陣列のうちに同化し結束することが出来なかつたなら、鮮人労働者は却つて資本家階級が日本の労働階級を打敗る戦ひの道具に利用せられるかも知れぬ」（「日鮮労働者の団結」『前衛』一九二二年九月号）と述べている。喜田貞吉のいう日本民族と朝鮮民族の「同化」や、山川均のいう日本人労働者と「鮮人」労働者の「同化」は、民族と階級という異なる構図の上に立っているのは確かである。しかし、両方のいう「同化」は、朝鮮人が日本人より劣っているという前提の上に成り立っている。

このような「鮮人」と「不逞」を組み合わせた「不逞鮮人」に関する今村の定義に再び戻ってみよう。これを彼の経歴と合わせて考えると非常に興味深い。[7]今村は一八七〇年に高知県に生まれた。大阪で警察官として勤務した後、文官普通試験に合格して東京警視庁に配属された。一九〇八年に朝鮮半島に渡るが、この頃大韓帝国は伊藤博文統監の支配下にあり、警察行政機構は統監府直属に再編されはじめていた。[8]今村は朝鮮警務局長であった松井茂の推薦で忠清北道警察部長に抜擢され、その後江原道と慶尚南道で警察部長や衛生部長などを歴任した。日韓併合前のこの時期をのちに振り返って、今村は「庶時創業の際にして、未だ法令も完備せず、行政上唯手加減を以て処理する事務甚だ多か」ったと述べている。[9]

韓国が併合された一九一〇年からは朝鮮総督府直属の警務総監部南部警察署に所属し、一九一四年からは平壌警察署長、済州島警察署長を務め、一九一七年には全羅南道地方土地臨時委員になった。その配属先は、朝鮮の全道に及んでいる。日本帝国の統治システムが整備されるまさにその時期に、今村は帝国日本に対する「犯罪行為」とは何か、どう分類するか、朝鮮人とじかに接しながら判断を求められる立場にあった。まだ制度が整備されていない時期に、職務の助けになると思い、民俗学の研究を始める。「警察民俗学」[10]と呼ばれるゆえんである。彼は「如何にせば、職務の執行が民度と調和を得るかと云ふ点に付き、苦心」し、「朝鮮の風俗習慣を知了するの必要事たることを適切に感じ、幾度か之れが調査に着手」[11]した。赴任先が変わるたびに、その地方の風俗について詳細に調査を行っていた。今村は、帝国の警察として、植民地朝鮮における「不逞鮮人」の生成と拡散を可視化する位置にあった。

彼の最後の公職は、総督府管轄で朝鮮の旧王族に関する事務を行う李王職庶務課長であり、一九二五年まで五年間務めた後退職した。朝鮮王室の公式記録『高純宗実録』には、一九二三年九月三日付で「因東京大震災、命本職事務官今村鞆屬池尻萬壽夫出張東京」と記されている[12]。今村は震災二日後に関東大震災を調査するために東京出張を命じられており、震災の直後に内地で不逞鮮人という言葉がどのように広がり、どのような結果を生んだのかについても知り得る立場にいた。

一九二四年一二月一日付『朝鮮日報』の「八面鋒」欄（一面）には「今村鞆という日本両班が抹殺したい熟語として「不逞鮮人」「上海仮政府」「内鮮融和」などを列挙した。表面だけは賛成である。只、内面理由は正反対」と記されていることに注目したい。先行研究では、今村の「不逞鮮人」に関する記述は、本章の冒頭で引用した一九二八年の文献が出典とされてきた。しかし、この『朝鮮日報』の記事ではその四年前、震災の翌年に公開されたことになる。ここから、今村の「此熟字を慣用せしため、一般鮮人の迷惑は甚だしい、若し此熟字無かりせば、彼の大震災の時の不祥事は軽微の程度を超へざりし事と思ふ」ことこそが、出張先の東京で経験した関東大震災直後の報告であるとわかる。ここで不祥事とは「朝鮮人虐殺」を指している。今村は罰せられるべき「不逞鮮人」と「一般鮮人」を線引きしており、それに対し『朝鮮日報』は「表面だけは賛成」するが、「理由は正反対」と反応したのである。

「不逞鮮人」は日本語を媒介に内地へ広がり、関東大震災で大きな力を発揮した。このような言葉の移動は、第一章で述べた通り、内地で「朝鮮人」が可視化され、目立つようになったこと、すなわち朝鮮人の移動と連動している。植民地で朝鮮人と直に接しながら、何が日本帝国に対する犯罪行為なのかを判断し、「不逞鮮人」を見出していた今村が憂慮するほど、この言葉は一九一〇年代から二〇年代にかけて拡散した。その過程で「不逞鮮人」に分類された人々の殺戮は正当化され、痛みを伴わないものになっていく。

ここでは「不逞鮮人」がどのように異なる文脈に翻訳され、増殖したか、その言葉の運動性について注目する。この言葉を媒介に起きた朝鮮語メディアと日本語メディアの近代的な交錯と衝突を捉えなおし、識字のある／なしを軸にし、識字のある世界だけを想定しがちな帝国日本の文化史が抱えている問題について考えてみたい。

2　帝国メディアと闇メディアの攻防

今村鞆によれば「不逞鮮人」は朝鮮総督府の警務局の造語だという。それを確認するすべはない。た

だ、朝鮮人自身が「不逞鮮人」という言葉を作りだした可能性は極めて低いことを考えると、この言葉は朝鮮を管理する側の作った「日本語」であると考えるべきである。例えば、日本帝国時代の歴史資料の閲覧ができる「한국사데이터베이스（韓国史データベース）」「한국역사정보통합시스템（韓国歴史情報統合システム）」で「不逞鮮人」を検索すると、日本の公文書では、抗日運動をする人々をマッピングする用語として使われていたことがわかる。公文書だけでも四二九六件がヒットする。ここに全ての帝国の公文書が網羅されているわけではないのだが、一九一〇年度あたりから、「不逞鮮人」の使用が徐々に増えていくことが確認できる[13]。

例えば、日韓併合二か月前である一九一〇年六月二五日付で、間島総領事永瀧久吉が小村寿太郎外務大臣あてに作成した「間島總領事館ニ在韓帝國官吏配置ノ件（文書番号：機密送第二八号）」では、「間島地方ニ於ケル不逞鮮人ノ動静ヲ調査シ兼ネテ其取締ヲナス爲メ韓國事情ニ通スル在韓帝國官吏ヲ貴館及ヒ分館ニ配置シ館長監督ノ下ニ專ラ在留韓國人視察ノ任務ニ當ラシムル目的」として憲兵を配置することが報告されている。このような派遣は、日韓併合の後に本格化した。朝鮮総督府明石元二郎警務総長が寺内正毅総督あてに作成した「不逞鮮人ノ件」（一九一二年八月二八日付。図3-1）では、間島に派遣された憲兵の報告を引用する形で「危険思想ヲ持ツ朝鮮人」に関する報告が行われている。間島総領事代理は外務大臣に「在露不逞鮮人ノ現況ニ関シ報告ノ件」（一九一八年一〇月一日付。図3-2）という全三一頁にわたる報告書を送っている。満州やロシアの領事館員、軍人、スパイなどが外務省や内務省、朝鮮総督府に提出する報告書でも、朝鮮半島でも、「不逞鮮人」は公文書の表題となり、分類されていく。それは裏を返せば「朝鮮独立運動史」となる。韓国政府が、韓国史データベースや韓国歴史情報統

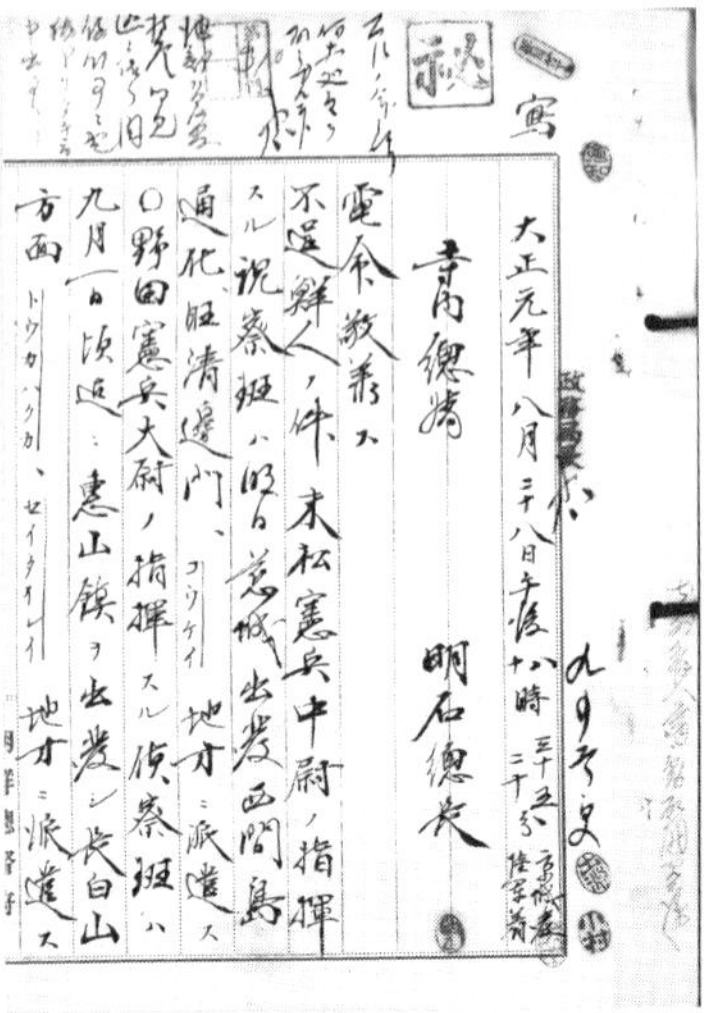
大正元年八月二十八日午後八時三十五分
寺内總督
明石總長
電命敦義ス
不逞鮮人ノ件 末松憲兵中尉ノ指揮スル視察班ハ昨日慈城出発西間島
通化、旺清辺門、地方ニ派遣ス
〇野田憲兵大尉ノ指揮スル偵察班ハ
九月一日頃迄ニ恵山鎮ヲ出発シ長白山
方面 地方ニ派遣ス

図3-1 朝鮮総督府明石元二郎警務総長「不逞鮮人ノ件」（1912年8月28日付。韓国国史編纂委員会「韓国史データベース」）。寺内総督あての公文書の中に，「危険思想ヲ持ツ朝鮮人」のことを「不逞鮮人」と記している。

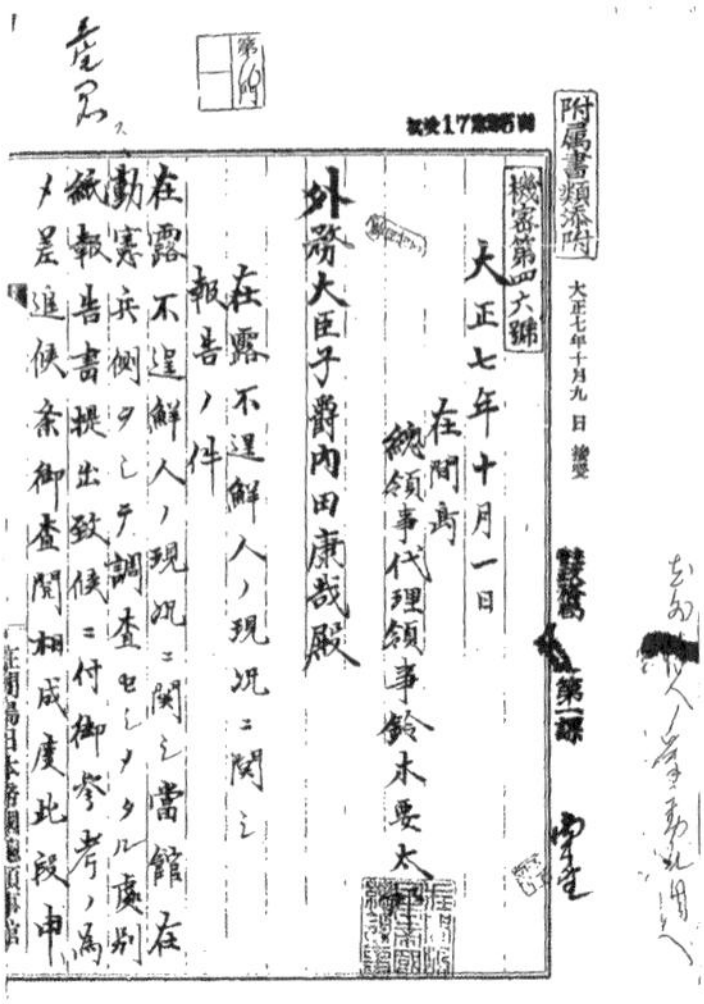
附属書類添附
大正七年十月九日接受
機密第四大號
大正七年十月一日
在間島総領事代理領事鈴木要太郎
外務大臣子爵内田康哉殿
在露不逞鮮人ノ現況ニ関シ報告ノ件
在露不逞鮮人ノ現況ニ関シ当館在勤憲兵側ヲシテ調査セシメタル處別紙報告書提出致候ニ付御参考ノ為メ茲ニ進供候条御査閲相成度此段申

図3-2 間島総領事代理「在露不逞鮮人ノ現況ニ関シ報告ノ件」（1918年10月1日付。韓国国史編纂委員会「韓国史データベース」）。外務大臣あての報告書には，「不逞鮮人」という表題が使われている。この時期になると不逞鮮人という言葉は公文書の中に定着している。

合システムでこれらの資料をアーカイブ化し、本文を閲覧できるようにしたのはそのためである。

「不逞鮮人」は植民地支配を行う側にとって、帝国日本に抵抗しその安定を脅かす危険な動きや人々を意味した。そのため武力的な抑圧は正当化され、殺傷も許されたのである。例えば、一九一九年五月三〇日に、朝鮮軍司令官宇都宮太郎が陸軍大臣田中義一あてに「不逞鮮人殺傷致死ノ件報告」を提出している。ここには、個人的な恨みを晴らすために虚偽の密告をした朝鮮人を刀で斬り殺した朝鮮軍中尉の行為を正当防衛として処理したという記述がある。正当防衛の根拠は、中尉が下痢や発熱による「身体衰弱」の状態にあって冷静な判断が難しかったこと、しかも相手が嘘つきで暴力的な「不逞鮮人」であったことだった。報告書の末尾には「本件ニ対スル内鮮人側ノ風評」が掲載されており、後述する三・一運動で威力を発揮した「風評」に過敏になっていた様子がうかがえる。独立運動の余震が続くなか、この残忍な事件が朝鮮人社会を刺激するのではと恐れていたことがよくわかる。

機密扱いの文書に、帝国の統治システムを乱すものの総称として定着した「不逞鮮人」は、大規模な抵抗運動である三・一独立運動を契機に、大衆にも急速に広がっていくことになる。『東亜日報』の「横説竪説」欄（一九二三年二月一四日付）が、「「不逞鮮人」という文字を愛用する日本人が「万歳〔三・一独立運動を指す〕」以来甚だしく」増えたと皮肉るほどであった。

三・一独立運動は、朝鮮半島全域と外部の朝鮮人コミュニティで、一九一九年三月一日から数か月にわたって同時多発的に生じた蜂起である。朝鮮総督府の武断政治は、それまで憲兵と警察が一体となった制度の暴力性が大きな特徴であった。その効果は明らかで、一九〇九～一八年に「民乱〔朝鮮語：民衆蜂起のこと〕」は激減する。いわゆる「民衆騒擾事件」は九年間で一一件に過ぎない。朝鮮末期から日本に併合されるまで、毎年数十件も起きていたことを考えると、趙景達の指摘する通り「民衆は抗議さえできない状況の中で、閉塞感を募らせて」いたのは確かである。(14)

米国大統領ウィルソンは、一九一八年一月八日に第一次世界大戦の戦後構想として一四か条の平和原則を発表した。民族自決主義と呼ばれるほど、被抑圧民族・国家の独立や自治などを謳っている。その枠組みに列強の植民地は含まれていなかったことに気づかずに、多くの朝鮮人はそこに独立への可能性を見出し、期待を寄せていた。アメリカ、中国、ロシア、東京の朝鮮人組織はウィルソンに接触を試みたり、パリ講和会議に代表を送ろうとするが、全て失敗に終わる。しかし、その影響は東京の留学生たちによる一九一九年の「二・八独立宣言」へ、さらに三・一運動へと連鎖していく。

三・一運動の直接的な起爆剤となったのは、大韓帝国の皇帝・高宗の死である。この年の二月二二日に高宗は六六歳で突然亡くなる。その死因について朝鮮総督府は脳溢血だと発表したが、それを信じる人は少なく、様々なウワサが広まった。もっとも信憑性があると思われたのが毒殺説である。総督府の御用メディア以外に朝鮮語メディアがなく、第二章で確認した通りほとんどの朝鮮人が朝鮮語の識字能力すらなかったので、このウワサは口コミで急激に広まっており、その大きな誘因は総督府政治に対する不信であった。

一九一〇年代を「風聞の時代」と呼んだ(15)権ボドゥレは、日露戦争と日韓併合から、三・一運動に至るまでのウワサの役割について、次のように述べている。

日露戦争に勝利して日本帝国の支配が本格化するにつれ、日本に対する警戒心と恐怖、敵愾心と憤怒は高まる一方であった。短髪令と土地収用令、墳墓の破壊と即決処刑など、人々が恐れを抱くべき現実的な根拠は十分あり、そこに想像力が加味され、ウワサをよりリアルなものにした。とりわけ情報から疎外された地域においてウワサは大きな力を発揮した。（中略）弱小民族は滅びるという一九〇〇年代的な「滅亡」に対する恐怖に比べると、これ〔一九一〇年代のウワサ〕は婉曲で間接的な恐怖であり、「言語」というよりは「雑音」に近かった。一九一〇年代のウワサと風説は、厳しい制限を強いる亡国の時代の不満と不安、そして政治的な抵抗の可能性もはらんだ。併合直後、中国東北部でコレラが流行し、警察が予防措置としてネズミ捕りを奨励した時も、総督府はネズミを別の用途で使おうとしているというウワサが広まるなど、民間のウワサは植民地統治に対する不信を全方位に広める役割を果たした。[16]

このような時代に、朝鮮半島では天道教やキリスト教など宗教団体を中心とする独立運動が動き出した。そこに現れたのが早稲田大学に留学中の宋繼白である。彼は李光洙が作成した二・八独立宣言書を印刷し広めるべく、活版印刷に使用する朝鮮語の活字の購入と運動資金を集めるために京城で活動を開始し、東京での動きを伝えた。宋は宣言文を書き写したシルクの端切れを学生服の裏に縫い付けて朝鮮半島に持ち込んだ。それを見た天道教の崔麟や崔南善らは刺激を受け、独立運動の計画が本格化する。東京で書かれた独立宣言書は、宋繼白を媒介に、京城の崔南善の独立宣言書草案に接合されたのである。さらにここに京城医学専門学校の韓偉健や普成専門学校の朱翼、京城の学生たちが独自に進めていた計画に結びつく。

図 3-3　高宗の葬式の光景。『独立記念館展示品図録』1995 年改訂版，89 頁。

当初は三月三日に独立を宣言する予定であったが、混乱を避けるため三月一日に変更された。三日は高宗の柩が京城の街を回って墓所に向かう日であったためである（図3-3）。独立宣言書は二万一〇〇〇枚印刷され、多くはキリスト教や天道教の組織を経て全国に配布された（図3-4）。特に三月一日の午後二時に全国六か所で同時に宣言式を行うことができたのは、キリスト教系組織が密かに独立宣言書の配布に成功したからである。総督府は三月四日から三・一運動の報道を禁じ、三月七日に解禁している。よって三月一日のデモの情報は、メディアではなく、二〇万人以上の国葬参加者によって全国に伝えられたことになる。三月五日に起きた南大門前のデモは、独立宣言を一回性のものにしないという意志を明確にし、三・一運動を持続化・長期化する決定的なきっかけとなった。

朝鮮総督長谷川好道は、一九一九年三月一日付で「諭告」を出し、朝鮮人の間で広まるウワサや地下

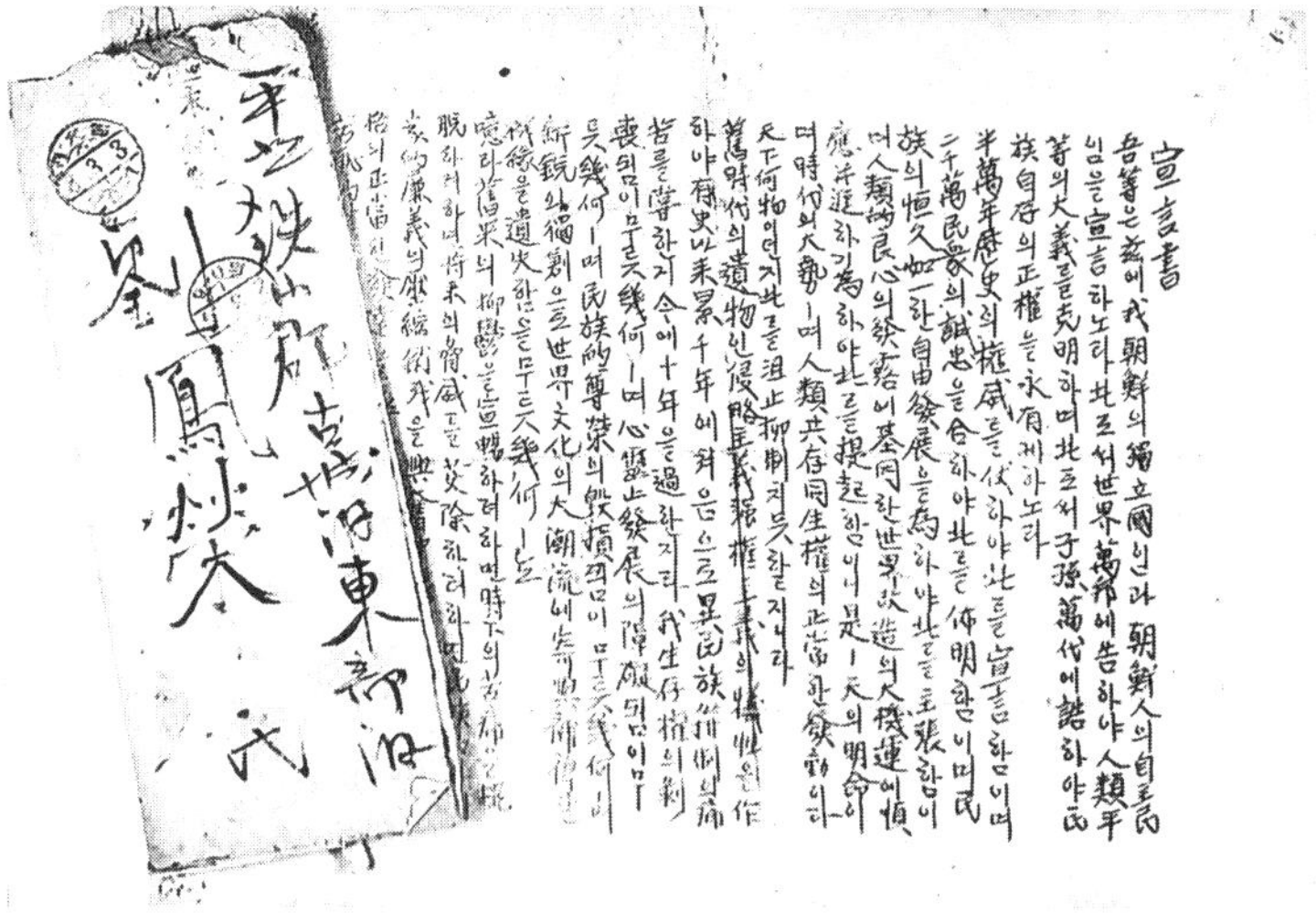

図 3-4　鉄山に郵送された独立宣言書。封筒には 1919 年 3 月 3 日の消印が押されている。三・一運動当時，ソウル在住の匿名の人から，朝鮮半島北部の平安北道鉄山郡に住む劉鳳榮宛に送られた謄写版の独立宣言書。鉄山で蜂起することを促す内容。鉄山では 5,000 ～ 6,000 人以上の群衆が集まり，激しい万歳デモが展開された。『独立記念館展示品図録』1995 年改訂版，98 頁。

メディア、それによって組織されるデモを「流言蜚語」による「軽挙妄動虚説浮言」として厳重処分すると警告し、言葉通りに実行した。次節で取り上げるように、それは軍隊による殺傷を伴ったことであった。この警告は総督府機関紙『京城日報』の号外でただちに拡散された。翌二日には、同紙朝刊にも全文（三月一日付）が再録された。これは朝鮮人の身体を含む様々な朝鮮語メディアに対する宣戦布告であった。

此ノ盛儀ノ行ハレムトスルニ方リ或ハ無稽ノ流言蜚語ヲ放チ徒ニ人心ヲ蠱惑セシメムトシ時ニ喧擾ニ渉ル徒輩アルヲ見ルハ寔ニ遺憾ニ堪ヘス庶民宜シク互ニ相戒ミ相誡メ以テ敬弔ノ誠意ヲ致スコトニ万

遺漏無カラムコトヲ期スヘシ若シ夫レ軽挙妄動虚説浮言ヲ捏造シ人心ヲ揺乱セシムルカ如キ言動ヲ敢テスルモノアルニ於テハ本総督ハ職権以テ厳重処分スヘク寸毫モ仮借スル所ナカルヘシ

『京城日報』は総督（府）と同様な視点から、「庶民」の「心ヲ蠱惑セシメムトシ時ニ喧擾ニ亘ルノ徒輩」をあらわす記号として「不逞」な「鮮人」を前景化していく。

そもそも日本帝国が朝鮮のメディアを統制し始めたのは日露戦争の直後からである。一九〇七年七月には大韓帝国政府が「新聞紙法」を制定し、発行前に二部の納本を義務付けていた。事前検閲の開始である。これらすべてが日本の監督下で行われていた。[17] 一九一〇年の日韓併合直前に韓国統監（併合後は初代総督）として赴任した寺内正毅は、いわゆる「新聞統一政策」で朝鮮人発行の民間新聞を全て廃刊とした。[18] 総督府機関紙以外の朝鮮語新聞は許可されなかった。

日本語新聞の『京城日報』は、初代朝鮮統監であった伊藤博文の指示により、京城にあった日本人経営の『漢城新報』と『大東日報』を買収し、朝鮮統監府の機関紙として一九〇六年九月一日に創刊され、一九四五年一〇月まで続いた。伊藤博文は日本語メディアを通して「対韓保護政治の施措に就き之を中外に宣明し、誤解疑惑を一掃する」ことをねらっており、新聞名を自らつけるほど、新たなメディア事業に期待を寄せていた。[19] その姿勢は日韓併合で初代総督になった寺内正毅にも受け継がれた。彼は「京城日報社員は忠君愛国の精神を発揮して朝鮮総督府施政の目的を貫徹するに勗むる事」という訓示を与え、それが社是となった。[20]

寺内は、当時『国民新聞』の社長であった徳富蘇峰を招き、『京城日報』の運営を任せた。陸軍大臣寺内正毅が韓国統監に就任する可能性があると聞きつけると、手紙を送り（一九一〇年五月六日付）新聞方面での貢献を申し出た蘇峰の願いが叶ったのである。[21] 蘇峰だけでなく、『京城日報』の社長や編集局長はほとんどが日本のメディア界で活躍していた人々であった。特に一九二〇年代以降は外交官、貴族院議員、県知事経験者が経営陣に任命されるほど政治的な比重が高くなり、斎藤実総督は『京城日報』の社長を総督府のナンバー2に相当する「外部の警務統監」と言うほどであった。[22] 総督府は『京城日報』の創刊後、英字新聞『The Seoul Press』も作った。また併合後は朝鮮語新聞の『大韓毎日新報』を買収し、朝鮮語新聞『毎日申報』を発行した。これらの媒体の監督・社長・編集局長の人事権は全て総督府にあった。いずれも総督府の御用紙としての役割だけではなく、大衆紙的な性格も兼ねそなえた。一九一三年には『京城日報』と『毎日申報』の経営を統合し、一九二〇年三月には通信業務の認可を得て、京城日報社のなかに『大陸通信』を新設し、一日二回発行した（図3-5）。同年五月には、京城日報社東京支社にも『大陸通信』編集部が設置され、朝鮮と満州で取材した記事を内地に送ったり、内地で起きた出来事を朝鮮と満州に知らせる役割を担った。[23] このように朝鮮人による朝鮮語メディアが不在のまま、総督府の機関紙は体制を整えていく。

唯一の朝鮮語の全国紙であった『毎日申報』は、一九一〇年代に文化の最先端としてヘゲモニーを握っていた。[24] 三・一運動における『毎日申報』の戦いについて、千政煥は以下のように述べている。

「各地騒擾状況」欄を特設し、現状を隠蔽するか、なるべく控えめに報じるとともに、朝鮮民衆の風説（ウワサ）や檄文、外国メディアの情報を「事実ではない、デマである」と否定する論法を取

図 3-5 『京城日報』と『毎日申報』の編集局。『京城日報社誌』京城日報社，1920 年 9 月。右：『京城日報』編集局，左：『毎日申報』編集局。

った。つまり『毎日申報』は、「親日派」や植民地ブルジョア、官僚の「反三・一運動」言説を利用しながら、イデオロギー闘争をしていたのである（中略）風説は口述文化の産物であり、民衆メディア（あるいは、対抗メディア）の性質をそなえている。風説と新聞の対決は、植民者とその手先が抱える現実主義的合理性と、民衆の願望・理想主義の対決でもある。この対決は、「武断統治」という言葉に凝縮される一九一〇年代のメディア状況から生じ、帝国主義の「先端」メディアと、植民地民衆の時代遅れのメディアとの間で繰り広げられた戦いであった。

千政煥の指摘する通り、この時期は「口述（非文字）」メディアと「文字メディア」の相

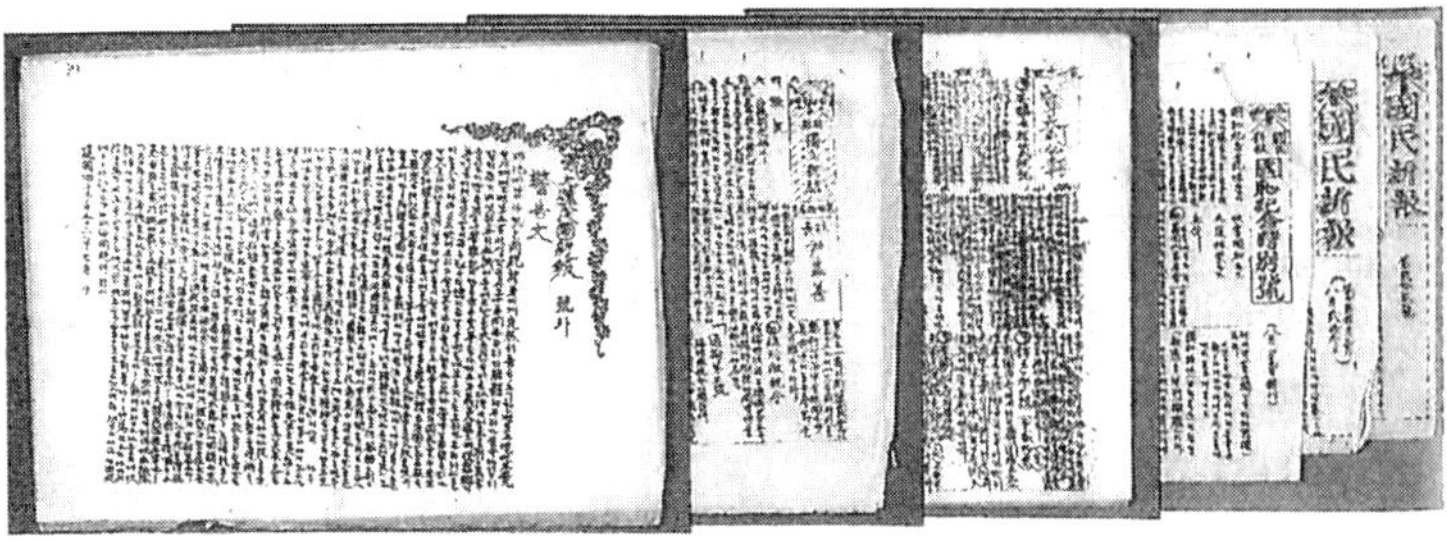

図3-6　三・一運動以降に流通した秘密新聞。1919年7～8月。『独立記念館展示品図録』1995年改訂版，95頁。

互作用が激しく起きており、両方の対決を媒介に、既存のメディアと「先端」メディアの混用・混合が加速した。朝鮮人の新聞や雑誌が不在のなか三・一運動が勃発し、運動に参加した人々によって独立宣言書をはじめ新聞・檄文・警告文など形を変えたメディアが作られ、増殖したのである。「(地下) 新聞」の場合、一九一九年三月から七月の間に刊行されたものだけでも三〇紙を超えた。国外発行のものまで含めると、六〇紙以上となる（図3-6）。その他、天道教系の普成社が発行する『朝鮮独立新聞』をはじめ、『光州新聞』『江華独立会報』、「臨時政府宣布文」「臨時政府令」「新韓民国宣言書」、そして、納税拒否、日本商品の排斥、親日派の粛清などを主張するチラシ、檄文、ポスターも制作された。大邱の慧星団という秘密結社は、宣伝ビラを一一種も制作している[25]。

　三・一独立運動のさなかに発行された地下メディア『独立新聞』は、当時の媒体の増殖と変形の典型的な過程をたどった。デモでは独立宣言書と似たような役割をした。三月一日だけでも、ソウルで一万枚以上ばらまかれ、独立宣言書に劣らず人々の情報源となった。発行者が逮捕されたりしても、他の人が自発的に発行を繋いでいった。まるでリレーのような形で数か月にわたって発行され続けた。

運動を指揮する中心があったわけではない。権ボドュレの的確な指摘通り、三・一運動はまさにメディアの「増殖と変形の運動性」が最大限発揮されたメディア戦争でもあったのである。[26] このメディア戦争において朝鮮を支配する側が「敵」とみなしたものの総称こそが「不逞鮮人」である。この言葉は公文書の枠をはるかに超え、広範囲に拡散されていくことになる。

3 法域の間隙と不穏な情報戦

日本各地（朝鮮を含む）で刊行された新聞をもとに水野直樹らが運用していたデータベース「戦前日本在住朝鮮人関係新聞記事検索 1868-1945」によると、見出しに「不逞鮮人」を含む新聞記事は、全部で一七五件であった。一九一九年以前は「不逞鮮人」という見出しは皆無であるが、一九一九年四月から一九二三年の震災までの間に一一九件に急増（一九年二件、二〇年四八件、二一年二六件、二二年二〇件、二三年二二件）し、一九二四年から四五年までは五六件へと減っていく。[27] このデータベースには『読売新聞』の統計が入っていないなど、すべてのメディアを網羅しているわけではないので、正確な数字であると言い切ることはできない。しかしアンドレ・ヘイグの指摘の通り、一九一九年から二三年までが「不逞鮮人」報道のピークであったことは確かであろう。[28] 例えば、『朝日新聞』のデータベースでも同じ傾向が見てとれる。一九一九年以前は合計二件であったのに対し、一九一九年には一六件、一九二〇年には一〇五件にまで増えている。また、『京城日報』でも、同様の傾向が見られた。同紙が創刊された一九〇六年から一九一九年の三・一運動の直前までは六件だけであったが、その直後から一二月までは三二件に増え、翌一九二〇年には一三〇件へと急増した(29)。内地の主要メディアは政府や軍部の発表に基づいて三・一運動を報じており、朝鮮民衆を「暴徒」、「暴民」視する傾向があった(30)。そのような時代に『太い鮮人』(一九二二年一一月)を創刊し、「不逞鮮人」を堂々と名乗り、以下のように問いかけた金子文子と朴烈は、今村鞆が番人になっていた世界の住人たちにとってもっとも警戒すべき人間であった。

「太《ふて》い鮮人」発刊に際して

日本の社会で酷く誤解されて居る「不逞鮮人」が果して無闇に暗殺、破壊、陰謀を謀むものであるか、それとも飽く迄自由の念に燃ゑて居る生きた人間であるかを、我々と相類似せる境遇に在る多くの日本の労働者諸君に告げると共に〔印刷の鉛版が潰れ判読が二行分難しい〕は「太い鮮人」を発刊する。勿論本紙を後援するのも自由なれば攻撃するのも亦諸君の自由だ。

関東大震災の後、当局は「不逞鮮人」による暴動を既成事実とするために、金子文子と朴烈を「保護検束」した。二人は一九二五年に刑法第七三条(大逆罪)ならびに爆発物取締罰則違反容疑で起訴され、一九二六年に死刑判決を受ける。現在ではこの一連の出来事は、震災後の朝鮮人虐殺事件を隠蔽するために仕組まれた、捏造事件だったことがわかっている。金子文子と朴烈は「恩赦」により無期懲役となったが、文子はそれを拒否し、獄中で縊死した。自死とされるが、その死をめぐる詳細は、いまに至るまで明らかにされていない。

一九三三年に刊行された『高等警察用語辞典』は、植民地の高等警察用語と内地の用語に差異が多いことと、新語が増えたことを理由に、朝鮮総督府警務局が三回目の改訂を行ったものである。高等警察用の手軽な「職務上の参考資料」とされた辞典は五〇音順に並び、「大逆事件」という項目は「朴烈」の件だけで埋まっている。[31] この辞典でいう「不穏行動」とは、「黒濤会を組織して主義研究に没頭しその妻金子文子並に金重漢等と共に「不逞社」なる秘密結社を組織し」たことを指す。「不穏」「主義」「不逞」が「大逆事件」を構成する大切な要素であると、朝鮮の高等警察官に示すのである。

韓基亨は、先述した「韓国歴史情報統合システム」を利用し、「不穏文書」という用語が一九一九年の三・一独立運動を契機に凄まじい勢いで拡散したことを明らかにした。三・一運動の間、内地や中国、ロシア、米国で刷られた檄文や宣言書が朝鮮半島に持ち込まれており、文書の流通範囲は日本帝国全域に及んだ。三・一運動に関わった多くの人々が「出版法違反」の廉で逮捕されている。[32] このように「不逞鮮人」と「不穏文書」という言葉の生成と拡散は時期が重なっていた。

同じ時期、コミンテルンを媒介に、日本人の社会主義者と朝鮮の社会主義者は本格的に接近する。[33] 趙景達が指摘している通り、内地の社会主義運動の主体は三・一運動についてほとんど発言をしなかった。[34] 一方、吉野作造の黎明会は朝鮮人留学生を招いて三・一運動の志について聞いたり、講演会を開いて朝鮮総督府の武断政治や同化政策を批判した。吉野の影響下にあった東京帝大の新人会は朝鮮の植民地化を不可とする議論まで展開している。その流れに変化が生じたのが、朝鮮人密使の仲介により、一九二〇年一〇月に上海で大杉栄がコミンテルンと接触を持ったことにうかがえる。大杉栄はコミンテルンの資金を用いて、アナ・ポル提携を基盤としながら、一九二一年一月に『労働運動』(第二次)を創刊した。

金子と朴の『太い鮮人』とその周辺で次々と生まれた朝鮮人メディアは、このような新たな動きとして捉える必要がある。金子と朴は、一九二二年に出会い、同年七月に小新聞『黒濤』を創刊した。これは内地にいる朝鮮人社会主義者やアナキストが中心となって結成した黒濤会（一九二一年一一月結成）の機関誌であった。『黒濤』は『太い鮮人』（不逞社の機関誌、一九二二年一一月創刊）、その後は『現社会』（一九二三年三月創刊）へと姿を変えていく。わずか三か月の間に、雑誌名を三回も変えている[35]。なかでも『太い鮮人』の発刊は黒濤会の解散（一九二二年一〇月）と時期を同じくしており、これまで黒濤会で共に活動してきた朝鮮人の社会主義運動家たちと距離を置き、アナキスト色をより鮮明にしたと言われている[36]。ただ、『太い鮮人』の第二号を見ると、黒濤会の解散後にできた、アナキストを中心とする黒友会と社会主義者による北星会の活動を並べて報告しており、「朝鮮の詐欺共産党」と高麗共産党と漢城共産党を糾弾した第一号とはかなり温度差があることに注意が必要である。

朴烈と袂を分かった金若水らは、東京で朝鮮語の雑誌『大衆時報』を刊行しながら新たに北星会を組織し、京城にも北風会という支部を設置した。このグループは、第一次朝鮮共産党が組織されるまで、朝鮮人社会主義運動内で大きな派閥を形成していく。新聞・雑誌・出版物などの検閲を担当する内務省警保局図書課は、このような動きを早い段階から把握していた。内務省警保局の極秘書類である『大正十一年 出版物の傾向及取締状況（大正十二年三月調）』（以下、『出版物の傾向及取締』と略す[37]）には、内地の朝鮮人の新たな出版活動が「朝鮮人に対する主義の宣伝」という項目で分類されている。

社会主義的の傾向を帯び若くは之を生命とした鮮人の雑誌が最近遽かに多数の創刊を見るに至つた。是れは一は朝鮮の法令に於ては発刊に許可主義を採つて居るので内地に於て発行する方が便宜な故であらうが、一つは時代思潮の然らしむる所である事は否定し得ぬと思ふ。

出版物に関わる代表的な規制は、図書を対象とする「出版法」と、新聞や雑誌などを対象とする「新聞紙法」である(38)。この引用からわかるように、警保局は内地と植民地朝鮮における「法域」の違いを利用し、朝鮮人が内地で出版し、朝鮮半島に搬入する動きを見せていることを警戒している。朝鮮人が朝鮮語メディアを出版する場所として内地を選んだのは、朝鮮総督府が日本人と朝鮮人に違う法律を適用していたからである。例えば、植民地朝鮮で結成された「新聞紙法と出版法改正規成会」について、『朝鮮日報』(一九二三年三月二五日、朝鮮語)は次のように報じている。

日本人と朝鮮人では出版に関する法律が異なるため、同じ朝鮮内でも日本人は出版に許可は必要ないが、朝鮮人は許可が必要である。それと共に、〔総督府の図書課に〕出版物を納本すると、一・二ヶ月は待たされる。それだけではない。日本で出版すると書籍を何点刊行しようがすべて登録され版権も保障されるが、朝鮮には登録する部署がない。(中略)武断政治が文化政治へ変わり、朝鮮人経営の数紙の新聞が許可されたとはいえ、法律の上で、朝鮮語の新聞と日本語の新聞では取り締まり方が根本的に違う。(中略)新聞や雑誌にこのような差別的法律を適用することは、ことあるごとに、日鮮の融和を提唱し、一視〔同仁〕主義を貫徹するとのべる総督政治の大方針に矛盾する。

朝鮮の言語や民族による検閲制度の違いについて、植民地のメディアが敏感に反応していたことがわかる。また、一九二五年一一月二〇日の『東亜日報』には、名義借りを厳しく取り締まるという記事が見られた。「原稿と納本検閲を受ける朝鮮人の出版法とは違い、在朝日本人と外国人に適用される出版規則は納本検閲だけ受ければよかった。だから、原稿検閲を避けるために、朝鮮人が外国人の名義を借りて出版することも少なくなかった。特に雑誌発行者がこの方法を選ぶことが多かったが、一九二五年朝鮮総督府は、このような行為は一切許されないという方針を公表した（「朝鮮人経営으로 外国人名義는不許」二面）。

監視の眼が厳しい社会主義関連の媒体を、朝鮮人が朝鮮語で刊行し、流通させたければ、法域の違いを利用し、内地で内務省図書課の検閲を通してから朝鮮半島に搬入した方が生存率は高まった。このような雑誌媒体の存続を支える人々には、学校教育を受けて日本語が読める読者が多く含まれていた。そのため一九二〇年以降、刊行が許可された朝鮮語メディアの競争相手は、前述した総督府のハングル機関紙『毎日申報』だけではなく、日本から直輸入される日本語メディアでもあったと考えるべきである。「朝鮮青年の思想が一変」し、「小説より思想家の著述が猛烈に売られた」という大阪玉壺書店の言葉が朝鮮語メディアで報道されたのはまさにこの時期である。例えば、一九二三年一月一日付の『朝鮮日報』は、一九二二年度に大きな転換点を迎えた読書傾向を象徴するものとして日本語の書物に言及した。ここでは「マルクス『経済論』、解放や改造」を取り上げ、「刊行と同時に飛ぶように売れ、在庫がある時より絶種になることの方が多かった」という。正確に言えば「刊行」ではなく、内地からの「移入」

になるだろう。一九二二年頃にはすでに、日本帝国の出版文化の中心である東京で刊行された雑誌や書物が朝鮮語に翻訳されず日本語のまま移入され、「朝鮮青年」に受容される流れが作られつつあったことが読み取れる。しかも、社会主義に関する書籍が「飛ぶように売れ」る状況は、帝国の言葉である「日本語」の本が「不逞鮮人」の「養成」に本格的に参入することを意味する。それについては、次の第四章で議論したい。

この時期に日本語を媒介に「不逞」であろうと夢見る「朝鮮青年」は、朝鮮ではごく少数の「国語を解する者」であった。そうしたエリートまで取り込む形で、金子文子と朴烈やその周辺は『黒濤』『太い鮮人』などを通して、新たな「不逞鮮人」運動を仕掛けようとしたのである。

4 金子文子・朴烈と「太い鮮人」たち

『出版物の傾向及取締』において、社会主義系として要注意のレッテルが貼られた朝鮮人によるメディアは『蛍雪』『大衆時報』『青年朝鮮』『太い鮮人』(前身『黒濤』を含む)『学之光』『前進』『亜細亜公論』『文化新聞』である。傍線を引いたものは朝鮮語メディアであり、他は日本語メディアである。

ここで注目したいのは、この報告書の「彼等の大部分は原稿内閲を請求するを常とする故に禁止は亜細亜公論六月号及学之光、七月の処分を除く外は未だない」という記述である。内閲とは、出版する側が原稿やゲラ刷の段階で内務省の検閲官に閲覧させ、「出版者側からいえば内務大臣の発売頒布禁止処分をのがれるために、警察当局からみれば、より事前により効果的に好ましくない出版物を取締まるために、展開する原稿・校正刷検閲」のことである。[39] 牧義之の詳細な調査によれば、内閲は一九一七〜一八年にかけて開始され、一九二七年九月前後まで続いた[40]便宜的措置であって、法令として定められていたわけではない。

『出版物の傾向及取締状況』をみると、『黒濤』も『太い鮮人』も記載されているので、内閲を通して発禁処分を回避したものと思われる。雑誌『現社会』に関する内務省の記録を見つけることはできなかったが、『太い鮮人』の継続誌であり、あまり時間の差をおかずに刊行されていたことを考えると、内閲を行った可能性は否定できない。これは、金子と朴による地下メディア化させないための工夫であった。それについて図3-7と図3-8、図3-9を合わせて考えてみたい。本章で参照する『黒濤』『太い鮮人』『現社会』は、黒色戦線社刊『金子ふみ子獄中手記 何が私をかうさせたか』(一九七五年一二月増補第二刷)に収録された復刻版である。金子文子が書いた「所謂不逞鮮人」(『太い鮮人』第二号)の本文は図3-7と図3-8を合わせると内容が完全に把握できる。

図3-7 『太い鮮人』の本文

不逞鮮人!新聞や雑誌にチョイ〱此の言葉が見受けられる、そして諸君もよく用われるやうだ、だが果して諸君は是を正しい意味に於て解し、而して正しい意味に於て使つて居らるゝだらうか?多くの場合侮辱の意味を以て呼ばれては居ないか?

図3-7は図3-8の続きにあたる。図3-7で印刷の鉛版が潰れて判読が難しい箇所が図3-8では

其の言葉遣ひは拙かつた。だが其の聲は！あゝ、其の聲は！臓腑の奥の奥から搾り出したやうな其の聲は！否其の叫びは！

もし能く見たなら紅の血が交つて居たであらう！もし心して聴いたなら齒ぎしりの音も聞こえたであらう！汽車は一切の出來事に頓着なく虐たげられたる者を乘せてやがてプラットホームを離れた。

[illegible]

所謂不逞鮮人とは

朴 文 子

不逞鮮人！新聞や雑誌にチョイ〳〵此の言葉が見受けられる、そして諸君もよく用われるやうだ、だが果して諸君は是を正しい意味に於て解し、而して正しい意味に於て使つて居らるゝだらうか？多くの場合侮辱の意味を以つて呼ばれては居ないか？不逞鮮人とは朝[illegible]日本の帝國主義に反抗する[illegible]のものを云ふ。

[illegible]の他何々と其の主張し運動する處の範圍は廣いが此の總べてを通じて共通な點は其れが直接であらうと間接であらうと或は是が單なる口先の主張であらうが身自らの行動であらうが等しく日本の帝國主義を向ふに廻した時に於てのみ[illegible]朝鮮人が假に隣國の支那或は露西亞の帝國主義に向ふて反抗しやうとも其の時もし日本の帝國主義を旗印として押し進んだなら途上無[illegible]

白羽二重の振袖に同じく白の綾襷、向ふ鉢巻き甲斐々々しう長刀リューとしごきつゝ。『父の仇、サア尋常に勝負いたされよ！』とばかり詰めよつたり…講談本などに見る昔の日本の仇討は概して斯うしたタイプのものらしかつた。即ちハイカラに云へば所謂紳士的だつた。

紳士的、其れは如何にも美しく望ましいことの様であるが而し時と場合によつて異つて居る。

昔は敵を二年三年長きは五年十年と倦きもせず探し歩いたものだそして愈々敵を見付けた場合、其處に生れた安心と其れに伴ふ遊戯的氣分とは仇討其のものよりは其の方法即ち『如何に手際よくやつてのけるか』と云ふ周圍に對する見榮から其の手段を美化し理想化したのだ。だが我々はそうした遊戯的氣分から仇討をするのでも無ければ又敵を探し歩るく必要も無い、斯ふした立場に有る我々に其れが如何に矛盾したツマラヌものであるかを知つた時、我々にはそんなシヤレは用の無いものとなつた。[illegible]

學者の戲言

京都帝國大學教授で法學馬鹿世の河上サンは其の主宰する社會問題研究に一つの社會組織は社會に生産力が其の組織中に於て發展の餘地有る限り發展し了えてからで無ければ決して崩壞する氣遣ひは無い。だから此の條件が具つて居ない時の社會革命は認められぬと云つて居るが是は云ひ換えれば資本主義が今の社會組織内に於て其の發展が行き詰まれば必然的に崩壞する、そして斯かる時に於てのみ社會革命は認め得ると云ふ事になるのだ。それでは一體資本主義は何時になつたら必然的に行き詰るのだ。

限りない反逆を抑えて[illegible]來るとも知れない資本主義の必然的崩壞の時期を待てと云ふのか？それでもし其の資本主義が[illegible]

図 3-7 『太い鮮人』第 2 号。朴文子（金子文子）「所謂不逞鮮人とは」。本文のなかで印刷の鉛板が潰れ，判読ができない文字は，図 3-8 の警保局書類から確認できる。警保局の内閲を受け，自主的に潰した可能性が高い。

云々と結論し。又「所謂不逞鮮人とは」と題するものは（筆者朴文子）

「不逞鮮人とは朝鮮民族にして自國と併呑されたる日本帝國主義に反抗する總てのものを云ふ。（中略）敵の走狗となつて働く所謂善良鮮人ほど不逞なものはないのだ。不逞鮮人！其れは不逞なるが故の不逞鮮人ではなく、飽くまで自由の念に燃えて居る生きた人間なるが故に日本の權力者共には最も不逞であるのだ。斯かる意味に於て我々は不逞鮮人たることを誇りとして居る。我々の運動其れは何れを通じても征服者を對照としての復讐運動である。（中略）

我々にとつて啻「掟ち」と云ふことと其のことが眞であり善であり美であり正義であるのだ。從つて自我を滿たす處の復讐の前には如何なる手段をも辭せない。暗殺可なり陰謀可なり破壊可なり！其の何れたるを問はず、我々の復讐心をより多く充たす處の手段を用ゆるに躊躇しない。我々はたゞ掟ちさへすればよいのだ。復讐心をより多く充たしさへすればよいのだ。復讐！それは何れの場合に於ても虐げられたるものゝ歩むべき唯一の道であり正義であるのだ。」

図3–8　内務省警保局『出版物の傾向及取締』49頁。図3–7の潰されて読めなくなった文字が，警保局の書類に書き写されている。

丁寧に書き写されている。つまり警保局の担当者は鉛版が潰される前の文を知っており、図3-7は内閲を受け入れて自主的に潰した可能性が高い。しかし、図3-9の第一号で本文に大きく付いた×印は、削除を命じられた跡のようにも見えるが、何の対応もとられていない。そのため、第一号の場合、実際に配布されたものなのかどうか判断がつかない。金子文子と朴烈が拘束された後、一九二四年から検閲に携わった生悦住求馬は、内閲が廃止された理由は二つあると述べている。一つ目は「正式検閲に比して、勢ひ厳格になり過ぎ（中略）徒らに伏字の多い出版物」が発行され、「言論を圧迫」するようになったこと、二つ目は内閲の指示通りに削除されていない出版物が増えたことである。[41]
牧義之は、鉛版の潰れが一種の伏字であり、印刷間際の編集者による自主規制であると述べ、それを単純に権力の暴力として捉えるのではなく、「権力に対する発行者からの抵抗」として機能していた可能性も考えるべきと主張している。[42]だとすれば鉛版の潰れ具合から、判読可能な部分がどのように残されているのか、それが読者の読書行為にどのように介入するのかを考える必要がある。図3-7の鉛版の潰し方を見ると、判読可能な漢字を繋ぎ合わせれば、ある程度読み取れるようになっている。特に主語の位置にある「不逞鮮人」という言葉はほとんど判読可能な潰し方である。前掲の『太い鮮人』の「発刊に際して」において、「不逞鮮人」は、日本の社会で「無闇に暗殺、破壊、陰謀を謀うもの」と「酷く誤解されている」が、「自由の念に燃ゑて居る生きた人間」へと解釈し直すことが宣言されている。「不逞鮮人」という言葉が過剰なほど使われている媒体で鉛版を潰すという演出は、激しい暴力を受けても根強く生き残った「不逞鮮人」という主体を前景化する効果をあげる。
興味深いのは、『黒濤』→『太い鮮人』→『現社会』へと媒体が変わるにつれ、そこに様々な「不逞」なものたちが集まり出したことである。『太い鮮人』には「破れ障子から」という欄がある。第一号では媒体の名称が、「警視庁のコワイオヂサンとスッタモンダの押問答の揚句」、「不逞鮮人」ではなく、「太い鮮人」になった経緯が報告されており、文子と朴烈のメッセージが主に取り上げられている。例えば「日曜日の午後は余程の差支への無い限り内に居る、遠慮なく遊びに来て呉れ」と、この媒体が身近の運動家の集いの場であるかのような演出も見られる。しかし、『現社会』（創刊号だが第三号と表記、図3-10）になるとページを大幅に増やし、雑誌の体裁をとっていく。第三号には朝鮮忠南天安の

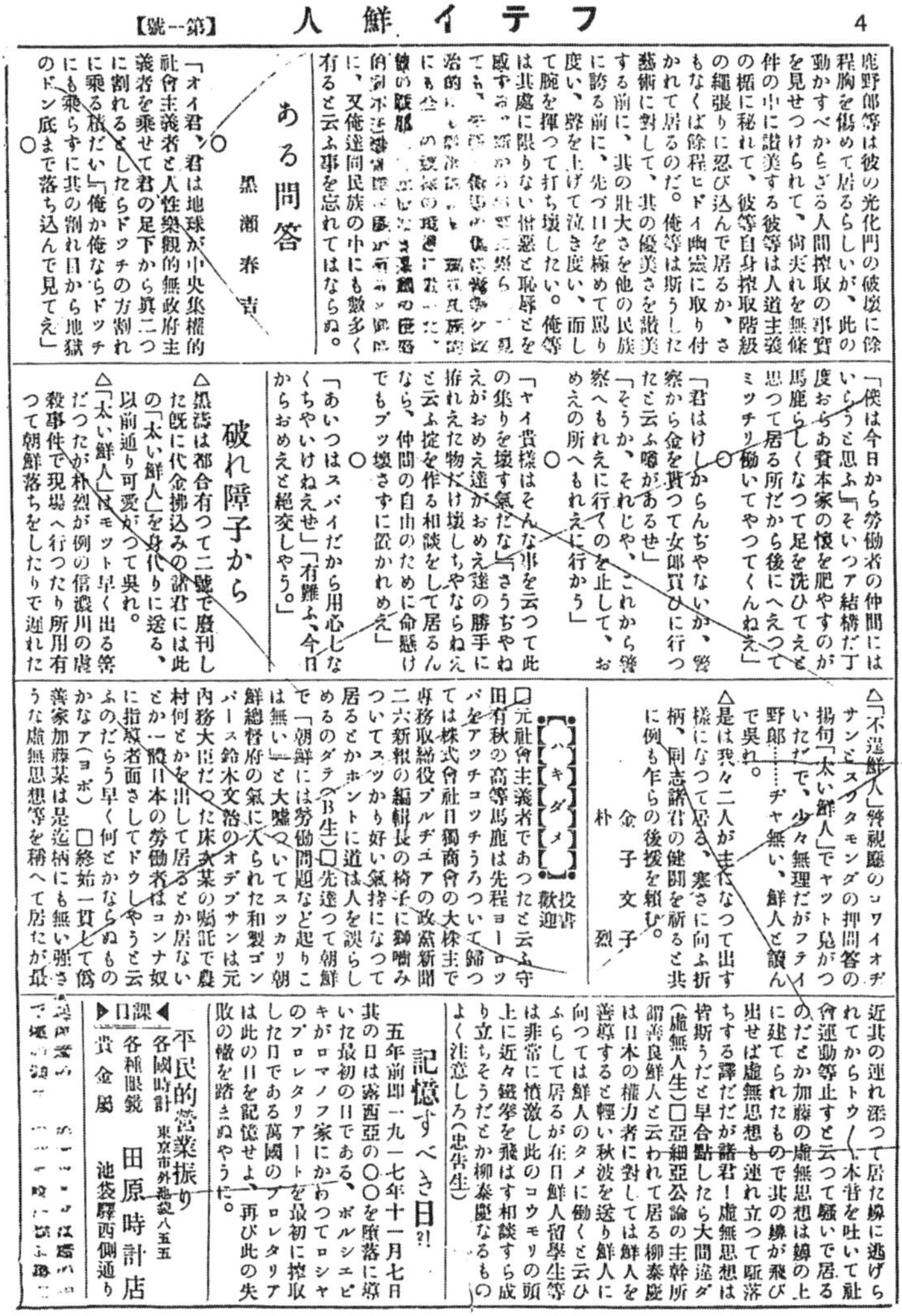

4 フテイ鮮人 【第一號】

鹿野郎等は彼の光化門の破壞に餘程胸を傷めて居るらしいが、此の動かすべからざる人間搾取の事實を見せつけられて、尚其れを無條件の中に讃美する彼等は人道主義の檻に秘れて、彼等自身搾取階級の繩張りに忍び込んで居るか、さもなくば餘程ヒドイ幽靈に取り付かれて居るのだ。俺等は斯うした藝術に對して、其の優美さを讃美する前に、其の壯大さを他の民族に誇る前に、先づ口を極めて罵り度い、聲を上げて泣き度い、而して腕を揮つて打ち壞したい。俺等は其處に限りない憎惡と恥辱とを感ずる[illegible]然ら[illegible]て[illegible]俺等[illegible]治的[illegible]民族[illegible]にも[illegible]の境遇に[illegible]た、[illegible]的[illegible]に、又俺達同民族の中にも數多く有ると云ふ事を忘れてはならぬ。

ある問答

黒瀬春吉

「オイ君、君は地球が中央集權的社會主義者と人性樂觀的無政府主義者を乘せて君の足下から眞二つに割れるとしたらドッチの方割れに乘る積だい」「俺か俺ならドッチにも乘らずに其の割れ目から地獄のドン底まで落ち込んで見てえ」○

「僕は今日から勞働者の仲間にはいらうと思ふ」「そいつア結構だ丁度おらあ資本家の懐を肥やすのが馬鹿らしくなつて足を洗ひてえと思つて居る所だから後にへえつてミッチリ働いてやつてくんねえ」○

「君はけしからんぢやないか、警察から金を貰つて女郎買ひに行つたと云ふ噂があるぜ」「そうか、それじや、これから警察へもれえに行くのを止して、おめえの所へもれえに行かう」○

「ヤイ貴様はそんな事を云つて此の集りを壞す氣だな」「さうぢやねえがおめえ達がおめえ達の勝手に拵れえた物だけ壞しちやならねえと云ふ掟を作る相談をして居るんなら、仲間の自由のために命懸けでもブッ壞さずに置かれめえ」○

「あいつはスパイだから用心しなくちやいけねえせ」「有難ふ、今日からおめえと絶交しやう。」

破れ障子から

△黒濤は都合有つて二號で廢刊した既に代金拂込みの諸君には此の「太い鮮人」を身代りに送る、以前通り可愛がつて呉れ。

△「太い鮮人」はモット早く出る筈だつたが朴烈が例の信濃川の虐殺事件で現場へ行つたり所用有つて朝鮮落ちをしたりで遅れた

△「不逞鮮人」が親睦のコワイオヂサン達とスッタモンダの押問答の揚句「太い鮮人」でヤット兒がついただで、少々無理だがフテイ野郎……ヂヤ無い、鮮人と讀んで呉れ。

△是は我々二人が主になつて出す樣になつて居る、寒さに向ふ折柄、同志諸君の健闘を祈ると共に例も乍らの後援を賴む。

金子文子
朴烈

【ハ】【キ】【ダ】【メ】 投書歡迎

□元社會主義者であつたと云ふ守田有秋の高等馬鹿は先程ヨーロッパをアッチコッチうろついて歸つては株式會社日獨商會の大株主で專務取締役プルヂュアの政黨新聞二六新報の編輯長の椅子に鎮嚼みついてスッかり好い氣持になつて居るとかホントに道は人を誤らしめるのダテ(B生)□先達つて朝鮮で「朝鮮には勞働問題など起りこは無い」と大嘘ついてスッカリ朝鮮總督府の氣に入られた和製ゴンパース鈴木文治のオデブサンは元内務大臣だつた床次某の囑託で農村何とかを出して居るとか居ないとか一體日本の勞働者はコンナ奴に指導者面さしてドウしやうと云ふのだらう早く何とかならぬものかなア(ヨボ)□終始一貫して僞善家加藤某は是迄柄にも無い強さうな虚無思想等を稱へて居たが最近其の連れ添つて居た嬶に逃げられてからトウ／＼本音を吐いて社會運動等止すと云つて騒いで居るのださうだが加藤の虚無思想は嬶の上に建てられたもので其の嬶が飛び出せば虚無思想も連れ立つて駆落ちする譯だが諸君！虚無思想は皆斯うだと早合點したら大間違ダ(虚無人生)□亞細亞公論の主幹所謂善良鮮人と云われて居る柳泰慶は日本の權力者に對しては鮮人を善導すると輕い秋波を送り鮮人に向つては鮮人のタメに働くと云ひふらして居るが在日鮮人留學生等は非常に憤激し此のコウモリの頭上に近々鐵拳を飛ばす相談すら成り立ちそうだとか柳泰慶なるものよく注意しろ(忠告生)

記憶すべき日?!

五年前即ち一九一七年十一月七日其の日は露西亞の○○を墮落に導いた最初の日である、ボルシェビキがロマノフ家にかわつてロシャのプロレタリアートを最初に搾取した日である萬國のプロレタリアは此の日を記憶せよ、再び此の失敗の轍を踏まぬやうに。

▶日課◀

平民的營業振り
各國時計
各種眼鏡
貴金屬
田原時計店
東京市外巣鴨八五五
池袋驛西側通り

図 3-9 『太い鮮人』第 1 号。この×印がどの段階で付いたのかわからない。実際にどのような処理をされて，流通したのかについてはさらなる調査が必要である。

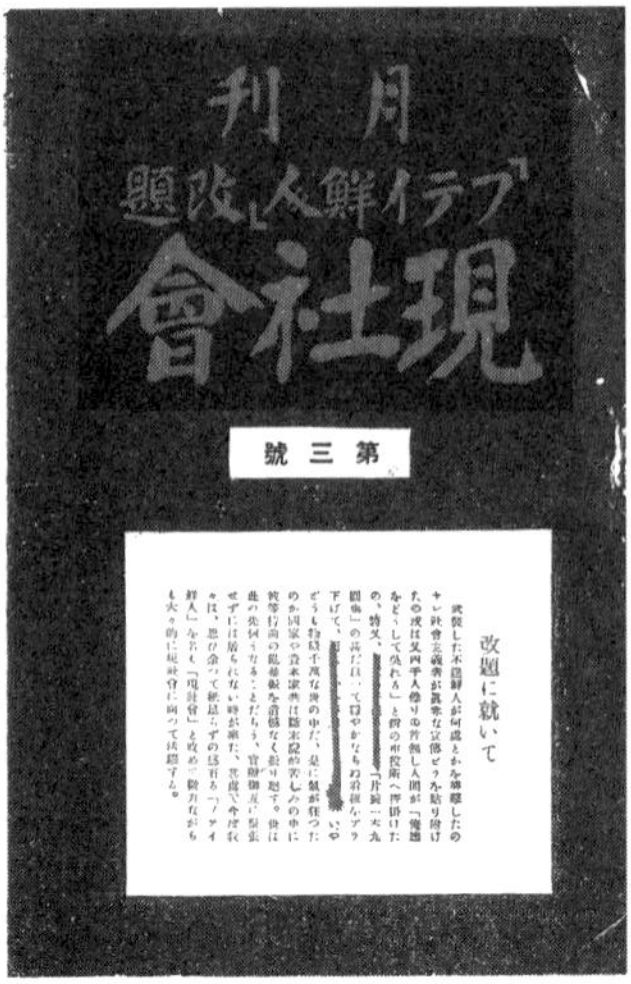

図 3-10 『現社会』の表紙。創刊号なのに，第三号と表記。「フテイ鮮人」との連続性を強調。「改題に就いて」は，「不逞鮮人」に対する暴力が正当化される可能性を危惧する内容である。

猪飼眞左夫「在鮮不逞日本人ヨリ」、城田生「不逞琉球人より」、西比利の放浪からの帰りだという徐永琬「上海の不逞鮮人から」のメッセージが寄せられている。『現社会』第四号には申焰波「在鮮不逞鮮人より」、朴冷「土佐の不逞鮮人から」、高治三「浜松の不逞鮮人から」、鈴木生「愛知の不逞日本人より」、備前生「大阪の不逞日本人から」、そして城田生「不逞琉球人から」が再登場している。特に水平社中村の「不逞特殊部落民から」は、「仮令資本主義をぶつこはす社会主義でも、また無産不逞鮮人の団結でも、そんな俺達特殊部落民や朝鮮の白丁を虐めるやゐなものなら真平だ」と述べ、不逞鮮人の中に潜んでいる差別の構造を相対化する議論まで現れている。

「破れ障子から」にうかがえるように、『太い鮮人』は金子文子と朴烈の二人だけで刊行し、発行部数が決して多くない媒体であるにもかかわらず、『出版物の傾向及取締』をまとめた内務省警保局の担当者は、当時組織されつつあった留学生グループの媒体よりも二人の媒体に多くの紙幅を割き、その内容や性格を詳細に記録している。報告書は「朝鮮独立運動が内地の無産者解放運動と相提携するときに於ては対朝鮮の問題は益々複雑になつて行くことは明瞭であると共に其の傾向の変遷は将来注目すべき懸案の一であらうと確信する」[43]と、未来を憂う言葉で締めくくられている。この書類が作成されたのは、一九二三年三月である。それから半年後、関東大震災が起こり、その二日後に金子文子と朴烈は検束された。

『現社会』の刊行は一九二三年三月である。この報告書とほぼ同じ時期に準備されていた。表紙より、「不逞鮮人」という言葉が関東大震災の朝鮮人虐殺を正当化する文脈がすでにこの頃には用意されており、金子文子と朴烈はその危険な気配を敏感に感じていたことが垣間見られる（図3-10）。

武装した不逞鮮人が何処とかを襲撃したのヤレ社会主義者が真赤な宣伝ビラを貼り付けたの或は又四千人余りの首無し人間が「俺達をどうして呉れる」と□〔判読不能〕の市役所へ押掛けたの、将又〔赤線で九字消され判読不能〕（中略）いやどうも物騒千万な世の中だ、是に気が狂つたのか国家や資本家共は断末魔的苦しみの中に彼等持前の乱暴振を遺憾なく振り廻す。世は此の先何うなることだらう、実際御互に緊張せずには居られない時が来た、其処で今度我々は、思ひ余つて紙足らずの感有る「フテイ鮮人」を名も「現社会」と改めて微力ながらも大々的に現社会に向つて活躍する。

結局『現社会』も二号（三号と四号）で止まり、二人が共同でメディアを刊行したのはそれが最後だった。しかし、「不逞鮮人」が消滅したわけではない。むしろ「不逞」な者たちと検閲の攻防戦は、ここから本格化するのである。それについては次の章で議論したい。

注

(1) 民衆時論社朝鮮功労者銘鑑刊行会編『朝鮮功労者銘鑑』民衆時論社朝鮮功労者銘鑑刊行会、一九三五年、六三九～六四〇頁には、朝鮮研究の大家であり、特に朝鮮土俗学研究に優れた才能を見せた朝鮮通であると記されている。

(2) ここでは復刻版『韓国併合史研究資料69 歴史民族朝鮮漫談』龍渓書舎、二〇〇八年、三八九～三九〇頁を使用。

(3) 内海愛子・梶村秀樹「「北鮮」「南鮮」ということば」内海愛子・梶村秀樹・鈴木啓介編『朝鮮人差別とことば』明石書店、一九八六年、六一頁。

(4) 喜田貞吉「庚申鮮満旅行日誌」『民族と歴史』第六巻第一号、一九二三年一二月、二八八頁。

(5) 上田正昭「「日鮮同祖論」の系譜」『季刊 三千里』第一四号、一九七八年夏号。

(6) 喜田貞吉「朝鮮民族とは何ぞや――日鮮民族の関係を論ず」『民族と歴史』第一巻六号、一九一九年六月、一二頁。

(7) 今村鞆の経歴については、大陸自由評論社編『事業及人物号』第八編、四七〇頁、前掲民衆時論社朝鮮功労者銘鑑刊行会編『朝鮮功労者銘鑑』、今村鞆「回顧二十年前」『歴史民族朝鮮漫談』南山吟社、一九三〇年、四七三頁、조희진「1910～20년대 일본인 저작의 조선 의생활 항목 비교――今村鞆・西村眞太郎・松田甲의 기록을 중심으로」『民俗学研究』第三九号、二〇一六年二月を参照。

(8) 警察新機構による組織改変と整備の内容については、『松井茂自伝』(松井茂自伝刊行会、一九五二年。ここでは『植民地帝国人物叢書29 朝鮮編10』ゆまに書房、二〇一〇年を使用)二四〇～二四二頁を参照。

(9) 今村鞆『朝鮮風俗集』の「自叙」(斯道館、一九二四年。ここでは一九二五年再版を底本にした復刻版『韓国併合史研究資料30 朝鮮風俗集 全』龍渓書舎、二〇〇一年)。

(10) 坂野徹『帝国日本と人類学者 一八八四―一九五四年』勁草書房、二〇〇五年、三〇三～三〇五頁参照。

(11) 前掲今村『朝鮮風俗集』。

(12) 韓国の国史編纂委員会のHP朝鮮王朝実録から確認。http://sillok.history.go.kr/id/kzc_11609003_002(閲覧日:二〇二一年六月二五日)。

(13) 検索日:二〇二三年七月一七日。

(14) 趙景達『植民地朝鮮と日本』岩波新書、二〇一三年、二七頁。

(15) 권보드래『1910년대、풍문의 시대를 읽다』동국대학교출판부、二〇〇八年。

(16) 同前、一七頁。

(17) 本章における朝鮮総督府の検閲政策の変容については、鄭晋錫『극비 조선총독부의 언론검열과 탄압—일본의 침략과 열강세력의 언론통제』改訂版、커뮤니케이션북스、二〇〇八年から大きな示唆を得た。

(18) 「寺内総督と対言論政策」『朝鮮』第三二号、朝鮮雑誌社、一九一〇年一〇月、七～八頁。

(19) 『京城日報社誌』京城日報社、一九二〇年九月、一～二頁。ここでは『社史で見る日本経済史 植民地編 第2巻』ゆまに書房、二〇〇一年を使用した。

(20) 同前、五頁。

(21) 「若し万一閣下ノ韓国ノ事ニ。書簡は伊藤幸司・永島広紀・日比野利信編『寺内正毅と帝国日本——桜圃寺内文庫が語る新たな歴史像』勉誠出版、二〇一五年、一二二～一二三頁に収録されているものを使用。

(22) 鄭晋錫『언론조선총독부』커뮤니케이션북스、二〇〇五年、vi頁。同書の一頁には「歴代京城日報社長」の略歴と経歴が列挙されている。

(23) 同前、一五三頁。

(24) 『毎日申報』のメディアとしての役割については、千政煥「風説・訪問・新聞・檄文——3・1運動前後におけるメディアと文化的アイデンティティ」高榮蘭訳『文学』岩波書店、二〇一〇年三月、および김현주『사회의 발견—신민지기 〝사회〟에 대한 이론과 상상、그리고 실천 (1910-1925)』소명출판、二〇一三年、第二部「植民地化と社会の規律化／主体化の力動」を参照。

(25) 김정인「3・1운동、대중시위와 시위문화의 근대적 전환」『내일을 여는 역사』二〇〇八年秋、第三三号。

(26) 권보드래『3월1일의 밤』돌베개、二〇一九年、第一章「宣言」では、三・一運動当時の様々なメディアの錯綜と運動性について、詳細な記録を参照しながら分析が行われている。

(27) この数値は金富子が水野直樹のデータベース「戦前日本在住朝鮮人関係新聞記事検索 1868-1945」を二〇一三年九月一日に検索した結果による。金「関東大震災の「レイピスト神話」と朝鮮人虐殺——官憲史料と新聞報道を中

心に」『大原社会問題研究所雑誌』法政大学大原社会問題研究所、第六六九号、二〇一四年七月、四頁参照。

(28) アンドレ・ヘイグも同じデータベースで検索を行っているが、金富子の結果と微妙に違う結果を得ている。一九一九年以前は不逞鮮人関連記事がないことは同じであるが、一九一九年三月から一九二三年九月まで一一一件で、同年一〇月から四五年までは七一件だったという（アンドレ・ヘイグ「中西伊之助と大正期日本の「不逞鮮人」へのまなざし――大衆ディスクールとコロニアル言説の転覆」『立命館言語文化研究』第二二巻三号、二〇一一年一月、八七頁）。

(29) 김여진「1919년3・1운동 전후 부정적 조선인 표상과 불령선인 담론의 형성」『日本研究』三四集、고려대학교 글로벌일본연구원、二〇二〇年、一六八頁。

(30) 前掲趙『植民地朝鮮と日本』五三頁。内地の主要日刊紙を丁寧に検討した趙によると、一九一九年三月と四月に三・一万歳に関する報道が集中している。三月は主に朝鮮人の暴力行為を可視化する報道が続いたが、四月になると朝鮮総督府の統治政策批判も目立つようになったという。姜東鎮『日本言論界と朝鮮 一九一〇―一九四五』法政大学出版局、一九八四年、一六六〜一六七頁。宮地忠彦「大正期後半の新聞記事における朝鮮人の描かれ方の展開――朝鮮三・一独立運動期を中心に」『立教大学大学院 法学研究』第二三号、立教大学大学院法学研究会、一九九九年、四三〜四五頁。山中速人「三・一独立運動と日本の新聞――「事件」報道の経過と論調分析」『新聞学評論』日本新聞学会、第三〇号、一九八一年、二六四〜二六五頁などを参照。山中と宮地は主に『東京日日新聞』『万朝報』『朝日新聞』『時事新報』『国民新聞』を、姜は、それに加えて『やまと新聞』『大阪毎日』『中央新聞』『読売新聞』『京城日報』を調査対象としている。

(31) 朝鮮総督府警務局編『高等警察用語辞典〜部外秘』一九三三年一二月、二三五頁。

(32) 韓基亨『식민지 문역―검열, 이중출판시장, 피식민자의 문장』成均館人学出版部、二〇一九年、三四〜三六頁を参照。

(33) 黒川伊織『帝国に抗する社会運動――第一次日本共産党の思想と運動』有志舎、二〇一四年、「第四章 第一次共産党・日本在留朝鮮人共産主義者〈東洋革命〉の理念」を参照。

(34) 前掲趙『植民地朝鮮と日本』。

(35) ここでの出版情報は『金子ふみ子獄中手記 何が私をかうさせたか』の増補決定版（黒色戦線社、一九七五年一二月）に収録されたものと、『大正十一年 出版物の傾向及取締状況（大正十二年三月調）』（ここでは『出版警察関係資料集成 第三巻』不二出版、一九八六年を使用。四四頁）を照らし合わせたものである。

(36) 김진웅「일본 내 조선인 〝아나―볼〟 대립 원인 재검토、1923년 초 구흑도회 주도세력의 분열과 충돌」『韓国史学報』八三号、고려사학회、二〇二一年五月、金廣烈「대정기 일본의 사회사상과 재일한인――1920년대 초 동경의 흑도회를 중심으로」『日本学報』第四二号、一九九六年六月を参照。

(37) 本文は前掲『出版警察関係資料集成 第三巻』四三頁からの引用。

(38)「出版法」の第三条に「文書図書ヲ出版スルトキハ発行ノ日ヨリ到達スヘキ日数ヲ除キ三日前ニ製本二部ヲ添ヘ内務省ニ届出ヘシ」と規定され、「新聞紙法」の第一一条には「新聞紙ハ発行ト同時ニ内務省ニ二部、管轄地方官庁、地方裁判所、検事局及区裁判所検事局ニ各一部ヲ納ムヘシ」と規定されている。

(39) 奥平康弘「検閲制度（全期）」『講座日本近代法発達史』第一一巻、勁草書房、一九六七年、一六二頁。

(40) 牧義之『伏字の文化史――検閲・文学・出版』森話社、二〇一四年、七九～八〇頁。

(41) 生悦住求馬「差押出版物の分割還付制度」『警察新報』第一八巻一号、一九三三年一月、二一～二四頁。

(42) 前掲牧『伏字の文化史』二七一頁。

(43) 前掲『出版警察関係資料集成 第三巻』四九～五〇頁。

第四章　検閲

1　「雨の降る品川駅」——朝鮮語と日本語の異なる運命

中野重治の「雨の降る品川駅」は、雑誌『改造』の一九二九年二月号に掲載された（以下改造版と記す）。以来、この詩は中野が亡くなるまで、多くの雑誌や単行本に収録され（朝鮮語訳関連を除く）[1]、表現の微修正がほぼ毎回のように施された。だから、どの詩集を読むかによって詩のイメージは変わってくる。

改造版は、「×××記念に　李北満　金浩永におくる」という献辞から始まる。「×××」は昭和天皇の即位式を意味する「御大典」である。改造版は御大典（一九二八年一一月）の二か月後に発表された。日本帝国の政治権力が、一九二八年に特高警察体制を確立させたのは、即位式に万全を期するためでもあった。この詩は即位式に備えて社会主義者と朝鮮人に対する監視が強まっていた時期に、帝国日本の中心である東京から追放される「朝鮮人」を見送りに出た「日本人」の立場から語られたものである。

一九二九年の改造版に再び注目が集まったのは、水野直樹によって朝鮮語訳「비날이는品川駅《ビナリヌンプンチョンヨク》」が紹介された一九七六年前後である。(2) 朝鮮語訳は、改造版の三か月後に、朝鮮語の雑誌『無産者《ムサンザ》』に掲載された（以下無産者版と略す）。これは朝鮮共産党再建ビューローが刊行した朝鮮語の雑誌であり、想定されている主な読者は朝鮮半島にいる朝鮮人である。共産党の朝鮮支部は、一九二五年四月に、コミンテルン（共産主義インターナショナル、一九一九〜一九四三年）により、正式に承認される。それ以降、雑誌『無産者』の創刊までの四年間、朝鮮共産党は朝鮮総督府の検挙になんどもつぶされ、四回にわたって再組織する。組織の崩壊と再建が繰り返されるたびに、朝鮮人党員同士の主導権争いはますます過熱していく。この内部対立は、一九二八年一二月のコミンテルン「朝鮮問題の為めに」（一二月テーゼ）で批判され、朝鮮共産党の承認が取り消される一つの原因となる。同テーゼでは朝鮮共産党の再建が命じられるが、それを実行すべく、朝鮮共産党のセクトである上海のＭＬ派によって派遣された高景欽が、朝鮮で資金を調達し、日本の内地で立ち上げた合法的な出版社が無産者社だった。これに協力したのが、「雨の降る品川駅」を朝鮮語に訳したと思われる李北満と、中野の新人会の後輩である金斗鎔である。(3)

伏字だらけだった改造版にくらべ、無産者版は「天皇」という言葉と、天皇を指す「彼」という三人称代名詞の一部だけに伏字が施されている（図4-1）。

改造版

君らは雨に濡れて君らを、、、、、、、を思ひ出す
君らは雨に濡れて　、、、、、　、、、、、　、、

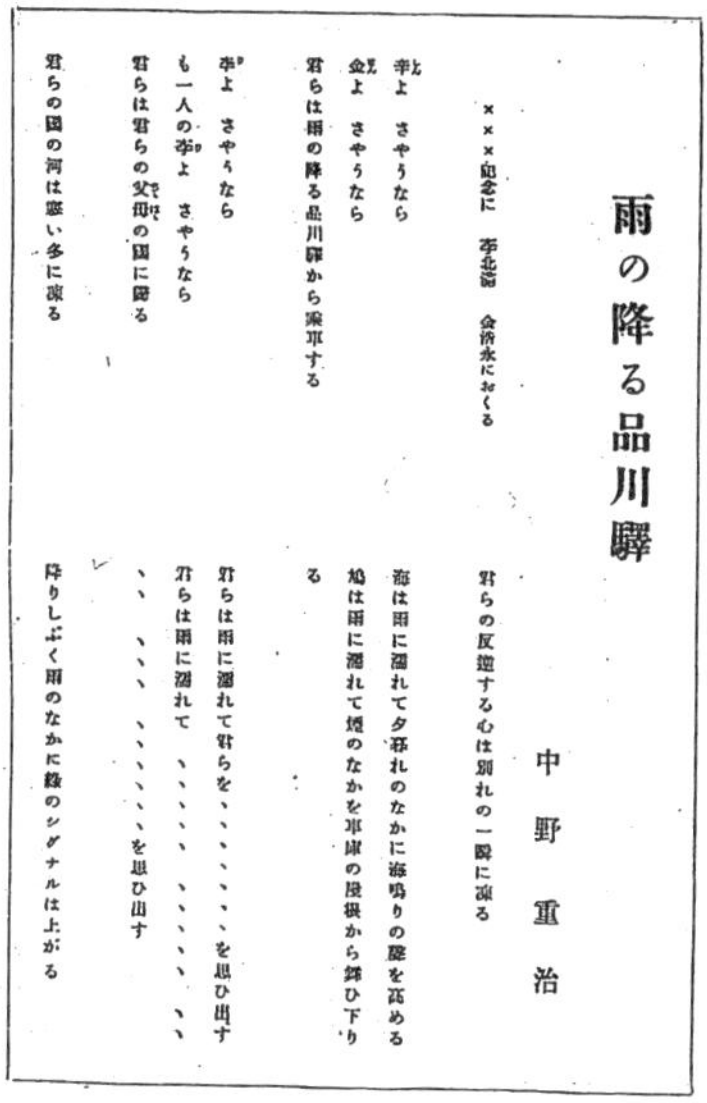
雨の降る品川驛

中野重治

×××記念に 李北満 金浩永におくる

辛《しん》よ さやうなら
金《きん》よ さやうなら
君らは雨の降る品川驛から乘車する

李《り》よ さやうなら
も一人の李《り》よ さやうなら
君らは君らの父母《ふぼ》の國に歸る

君らの國の河は寒い冬に凍る
君らの叛逆する心は別れの一瞬に凍る

海は雨に濡れて夕暮れのなかに海鳴りの聲を高める
鳩は雨に濡れて煙のなかを車庫の屋根から舞ひ下りる

君らは雨に濡れて君らを、、、、、、を思ひ出す
君らは雨に濡れて 、、、、、、 、、、、、、 、、
、、 、、、 、、、、、、、を思ひ出す

降りしぶく雨のなかに緑のシグナルは上がる

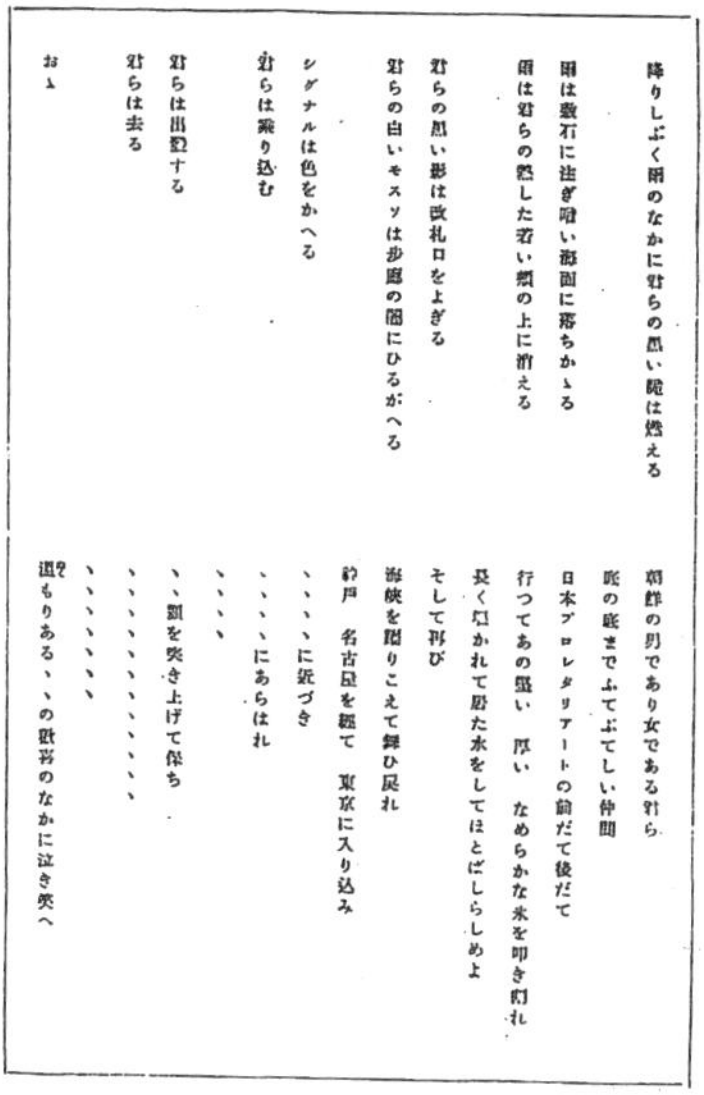
降りしぶく雨のなかに君らの瞳は燃える

雨は敷石に注ぎ暗い海面に落ちかゝる
雨は君らの熱した若い頰の上に消える

君らの黒い影は改札口をよぎる
君らの白いモスソは歩廊の闇にひるがへる

シグナルは色をかへる
君らは乘り込む

君らは出發する
君らは去る

おゝ

朝鮮の男であり女である君ら
底の底までふてぶてしい仲間
日本プロレタリアートの前だて後だて
行つてあの堅い 厚い なめらかな氷を叩き割れ
長く堰かれて居た水をしてほとばしらしめよ
そして再び
海峽を躍りこえて舞ひ戻れ
神戸 名古屋を經て 東京に入り込み
、、、、に近づき
、、、、にあらはれ
、、、、
、、顎を突き上げて保ち
、、、、、、、、、、、
、、、、、、、
温もりある、、の歡喜のなかに泣き笑へ

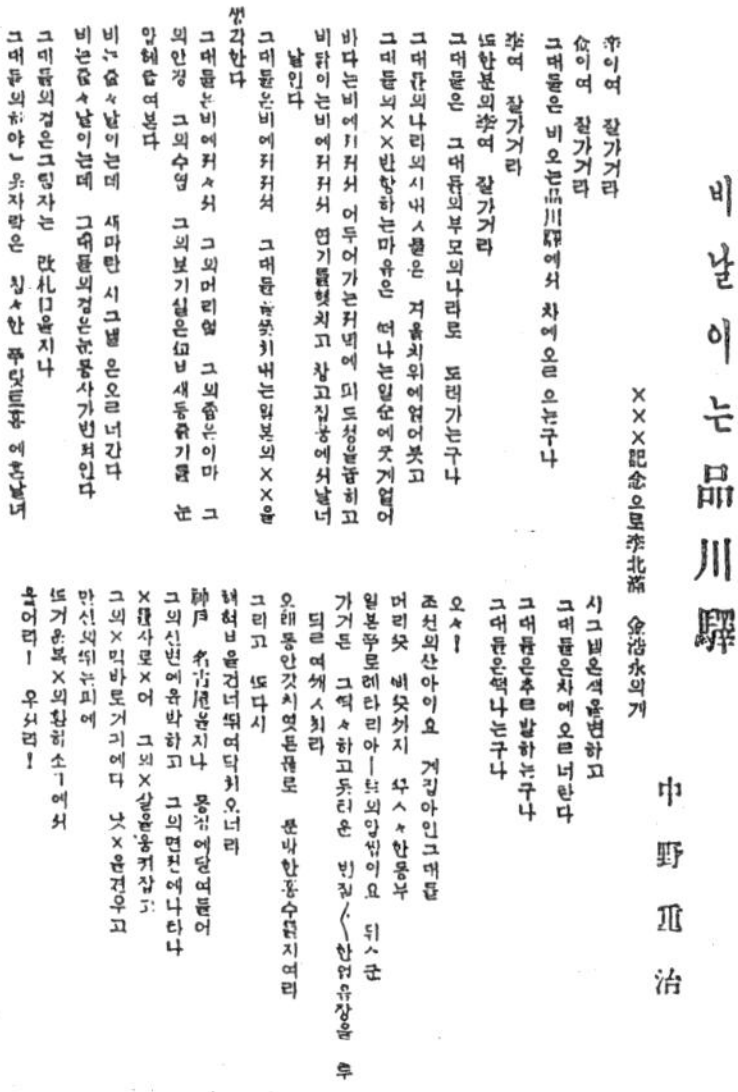
비날이는品川驛

中野重治

×××記念으로李北滿 金浩永의게

辛이여 잘가거라
金이여 잘가거라
그대들은 비오는品川驛에서 차에오를 이는구나
李여 잘가거라
또한분의李여 잘가거라
그대들은 그대들의부모의나라로 도러가는구나
그대들의나라의시내ㅅ물은 겨울치위에얼어붓고
그대들의××반항하는마음은 떠나는일순에굿게얼어
바다는비에저저서 어두어가는저녁에 더도성을놉히고
비닭이는비에저저서 연기를헤치고 창고집웅에서날너
날인다
그대들은비에저저서 그대를××하는일본의××을
생각한다
그대들은비에저저서 그의머리털 그의좁은이마 그
의안경 그의수염 그의보기실은곱새등을기를 눈
압해그려본다
비는줄줄날이는데 새파란 시그낼은오를너간다
비는줄줄날이는데 그대들의검은눈동자가번쩍인다
그대들의검은그림자는 改札口를지나
그대들의흰저고리자락은 침침한 플랫폼에 휘날녀
시그낼은색을변하고
그대들은차에오르는구나
그대들은추르랄하는구나
그대들은떠나는구나
오ㅡ!
조선의산아이요 게집아인그대들
머리쯧 뼈쯧까지 꿋꿋한동무
일본프로레타리아ㅡ트의압잡이요 뒤ㅅ군
가거든 그딱딱하고두터운 번질번질한어름장을 두
드려깨ㅅ치라
오래동안갓치엿든물로 분나한홍수를지여려
그리고 또다시
해협을건너뛰여닥쳐오너라
神戸 名古屋를지나 동경에달녀들어
그의신변에육박하고 그의면전에나타나
×를사로×어 그의×살을움켜잡고
그의×덕바로거긔에다 낫×을견우고
만신의뛰는피에
뜨거운복×의환희속에서
울어라! 우서라!

図4-1 改造版（上，1929年2月）と無産者版（1929年5月）。改造版は伏字だらけであるが，無産者版は伏字が少ない。内務省の極秘書類によると，改造版は修正の指摘を受けていない。それに対し，無産者版は発禁処分を受けている。

、、　、、、　、、、、、、を思ひ出す

無産者版

그대들은비에저저서 그대들을쫏처내는 일본의××을생각한다
그대들은비에저々서 그의머리털 그의좁은이마 그
의안경 그의수염 그의보기실은곱새등줄기를 눈
압헤글여본다

水野はみずから無産者版を日本語に「逐語訳」し、松尾尊兊を介して中野重治に届けた。[4]『中野重治全集』の編者である松下裕は、水野の翻訳をもとに「伏字の字数に合わせ」て改造版の「詩句を推定」し、言葉を当てはめた。松下はそれを改造版の「復元」だと意味付けし、一九七七年に刊行された『中野重治全集 第九巻』の「月報」に掲載した（図4-2）。

改造版と無産者版の間には三か月の時間差がある。改造版は判読ができないほど伏字が施されたまま発表されている。そのため無産者版は中野が書いた原本を直接入手し、朝鮮語に翻訳したはずである。右に引用した改造版と無産者版を照らし合わせてみると、改造版の「君ら」は無産者版では「朝鮮の男の子であり、女の子である君ら」と訳されており、朝鮮語の「그〔彼〕」は「天皇」を意味することがわかる。

編集室から

＊「雨の降る品川駅」の詩の朝鮮語訳が京都大学大学院の水野直樹氏によって発見された。翻訳は、詩集で改作されるまえの、『改造』発表でも伏字にされた元の原稿に直接よっていて、原詩のおもむきをつたえているので、これが見つかった意義は大きい。

解題には、「初出には伏字がかなり多いが、いまこれをおこすことはできない。」としるしてあるが、「君らは雨に濡れて君らを追ふ日本天皇を思ひ出す／君らは雨に濡れて　彼の髪の毛　彼の狭い額　彼の眼鏡　彼の髭　彼の醜い猫背を思ひ出す」の行は、これでほぼ正確に復元されたと見ていいと思う。詩集では、あとの行、「君らは雨にぬれて　髭　眼鏡　猫背の彼を思い出す」と改作されたところである。

末尾の、「そして再び／海峡を躍りこえて舞ひ戻れ／神戸名古屋を経て　東京に入り込み」につづく七行分は、残念ながら伏字も多く、文字どおりにおこすことはできないが、試みに、可能なかぎり字数にあわせて復元し意味をつたえればつぎのようになる。

「彼の身辺に近づき／彼の面前にあらはれ／彼を捕へ／彼の顎を突き上げて保ち／彼の胸元に刃物を突き刺し／反り血を浴びて／温《ぬく》もりある復讐の歓喜のなかに泣き笑へ」

著者はこれが伏字だらけで発表されるなり自分の態度の誤りに気づき、そのことを人にも話し、詩集におさめるさい今の形にあらためた。その間の事情は友人西田信春の著者あて手紙でうかがうことができる。「君の詩――それについて君自身掘かつたと云ふのを聞いたのだつたが、その理由を僕は聞かなかつた――も当時吾々の間に残つてゐた政治的誤謬の一斑――コムニストたるものが恰《あたか》もモナーキーの撤廃にのみ狂奔する自由主義者の態度を示した――を示して居たのではなかつたらうか」（一九三一年五月二十日付、『西田信春書簡・追憶』土筆社刊）

なお作者は、改作後の、「日本プロレタリアートのうしろ盾まえ盾」という行にも、「民族エゴイズムのしつぽのようなものを引きずつている感じがぬぐい切れない」と言つている。（「『雨の降る品川駅』のこと」）

この朝鮮語訳が発表された『無産者』第三巻第一号（一九二九年五月十三日、無産者社発行）は、同じく著者の論文「日本プロレタリア芸術連盟について」が創刊号（一九二七年十一月十五日発行）にのつた朝鮮プロレタリア芸術同盟東京支部の機関誌『芸術運動』の改題・継続誌である。翻訳にも九カ所の伏字があるが（御大典記念、反逆する心、日本天皇、彼を捕へ、彼の顎を、胸元に刃物を、復讐）、当時この形で印刷されたのはやはりおどろくほかはない。（三月十日）　（V）

次回（第八回）配本　六月二十日刊　予価四、六〇〇円

第三巻　五勺の酒　戦後小説集

著者うしろ書＝戦後最初の奇妙な十年間

図 4-2 『中野重治全集 第九巻』の「月報」(1977 年)。無産者版を通して，改造版の再現を試みた。水野直樹の「逐語訳」をもとに，全集の編者であった松下裕が，伏字の字数に合わせて，詩句を推定して言葉を当てはめたのである。

改造版

君らは雨に濡れて君らを、、、、、、を思ひ出す
君らは雨に濡れて　、、、、、　、、、、　、、
、、　、、、　、、、、、、を思ひ出す

無産者版をもとにした松下裕の「推定」翻訳

君らは雨に濡れて君らを**追ふ日本天皇**を思ひ出す
君らは雨に濡れて　**彼の髪の毛**　**彼の狭い額**　**彼の眼鏡**　**彼の醜い猫背**を思ひ出す

無産者版に基づいて考えると、改造版の伏字は「天皇」の身体の特徴を醜く描写した右の箇所と、そして「大逆」の欲望が描かれた以下の箇所に集中していることがわかる。

改造版

神戸　名古屋を経て　東京に入り込み
、、、、に近づき
、、、、にあらはれ
、、、、
、、顎を突き上げて保ち

、、、、、、、、、、、、
、、、、、、、
温もりある、、の歓喜のなかに泣き笑へ

無産者版をもとにした松下裕の「推定」翻訳

神戸　名古屋を経て　東京に入り込み
彼の身辺に近づき
彼の面前にあらはれ
彼を捕へ
彼の顎を突き上げて保ち
彼の胸元に刃物を突き刺し
反り血を浴びて
温もりある**復讐**の歓喜のなかに泣き笑へ

伏字は、法に抵触する恐れのある表現を、出版社側が「自発的」に○や×などの記号に置き換えることで、特定の表現に制限がかかっていることを可視化する効果を発揮した。文章を隠すという伏字の本来の機能を裏切る形で、伏字は読者の好奇心を刺激し、想像力を喚起することになる。[5] 伏字は、検閲制度に屈服した傷跡であると同時に、抵抗の表象でもあるという両義的な側面を持っていた。[6] しかし、それだけでは説明がつかないことが多い。

渡部直己の『不敬文学論序説』によれば、一八八〇年前後の自由民権運動時代に至るまで、「「天皇」は、もっとも頻繁かつ無遠慮に論じられる対象と化して」いた。しかし、一八八二年に不敬罪が施行されると文学とメディアは萎縮し、「天皇」をナラティブ化すること自体に禁欲的な風潮になったという。(7)渡部は、無産者版の翻訳に依拠し、改造版における天皇の身体が「髪の毛／額／眼鏡／髭／猫背」と「執拗に分断されている事実」に注目し、その「分断性それじたいのなまなましい暴力」から「夢見られる「大逆」」を浮きぼりにした。(8)確かに、無産者版における朝鮮語の「天皇」言説は、この時代の刑法七三条に定められた大逆罪――「天皇、太皇太后、皇太后、皇后、皇太子又ハ皇太孫ニ対シ危害ヲ加ヘ又ハ加ヘントシタル者ハ死刑ニ処ス」――に該当する。

一九二八年一一月の昭和天皇即位式を間に挟み、一九二八年の三・一五事件、一九二九年の四・一六事件など、共産党関係者に対する悪名高い大検挙があった。一九二八年六月には、国体変革を企てる結社行為を死刑・無期懲役などの重刑に処すことができるよう、治安維持法が改悪された。「天皇」言説の検閲がさらに強化された時期だったのである。しかも『無産者』が東京で刊行されたのは、表4－1にあるように四・一六事件と重なっていた可能性が高い。二つの雑誌はいずれも日本内務省の図書課の検閲下に置かれていた。無産者版も納本されており、内務省図書課で作成された『出版警察報』の「禁止出版物目録（昭和四年五月中）」の「二安寧　2新聞雑誌」欄には、「無産者（鮮文）」は「五月一四日」に刊行され、同日「発売頒布禁止」（以下、発禁と略す）に処されたという報告が見られる。それに対し、伏字だらけの改造版は無事に刊行され、「雨の降る品川駅」は『出版警察報』を参照する限り、

表 4-1　改造版と無産者版に関する年表

1926 年 11 月	日本プロレタリア芸術連盟（機関誌『文芸戦線』日本プロレタリア文芸連盟を改称）
1926 年 12 月	日本共産党再建。福本和夫理論の立場から山川批判
1927 年 2 月	朝鮮で新幹会の創立。5 月には東京に新幹会の支会結成
1927 年 4 月	東京で留学中の李北満・金斗鎔らが第三戦線社を組織し，『第三戦線』発行
1927 年 6 月	日本プロレタリア芸術連盟から分裂し，労農芸術家連盟を創立。青野季吉・蔵原惟人ら機関誌『文芸戦線』，福本批判
1927 年 7 月号	日本プロレタリア芸術連盟の機関誌『プロレタリア芸術』創刊（中野重治・鹿児亘ら）
1927 年 7 月	コミンテルン日本問題委員会「日本に関する執行委員のテーゼ」（27 年テーゼ）
1927 年 11 月	労農芸術家連盟の分裂，前衛芸術家同盟の結成（27 年テーゼ賛成派は脱退）
1927 年 11 月	朝鮮プロレタリア芸術家同盟機関誌『芸術運動』を東京支部で創刊
1928 年 3 月 15 日	共産党員ら大検挙
1928 年 3 月	全日本無産者芸術同盟（ナップ）結成
1928 年 4 月	プロフィンテルン（国際赤色労働組合）第 4 回大会のテーゼ。植民地労働者は現住国の労働組合に加入して戦うべきである
1928 年 5 月号	ナップの機関誌『戦旗』創刊（『文芸戦線』と対立）
1928 年 8 月	コミンテルン書記局「一国一党の原則」が再確認
1928 年 12 月	コミンテルンの 12 月テーゼ「朝鮮の農民および労働者の任務に関するテーゼ」
1929 年 2 月号	中野重治「雨の降る品川駅」（『改造』）
1929 年 4 月 16 日	共産党員ら大検挙
1929 年 5 月	コミンテルンの 12 月テーゼ実行のため ML 派「無産者社」を組織。『無産者』創刊
1929 年 5 月号	朝鮮語訳「雨の降る品川駅」（『無産者』創刊号）

何の指摘も受けていない。第三章で述べた通り、出版する側が原稿やゲラ刷の段階で内務省の検閲官に閲覧させる内閲が廃止された後なので、事前の指示を仰ぐことなく、雑誌『改造』側が自主的に伏字処理したことが評価されたのである。

ほぼ同時期に同じ内務省の図書課で検閲を受けたはずの、改造版と無産者版の異なる運命は、作品の解釈にも大きなずれを生じさせた。まず確認すべきは、発禁だった無産者版が今まで生きながらえて、商業出版であった改造版を補うものとして利用されたことである。発禁となった書物が生存する方法については、第五章で取り上げる。ただ改造版の伏字については、一九七六年に無産者版の日本語訳を水野直樹から渡されるまで、著者の中野でさえ復元することができなかった。なぜなら、中野重治は一九三一年刊行の詩集に収録する際、天皇の身体に関わる表現を変え、暗殺をほのめかす箇所を削除し、伏字が集中した詩の後半を大幅に変えたからである。

さやうなら　辛
さやうなら　金
さやうなら　李
さやうなら　女の李
行つてあのかたい　厚い　なめらかな氷をたゝきわれ
ながく堰かれてゐた水をしてほとばしらしめよ
日本プロレタリアートの後だて前だて

さやうなら
××の歓喜に泣きわらふ日まで

また、改造版の導入部にあった献辞も削除され、いつのまにか作家自身の頭の中から改造版の原型は消えていたのである。

一方、雑誌『無産者』については、当時の朝鮮語出版物の移動と拡散の問題と接合して考えねばならない。日本帝国内で、地域ごとの検閲システムが独自性を維持しながら連携を強めていく時期の媒体だったからである。同じ時期に、内地で合法的な出版物として登録され、植民地へ移入される書物が増えたことにも注目したい。このような朝鮮語出版物の複雑な移動と、それに足並みをそろえるかのように帝国日本の検閲システムが連携していく過程についても考えたい。

2 内地と日本語の両義的な役割

一九二八年四月一〇日、植民地朝鮮の代表的なメディアの『朝鮮日報』と『東亜日報』は、「日本共産党事件」を大々的に報道した。「雨の降る品川駅」の背景となった三・一五事件のことである。内地では、三月一五日に共産党の関係者と思われる三四〇〇人が一斉に逮捕された。それに関する報道が解禁された四月一〇日に、京城では『朝鮮日報』が号外（図4-3）を出すほど、様々な情報が詳細に報道された。奥平康弘は、内務省がこのようにメディアを利用し、共産党は大逆を夢見る凶悪な思想集団

朝鮮日報
號外
揭載禁止中
今日에解禁
天下耳目을聳動한日本共産黨事件
各地警察、檢事總動員으로
一時에千餘名檢擧
一道、三府、三十縣에亘한未曾有의大事件
第三國際共産黨과直接聯絡한可驚할陰謀
再昨年十二月以來組織的赤化宣傳
東京附近八區四部에
旋風的一大檢擧
全國各地에電文이雪飛
迅雷의出動、百五十警官
司法首腦一室密議
檢事出動五十餘名
各處一時掩襲
赤旗、往復文書押收
東西兩派出沒自在
巨頭二三事前脫走
過激한檄文
日共黨機關紙
「赤旗」
暗鬪가發覺端緒
四十名立候補選擧도致疑
第三國際와聯絡
秘令을全國에傳達

図 4-3 『朝鮮日報』号外。3・15 事件に関する号外（1928 年 4 月 10 日）。

だというイメージを醸成しながら、治安維持法改悪の土台を作ったと指摘している。(9) 同様のメディア戦は朝鮮でも行われていた。

朝鮮総督府は、三・一運動のような民衆の抵抗を抑えるため、朝鮮人によるメディアを許可した。こうして一九二〇年三月五日に『朝鮮日報』が、同年四月一日には『東亜日報』と『時事新聞』が創刊され、それまで唯一の朝鮮語新聞であった朝鮮総督府の機関紙『毎日申報』と競合するようになる。『東亜日報』と『朝鮮日報』とは違い、『時事新聞』は読者の獲得に失敗し、経営難から抜け出せず、長く続かなかった。(10) とはいえ、『東亜日報』と『朝鮮日報』の検閲が比較的軽かったというわけではない。

朝鮮人による朝鮮語のメディアが禁じられていた一九一〇〜二〇年の一〇年間は、第三章で述べた通り、非合法媒体の摘発に重点が置かれていた。朝鮮語表現に対する処罰の基準を設けるようになったのは、一九二〇年以降である。(11) 朝鮮語メディア時代の幕開けは、朝鮮総督府による検閲の整備と強化を伴っていた。例えば、『東亜日報』は創刊した年に一〇八日間の第一次発行停止処分（一九二〇年九月二五日〜一九二一年一月一〇日）を、『朝鮮日報』は二度の長期発行停止処分（一九二〇年八月七日〜九月二日、一九二〇年九月五日〜一一月五日）を受けている。このような罰則を通して民間の朝鮮語新聞は検閲を強く意識するようになった。しかし、張信が述べている通り、これを「差押＝弾圧＝抵抗（抗日）」というステレオタイプで考えるべきではない。そもそも『朝鮮日報』は、代表的な親日団体であった大正親睦会が作ったものである。しかし、その後『東亜日報』を超える三〇件の差押、二三回の発禁、そして二度の長期停刊処分を受けている。総督府の厳しい検閲は、当時最大の親日団体の大正親睦会がもっとも抗日的な新聞を発行していたという常識的には理解しにくいメディア・イメージを作った。(12)

朝鮮総督府は、朝鮮語の出版物を厳しく統制しながら、朝鮮人向けのプロパガンダも展開した。例えば政策宣伝用の映画を制作し、地方を巡回上映した。ポスターや『毎日申報』『京城日報』の紙面で、行政に関する啓蒙や業績の強調に力を入れた。(13) それと同時に社会主義のイメージダウンを繰り返し図った。朴憲虎によると、一九一九年三・一運動の直後から治安維持法が公布された一九二五年（内地では四月二二日、朝鮮では五月八日）まで、『毎日申報』は、革命に成功したロシアが実際は性的に堕落しており、レイプ、貧困、飢餓によって多くの人々が困難に陥っていること、ロシア在住の朝鮮人に対する人種差別が酷いことなど何度も報じている。一方、日本は朝鮮を近代化させ、経済的な利益を与えたと強調し、(14) 社会主義と日本帝国の植民地支配を対照させた。このようなイメージが作られた時期と、朝鮮で社会主義運動が本格化し、朝鮮共産党の結成（一九二五年四月）に至るまでの時期は重なっている。

しかし、この時期の朝鮮人の読書傾向と、そのような読者の獲得を意識した『東亜日報』や『朝鮮日報』など植民地メディア記事からわかるように、すべてが総督府の思惑通りにいったとは言いがたい。朝鮮で社会主義思想が急速に普及したのは、三・一運動以降「民衆の政治意識が大きく高揚し、民族的・階級的な矛盾が露呈することによって民族改良主義が説得力をなくした」ためである。(15) 若い世代は民族改良主義を旧世代的な思考であると批判し、社会主義関連書の読者となった。第三章で述べたように、朝鮮では朝鮮語の本が厳しい検閲を受けていたために、社会主義関連書は内地から移入される日本語の本がほとんどだった。これは、内地の出版産業が植民地に比べ規模が大きかったこと、社会主義関連書が積極的に日本語に訳されていたこと、そして何よりも朝鮮で日本語の普及が進んでいたことのあらわれでもある。

『東亜日報』の書籍広告を詳細に調査した千政煥によると、一九二〇～二三年は無政府主義をはじめとする社会主義的な傾向の強い本が多く刊行され売れていた。マルクス主義関連書が本格的に読まれるようになったのは、一九二〇年代半ば以降である。ソビエトロシアから日本（語）を経由し、レーニンやスターリン、ブハーリンの著作が輸入された。千はこの現象が起きた理由をコミンテルンが朝鮮の共産主義運動に影響を及ぼすようになったこと、運動が成長したことに求めている。確かに、第五章と六章で取り上げる、内地で刊行された社会主義関連の合法・非合法の日本語書籍は、あまり時間差なく朝鮮半島に流れ込んでおり、「一九二八年から一九二九年頃には社会主義書籍の受容の絶頂を迎」えた。(16)

「日本語」は両義的な役割を担っていた。日本語は支配者による暴力的な強制が伴う言語であり、暴力への抵抗思想を育む言語でもあったからである。一九二八年四月一七日付『東亜日報』は、三・一五事件を受けて日本政府が「言論、出版物に対する徹底的な取締を決定」したと伝えている。一三日の閣議で「言論、出版物」の取締が議論されたのであった。閣僚は「強硬論で一致」し、「二、応急策としては現行法令の範囲内で中央地方とともに言論の取締を厳重にし、出版物の検閲を厳重にすること。三、永久策としては、新たに此れに対する常設機関を設置しないとするが、現在の警保局委員会で審議し、言論出版物に対する徹底的な取締作を考究すること」となった。この記事のすぐ横には、「注目されている新聞と雑誌　過激思想宣伝の傾向がある際には容赦なく処罰」という見出しで、以下の記事が続く。

思想問題、社会問題を論じ、国民思想を混乱させる或いは「マルクス」主義を奉し、思想の動揺を図ろうとする種類の言論文章は徹底的に取り締まること。そして、同日の閣議でもっとも危険視すべき新聞雑誌として、無産者新聞、労働農民新聞、マルクス新聞および前衛、解放、赤旗、政治批判、労農、プロ芸術などを列挙した。これらの新聞雑誌に対する取締には極力に注意しなければならないという意見があったという。また、最近、非常に急進的な態度をとっている雑誌「改造」のようなものについても、注視すべきとのこと。

閣議では、取締を強化すべき対象として、共産党系または非共産党系マルクス主義者が関わっている合法・非合法の媒体が名指しされた。決して発行部数が多いわけでもない、しかも『改造』を除けば植民地メディアにほとんど広告すら出せない弱小新聞や雑誌に対する弾圧に、朝鮮語新聞が興味を示しているのである。

朝鮮における厳しい検閲システムは、左翼的な朝鮮語の書物の刊行を「禁止—回避」させ、輸入・移入の流れを誘発した。図4-4を見ると、第三章で取り上げた金子文子・朴烈『太い鮮人』が出た一九二〇年代はじめに比べ、一九二〇年代末には四倍以上も輸入・移入されていることがわかる。中野重治の「雨の降る品川駅」を朝鮮語に訳して掲載した『無産者』の創刊が東京で準備されていた一九二八年までは右肩上がりであった。

朝鮮総督府の出版政策は、一九一〇年代は発禁と押収が、一九二〇年代は検閲が中心であった。それに対抗するため、朝鮮語の文献はアメリカ、中国、満州、ロシアなどで新聞・雑誌・書籍として刊行されることになる。特に、一九二〇年代後半から朝鮮の各団体は、内地の支部で出版して朝鮮に搬入を試みた(17)。朝鮮総督府警務局図書課『新聞紙要覧』(一九二七年)によると、内地で刊行された朝鮮語の媒体

図 4-4　輸移入新聞紙雑誌種類数量

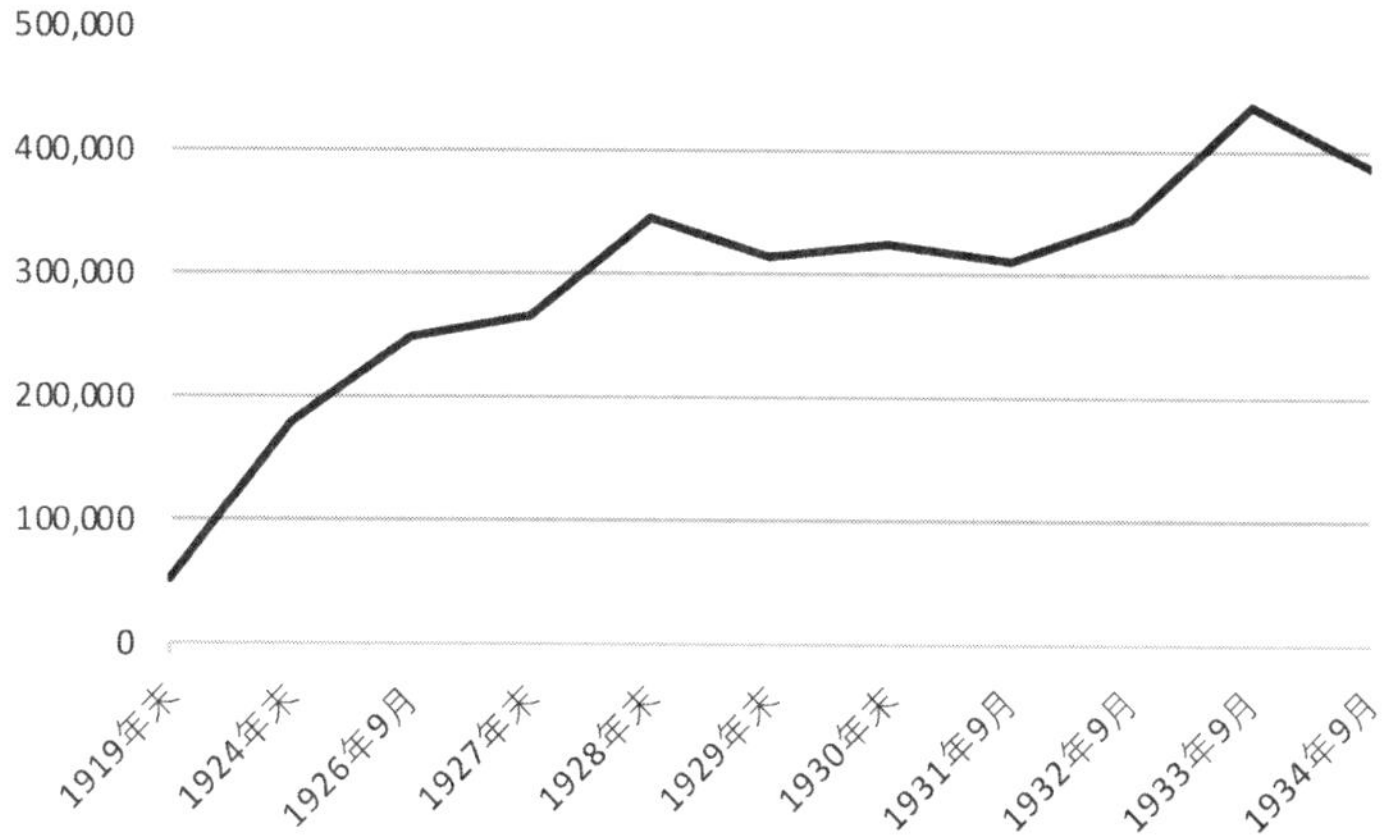

出典：朝鮮総督府警務局『昭和四年朝鮮に於ける出版物概要』『昭和七年朝鮮に於ける出版物概要』『朝鮮出版警察概要』1933 年・1934 年を参照。

には『思想運動』『青年朝鮮』『教育研究』『半島朝鮮』『朝鮮労働』『青年に訴える』『労働読本』『日本青年に訴える』『社会改造の諸思潮』『第一インターナショナル創立宣言および規約』『露国の主要人物の姿』『資本主義の解剖』『ローザ・ルクセンブルク』『金剛杵』『学之光』『朝鮮人の新運動』『大衆新聞』『新公論』『契の研究』『光線』『小作運動』『赤衛』『朝鮮経済』『黒友』『松京学友会報』『使命』『自我声』『劇星』などがある。書物のほかにも朝鮮語のチラシやビラも製作された。一九二〇年代半ば以降、内地は本格的に「不逞鮮人」たちによる「不穏な」朝鮮語メディアの生産工場となったのである。刊行物の多くは社会主義に関する情報を盛り込んでおり、本書がこうした本の移動をある程度、把握できるのは、日本の内務省と朝鮮総督府の執拗な調査のおかげでもある。

3 検閲帝国の誕生

京城にあった日本ソ連総領事館の領事夫人であり、ソ連共産主義青年同盟中央委員会の機関紙『コモソモルスカヤ・プラウダ』の通信員でもあったファニャ・イサーコヴナ・シャブシナは、独立直後の京城の状況を詳細に記録している。その後記録はまとめられ、一九七四年にソ連で刊行された(18)。このうち一九四五年八月二二日の記述に注目してみたい。この日、彼女は通訳とともに街に出た。朝鮮総督府から遠くない南大門周辺で開かれている民衆集会をのぞいた後、鐘路方面に移動する道すがらこんな風景を目にした。

黒い煙の柱が立つ煙突から紙切れが飛んできた。路地で学生たちが、それを必死で読み、いったい何を焼却しようとしているのか知りたがっていた。そこに〔日本の〕警察が近づいて紙のたばを奪い、ビリビリに破り捨てた。学生たちは逮捕されなかった。(中略)「この焦げた紙に何が書かれていたか、皆さんは知っていますか」と、和信百貨店周辺の集会で、ある人が発言した。「朝鮮の愛国者たちを逮捕し、銃殺しろという命令書、拷問の実行に関するさまざまな命令書、密偵の名簿とその報告書です。植民地主義者はそれを全て灰にしております(19)」

大量に焼却された文書について、正確な記録が残っているわけではない。しかし、散歩を続けたシャブシナが、本町〔現在の明洞〕の書店でみたものは、焼却処分されたものの正体を示してくれる。その書店の店主は朝鮮人で、独立前に訪ねた時に、朝鮮関連の書籍があるかと聞いたが、「残念ながら朝鮮に関する本はないです。工学と医学書ならあります」と無愛想に答えながら、シャブシナらを追い出そうとした人である。その店主がわざわざ彼女らを呼び止めて、「あなたたちは本当に朝鮮の歴史に興味がありますか。（中略）とても面白い本を見せてあげましょうか」と英語で尋ねてきた。店主に見せてもらったのは、朝鮮総督府の秘密文書保管局に保管されていた『朝鮮警察』『高等警察用語辞典』『思想彙報』をはじめ、朝鮮総督府が非公開で刊行した報告書の類である。検閲官が書いたものも含まれている。

私はどうやってこれらの本が朝鮮人の書店に持ち込まれたのか理解できなかった。（中略）植民地主義者の名誉を傷つけそうな文書や本は焼却する義務があった警察や総督府職員が〔敗戦後に〕本屋の店主に売り渡し、店主は高値をつけて顧客に販売するのであった。読者を意識することなく朝鮮植民地の統治のしかたを明確に記した非公開の刊行物が、突然人々の手に渡ったのである。[20]

彼女が書店で偶然出会った朝鮮人の大学講師は、「われわれを如何に欺し、素晴らしい人々をどのように虐めたのかを知るために絶対必要な本」だと述べながら購入していたという。[21]

本書で繰り返し述べるように、検閲の主な対象は風俗と思想であった。一九二〇年代の朝鮮では、総督府の統治に批判的なもの、とりわけ社会主義思想を意味した。活字媒体だけではなく、それを書いたり翻訳した人、製造に関わった人、読んだ人も取締の対象になる。夫が機密活動をするためシャブシナという偽名を使ったように、社会主義者は大半が「長い間監獄にいたり地下に潜っていたせいで〔朝鮮〕住民にほとんど知られて[22]」いなかった。そのため独立後の朝鮮半島では、自分の抵抗運動の実績をアピールし、朝鮮民衆の支持を集める活動がうまく展開できなかったという。

それについて李惠鈴は朴憲永、李載裕が朝鮮独立直後に「代表的な社会主義者」でありえた大きな理由の一つは、彼らが朝鮮総督府に何度も検挙され、裁判と投獄の記事が新聞の社会面に載った「思想犯」「犯罪者」だったからだと述べている。当時の新聞報道から現在の学術研究に至るまで、「彼らの生涯と社会主義者としての活動を再構成するのに最も大切な材料は、まさに彼らを逮捕し、拘束した朝鮮総督府警務局など植民地権力のもの」なのである[23]。

韓国のNEVERニュースライブラリーでは、『東亜日報』と『朝鮮日報』を日付とキーワードで検索すると、原文が閲覧できる。インターネット上で無料公開なので、誰もがアクセス可能だ。この機能を利用し、まず「朝鮮共産党」を検索してみた。朝鮮共産党は先述した通り、一九二五年四月に結成され、一九二六年春にコミンテルンから承認を得ている。図4-5にまとめたように、一九二六年には合わせて一一九件であったのに対し、一九二七年に七八〇件に増え、一九二八年に三九八件に減っていく。この時期は、NEVERニュースライブラリー全時代（一九二〇〜一九九九）の統計を見ても、「朝鮮共産党」という言葉がもっとも頻出していた。この時期を月別に分けると、一九二七年九月から一一月、一九二八年二月に「朝鮮共産党」の頻度が極めて高いことがわかる（図4-6）。記事を読むと、前半は朝鮮共産党事件の公判と、後半はその判決と時期が重なっている。

図 4-5　Never ニュースライブラリー・キーワード検索「朝鮮共産党」(年度別)

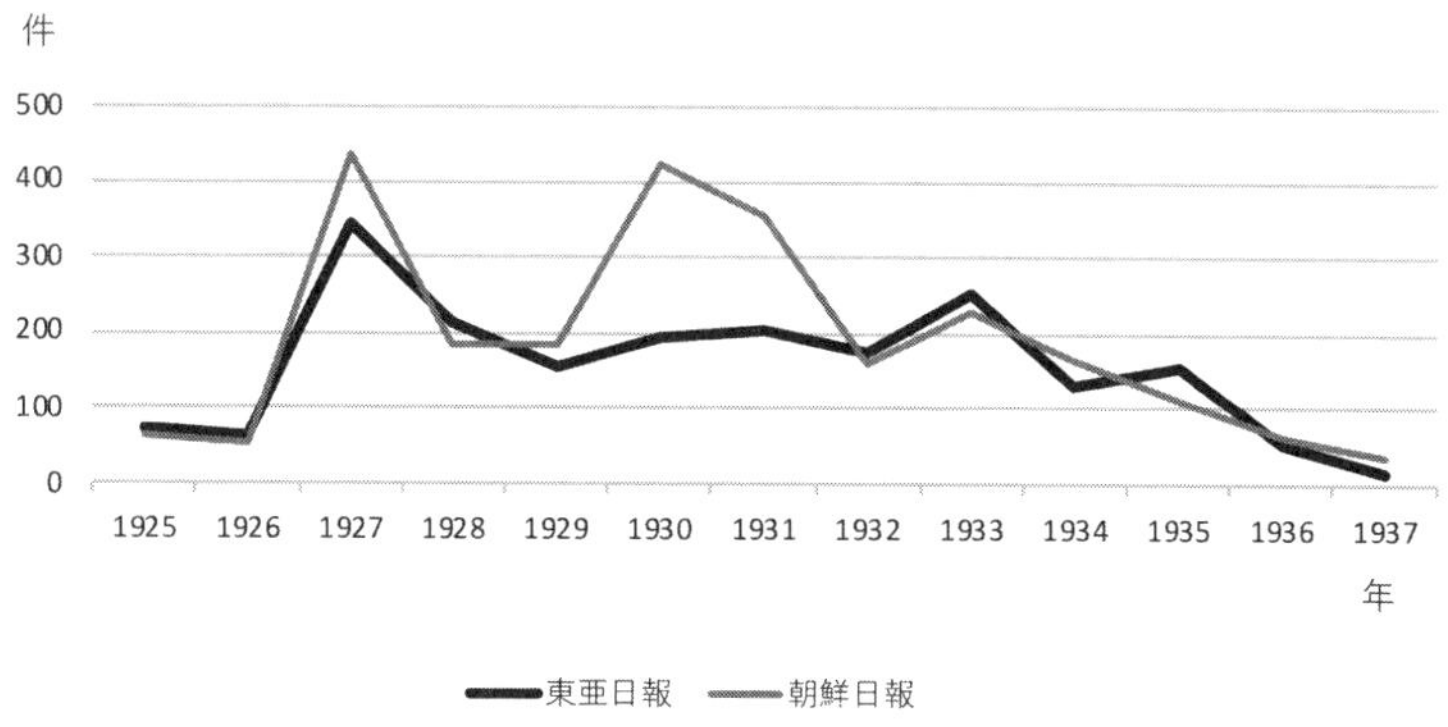

図 4-6　Never ニュースライブラリー・キーワード検索「朝鮮共産党」(月別)

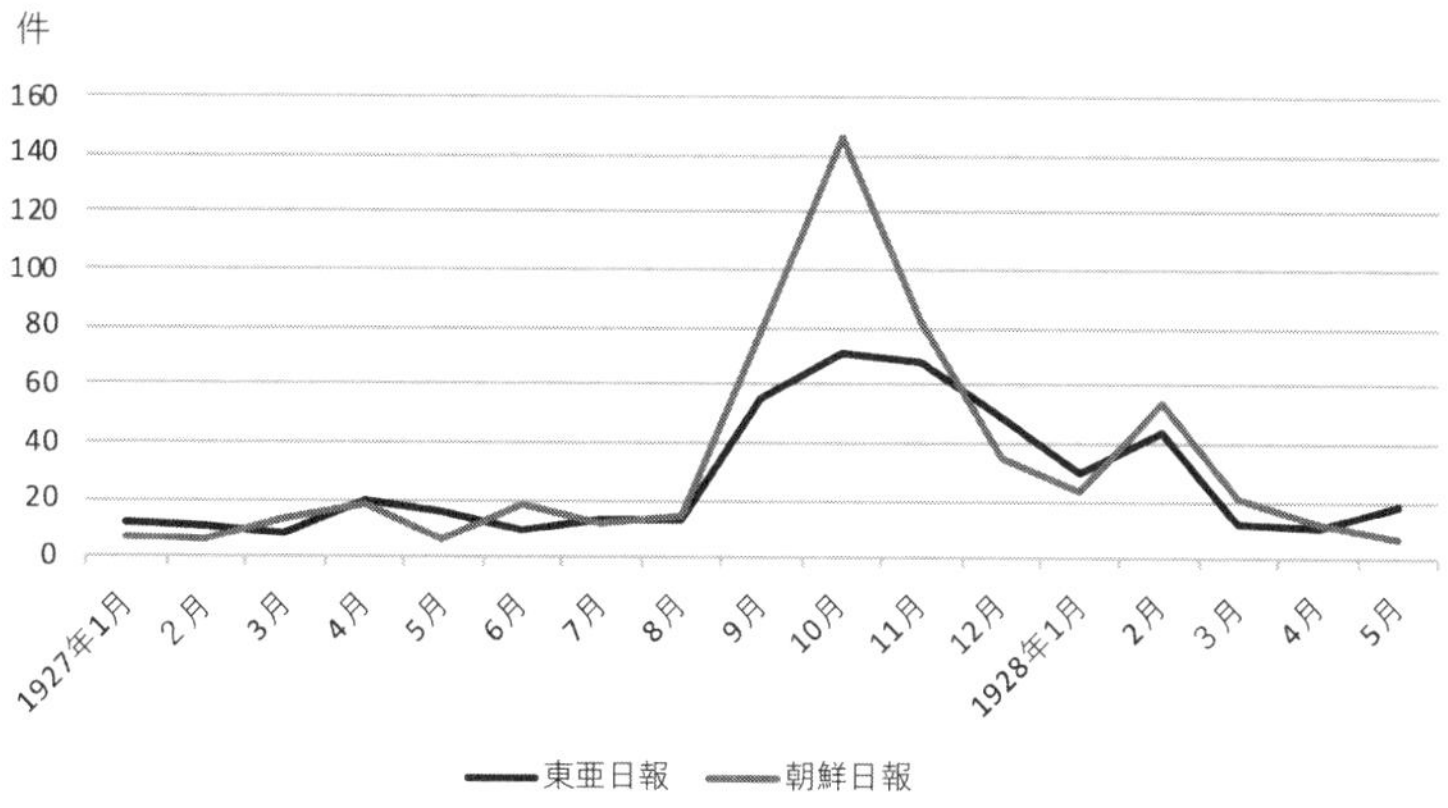

注：1927 年 9 月～ 11 月は公判，1928 年 2 月は判決。

朝鮮共産党事件とは、一九二五年一一月に発生した第一次共産党事件からはじまり、一九二六年六月の第二次共産党事件、同年一〇月の残りの党員を全国的に検挙した事件の総称である。京城に移送された党員の公判が一九二七年九月一三日から始まるや否や、『東亜日報』『朝鮮日報』は連日のように大きく取り上げた（図4‐7、4‐8）。時期はずれるが、中野重治の「雨の降る品川駅」から乗車した「辛」「金」「李」「女の李」たちの終着地がまさにここである。

朝鮮共産党事件は予審が終結すると、一部の資料が公開され、新聞報道も許された。公開された情報には、被告の名前はもちろん本籍・住居（現住所）・職業・年齢・写真なども含まれていた。このような扱いについて李恵鈴は、「暗語で通信」したり、「変装で活動」していた社会主義者を「地上のありふれた存在――行政的な法的統治の対象である存在、すなわち人口の基本的な事項だけでも存在が確認できる存在――へと下降させ」たと指摘している[24]。この朝鮮共産党事件をめぐるメディア・イベントは、社会主義者に対する懲罰的な見せしめとして利用しようとした総督府の思惑とは違う効果を上げたように思われる。紙面には、被告の写真とともに裁判の「前日の夜一一時頃から並んだ」多くの傍聴希望者の写真が大きく掲載された（図4‐9）。新聞の見出し通り、この裁判は「半島天地を掀動（大きく揺ら）した大史劇」とも言え、朝鮮民衆の大きな関心を呼んだ。

前掲の図4‐3のように『朝鮮日報』が内地で起きた三・一五事件に関する号外まで出したのは、こうした世論と結びつけて理解する必要がある。一九二八年三・一五事件と一九二九年四・一六事件の間には、一九二八年一一月に昭和天皇の御大典（即位の儀式）があった。まさにこの時期、帝国日本の検閲システムは、宗主国と植民地が連携を取りながら整備されていく。一般紙は、三・一五事件で一六〇

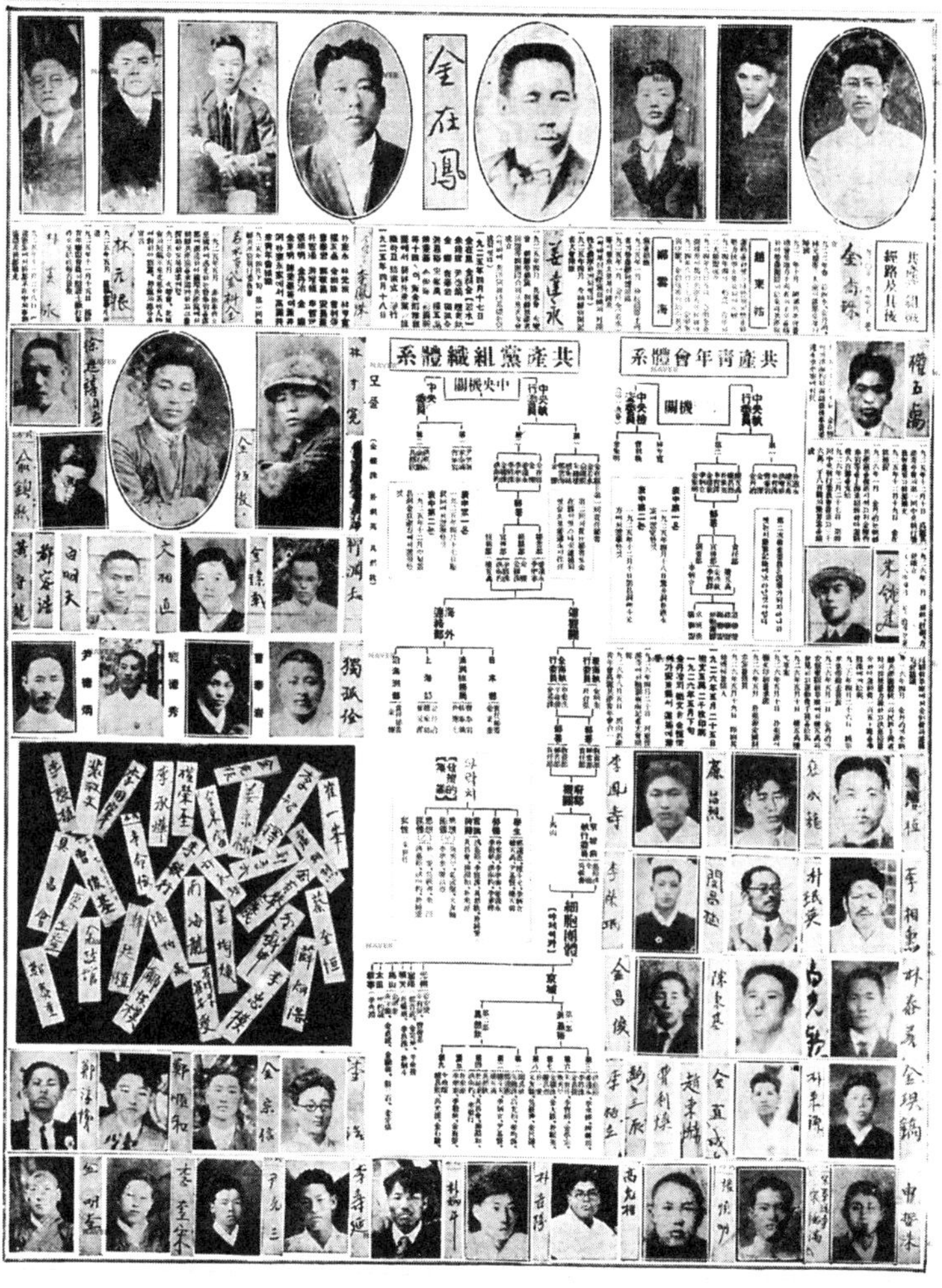

金在鳳

共產黨組織體系

共產青年會體系

図 4-7 『東亜日報』1927 年 9 月 13 日。朝鮮共産党関係者の写真と名前，そして組織図などが紹介されている。

今日朝鮮共產黨公判

萬人注視中에 一大史劇은開幕되다

被告百單一인全朝鮮的大秘密結社

組織, 發覺, 活動과重要人物

朝鮮日報號外

適用法律

図 4-8 『朝鮮日報』1927 年 9 月 13 日。朝鮮共産党事件の公判が開始されたことを大々的に伝える記事。

半島天地를掀動한大史劇開幕日

馬蹄劍戟의重重鐵壁城裡

未曾有의共產公判開廷

延期도延期로在拌三個星霜만에

天日을보게되는百單一被告

黎明부터法廷前엔萬頃人波

前夜十一時頃부터

法院前에胃雨守直

傍聽人身元一一調査

傍聽券數不過八十

所持物全部任置

午前七時四十分

被告全部가到着

三年만에親知相面

意味深長한微笑

被告入廷光景片片

定刻보다一時間遲延

十時半에야開廷

路邊에瞥見의囚車上

依稀한親知形影

一大史劇中悲劇種種

重態被告

六名不出廷

図 4-9 『東亜日報』1927 年 9 月 14 日。朝鮮共産党事件の公判を見るために，前日から並んだという多くの朝鮮人の写真を掲載している。

〇人（一九二八年一年間の中間検挙を含めれば三四〇〇人）もが検挙されたことを競って報道し、治安維持法改悪への足場を作った[25]。しかし、実際に起訴されたのは四五〇人（最終的には五二三人）であり、七〇〇人が検挙され二六六人が起訴された四・一六事件よりも起訴率は低い。また、三・一五事件では、共産党幹部の逮捕に失敗しているのに対し、四・一六事件では、仕上げとして六月に上海で佐野学を検挙し、ほとんどの中央幹部の逮捕に成功している。四・一六事件は、特高の「目覚ましい成長」を証明した出来事として記録されている[26]。

一九二八年四月に開かれた第五五回帝国議会で、三・一五事件が「思想国難」と位置づけられ、特高警察や思想検事の拡充が容認されたことも、それに一役買った。この議会で、二〇〇万円という莫大な予算が警保局の拡大のために承認された。内務省警保局図書課長によれば、予算を消化するため事務官と検閲官を増やし、雑誌を発行したという[27]。例えば、図書課だけでも、人員を前年度の二四名から六一名に大幅に増やしている（表4-2）。その他にも、出版、講演会、講習会などが多数企画された。その多くは社会主義者の検挙と検閲のための学習用であった[28]。

同様の動きは植民地朝鮮でも見られた。一九二八年五月、朝鮮総督府の警務局も追加予算四〇万円が認められ、そのうち五万円は思想検事の配置に、三五万円は高等警察の拡張に使われている。非常に興味深いのは、予算消化を目的として、植民地と宗主国の検閲システムが接続したことである。京城では一九二八年九月から『朝鮮出版警察月報』が発行されており、東京では翌一〇月から『出版警察報』が発行される。『出版警察報』に掲載された日本語雑誌の情報は、『朝鮮出版警察月報』にそのまま転載されるなど、参照枠として機能するようになった。両方の組織再編は、その時期が重なる点、予算消化の仕方の類似性などを考えると、連携した活動を視野に入れたものであったと言えよう[29]。

三・一五事件以後、大きく拡充された特高警察も「視察取締態勢の厳重化が各種の会議や通牒により求められ」、一九二八年「八月七日から三日間、新任の警視を含めて全国の特高・外事課長を集めた最初の会議が内務省で開かれ」た。第一回会議には朝鮮・樺太からも出席者があったという[30]。御大典のためにもっとも強化されたのは、朝鮮人に対する監視であった。例えば、特高課長会議の指示事項第一「大礼ニ関シ各種要注意人物ノ視察警戒ニ関スル件」では、「在外不逞鮮人」の内地潜入への警戒や「未ダ警察視線ニ入ラザル危険人物ノ発見[31]」が強調された。関西地方では、約二〇万人とも言われた朝鮮人居住者の名簿を特高は携帯し、月に一～二回の訪問と夜間の家宅捜索も行った。取締をより円滑に進めるために、特高で朝鮮語の講習会も開かれた[32]。

このように、朝鮮人の内地への侵入を防ぐための様々な対策は、朝鮮総督府の関係者との連携のもとで行われていた。一方、日本からの危険な思想の移入を防ぐために、朝鮮総督府図書課は、日本の下関などの都市に職員を常駐させ、日本や外国から朝鮮に流入する書物を検閲した。また、内地の当局へ在外派遣員を送り、「危険な情報の流れを遮断」しようとした[33]。総督府の図書課長や職員は、日本や満州国、各道の警察府へ頻繁に出張するようになる。検閲業務に関する相談や業務内容を説明するためであった。

表 4-2 警保局特高関係課員の推移

	保安課		図書課	警保局全体
1927 年	42		24	121
機構改革	高等課	保安課		
1928 年	14	85	61	236
1929 年	14	67	58	212

出典：荻野富士夫『特高警察体制史』せきた書房，1984 年，185 頁。

例えば、図書課でも、高等外事警察課長会議を招集したり、出版警察事務研究会を立ち上げ、各道の担当者を教育し指示を与えた。(34)

一九二八年から一九二九年にかけて、思想・書物の交錯と移動に対する取締の強化は、帝国全域を緩やかに結びつける検閲システムを立ち上げた。こうして内務省と総督府を行き来しながら、双方の警察および検閲を接続する清水重夫のような人々が登場する。清水は内務省傘下の警察講習所教授として『警務大系』(一九三二年)を上梓していた。その間、彼は一九三一年一一月から一九三五年一月まで朝鮮総督府警務局図書課長を務め、その後内務省保安課長となる。

警察と連携の痕跡は、朝鮮総督府図書課が作成した記録にもうかがえる。例えば、『昭和五年朝鮮に於ける出版物概要』(一七四頁)には、連携がうまくいっている旨記されている。

取締に関しては充分なる研究を遂げ即ち此等刊行物の第一次移輸入地所管轄警察官憲に於て常時不断の注意を払ひ其の移輸入に先ち之が発見に努め其の発見検閲の結果不穏の事項を掲載することを発見したるときは夫々発売頒布を禁じ差押処分に附し尚ほ之が発見の方法に関しては単に移輸入地に於てのみならず当局は内地方面の発行に係るものに対しては内地取締官憲と又国外出版のものに対しては在外取締官憲と連絡を図り又一面に於ては朝鮮内各関係当局とも円満なる連絡を保ち(中略)其の結果移輸入に先ち発見せられ今日に於ては其の頒布は殆んど不能の状態にして朝鮮内発行の刊行物の取り締まりと相待て其の取締の全きを期しつつあり

図書課の記録にあるように、取締の強化が効果を上げたのは確かであろう。『朝鮮出版警察月報』を精査した李惠鈴によれば、「日本で発行される有力な日刊新聞・雑誌などのように「出版物に対する責任者」が明らかであっても、それらは朝鮮総督府の法的・行政的な対象ではなかったために、朝鮮出版警察にとっては、「秘密出版」と同様な性質のものとして扱われた」[35]という。また、下関などの国境都市で日本や外国から入ってくる書物には朝鮮の法律を適用できないため、差押しかできなかった。例えば、『文芸戦線』(一九二八年一一月号、四八頁)には、「朝鮮の読者」から「朝鮮では毎号のやうにその他の階級的な雑誌新聞と共に押収されてゐるのだ。朝鮮も内地も出版法やその他の法律にケジメのある筈はないと思ふのだが、それが滅茶苦茶に総督官憲の「手応」で自由自在に押収されるのだ。(中略)俺たち朝鮮の読者は去年の十二月から毎月のやうに『文戦』を手にしてゐない。この方面にも検改運動が手を伸べてくれることを望んでゐる」という訴えが見られる。『戦旗』も「台湾、朝鮮等の植民地は発禁であるなしに拘らず常に差押へられるといふ状況[36]」にあったと記されている。

しかし、現在の研究者が歴史を語る際、膨大な予算と高いリテラシーを持った帝国側の作成した統計だけに依拠してよいのだろうか。思想・書物の移動を防ぐために権力者が構築したシステムはすべてうまく機能していたのだろうか。支配者の記録から、「抑圧」と、その結果生じた思想的・民族的な「被害」だけを読み取るべきではない。そこで次章では、三・一五事件の大量逮捕劇に対する危機意識から生まれた雑誌『戦旗』とその読者網の広がりについて注目したい。出版警察と特高が「極左翼」と見なし厳しく監視していた『戦旗』のような雑誌が、むしろ「非合法」という言葉を戦略的に使いながら、検閲システムと駆け引きを展開していたことを手がかりとする。

注

（1）中野重治の生前に刊行され、修正が加えられたもののリスト。鄭勝云『中野重治と朝鮮』新幹社、二〇〇二年、一八一〜一九七頁の「〈付表〉「雨の降る品川駅」の異動」を参照した。

①一九二九年二月、『改造』
②一九二九年五月、『無産者』（朝鮮語訳）
③一九三一年、『中野重治詩集』ナップ出版：当局に押収され出版できなかった
④一九三五年、『中野重治詩集』ナウカ社
⑤一九四七年、『中野重治詩集』小山書店：③を復刊
⑥一九五一年、『中野重治詩集』新潮文庫
⑦一九五四年、『現代日本文学全集38 葉山嘉樹・小林多喜二・中野重治集』筑摩書房
⑧一九五六年、『中野重治詩集』岩波文庫
⑨一九五九年、『中野重治全集 第一巻』筑摩書房（第一次）
⑩一九六七年、『中野重治詩集』弥生書房
⑪一九七一年、『新潮日本文学二〇 中野重治集』新潮社
⑫一九七六年、『中野重治全集 第一巻』筑摩書房（第二次）
⑬一九七八年、『中野重治詩集』岩波文庫

（2）水野直樹は「「雨の降る品川駅」の朝鮮語訳をめぐって」（「月報8」『中野重治全集 第三巻』筑摩書房、一九七七年）や「「雨の降る品川駅」の事実しらべ」（『季刊三千里』一九八〇年春号）、「中野重治「雨の降る品川駅」の自己批判」（『在日総合誌 抗路』第七号、二〇二〇年七月）において、長い間忘れられていた無産者版を中野重治に届けた経緯を説明し、無産者版の日本語訳を掲載した。

（3）문한별の調査によると、李北満は内務省警保局『禁止単行本目録』（一九三五年、復刻版は湖北社、一九七六年）に登

場頻度がもっとも高い朝鮮人の一人である。李は一九二六年から東京を中心に活動した。문한별「일본 내무성 경보국 발행『금지단행본목록』에 수록된 조선 및 조선인 관련 도서의 의미」(*Journal of Korean Culture*、第三六号、고려대학교 한국언어문화학술확산연구소、二〇一七年二月、二五八～二六七頁参照)。李と金斗鎔の日本プロレタリア運動との関係については、高榮蘭『戦後というイデオロギー』藤原書店、二〇一〇年、第三章「戦略としての「朝鮮」表象」を参照していただきたい。

(4) 前掲水野「「雨の降る品川駅」の事実しらべ」一〇五頁。

(5) 牧義之『伏字の文化史――検閲・文学・出版』森話社、二〇一四年、一五頁を参照。

(6) 山本明「伏字・検閲・自己規制」『現代ジャーナリズム』雄渾社、一九六七年、六七頁。

(7) 渡部直己『不敬文学論序説』太田出版、一九九九年、一五～一六頁。

(8) 同前、四八頁。なお、渡部が指摘した「夢見られる「大逆」」というメッセージは、伏字に慣れ親しんでいた当時の読者に届いていたはずである。内藤千珠子が正しく指摘している通り、伏字は「空白のようであって実はそうではなく、見えなくされた意味があることを表示する記号の場所を作る」役割をしていたからである（内藤千珠子『愛国的無関心』新曜社、二〇一五年、六頁）。

(9) 奥平康弘『治安維持法小史』筑摩書房、一九七七年（ここでは岩波書店、二〇〇六年、一一〇～一一三頁を参照）。

(10) 『毎日申報』に三・一運動を非難する文章を連載するなど、親日派として知られていた閔元植の『時事新聞』は、読者の獲得や経営の安定に失敗した。しかも、翌一九二一年二月に閔は朝鮮人の参政権を請願するために訪れた内地で、抗日運動家の梁槿煥に暗殺されてしまい、同紙は週刊誌『時事評論』に転換した。一九二四年に崔南善は『時代日報』を創刊するが、一九二六年一一月には李相協に買収され、『中外日報』に名称が変更された。この新聞も一九三一年に金賛成と盧正一の手に渡り、『中央日報』（一九三一年一一月二七日創刊）になる。

(11) 鄭根埴「植民地検閲と「検閲標準」」紅野謙介・高榮蘭・鄭根埴・韓基亨・李惠鈴編『検閲の帝国――文化の統制と再生産』新曜社、二〇一四年は、法律的に掲載禁止事項を示す「検閲標準」と、検閲過程で検閲官が適用する「検閲基準」が、一九二〇年以後どのように変化しているのかについて詳細に検証している。

(12) 張信『조선・동아일보의 탄생—언론에서 기업으로』역사비평사、二〇二一年、四五頁。
(13) 鄭晋錫『언론조선총독부』커뮤니케이션북스、二〇〇五年、九九頁。
(14) 朴憲虎「1920년대 전반기『매일신보』의 반—사회주의 담론연구」『한국문학연구』二九号、동국대학교 한국문학연구소、二〇〇五年一二月、第二節「사상의 현실화、상징으로서의 러시아」を参照。
(15) 千政煥『근대의 책읽기』푸른역사、二〇〇三年、二〇五頁。
(16) 同前、二一三頁。この章の植民地朝鮮における日本語書籍の流通に関しては、千政煥の研究から多くの示唆を得た。
(17) 이중연『"책"의 운명—조선~일제강점기 금서의 사회・사상사』혜안、二〇〇一年を参照。
(18) ここでは、韓国語訳である파냐 이사악꼬브나 샤브쉬나（김명호訳）『1945년 남한에서』（도서출판한울、一九九六年）を使用した。
(19) 同前、八〇頁。
(20) 同前、八三頁。
(21) 同前。
(22) 同前、八五～八六頁を参照。
(23) 李恵鈴「감옥 혹은 부재의 시간들——식민지 조선에서 사회주의자를 재현한다는 것、그 가능성의 조건」『大東文化研究』第六四輯、二〇〇八年、七五～七六頁。
(24) 同前、七七頁。
(25) 奥平康弘は、「一九二八年四月一〇日、三・一五にかんする記事解禁をきっかけに開始した世論操作（それは、「アカ」をもって「大逆」の「陰謀」を試みる凶悪「思想犯」と宣伝した）を背景にして、田中内閣は第五五特別議会の会期のこるところわずかしかない四月二七日、治安維持法の重要改正をはかる法律案を提出した。三・一五で新たに摘発された諸事実にてらし、日本共産党取締りのためにはぜひ、治安維持法の手直しが必要だと説いた」と論じた（前掲奥平『治安維持法小史』。ここでは、奥平『治安維持法小史』岩波書店、二〇〇六年、一一一頁を参照した）。

(26) 荻野富士夫『特高警察体制史——社会運動抑圧取締の構造と実態』せきた書房、一九八四年、二一三頁、前掲奥平『治安維持法小史』一〇五頁などを参照。

(27)「土屋正三氏談話速記録」『内政史研究資料』内政史研究会、一九六七年、五〇頁の回想。

(28) この時期の特高警察の組織改編については、前掲荻野『特高警察体制史』を参照。

(29) 植民地朝鮮の組織再編については、鄭根植・崔暻姫「도서과의 설치와 일제 식민지출판경찰의 체계화、1926-1929」검열연구회편『식민지 검열—제도・텍스트・실천』소명출판、二〇一一年を参照。

(30) 前掲荻野『特高警察体制史』第三章第三節を参照。

(31) 内務省警保局『昭和大礼警備記録』上巻、一九二九年。

(32) 前掲荻野『特高警察体制史』を参照。

(33) 李惠鈴「식민지 검열과 〝식민지—제국〟 표상—『조선출판경찰월보』의 다섯 가지 통계표가 말해주는 것」『대동문화연구』第七二号、二〇一〇年一二月、五一一頁。

(34) 前掲鄭・崔「도서과의 설치와 일제 식민지출판경찰의 체계화、1926-1929」を参照。

(35) 前掲李「식민지 검열과 〝식민지—제국〟 표상」。

(36) 甘露寺八郎「出版書肆鳥瞰論（四）戦旗社の巻」『総合ヂャーナリズム講座 第九巻』内外社、一九三一年、二三七～二三八頁。

第五章　資本

1　発禁という付加価値――雑誌『戦旗』と『蟹工船』

プロレタリア文化運動は、一九二一年に創刊された『種蒔く人』を出発点とする。一九二四年には雑誌『文芸戦線』が運動の中心となり、一九二五年には日本プロレタリア文芸連盟が結成された。この時期から一九三四年に日本プロレタリア文化連盟が壊滅するまでがプロレタリア文化運動の最盛期である。この時期を代表する雑誌に『戦旗』がある。この雑誌は、一九二八年三月に日本プロレタリア芸術連盟と前衛芸術家同盟の合同による全日本無産者芸術同盟（以下、ナップと略す）の結成に合わせ、両方の機関誌『プロレタリア芸術』と『前衛』を合併した形で創刊された。

表5－1にあるように、『戦旗』は創刊号七〇〇〇部からスタートし、二年後の一九三〇年四月には二万二〇〇〇部を発行するほどに急成長を遂げた。これは円本に押されて苦戦していた雑誌『中央公論』の一九二七年の発行部数とほぼ同じである。(1)『中央公論』は一九二八年九月号に社長交代を公にし、

表 5-1 『戦旗』の発行部数

号数	部数	備考
1928 年創刊号	7,000	
6 月号	7,300	発禁
7 月号	7,000	
8 月号	6,000	
9 月号	7,000	
10 月号	8,000	
11 月号	8,000	発禁
12 月号	8,000	発禁
1929 年 1 月号	10,000	
2 月号	10,000	発禁
3 月号	10,000	
4 月号	11,500	発禁。79 支局（東京 23, 地方 56)。支局販売数約 2,000 部
5 月号	12,000	
6 月号	13,000	発禁
7 月号	13,000	
8 月号	14,000	発禁
9 月号	15,000	発禁
10 月号	16,000	発禁
11 月号	17,000	202 支局（東京 86, 地方 116)。支局販売数約 4,500 部
12 月号	18,000	
1930 年 1 月号	20,000	
2 月号	21,000	発禁
3 月号	22,000	発禁
4 月号	22,000	256 支局（東京 94, 地方 156, 米国 6)。支局販売数 7,000 部
7 月号	23,000	発禁
10 月号	23,000	発禁。支局販売数 7,000 部

出典：「メーデーと共に迎へる戦旗の二週年——弾圧をけとばして募集基金三〇〇〇円突破へ」(『戦旗』1930 年 5 月号, 61 頁), 山田清三郎「プロレタリア文化運動史」(『日本資本主義発達史講座』第 4 巻, 岩波書店, 1932 年, 43 頁) の統計に基づいて作成した。1930 年の発禁状況については, 内務省警保局編『昭和五年中ニ於ケル社会運動ノ状況』(1011 頁, ここでは復刻版, 三一書房, 1971 年を使用)。

新しく社長に就任した嶋中雄作は経営再建に乗り出す。例えば、従来の「吉野作造・大正デモクラシー」という社会的なイメージから脱するために『戦旗』の作家たちを重用し、『文芸戦線』のイメージの強い『改造』とライバル争いを演出した。この時期『中央公論』の編集者であった雨宮庸蔵は、競争相手である『改造』を出しぬき、主導権を握るための「嶋中のマルクスへのアプローチは、「シネマ・マルクス・スポーツ」といった流行としての側面的捉え方」であったと批判的に回想している。さらに、黒島伝治のシベリア出兵を扱った「氷河」(一九二九年一月号)が発売頒布禁止(以下、発禁と略す)になった時の逸話を以下のように紹介した(2)。

社長と読み合せ校正をしながら私は、「あぶない」といったが社長は「大丈夫」と強気だった。発禁になると「眼がたかかったね」と感心していたが、それは時代感覚の差でもあった。正月特別号の発禁なので麻田前社長は、経済的打撃を心配して飛んで見えたが、嶋中は「これで売れる」と踏んだ。編集者の神経をすりへらすことではあったが、当時は思想的にも風俗的にも、発禁すれすれの編集線が、雑誌を商業ベースにのせるラインだった。心底はリベラリズムでも自らそこには編集左翼が形づくられた。

雨宮によると『中央公論』は、「編集左翼」を演出するために、数千部発行の『文芸戦線』ではなく、『戦旗』の二万数千部への「上昇に着目」し、『改造』に「反撃の体制をとった」(3)。しかし、小林多喜二と徳永直だけではなく「商品価値ありとみれば『文芸戦線』派にも誌面を割いた」。中央公論社にとって魅力的にうつった『戦旗』の快進撃は、発禁が続いた一九二九年から本格化している（表5－1）。この上昇曲線と連動する形で、中央公論社と改造社の「社会主義」競争は可視化され、左翼図書専門出版社の乱立を呼ぶことになる。「左翼出版社」と「左翼的出版社」が使い分けられるほど、その数は多かった。例えば甘露寺八郎によると、「左翼出版社」は、「プロレタリア階級に所属し、その階級の戦略戦術に立脚し、印刷し出版する階級的出版所」である。一方「左翼的出版社」は、「大体大出版社の販売方法と同様な経路を辿つて行つてゐる」ため、「形態に於てはブルジョア出版社であり、内容に於ては左翼的出版物を専門にしてゐる出版社」(4)であった。また、甘露寺は代表的な「左翼的出版社」に希望閣、同人社、共生閣、叢文閣、マルクス書房、イスクラ閣、白揚社、世界社、鐵塔書院、上野書店、南蠻書房、南宋書院、弘文堂があるとし、白揚社だけは「左翼に信頼のない左翼物出版社」と断じた。その理由は単純である。「白揚社の本はなか〳〵発売禁止にならない」からだという。

変な噂がある。白揚社の本はなか〳〵発売禁止にならない。発禁にならないと、その本の真価を疑ふやうなお客なのだから、この現象は実に奇妙に思はれた。それかあらぬか噂さが立つた。白揚社は読者カードを××庁へ渡して交換条件に禁止を免かれるのだ――とか。これが事実であるとないとに拘らず、かうした噂は、純真な学徒に敵対心を起させる原因ともなつたのだ。(5)

ここでいう「純真な学徒」の小遣いを狙わなければならない「左翼的出版社」の主な競争相手は、「社会主義」の商品化に余念がない改造社や中央公論社のような「ブルジョア」出版社である。例えば、

讀賣新聞　（木曜日）　第一万八千四百四十三號　（七）

ア大佐の死體發見說傳はる

圓本のマルクス豫約學生は黒表に載せて調査

左傾思想撲滅に嚴密極まる文部省が

けふ開く高校長會議

共產黨事件の巨頭近く逮捕

檢事の取調べ一段落して

十日頃豫審に移す

香川縣の小作爭議の求刑

生徒も先生も机に腰…

図5-1　『読売新聞』1928年7月5日。右側は『マルクス・エンゲルス全集』予約学生をブラックリストに載せ，調査をするという記事。左側は3・15事件の関係者を逮捕したという記事。マルクス主義に傾倒すると罰せられる可能性があることを示している。

「円本騒動のもっとも悲劇的な事件」(6)として記録された一九二八年の『マルクス・エンゲルス全集』刊行をめぐる「左翼的出版社」（連盟版：岩波書店、希望閣、同人社、弘文堂、叢文閣）対「ブルジョア出版社」（改造社版）の熾烈な競争がある。(7)

双方の広告合戦が開始されると、文部省と全国高等学校が協力し、「マルクス・エンゲルス全集の予約申込学生に迄目をつけ」ブラックリストを作成した（図5−1）。その数はおよそ一〇〇〇名に達することが話題になった。また小学校教員の思想調査に際し、「マルクス・エンゲルス全集予約の申込者に対しては頭から左傾の烙印を押してかゝる方針」をとり、小学校教師の採用からも露骨に排除したほどであった（図5−2）。これらの情報は、第四章で取り上げた三・一五事件関連の記事の横に配置さ……ケ谷署に届出で醫師が診察したところ猫いらずを飲んで自殺を図つたものと判明生命危篤であるが一昨夕實母の面會の……に飲んだも

……に依つて應急手當を加へたが出血甚だしく中々の重態で赤十字社大阪支部病院に收容加療中である

小學校教員の思想を調査
マルクス讀者は左傾と決め
全國的に不採用の垣

思想問題は思想の變遷期である高等學校から大學にかけての時代を對象として最も重く注意され初等教育界などは殆ど危險區域を離れた安全地帶として當局の視野から除外されてゐたものだが最近共産黨事件に怯えたものか當局は小學校教員に對しても監視の目を注ぎ東京市を初め各府縣當局は小學校教員の採用に當りては特に思想調査を行ひ少しでも臭い點があれば斷然採用せぬ事に申合せてゐるといふ、殊に例のマルクス、エンゲルス全集豫約の申込者に對しては頭から左傾の烙印を押してかゝる方針であると

濡れ衣が怖い
飾るが關の山の本だらうに

右につき市內某小學校の一教員は語る『最近教育會などで過激な言動をなし校長に睨つてかゝる教員がないでもないが小學校教員の頭で果してマルクスの思想を理解しうるかどうか疑問であるマルクス、エンゲルス豫約募集に加入した者は教員中に相當あるが只飾つておくだけで左傾思想の種子を生む迄には至らないと思ふ、昨年府下小學校教員の蔵書の調査を行つた事があるが今度又々やられてはとんだ濡衣を着せられる事になるかも知れぬ此の間も府の御歴々が來て本を讀む暇があるなら運動を盛にやつてゐたが困つた世の中になつたものだ」と

放任廿年の博士論文四つ
今ごろ漸く審査開始さる
受難の主は保科教授や岡澤教授
上田万年博士のとんだ悠閑ぶり

改正されて現行學位令が出來たのは大正九年で足かけ九年になり舊學位令による提出論文はもう殆ど整理したかと思つたらどうしてどうして

一昔以上も前の明治四十年頃に出した博士論文がまだ四通東大文學部に殘つてゐる、日新月歩する學問に際し右論文の骨董品もりに埋もれてゐたもので最近文學部長瀧精一博士は徳義上の問題であるといふので藤岡勝二博士を主査とし右四氏の論文に對し審査を開始する事になつた右につき四教授は語る

保科氏は長い間東大の助教授を勤め現に文部省の國語調査會委員として吾が國語學界に重きを……

……職場に働く二千七百名の女工達は今日一日は籠を放たれた小鳥の如く嬉々として踊り狂つたが此の踊りを利用して罷業女工團の示威運動をするといふ噂に會社側では通用門の警戒を嚴重にして女工以外の者は入場させず男人達監視の下に、せいぜい女工さんの御機嫌を取りこね

図 5-2 『読売新聞』1928 年 7 月 16 日。『マルクス・エンゲルス全集』の予約が，小学校教員の採用にも不利に作用することが報道されている。

れ（図5−1）、社会主義思想を持つと罰せられることが大々的に報道されていた時期に、学生や教師などの知識人読者は『マルクス・エンゲルス全集』のような社会主義商品を欲望していたのである。

このような雰囲気のなか、「蟹工船」が一九二九年五月と六月に雑誌『戦旗』に掲載される。ちょうどこの時期に、共産主義者、労働運動家が大量に検挙・投獄されるというあの悪名高い四・一六事件が起きており、出版検閲と戦旗社の監視も厳しかったはずである。しかし、発禁となったはずの六月号は、多くの人々に読まれており、「蟹工船」に対する好意的な論壇の批評が『東京朝日新聞』（蔵原惟人「作品と批評」六月一七日）、『新潮』（勝本清一郎、七月号）などに掲載され、一般読者からも良い反応が続いた。(8) 一九三一年に書かれた、甘露寺八郎「出版書肆鳥瞰論（四）戦旗社の巻」は、発禁がむしろ『戦旗』の読者の読書欲をそそる役割をしていたと述べている。

普通出版社なら、雑誌で一番恐れるのは発売禁止だ。発売禁止もたまには宣伝になつてゐゝ薬だらうが、殆んど「戦旗」のやうに一ケ月おきに喰つては、ひとたまりもなくつぶれてしまふのがおちだ。（中略）この戦旗社の販売方針が、根本的には、一般書籍市場を目標にしてゐないといふことを聞いたら一層その感を深くするだらう。といふのは、かういつた左翼の雑誌は、その性質上、発売禁止を目標にしてゐるわけではないが、その依つて立つ階級的な任務、××的な理論の宣伝・煽動をどん〳〵やれば、いきほひ××の眼が光るといふわけ。しかも、「戦旗」を読まうといふほどの人たちは、発売禁止にならないやうなものでは、どうせろくなことが書いてないだらうといふので、見向いてもくれないのだ。(9)

発禁本の流通については後述する。社会主義に対する検閲が厳しくなればなるほど、ナップを拠点とする作家への原稿依頼は増え、原稿料も上がっていく。雨宮によると、『改造』と『中央公論』が「せりあいの形でプロ作品をとりいれた風向きの強い煽りで、いわゆるブルジョワ文壇は狼狽気味」であったという。(10) さらに雨宮は「小林多喜二は『中央公論』掲載についての私の交渉に小踊りして喜んだ」し、「小林と双璧の徳永直は、稿料をとりにみえて嬉しさの余り口も碌々きけずあらためて礼状をよこし」たと回想している。(11) 彼の回想をすべて鵜呑みにすることはできないかもしれない。ただ、このような雰囲気だったからこそ、ナップは戦旗社という出版社を立ち上げ、出版事業に乗り出し、「左翼出版」の総本山として独自のブランドを打ち立てるために、検閲に対抗する姿勢を示したのである。

『蟹工船』は戦旗社が世に出した初の単行本（一九二九年九月、「日本プロレタリア作家叢書」シリーズ）であった。「蟹工船」を単行本化する際、戦旗社は『戦旗』版の伏字をすべて復元した。(12) 戦旗社の出版戦略は、『戦旗』に載った『蟹工船』の広告文によく表れている。

一九二九年一〇月号　直接申込め！発禁強襲の裡に階級的出版を守れ！

一九二九年一一月号　初版果然発売禁止／初版発行即日売切の状態であつたが、装幀を新にして改訂普及版を発行する。／直接申込めば入手確実なり！発禁強襲の裡に階級的出版を守れ！（図5－3）

一九二九年一二月号　増版又増版！　全国の労働者農民の圧倒的支持に依つて第六版出づ!!!

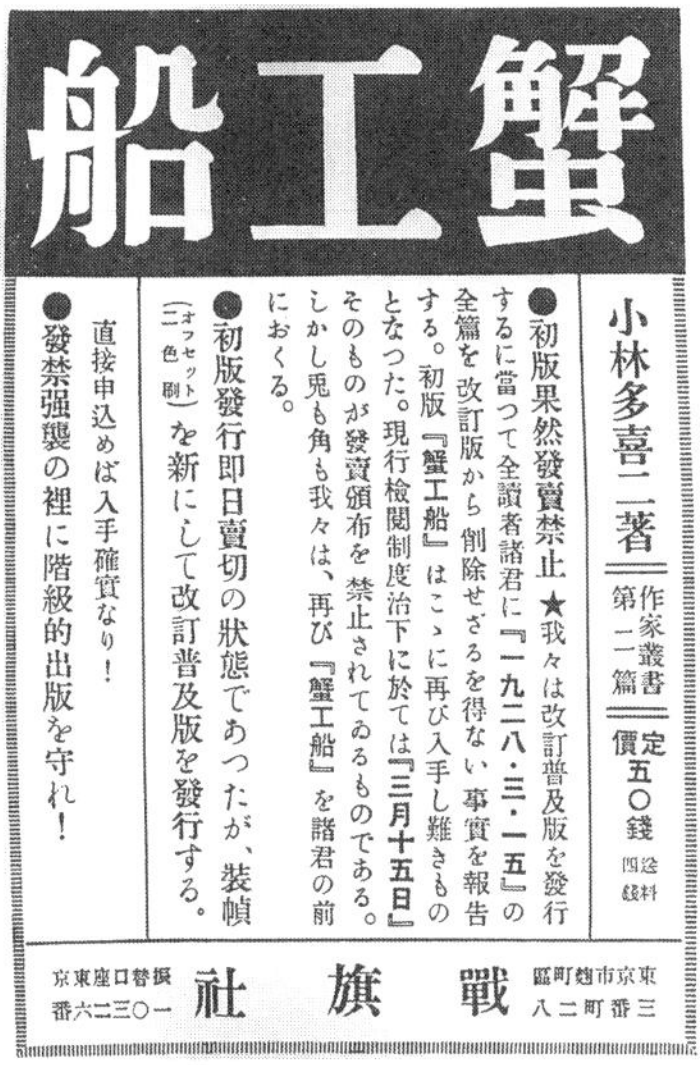

図 5-3 『戦旗』1929 年 11 月号（第 2 巻 11 号）。『蟹工船』の改訂普及版の発行を予告する。発売禁止に備え，直接戦旗社に申し込むことを奨めている。

図 5-4 『戦旗』1930 年 3 月（第 3 巻 5 号）。発売禁止が続いたにもかかわらず，16,000 部を売り尽くしたと強調している。

伏字をほとんど使わなかった『蟹工船』初版は、「果然」刊行当日、発禁となる。より厳しい取締の対象になったのは「蟹工船」と一緒に所収された「一九二八年三月十五日」であった。三・一五事件時の小樽の様子を描いた「一九二八年三月十五日」は図5−3からわかるように、『蟹工船』改訂版では全文削除された。しかし、この措置をとった改訂版（「蟹工船」の何か所かを伏字処理）もすぐに発禁となる。(13) 一九三〇年三月には、伏字を増やし、読者により優しい「総ルビ付」の改訂普及版が発行される。広告では、発行部数が計一万六〇〇〇部に達したと謳っている（図5−4）。度重なる発禁が話題を呼び、配本をめぐって取次の間で衝突が起きるほど、注文が激増した。一九三一年の以下の証言から、売れ行きに敏感な書店の店主たちが『蟹工船』の刊行に備えていたことがわかる。

本の値段の安い、高いは問題ではない。これは東京のある書店で聞いた話だが、「蟹工船」が最初に出た時、どうも発売禁止になりさうだと思つたので、店へ出さずに蔵つておいたことがある。というのも、「かういふ本は必らず売れますんで……」といふわけだ。(14)

新生出版社である戦旗社は、検閲つまり権力側との対抗を可視化し、発禁された非合法という付加価値を獲得する戦略をとった。それは思想運動というレベルだけでは捉えきれない、資本獲得の運動であったのである。

2 雑誌『戦旗』と非合法商品の資本化

戦旗社が読者から直接注文を受ける形で取引をしていたとしても、発禁書籍の流通はいかにして可能であったのだろうか。例えば『蟹工船』が刊行され、流通していた時期は、第四章で議論した通り、資金や人員などすべての面で出版検閲が強化されていた。発禁が続き『戦旗』が急成長する一九二九年夏から経営に携わり、一九三〇年九月号～一一月号まで発行、編集、印刷の法定署名人であった壺井繁治の証言に基づいて整理してみよう。壺井は『戦旗』がほぼ毎月発禁になり、しかも「警保局へ納本しない中に内務省から全国に向つて発禁命令書が出ていた[15]」ことも多いため、もし「ブルジョア雑誌なら、全くソロバンの立たない話だし、そんなソロバンの立たない仕事は直ちに止めてしまふだらう」と述べている。しかしプロレタリア雑誌も発禁や押収が致命的であるのは同じである。「そこで、ブルジョア法律に依つて発売禁止をクラヒながらも、官憲の手に押収されないやうに工夫し、それに依つて雑誌を経済的に防衛するところのプロレタリア雑誌独特の経営方法が編み出されるやうになつた」という[16]。

原稿が製本所で組まれているうちは、いくら警察でもその版を押えることは出来なかった。また刷られている中も、その刷本をどうすることも出来なかつた。一ばん私たちにとつて危険なのは、刷本が製本屋に廻わされて、それが仕上る前後の時期であつた。そこでその危険を防止するために決して一箇所の製本屋に仕事を任せるようなことはしなかつた。大抵二三ケ所に分散して、一箇所若し被害を受けても、残りの二箇所が助かるような方策を立てた。また、同じ製本屋をいつまでも使うということを避ける方針をとつた。そのために新らしい製本屋をつぎつぎと開拓して行かなければならなかつた[17]。

また、法的には発行三日前に内務省の図書課に納本すべきだが、実際には発行・発売の三日後に納本した。その時点で発禁になっても、警察が書店に差し押さえに行ったときには、すでにある程度売れた後だったという[18]。

『戦旗』の「全読者諸君に訴ふ」（一九二八年九月号、図5-5）を見てみると、創刊初期には合法的な出版を目指しており、いわゆる「ブルジョア配付網」を積極的に活用しようとしたようである。[19] 冒頭で発禁やナップ関係者の検束拘留、一九二八年八月七日のナップ本部の強制捜索などを報告し、「諸君の直接、間接の協力」を訴えた。そして「本誌が出てゐない書店があつたら、早速大売捌から取寄せるやうにいつてくれ」「本誌のポスターを、全国の書店その他にはりめぐらせ」と具体的に助力を求めている。一九二八年一一月号では、『戦旗』を置かない書店に対し、「読者会が主となつて他団体との共同糾弾運動を興す可き」とし、「尚その書店の在り場所と書店名と取引店を出版部宛に報告して貰ひ度い。出版部は大取次店に交渉して必ず送らせる」（一三五頁）と訴えている。

当時、モダニズム的な左翼青年が集まっていた新宿紀伊國屋書店には、発禁前に『戦旗』を買おうとする人々が待ち受けて、数百部店頭に並ぶや否や売り切れとなった。[20] また、読者投稿欄「戦列から」には、盛岡の読者の次のような声が掲載された。

市内で東山堂と云ふ書店が発売禁止の六月号の「戦旗」を販売した廉に依り、罰金十円に処せられたのが、小都会のこととて全市の評判となり、「戦旗」の存在が一躍して認められた訳で、七月号以後の「戦旗」が市内書店で猛烈に売れ出してゐたものである。（『戦旗』一九二九年一月号、一八三頁）

『戦旗』は、製作費を抑え、発禁のリスクを分散させるため、①通常の取次や一般書店を経由する「ブルジョア出版」の流通網、②独自の会員システムを利用した「左翼的出版」の流通網、[21] ③読書会な

◆全讀者諸君に訴ふ

親愛なる全讀者諸君

本誌及聯盟出版物の發禁、顯々たる聯盟員の撿束拘留、去る八月七日夜の闘電ストライキを口實とする本部の襲擊、その他我聯盟の被つてゐる種々なる暴壓に對する、諸君の熱烈なる慰問と激勵を深く感謝する。

だが、乞ふ、安んぜよ、我々はいかなる迫害、いかなる逆宣傳にも拘らず、**敢然と本誌はまもり育てゝ行くてあらうから。** 今秋「×××」を期してさらに加はるであらう一層の彈壓に對するたゝかひの準備も、旣に全く成つてゐる。

親愛なる全讀者諸君

本誌八月號の紙質は惡かつた。これは手違ひのためで、何とも申譯がない。しかし本號は見らるゝ通りの容貌を以て、諸君の前に現はれることができた。

さらに十月號からは特に、用紙を、製紙會社に直接漉かせることにした。**發行日の繰り上げ手筈も整つた。内容の精選充實** に至つては、號を逐ふて事實そのものが立證して行くであらう。

親愛なる全讀者諸君

しかし乍ら、「戰旗」不斷の發展成長は、我々不撓の努力の上に、さらに **諸君の直接、間接の協力が加はることなくしては、とうていその輝かしい、成果を擧げて行くことはてきないのだ。** 我々は此際次のことを特に諸君に依賴して貰きたいと思ふ。

（一）諸君は、なるべく直接讀者になつてくれることだ。

（二）一人は一人の讀者を殖やせ。

（三）本誌が出てゐない書店があつたら、早速大賣捌から取寄せるやうにいつてくれ。

（四）本誌のポスターを、全國の書店その他にはりめぐらせ。（ポスターは郵券二錢封入申込次第五枚でも十枚でも直に送る）

（五）小說、戲曲、詩、隨筆その他ドシ〳〵原稿を送れ。（編輯局で愼重審査の上發表する。發表できないものがあつても、何等かの意味に於て決して無駄にはしないつもりだ。）

親愛なる全讀者諸君

本誌は、來る新年號を期して、發行部數を二萬に增大せしむる計畫だ。この計畫實現の上は頁數を增し、定價を、斷然三十錢に引下げることを約束する。それがためには、今列記したやうな諸君の積極的な助力と應援を絕對に必要とするのだ。

「戰旗」を防衛せよ！

「戰旗」の讀者網を全國的に擴充せしめよ！

プロレタリア藝術運動萬歲！

一九二八年八月

全日本無産者藝術聯盟

機關誌部

図 5-5 『戦旗』1928 年 9 月号。戦旗社と共に雑誌『戦旗』を育てていくことが読者の使命であると強く訴えている。

どによる直販網をそれぞれ構築した。とりわけ「発禁」という付加価値が効果的だったのは、③の読書会による直接販売である。

ところで、流通事情に刊行物の内容を重ねると、また違う側面が見えてくる。『戦旗』が飛躍的な成長を遂げた一九三〇年代初頭まで、出版資本は社会主義関連書籍をたくさん刊行し、激しい販売合戦を繰り広げていた。しかし、金銭的な利害が一致する場合、ナップは、ブルジョア出版だと批判していた改造社と協力し、企画商品を作ることもあった。『戦旗三十六人集』（一九三一年）が、それである。ナップが戦旗社ではなく、改造社から出した理由は、機関誌『ナップ』（戦旗社、一九三一年三月号、一二一頁）に書かれている。

改造社から『戦旗三十六人集』を出版した。（中略）各作家の代表的傑作といふべきものがえられず（戦旗社から刊行されてゐるものは掲載を許されないので）最近作をモーラするといふ方針であつめた。

だから断つておくが、三十六作家はこゝに出してゐるやうな作品しか書けない作家ではない。とりわけ一九三一年に入つてわれ〳〵作家は猛進してゐる。――では何の目的でこの『戦旗三十六人集』を出したのかといへば、江口が序文にも断つてある通り、一九三〇年度においてわれ〳〵の間から出た階級的犠牲者の家族慰安のための出版なのである。この印税をそれらの困つてゐる家族にわけて送つたのである。（貴司山治「新刊紹介「戦旗三十六人集」のために」）

一九三〇年度の「階級的犠牲」とは、ナップ諸団体が日本共産党再建のために作っていた資金網が五月二〇日に一斉検挙され、逮捕が続いた件を指す。この日『戦旗』の編集部はもちろん、事務局の全関係者、広告取次店の店員、印刷屋の労働者まで連行され、「留置場にはいりきらないで縁なし畳敷きの道場へ移される」ほどであったという。[22] また、同じ頃「戦旗防衛三千円基金募集運動」のために「戦旗ナップ防衛大講演」で地方を回っていた小林多喜二、中野重治や、林房雄、壺井繁治、村山知義らが、共産党に資金提供したという理由で相次いで逮捕された。

『戦旗三十六人集』には、共産党に資金を提供した廉で逮捕された作家も多数含まれていた。戦旗社が発行した「日本プロレタリア作家叢書」には、彼らの代表作[23]として『蟹工船』（小林多喜二）、『鐵の話』（中野重治）、『太陽のない街』（徳永直）などが収録されていた。このうち中野の著書以外は「今日まで相当の販売部数を出してゐたし今後も売れてゆくもの」だから、神保町の夜店で見かける戦旗社の在庫投売りセールにもなかなか出てこないほど人気があったという。[24]『戦旗三十六人集』の上記の書評には、「戦旗社から刊行されてゐるものは掲載を許されないので」彼らの代表作が収録されていないと記されている。それに対し、「日本プロレタリア作家叢書」の広告（図5‐6）には、「厳密なる統制の下に確固たる定見の下に、傑作力作を戦旗社版として刊行し、断じて他をゆるさぬことを決議した」と書かれている。これは、『戦旗三十六人集』と「日本プロレタリア作家叢書」が、ナップの下部組織であった日本プロレタリア作家同盟中央委員会による厳しい制限を守っていることを示す。同委員会は、以下の二つの場合のみ、「プロレタリア作家・芸術家」の「ブルジョア出版」との協力関係を許可すると述べた。[25]

図5–6 戦旗社『日本プロレタリア作家叢書』（『戦旗』1930年5月号）。日本プロレタリア作家同盟に所属している作家の代表作は，戦旗社だけが刊行していることを強調している。

一、ブルジョア出版業者によつて出版されてゐるものではあるが、その編輯において我々の統制が完全にきく場合。
二、各個人がその生計のために、ブルジョア出版物の編集事務内においてたゞ技術的に（校正事務のごとき）仕事をしてゐるにすぎない場合。

改造社『戦旗三十六人集』は、刊行から三か月足らずで「十版突破!!」（図5–7）をしている。先述した、一九三〇年の戦旗社事件以降、戦旗社は書店ルートだけではなく、読者組織もかなり破壊され、経営の維持が厳しい状況であった。ナップは、『戦旗』のイメージを利用し、合法的な流通システムを通して、収入の獲得を試みたのである。

同委員会は「ブルジョア刊行物が時に我々の原稿を要求する」のは、「インテリゲンチャに基礎を置くよりも、その読者をより広汎に獲得する必要」があるからだと批判した。その上で、「ブルジョア新聞・雑誌の影響下にある読者」を奪い、戦旗社の出版物の読者にするための工夫が必要であると力説した[26]。その読者獲得の方法は、その翌月号の『戦旗』に、日本プロレタリア作家同盟中央委員会の方針「芸術大衆化に関する決議[27]」というタイトルで発表された。『戦旗』は、創刊初期から読者を二万人確保するという目標を掲げた。様々な方法でリスクを分散しながら、戦旗社は、雑誌『キング』（講談社）

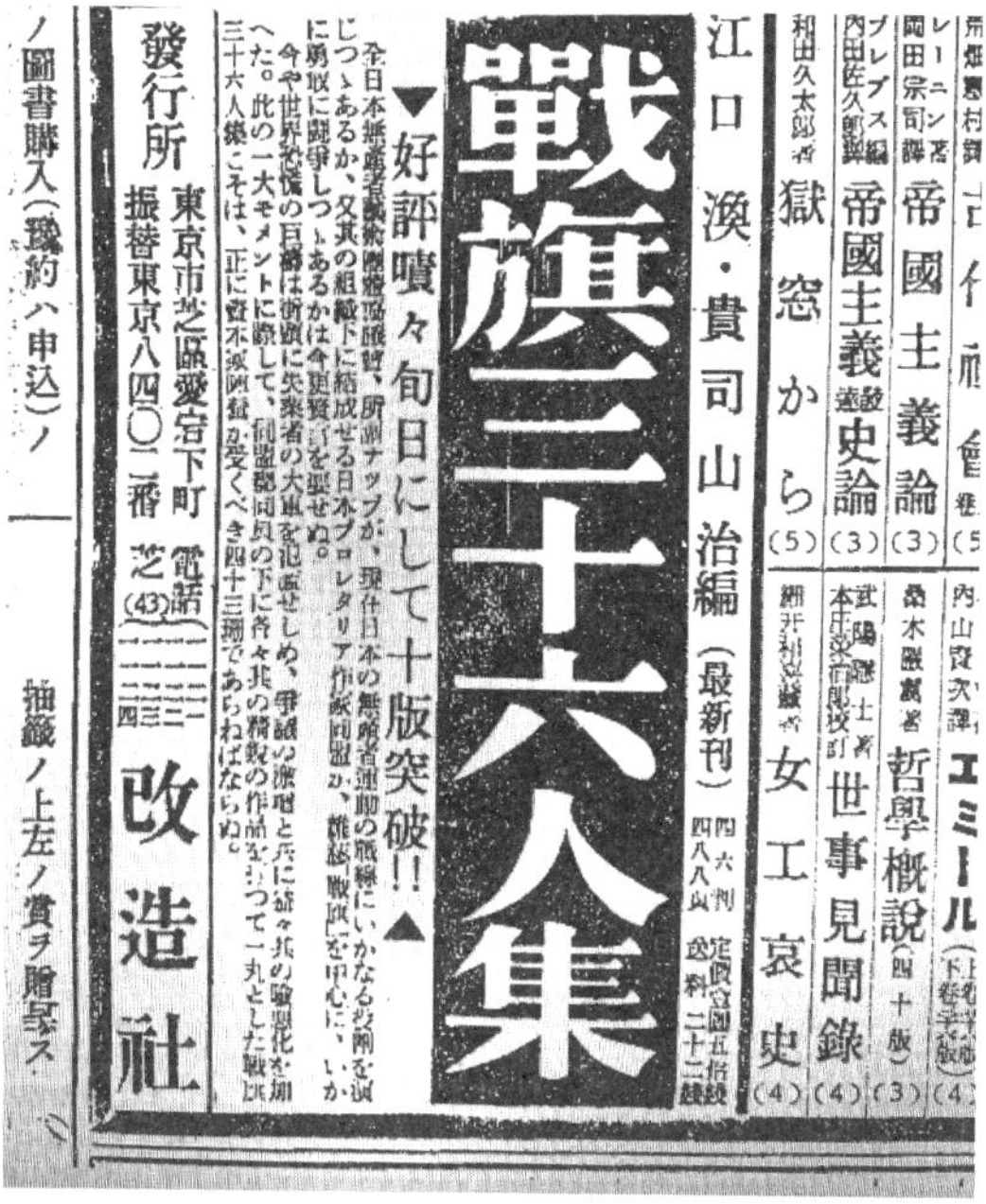

図 5-7　『朝日新聞』掲載の広告（1931 年 2 月 27 日）。改造社が刊行した『戦旗三十六人集』こそが，戦旗社の精鋭たちの作品が集められたものであると記している。

と同じ一〇〇万読者を目指した。蔵原惟人と中野重治の「芸術大衆化論争」においても、一〇〇万人の読者を大衆化の目標として捉えていた。ナップを代表する理論家二人の論争は、対立が解消されずじまいであったにもかかわらず、「大衆化」の具体的な目標値は一致していた。(28)

蔵原惟人「芸術運動当面の緊急問題」（一九二八年八月号、八三頁）

我々が現在、プロレタリヤ的見地から見て最も高い芸術であると云ひ得るものを作り得たとしても、それは恐らく百万のプロレタリアートの中せいぐ五万か十万のものにしか迎へられ得ないであらう。しかも一方に於いて我々の芸術運動の上にはこの九十万乃至九十五万のプロレタリアートをアヂテートしそれをイデオロギー的に教養すべき重大な任務が置かれてゐる。我々はこの矛盾を如何に解決すべきか――こゝにこそ我々の現実的な問題が置かれてあるのだ。

しかしこのことは勿論現代の我々の芸術が非大衆的であると云ふことの弁解にはならない。現在の我々の芸術は啻に五万十万とのみでなく、僅かに三千四千の読者観衆――而も主としてインテリゲンチャのそれにしか迎へられてゐない状態にある。

中野重治「いはゆる芸術の大衆化論の誤りについて」（一九二八年六月号、一九頁）

我々はどんな対策を持つて無際限なブルヂヨア的読物等々の洪水を堰きとめるか。我々はある労働者が彼の工場で調査した一つの統計表を持つて居る。その労働者は、その工場が印刷産業に属して居る関係から、他の産業部門の労働者よりも高い読書力を持つて居る。だが彼の調査によれば、労働者百人の日常の読物（新聞を除く）の六十プロセントが講談社系に所属する。何等かの意味で社会主義的と名づけられる雑誌は僅かに一プロセントに過ぎない。これに対して我々は何をしなければならないか。更にこの百人を頼つて居る恐らく五百人の家族成員、就中次のヂエネレエシヨンを形づくる子供の群をどうするか。（中略）彪大な資本家的商品生産方法によるブルジ《ママ》ヨア的読物の洪水的生産にどこまで我々が対抗して行けるかを今予測することは出来ない。

この論争を分析しながら、前田愛は「円本によって、また講談社文化によって「啓蒙」されようとしている《大衆》」が登場し、「この《大衆》をいかにしてプロレタリア文学の側に奪い返し、政治的に「啓蒙」するかは、プロレタリア文学運動が直面した新しい課題」になったと指摘した(29)。前田は大衆を、「マスコミによって操作される《大衆》」と、「階級闘争の担い手としての《大衆》」の二つに分けている(30)。商業出版と階級闘争を相容れないものとして線引きしたのである。また、佐藤卓己は戦旗社の読者獲得のための努力を「『キング』の大衆的公共性に真っ向から挑んだ対抗運動(31)」と捉えた。このように芸術大衆化論争は、商業出版を「資本」で捉え、雑誌『戦旗』や戦旗社をそれらとは違う、階級闘争あるいは対抗運動として位置付けている。しかし、戦旗社の代表的な作家である徳永直が、「吾々は「戦旗」によってキング読者層の労働者を奪還することによつて、その経済的目的も達し得らるであらうと信じてゐる」と述べたことを再考する必要がある(32)。

もう一度強調するが、『戦旗』は、円本の全盛期に登場し、円本や雑誌『キング』の広告・宣伝・流通システムを応用した。すなわち大量生産や安価販売、読者カード、過激な命令口調の広告、有名な著者の講演会などで、このほかにも雑誌『改造』の値下げ策まで巧みに取り入れた。天皇制打倒を掲げる『戦旗』の出版運動は、『キング』が作り上げた出版システムの外にあったわけではない。『戦旗』も紙業者(33)、印刷所、製本所(34)とともに本を作っており、取次や書店のみならず、「直接販売網」を組織する労働者、農民とも取引したのである。彼ら・彼女らもやはり、出版システムに内包されており、『改造』などとともに『キング』の読者の奪還を夢見る、「資本」活動の一端を担っていたことを見落としてはならない。

3　非合法商品のカタログ、『戦旗』

発売禁止が続いた一九二八年末(一一月号、一二月号、一九二九年二月号)から、『戦旗』は「直接読者となれ!」という見出しで「全国的直接配布網を以て対抗せよ‼」と檄を飛ばしながら、全国、すなわち「朝鮮、台湾、その他の或地方では戦旗は毎号前以て発売を×止されてゐる」現状などを訴える(一九二九年三月号、二〇一頁)。『戦旗』は、「朝鮮」という単語が多様な形で用いられた雑誌である。日本語能力が高い朝鮮人の書いた文章も掲載された。例えば創刊号(一九二八年五月号)には、李北満の「朝鮮に於ける無産階級芸術運動の過去と現在」「メーデーを迎へるに際して」、李炳瓚の「メーデーは近づいた」が掲載された。また、川崎で起きた朝鮮人労働者同士の武力衝突を扱った「川崎乱闘事件の真相」(一九二九年七月号)は、在日本朝鮮労働総同盟の中央執行委員長、金斗鎔の論稿であった。彼は、一九二九年末から、在日本朝鮮労働総同盟を解体し、日本労働組合全国協議会(以下、全協)の

朝鮮の水害

罹災同胞を救え！

林 汪洋

呪はれし一九二八年八月！ 前古未曾有の大水災は全北鮮一帯から莫大なる生命と財産を剝奪した。

數十萬の生靈は一朝にして死骸となり、數十萬町歩の沃士は泥濘の海と化してしまつた。全北鮮一帶に漂着しつゝある白き衣の死屍！ おゝ、それこそ我々と共に闘ひ、共に生きやうとした我等の同胞ではないか！ 塗炭の貧苦！ 我々の生活に光を失した深淵なる無明地獄の襲來であるのだ。人、『生き地獄』とはこれを指すのであらう。

身を切るやうな滿洲風に襲はれた生き殘りし數百萬の同胞は嚴寒雪風の北鮮の蒼天にたゞ死を待つばかりだ。極寒と飢餓に倒れし老父はその子を呼び、母を失へる幼兒はその乳房を求めて泣き叫ぶ、腐敗し果てた山なす死骸を取りまく人々は悲痛なる哭聲と餓死より逃れ樣と、『パン』を求めて呻き倒れてゐる。

降り積る雪！ 身を切るやうな寒い風！ その上、飢餓！ 噫!! 何人がこれに抗し得やう！草根木皮を嚙つて露命を繋ぐ生存者の大部分は日毎に半身不隨の病體となり『凍、飢死』は日毎に激増しつゝある。

これこそ無明地獄！ 酸鼻の修羅場である。嚴寒雪風北鮮の空に死骸を抱き飢えし數百萬の白衣同胞の苦しみは想像にも堪へないことだ。（現場からの眞相通信は押收された、が某方面からのレポに依ると咸南丈でも流失其他が二萬四千四百二十一戶で、死傷其他が九百七十六名といふからこの數字で全被害地を推測して行けば更に莫大なる數に上ることは勿論である）

親愛なる日本の同志諸君！

殘忍無類！ ××帝國主義共は我々の救濟運動を彈壓した、群山では救援基金募集を禁止した、鮮内ではどこでも暴力的に禁止しつゝある。同志等よ諸君等は奴等の彈壓をはねとばして雪凍る北鮮の曠野に死を待つ白衣同胞を救え！ 死に直面せる同胞を救ひ得るものは諸君より外にはないのだ。

一人殘らず救濟基金を送れ。

（送金は本誌發行所、に）

図5-8 「朝鮮の水害」救援基金募集（『戦旗』1928年12月号）。朝鮮半島では救援基金の募集が禁じられていると述べ，内地の読者に救援基金を送ってほしいと訴えている。

傘下への吸収を進めており（『特高月報』一九三〇年四月分、一二二〜一二四頁）、乱闘事件はその過程で発生したものである。『戦旗』一九二八年九月号には、李北満の「追放」が掲載された。『戦旗』において李北満と金斗鎔が伝える情報は、日本帝国の領土内にある朝鮮「地方」の「同志」あるいは「同胞」の声を代弁するものとして受け止められた。また、朝鮮の救援活動も行った。例えば、「朝鮮の水害――罹災同胞を救え！」（林汪洋、一九二八年一二月号、図5-8）は、朝鮮では救援基金の募集が「どこでも暴力的に禁止しつゝある」現実を告発し、「親愛なる日本の同志」に「白衣同胞を救え！」「一人残らず救済基金を送れ」と訴えている。その送金先は戦旗社であった。

このような資金集めに、内務省警保局は目を光らせていた。警保局が戦旗社の読者組織を執拗に追跡した理由の一つは、日本共産党とナップの関係を明らかにするためであった。戦旗社が一時期とはいえ日本共産党を再建するためのビューローが発行した『第二無産者新聞』や、『労農同盟』『無産者青年新聞』の宣伝および各種商品の販売代行をしていたからである（図5-9）。警保局は、「最近特ニ注意ヲ要スヘキハ昭和四年末ヨリ昭和五年度ニ至リテ「ナップ」幹部或ハ有力分子ニシテ所謂「シムパサイザー」ノ立場ニ於テ個人的ニ日本共産党ノ運動ヲ援助シ検挙セラレタル者三十余名」に達し、「最モ注意ヲ要スルモノ」と報告書で強調している[35]。それは先述した小林多喜二や中野重治らが逮捕された事件のことである。

『無産者新聞』や解放運動犠牲者救援会など、関連団体の基金を誌面で募っていたことも問題になった。当時『戦旗』は、様々な「非合法商品」の一種のカタログであった。全ての商品は先払いであった。なかには売れ行きのよい商品もあり、「解放運動犠牲者救援会」の救援手拭（一枚一五銭＋送料二銭、一

無産者グラフ

用意はいゝか！

第二號が出るぞ！

★「無新」の姉妹紙として、さきに發刊された「無産者グラフ」第一號は、即日、發賣禁止だ！日本は勿論、各國の勞働者、農民の生活と闘爭を眞實に表現した爲だ。

★第二號は、來る二十五日發行する。爭をめぐる、俺達の生活、闘爭、一月を中心とする各國プロレタリアートの革命的奔流の記録に滿ちあふれてゐる。

★「戰旗」の讀者諸君！若き「無産者グラフ」を健全に育て上げやふ。各地の闘爭、生活の寫眞又は漫畫を送らふ直接讀者となつて配布の完全を期そう。それが俺達に出來る俺達の階級的任務だ！

グラフ部財政確立の爲めに

浅野猛府作「レーニン像」を販賣する——

定價一八十錢　五十錢

直接讀者たれ!!

今體裁一菊倍版十二頁・グラビヤ版・月刊

◆定價一十五錢（送料二錢）半年九十錢

一年一圓八十錢　前金でドシドシ申込め

東京市芝區島森町一新興ビル内

無産者新聞社

振替東京六二二五二番

「無新」を防衛せよ！

★「無産者新聞」が發行禁止の起訴を受けてゐる！勞働者農民に加へられてゐる支配階級の攻勢は今勞働者の新聞をも掴まへたのである。

三年余の間自からの腕に防衛して來た、勞働者農民はそれに對し、强力な抗議と配布網の確立、財政の確保をもつて闘つてゐる。

「戰旗」十一、十二月號の立て續けの發禁等々最近に於けるプロレタリアートの刊行物に加へられる、それらを見る時、無新への發行禁止は、亦、勞働者農民の解放にのしかゝる根幹的なそれであるのを知るのである。

我が編輯局はかゝる「勞働者農民に對して牢獄である」ものに對し、數萬の讀者諸君の聯帶の上に、プロレタリアートの階級的意志を守り續けるものである。

★勞働者農民の「無新」を勞働者農民の腕にて防衛せよ！

「戰旗」編輯局

図 5-9　『戰旗』1929 年 1 月号。『戰旗』編輯局の名前で，発禁状態にある『無産者新聞』の読者になってほしいと訴えている。

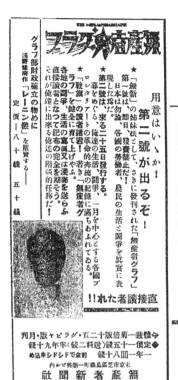

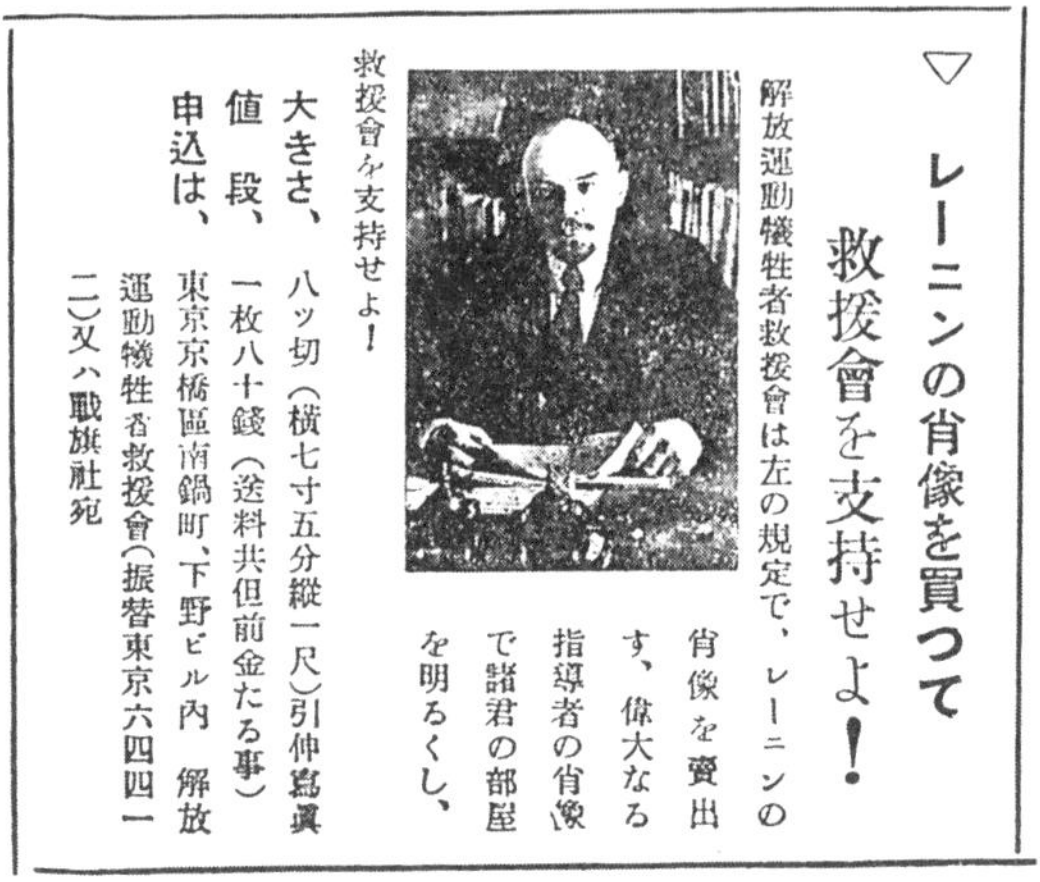
▽レーニンの肖像を買つて
救援會を支持せよ！
解放運動犠牲者救援會は左の規定で、レーニンの
肖像を賣出す、偉大なる指導者の肖像で諸君の部屋を明るくし、
救援會を支持せよ！
大きさ、八ッ切（横七寸五分縦一尺）引伸寫眞
値段、一枚八十錢（送料共但前金たる事）
申込は、東京京橋區南鍋町、下野ビル内 解放運動犠牲者救援會（振替東京六四四一二）又ハ戰旗社宛

図5−10　レーニンの肖像の広告（『戦旗』1929年8月号）。レーニンの肖像をはじめ，レーニン関連グッズは多く販売されていた。

九二八年八月号、九一頁）は、「台湾、朝鮮、満洲は云ふに及ばず、アメリカからまで購入申込に接してゐる程であるが、出来上りと同時に品切れになつた程の好成績な為、未だに発送出来ないでゐる向も沢山にある」（一九二八年九月号、一〇九頁）と弁解したほどであった。また、「レーニン」も主要な商品の一つであった。例えば、犠牲者救援会はナップに「レーニンの胸像」の製作を委託し、七五銭で販売した。この胸像は、無産者新聞クラブの運営基金を募る際は八〇銭で販売された。大型レーニンの肖像なども、救援会の関連商品として頻繁に登場する（図5−10）。戦旗社が独自の商品を開発し、販売することもあった。なかでも「労働者農民党創立大会」の写真（一枚二〇銭＋送料、一九二九年二月号、一四〇頁）は、特高によって演説が中止になった場面、聴衆が抗議する場面など、非合法が演出された瞬間を切り取り、商品化したものであった。その広告は、創立大会の様子を伝える記事の最後に配置された。これにより記事の「合法性を利用して×合法性を貫徹し、×合法性の貫徹によつて合法性を獲得するその弁証法的闘争の生きた実例」という表現と相乗効果が生まれた。

つまり非合法と合法の境界は明確ではなく、抑圧される側も非合法性を戦略的にいくらでも演出できることを示しているのである。

戦旗社が力を注いだのは、なによりも直接的な資金の確保であった。発禁が繰り返されていた時期であった、一九二九年二月号の「戦旗支局は如何にして組織するか！」という記事で、支局の設立と読者会の結成を具体的に提案する。『戦旗』の経営責任者であった壺井繁治は、一九三一年に「発禁、押収、配布網の破壊、その他あらゆる手段で襲ひかゝつて来る×テロの中で、如何にして雑誌を財政的に守つて行くか」が大きな課題だと述べ、プロレタリア雑誌の「財政的な基礎を築き上げるところの支局乃至読者会」からの「誌代納入」が解決の第一歩となると強調した。(36)『戦旗』の発禁が重なるにつれ、こうした訴えは増えていった。

戦旗を発行して行くために、毎月々々どんなにキリツメても二千円以上の金が要るのだ。本社は、現在、全国の工場、農村、兵営、学校等を基礎とした直接配付網を通じて、一万部以上の雑誌を諸君の手に配付してゐる。其他に、われわれは五千部以上の街頭配付を行つてゐる。だが、街頭配付は、常に押収の危険に曝らされてゐるが故に、戦旗発行のための財政的基礎とはならない。戦旗発行のための財政的基礎はどこまでも支局にあるのだ。今假りに、全国支局の読者諸君が毎月配付雑誌に対して完全に誌代を納めてくれたら、それだけで二千六百円以上の額となる。二千六百円と云へば、戦旗を一回出してまだ六百円を余すではないか？（中略）毎月々々二千六百円と云ふこの誌代を完全に納めて呉れたら、×がどんなに奸策をめぐらして戦旗を財政的に絞め殺ろさうとしても、それに対して不死身となる事が出来るのだ[37]。

『戦旗』の創刊号から一九三〇年八月号まで発行、編集、印刷の法定署名人であった山田清三郎の一九三二年の記録によると、支局規定が設けられた一九二九年四月の支局数は七九か所であり、一九三〇年四月には二五六か所であった（表5－1）。一年間で、三倍以上拡張されたことになる[38]。各支局に所属する読者には謄写版刷りのニュースが送られ、支局の読者に対し、誌代納入や基金参加への呼びかけ、デモやイベントの案内、地元の争議や情勢など地域に特化した情報が発信され、結束力を高めていく[39]。

一九三〇年五月には、戦旗社事件で支局の読者名簿が押収され、支局と読者会は大きな打撃を受ける。それまでは特高も戦旗社の組織全体を把握しておらず、雑誌『戦旗』に公開された情報や拘束した関係者の供述に頼らざるを得なかった。

ナップ機関誌『戦旗』の刊行方法は近時益々巧妙を極め所謂配布網に依る配布敏捷にして、発行部数を確むるに困難なる実情なり、本誌の読者号を追ふに従ひ増加しつゝある模様にして常に強烈なる色彩を以て外形を保ち詭矯過激なる論調を継続し公然共産主義の宣伝に資する所あるを以て最近殆ど毎号発行頒布禁止処分に附せられ乍ら、何等屈する所なく之れに抗して続刊せらるゝは各地に相当支持者あるを示すものと云ふべし。（「プロレタリア芸術運動の状況(二)、戦旗社」『特高月報』一九三〇年三月分、五九頁）

戦旗社事件の直前、『特高月報』(「プロレタリア芸術運動の状況㈢、戦旗社の状況」、一九三〇年四月分、六六頁)には、「「戦旗」の刊行は益々巧妙となれるが更に四月ナップ中央協議会の決定に基づき「基金三千円募集」を提唱し之が実行に移りたる模様にして相当効果を収めつつある」とし、戦旗社の基金募集を支える支局と読書会に繰り返し言及した。つまり、特高が『戦旗』の収支の把握に努めたのは、単に『戦旗』が二六〇〇円の収益を得ていたからではない。『戦旗』の二万人の読者が『無産者新聞』の再発行基金、解放運動犠牲者救援会の基金など、おおっぴらな資金集めが難しい非合法団体の支援者になっていたからである。

『戦旗』の発禁が売上に貢献し、発行部数が増えるとともに支局は増え、支局が増えると労働者や農民など大衆読者が増えた。朝鮮の元山支局発の「朝鮮から(元山　×藤　×二)」(一九二九年六月号)に興味深い事例が紹介されている。

先日は、朝鮮の同志達とピクニックをやりました。山を二つも三つも越えてやつと会合する有様です。(中略)アジビラも出せない程我々に力がないのです、朝鮮の多くの同志は若かくても妻子があつて思ふ様に、表面的な運動が出来ないのでせう。大低、地下運動だと云つてゐますから。だが既に元山××学校には戦旗の読者会が組織されいます、又朝鮮の人達にはますく発展しますから御心配は無用です。(中略)

ことに朝鮮では労働者が大低朝鮮人なので、朝鮮文学のアジ雑誌が欲しいのですが京城其他の、都市の同志達が発行はしているものも悲しいかな大衆性に合わなく、又出版法なぞも極度にきびし

いので困まつています。(中略)
それから五円送ります。／一円は無新〔無産者新聞〕へ一円はナップ内部救援会へ／残金は維持費へ！(一二四～一二五頁)

ここに登場する「朝鮮の同志」が、『戦旗』の内容を充分理解できたかは疑問である。東京にある朝鮮労働総同盟の支部で、ナップが製作した映画の上映会をやった時に朝鮮語の通訳をつけていたことを考えると、日本人と朝鮮人労働者がどのように会話していたのかについてはさらなる研究が必要である(40)。『戦旗』の朝鮮支局から編集部に届く手紙の大半は日本人からであり、朝鮮人労働者の投稿はほとんど見当たらない。しかし、『戦旗』の誌面に紹介される「非合法」商品の購入者や基金送金者のリストには、朝鮮人の名前がつねに登場する(図5-11)。また、金斗鎔や李北満などは日本語で社会主義理論について議論したり、朝鮮人労働者に関する日本語の論稿を寄せていたが、そうした知識人階級ではない、無名の朝鮮人も『戦旗』にはわずかながら登場する。「読者の編集室」(一九三〇年一月号、一一九頁)には「私は無学生」であるため、はがき一枚分の文章を書くのに「二日半日かゝりました」という大阪在住の朝鮮人労働者・宋闘千の手紙が紹介された。朝鮮から母の死亡を伝える電報が届いても、お金が工面できず葬儀にも行けないほど貧しい宋闘千の投稿は、「私は首がトンでもキツトく戦旗社を守ります」というかたい決意で締め括られている。『戦旗』で「守る」とは、「基金」を送るという意思表明に他ならなかった(41)。

一年で七回もの発売禁止を受け、戦旗社の編集部は「文書の書き方について――全読者諸君に」(一

基金應募者發表

■基金應募者發表

（三、四月號に發表出來なかつた分も併せて發表する）

（一月二十三日ヨリ四月八日マデ）

局聯城南地區武藏野支局扱	三、〇三
は一三四	一、二三
に四〇	三、〇〇
い八〇	、三〇
は一九〇	一、二七
は一九八	、八〇
と五〇	一七、四五
局聯城北支局扱	二、〇五
×木×二	、〇九
村××藏	、六〇
山梨ブドウ畠	一、〇〇
山梨沼村 北徹夫	一、〇〇
と八四	一、一二
中部學生支局	一、一四
京都防衛講演會純益	九七、一一
同 席上基金	四、〇四
大阪防衛講演會純益	三二、六二
林 初男	、一〇
東京FMグループ	一、〇〇
ガトフ、フセグダア	一、〇〇
中野 金田	一、四〇
山口 秋元生	三、三〇
群馬の同志	一、〇〇
岩手遠藤生	、三〇
名古屋 山内正市	、一八
京都 射擊隊	二、〇〇
熊本 古市旗義	、二〇
横濱 米村六郎	一、〇〇
大阪 聯合青年團懇談會員三名	、三〇
東京 志賀新作	、一八
大阪 津田保一	、五〇
京都 憎しみのルツボ	、三六
東京 山田綮朝	、九〇
朝鮮 水木史一	、五〇
佐賀 インテリ生	、三〇
長野 S・S・	、三〇
東京 Y・S・	、三〇
朝鮮 辛泳勳	、三〇
東京 樹田	、一〇
岡山 S・N・子	、四八
廣島 新川	、一一
日本橋 小僧	一、〇〇
東京 松井	一、〇〇
局聯扱	、三四
山口正雄	三、八〇
中部學生委員會	六、〇二
い八三	一、六三
淺草支局扱	一、五〇
ほ三六	、二二
と九四	、一三
局聯城南地區武藏野支局研究會	、九一
は一二四	、五〇
東京 山邊村夫	、七〇
劇場同盟	二〇〇、〇〇
奈良 久木茂	一、一〇
ホノルル 宮木綮夫	二、〇一
神戸 井関×子	二、〇〇
左翼劇場小會議觀客有志	一、一七
吼えろ支那觀客有志	三、九二
新築地 一月開演大入袋	一二、三〇
東京 森生	、二〇
芝 久田生	、一八
朝鮮 一同志	、六
住高有志	、六〇
福井 S生	、三〇
東京 天野一夫	、一五
と五〇	二五、六八
淺草建築勞働者	一、五〇
瀋陽 山本新吉	、五〇
プロ詩人會 中部班	、六五
大阪 好美生	一、二五
中野 小川浩二	、二〇
福島 長瀬生	、一八
東京 久田 勝	、三四
大阪 池田又三郎	一、〇〇
北海道 白木惣二	、一六
京都 戰旗讀者會	二、三〇
芝 T生	、四〇
愛媛 〇クス生	、七〇
熊本 M印刷所小僧	、三〇
大阪 十人組	二、一〇
大阪 寺下岡松	一、〇〇
埼玉 横島耙男	、二〇
京都 川口磯治	、五〇
大阪 相倉	一、〇〇
大阪 木村磯房	一、一〇
栃木 高島勇	、一一
大阪 月岡弘	、五〇
東京 メタラ、ラボリスト	、五〇
鐵重	一、二〇
東京 米山生	、五〇
長野 古根勝吉	、三〇
朝鮮 李林鶴	、三〇
T・I生	、三〇
東京 深川戰旗讀者會	、五〇
福岡 マモル	、三〇
東京 文×班	一、九〇
岸本 浜	、一〇
東京 小僧戰旗讀者會	、四五
大阪 島崎雄二	、三〇
安〇〇子	、二九
〇四三〇	、一一
淺草 塚田×次郎	五、五〇
大阪 小ブル不平家	、四五
東京 秋富	二、五五
東京 御園長榮	、二〇
山梨 關 淑夫	、五〇
岡山 野村雄作	、一〇
八幡 青木 明	、三〇
富山 橋本賢次	、八〇
千葉 島井 勉	、二〇
札幌 落合三郎	二、四〇
久留米 孝子	、一一
神戸 ××生	三、八〇
戰旗防衛講演會入場料	一〇〇、〇〇
同 聽衆賭對基金	三、七五
同 賣店賣上利益金	一三、七一
は一二四	、五〇
長野 榮生	、五〇
廣島 有村生	、三〇
大阪 木村生	一、一〇
秋田 小田島金一郎	、二五
八幡 勝見 妙	、五〇
無名氏	、六一
廣島 田中濟三	、五〇
澁谷 古藤	六、七〇
大阪 福島利衛	、二五
東京 山内	、五〇
東京 松田	二、〇〇
京都 SK生	、五〇
京都 山本 濟	、五〇
群馬 長原晴夫	、一六
京都 一小作人	、二五
北川テツ子	、五〇
日大生	、五〇
赤羽 高崎靜城	、四七
芝 小川生	、一五
福島 黒川生	、四〇
北海道 I・R・S・	、五〇
東京 東進	、五〇
熊本 失名氏	、五〇

図5-11 『戦旗』に基金を送ってきた読者や組織のリスト（1931年5月号）。本名かどうかはわからないが，戦旗社が募集し，公開した寄付者の名前には，朝鮮人の名前が多く入っている。

九二九年一一月号）を発表する。これまで大衆化の努力を怠っていたことを反省するとともに、読者により多くの投稿を促す内容となっている。

われ〳〵はこの戦旗をもつと〳〵よくして行かなければならない。一方ではその配布網を強くし拡げて行くと同時に、一方ではその中味をます〳〵立派にして行かなければならない。誰にも、男にも女にも、親しみのあるものにして行かなければならない。そのためには、一切のものが、論文にしろ、小説にしろ、講座ふうのものにしろ、絵の説明にしろ、色々の闘争の通信にしろ分りやすく書かれなければならない。（中略）もつとやさしく説明しろといふ読者からの手紙が毎日のやうに編輯局に集つて来る。（中略）われ〳〵の戦旗を最も熱心に読むものは誰だらうか？　言ふまでもなくそれはわが労働者農民大衆だ。（中略）我々の中には小学校を卒業しなかつた人さへもかなり沢山に居る。（中略）さういふ読者が東京にも九州にも、朝鮮にも、台湾にも、南支那にも、アメリカにも充満して居るのだ。（一九二九年一一月号、六一～六四頁）

一九二九年末から一九三〇年にかけて読者の声を紹介するページが増える。多くの読者から寄せられた、ルビをつけ、難しい表現をなくしてほしいという要求にも応えた。例えば、「「蟹工船」力作だが、少しゴチヤ〳〵してゐる。もう少しカンタンだとどんなによかつたかと思ふ。俺達にはちよつとついて行けないところがあるのだ」（隅田印刷一少年工、一九二九年七月号、一四五頁）という読者評も登場した。このような要望に答えるかのように、『蟹工船』の作者、小林多喜二は二頁の枠で企画された「壁小説」という欄で、総ルビ付きの、非常に平易な「プロレタリアの修身」（一九三一年六・七月合併号）と「争はれない事実」（一九三一年九月号）を発表する。

特に戦旗社事件の前後から厳しくなった発禁や弾圧を耐え抜くために、『戦旗』の大衆化戦略は加速した。発禁に立ち向かう支局と読者の共同体を演出し、大衆雑誌を強調したのである。結局『戦旗』が大衆化を推進した大きな動因は、発禁と警保局による露骨な弾圧だったのである。

4　移動メディア「不逞鮮人」と植民地市場

一九三〇年夏頃からナップでは『戦旗』に対する厳しい批判が展開された。「芸術を中心とする文化的大衆雑誌であるといふ原則を忘れ」、「プロレタリアートの政治新聞であるかの如き傾向に走つて」いるといった、『戦旗』の方向性をめぐる意見の対立があったのだ。その結果八月に、『戦旗』は「大衆的階級的煽動宣伝をその使命とせる、広汎なる労働者農民の定期刊行物に転化」するとして、ナップから独立する。(42) ナップは後継雑誌として『ナップ』を創刊した。しかし一九三一年末にはナップも解散し、日本プロレタリア文化連盟（以下、コップと略す）が組織された。『戦旗』は一九三一年一二月号を最後に廃刊され、コップは一九三一年一一月から機関誌『プロレタリア文化』を世に出した。版元も戦旗社ではなく、日本プロレタリア連盟出版所に変わる。コップは、一九三二年一月に『働く婦人』、二月に『大衆の友』、三月に『小さい同志』を相次いで創刊する。婦人、労働者、児童など、それぞれの読者に特化した雑誌を作ったのである。これらの雑誌の販売方法や読者組織は、『戦旗』のものをそのまま踏襲した。

先述した通り警保局は、戦旗社とその上部組織であるナップの資金作りと、集まった資金の流れについて強い関心を持っていた。一九三〇年に雑誌の発行部数が二万部を超えても戦旗社の経営状態はひじょうに厳しく、警保局もそのような状況を詳細に把握していた(43)。とりわけ警保局が関心を持っていたのは、『戦旗』とナップが日本共産党の外郭団体（資金源(44)）として果たした役割(45)である。

『戦旗』が販売した商品には、「救援資金」と無産者新聞関連のものが多かった。警保局が作成した一九二九年七月から一九三〇年一月までの「日本共産党活動資金収入額調」によると、収入の一部をナップが担っていた（図5―12）。興味深いのは、ナップへの寄付額の増加と発行部数の増加が比例していることである。ゆえに警保局は、『戦旗』の収入よりも、誌面で演出される読者共同体との共闘によって集まる資金に関心を向けたのである。警保局は『戦旗』がつくりだす大衆は、日本共産党再建のための支援者と見なした。また、自ら支援者を志望する読者もいた。しかし、資金募集の責任者たちは、「意思鞏固ニシテ理解アル者ニハ党ノ活動資金ナル旨打明ケ、其ノ他ノ者ニハ救援資金或ハ無新基金等ノ名目ニテ募集(46)」したと記録されているように、すべての読者が、自分が『戦旗』に送ったお金の流れを把握していたとは必ずしも言えない。「読者共同体」の一員であった朝鮮人も例外ではなかった。

このように資金を集めながら、コップが厳しい弾圧の最中に、内地で『大衆の友』の附録として朝鮮語雑誌『우리동무《ウリトンム》（俺達の同志）』を刊行したことに注目する必要がある(47)。一九二八年、赤色労働組合インターナショナル（プロフィンテルン）第四回大会では、植民地出身の労働者に居住国の労働組合へ加入を強制するテーゼが採択される。同年八月に、コミンテルン書記局も「一国一党原則」を再確認する。

内地では、一九二九年九月頃から在日本朝鮮労働総同盟の解体が本格化する。前述した金斗鎔がその総責任者であった。続いて一九三一年一〇月には、日本共産党機関紙『赤旗』に朝鮮共産党日本総局と高麗共産青年会日本本部が共同解体声明を発表し、日本共産党傘下の組織となる。朝鮮プロレタリア芸術家同盟（カップ）中央委員会の決定に従い、無産者社を引きついだ同志社[48]もコップのメンバーになり、金斗鎔、李北満など、同志社メンバーを主軸とする朝鮮協議会が設立される。コップは朝鮮協議会に、「帝国主義国家の国語を排除し、母国語、民族語を創作的実践の基礎とせよ」と指示した（第五回大会、一九三二年五月一一日〜一三日）。その一環として『ウリトンム』が創刊されたのである。

第二表 自昭和四年七月 至同五年二月 日本共産黨活動資金收入額調

種別＼月別	昭和四年七月マデノ分	八月	九月	十月	十一月	十二月	昭和五年一月	二月	計
ナップ關係	円	三〇〇円	四五〇円	四〇〇円	四六〇円	九一〇円	一,三二六円	二七〇円	四,一一六円
學生關係	二〇	二〇	一〇五	二四〇	三九〇	六六〇	七八五	八二六	三,〇四六
大學教授關係			二〇	四〇	三五	五〇	三〇	二〇〇	三七五
產業勞働調查所關係		一三	一三	三〇	三五	五四一・三二円	一,〇六〇		一,六九一・三二円
醫師關係		一〇	四〇	五〇	七〇	一〇〇	四〇	二〇〇	五一〇
雜	六〇	八〇	九一	一九九	九七	二八六	五七	一七	八八七
合計	八〇	四二三	七一九	九五九	一,〇八七	二,五四七・三二円	三,二九八	一,五一三	一〇,六二五・三二

備考 本表ハ關係者ノ聽取書ヲ基礎トスルモ概數タルヲ免レス

図5-12 内務省警保局が関係者の取調書をもとに作成した「日本共産党活動資金収入額調」内務省警保局編『昭和五年中ニ於ケル社会運動ノ状況』89頁。

ここで、コップの機関誌『プロレタリア文化』に載った、『ウリトンム』創刊[49]を宣伝する日本語の広告を見てみよう（図5－13）。

親愛なる全国労働者農民、勤労者大衆諸君及び在日本朝鮮労働者諸君！　日本文の読めない朝鮮労働者諸君の為めに朝鮮語雑誌『俺達の同志』ウリトンムいよ〳〵五月より創刊されるぞ！（中略）

支配階級の狂暴な弾圧と妨害から日本プロレタリア文化連盟の出版物を守り『俺達の同志』（ウリトンム）を諸君自身そのものとして守つて行くには日本労働者農民並びに在日本朝鮮労働者諸君が自分自身が之の読者になるばかりでなく自分の工場職場の朝鮮の仲間に一人でも多く之を読ませ日鮮プロレタリア革命的連帯を結ばねばならないのだ。（中略）

一銭でも二銭でもよい諸君の工場、職場、農村から此の雑誌の基金を送つて呉れ、そして是非とも誌代を前金で注文して守つて呉れ。

諸君の階級的の義務を以つて『俺達の同志』（ウリトンム）を育てゝ行こう。そしてこそ俺達の『俺達の同志』（ウリトンム）の読者網は全国の朝鮮労働者の働く職場の隅に張りめぐらされ雑誌を出して行く為の財政の基礎も固つて行くのだ。（中略）

発刊二〇〇円基金の雨を降せろ！（『プロレタリア文化』一九三二年四月号、八二～八三頁）

前節で検討した『戦旗』の広告と全く同じ構造が見えてくる。「日本文の読めない朝鮮人労働者諸

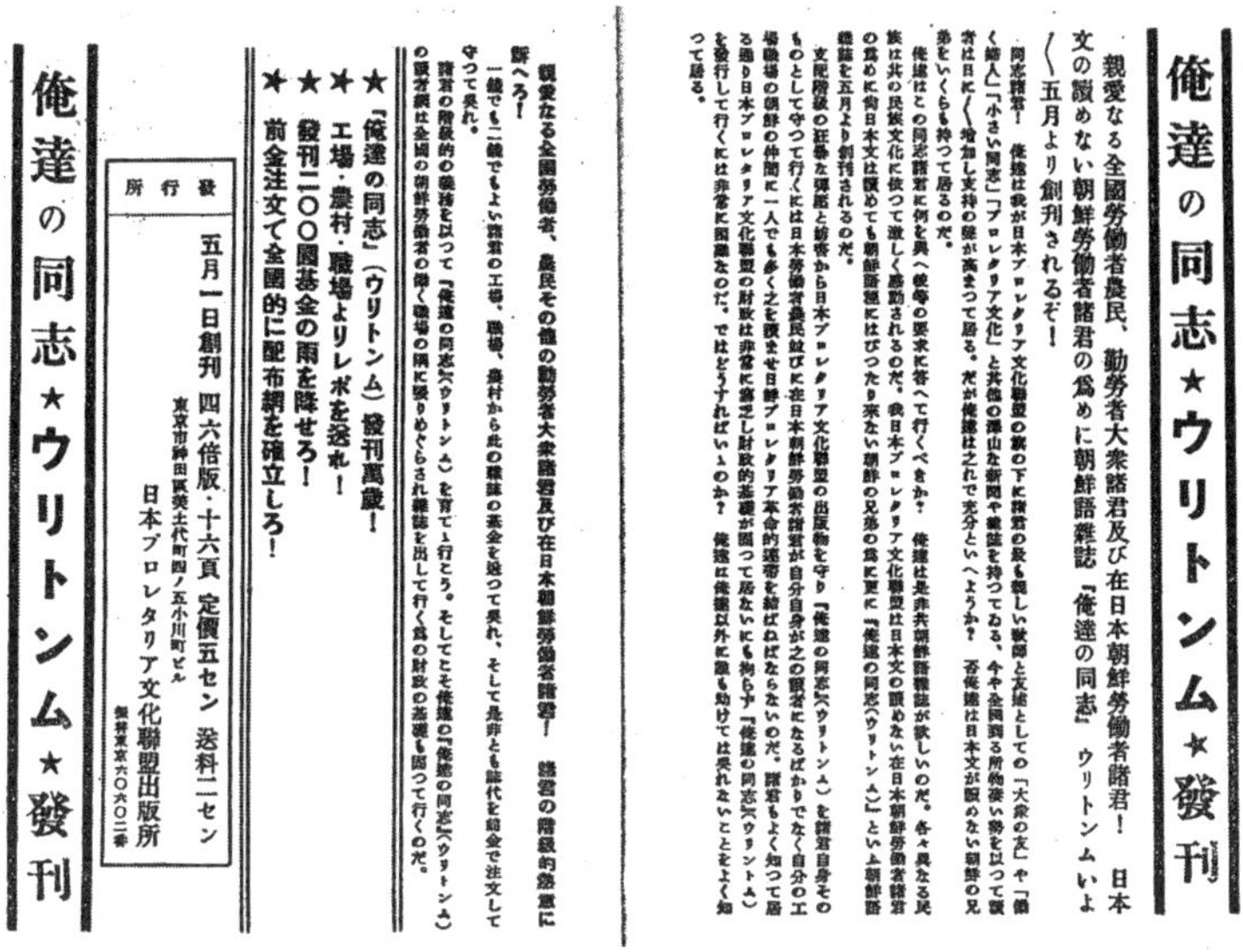

俺達の同志★ウリトンム★發刊

親愛なる全國勞働者農民、勤勞者大衆諸君及び在日本朝鮮勞働者諸君！ 日本文の讀めない朝鮮勞働者諸君の爲めに朝鮮語雜誌『俺達の同志』ウリトンムいよいよ五月より創刊されるぞ！

同志諸君！ 俺達は我が日本プロレタリア文化聯盟の旗の下に諸君の最も親しい教師と友達としての「大衆の友」や「働く婦人」「小さい同志」「プロレタリア文化」と其他の澤山な新聞や雜誌を持つてゐる、今や全國到る所物凄い勢を以つて讀者は日に日に増加し支持の聲が高まつて居る。だが俺達は之れで充分といへようか？ 否俺達は日本文が讀めない朝鮮の兄弟をいくらも持つて居るのだ。

俺達はこの同志諸君に何を與へ彼等の要求に答へて行くべきか？ 俺達は是非共朝鮮語雜誌が欲しいのだ。各々異なる民族は其の民族文化に依つて激しく感動されるのだ。我日本プロレタリア文化聯盟は日本文の讀めない在日本朝鮮勞働者諸君の爲めに尚日本文は讀めても朝鮮語雜誌にはぴつたり來ない朝鮮の兄弟の爲に更に『俺達の同志(ウリトンム)』といふ朝鮮語雜誌を五月より創刊されるのだ。

支配階級の狂暴な彈壓と妨害から日本プロレタリア文化聯盟の出版物を守り『俺達の同志(ウリトンム)』を諸君自身そのものとして守つて行くには日本勞働者農民並びに在日本朝鮮勞働者諸君が自分自身が之の讀者になるばかりでなく自分の工場職場の朝鮮の仲間に一人でも多く之を讀ませ日鮮プロレタリア革命的連帯を結ばねばならないのだ。諸君もよく知つて居る通り日本プロレタリア文化聯盟の財政は非常に窮乏し財政的基礎が固つて居ないにも拘らず『俺達の同志(ウリトンム)』を發行して行くには非常に困難なのだ。ではどうすればいいのか？ 俺達は俺達以外に誰も助けては呉れないことをよく知つて居る。

親愛なる全國勞働者、農民その他の勤勞者大衆諸君及び在日本朝鮮勞働者諸君！ 諸君の階級的熱意に訴へろ！

一錢でも二錢でもよい諸君の工場、職場、農村から此の雜誌の基金を送つて呉れ、そして是非とも誌代を前金で注文して守つて呉れ。

諸君の階級的の熱誠を以つて『俺達の同志(ウリトンム)』を育てゝ行こう。そしてこそ俺達の『俺達の同志(ウリトンム)』の讀者網は全國の朝鮮勞働者の働く職場の隅に張りめぐらされ雜誌を出して行く爲の財政の基礎も固つて行くのだ。

★「俺達の同志」(ウリトンム)發刊萬歲！
★工場・農村・職場よりレポを送れ！
★發刊二〇〇圓基金の雨を降せろ！
★前金注文で全國的に配布網を確立しろ！

發行所
五月一日創刊 四六倍版・十六頁 定價五セン 送料二セン
東京市神田區美土代町四ノ五小川町ビル
日本プロレタリア文化聯盟出版所
振替東京六〇六〇二番

俺達の同志★ウリトンム★發刊

図5-13 『プロレタリア文化』(1932年4月号)。コップが朝鮮語雑誌『ウリトンム』を創刊したことを知らせる内容。朝鮮文の読めない日本人労働者にも読者となることを呼びかけている。

君」が『戦旗』を守るために基金を送ったのと同じく、「朝鮮文の読めない日本労働者諸君豊民」に対し、毎月雑誌を購読し、「日鮮プロレタリア〔で〕革命的連帯」をしようと呼びかけているのである。朝鮮の労働者が働いている場所ならどこでも、『ウリトンム』の読者網を拡げてほしいと求めた。

この時期にコップの雑誌の読者網を組織したり、加入して雑誌を配布すれば、日本共産党の資金源と疑われ、処罰される恐れがあった。一九三〇年代以降、いわゆる「目的遂行罪〔日本共産党の「目的遂行ノ為ニスル行為」〕」が外郭団体に適用されるようになったからである。図5-14の朝鮮語版の左側に見える図書課のスタンプと検閲官の書き込みを見ると、『ウリトンム』は創刊号から発禁処分を

6065

uri tongmu

우리동무

八月一日反戦デーヲ大衆的デモラデーへ

全世界作家芸術家！

国際反戦会議ト

図5-14 『ウリトンム』朝鮮語版（左頁）と日本語訳。日本語訳は誰が行ったかわからない。この図版は内務省図書課のもので，両方とも発禁処分を受けている。この資料は水野直樹氏にご提供いただいた。

受けていることがわかる。

目的遂行罪を拡大解釈し、当局はまず、在日本朝鮮労働総同盟を吸収した全協に狙いを定めて捜査を行った。日本プロレタリア作家同盟などの外郭団体に加入しただけでも起訴できるという、思想検察の新たな物差しが徐々に力を得ていく。目的遂行罪の初判例は、「共産党と無関係であったにもかかわらず、『無産者新聞』を配布した行為だけで有罪とした一九三〇年一一月の大審院判決」であった。その後も拡張解釈があいつぎ、一九三一年五月、「行為者が「国体」変革の目的をもたないかぎりは処罰されないという、それまで議会答弁などでなされていた歯止めを反古にし、警察や検察が党の目的遂行に寄与すると認定すれば処罰しうる」としたのである。(50)

6451

우리동무

LA URI DONG MU

(一)

昭和八年一月一日

大衆の友附録

一九三三年를마지하는 우리들의새로운決意

소중국교회복

●●사베—트同盟평화정책의성공●●

三L데—닌

◇「레—닌」의첫印象

在日本朝鮮労働総同盟の解体以降、特高が検挙した関係者の一覧をみると、目的遂行罪による起訴が圧倒的に多い。嫌疑の大半は、『戦旗』や『無産者新聞』の配布、読者網の組織である。また、全協に所属する人の割合が多い。例えば、一九三〇年一〇月一〇日に起訴された金文準の「犯罪事実」は、「目的遂行　無新配布、檄作成配布」であり、所属は「全協化学、大阪支部常任委員」となっている（『特高月報』一九三〇年一〇月、四頁）。『ウリトンム』が創刊された一九三二年には、コップ関係者が一〇〇人以上、目的遂行罪で処罰される。プロレタリア文化運動について当局は「日本共産党の人的・理論的なプールにほかならない。党の別働隊」という認識を持っていた。[51] このような理屈に基づくと、『ウリトンム』の読者網の構築は、日本「共産党の別働隊」を「全国の朝鮮労働者の働く職場」に作ることを意味する。

一方、コップからすれば、内地にいる二〇万人以上の朝鮮人労働者は潜在的な読者であり、日本共産党を支えるための魅力的な「市場」であった。先述した通り、朝鮮人労働者が、実際に日本語・朝鮮語の文章が読めるかどうかは関係ないのである。『ウリトンム』を創刊した李北満ら朝鮮協議会の任務は、二〇万人もの朝鮮人を読者として組織し、雑誌の名を借りて資金を集める不逞鮮人になることだった。「朝鮮協議会報告」（『プロレタリア文化』一九三三年六、七月号、六六〜六七頁）には、「「朝協」は徹底的に日本プロレタリアトの立場に立たず、即ち日本プロレタリア文化連盟に所属してゐながら朝鮮プロレタリアートの組織に所属し後者に重点」を置いているとし、「セクト的闘争」であると厳しく批判した。これは植民地独立闘争とプロレタリア革命闘争が共存できないことを強調してきた日本共産党の方針と一致する。また「ウリトンム編輯及び配宣活動に於いてはどんなことが批判されるか？」において、読者会を組織し、資金集めに勤しむことを求めた。

〔『俺達の同志』の〕通信文は朝鮮内地からのものが大半を占めてゐたためまるで朝鮮内地の労働者に読ませるための啓蒙雑誌のやうになつた事。（中略）ウリトンムの実質読者の数が急テンポで増加したと云ふ点から見れば一応は配宣活動がウマクなされたかの様に見えるが決してそうではない。／それは「朝協」自身が機械的に各（地協、地区協乃至各同盟の配宣部の活動として組織的になされず）協議員が分けて持つて行つて一応クバリつぱなしたゝめ日本内に於いての紙代は殆んど集つてこなかつた。此の活動は日本内の朝鮮労働者に重点を置き（中略）今後はコップ配宣部に朝鮮のメムバーを送りコップ配宣活動の一環としてなされるやうにしなければならない。（中略）「朝協」確立のために各同盟から有能な働き手の日本人の同志を引き入れ朝鮮人だけが集つて作るセクト的闘争を克服すること。（『プロレタリア文化』一九三三年六、七月号、六六〜六七頁）

日本のプロレタリアートとして、「日本人の同志」の指導のもと、日本の組織を支えることが強く求められたのである。この報告書が発表された一九三三年六月は、日本共産党委員長であった佐野学・鍋山貞親の転向をきっかけに「転向」ブームが始まった時期でもある。同年二月、小林多喜二が拷問で殺されたことが象徴するように、コップに対する弾圧は、日に日に厳しくなっていた。このように急激に萎縮した日本共産党の運動を支えるための代案が、朝鮮人読者や朝鮮人労働者からの資金の獲得であり、そのために作られたのが『ウリトンム』である可能性を考えなければならないのである。『ウリトンム』は、第四章で述べた通り、朝鮮共産党の再建のために東京で無産者社を立ち上げた李北満や金斗鎔などが中心となった雑誌である。すなわち『ウリトンム』は、朝鮮共産党の再建のための人的・物質的な基盤が日本共産党の再建のために横領されたことを象徴する商品なのである。

これまで日本語で書かれた多くの研究は、日本人と朝鮮人社会主義者の文化運動を同志的な連帯と肯定的に評価することが多かった。その代表的な例が第四章で取り上げた中野重治「雨の降る品川駅」である。しかし、非合法的な出版も資本の動きと深くつながっており、抵抗運動もやはり資本の論理から自由ではなかったところから、一九三〇年前後のプロレタリア文化運動を検討し直す必要がある。組織の運営にはお金がかかる。この単純な問いに立ち戻り、日本の社会主義運動の死活をかけた一九三〇年代初頭の戦いが、朝鮮の社会主義運動の再建の可能性を食い潰す形で進められたことを見落としてはならないだろう。その意味で、一九三〇年前後の社会主義者による文化運動はあらためて議論しなければならない。

注

（1）『戦旗』が創刊される前年の内務省警保局による極秘の統計を見ると『キング』が三〇万部、『改造』が一〇万部、『中央公論』が二万部、『文藝春秋』が七万部を発行していた。内務省警保局『昭和二年十一月末日現在　新聞雑誌及通信社ニ関スル調』一九二七年。ここでは復刻版である『新聞雑誌社特秘調査』大正出版、一九七九年、二一一頁を参照した。

（2）本章での雨宮庸蔵の回想は、「『中央公論』と『改造』」『偲ぶ草――ジャーナリスト六十年』中央公論社、一九八八年、五三六頁を参照した。

（3）同前、五三七頁。
（4）甘露寺八郎「出版書肆鳥瞰論（二）左翼的出版社の巻」『総合ヂャーナリズム講座　第六巻』内外社、一九三一年、三四九頁。
（5）同前、三五八～三五九頁。
（6）「円本時代」（『図書』一九五四年一月）を小尾俊人『出版と社会』幻戯書房、二〇〇七年、二九八頁から再引用した。
（7）改造社版は、一九二八年六月二五日から一九三二年一〇月まで三〇回（計二七巻）の配本があった。二つの版元の翻訳グループの対立構図と、八〇名にも及んだ改造社版の翻訳者たち、特に社会思想社のメンバーがその後マルクス研究者として脚光を浴びる過程については、梅田俊英『社会運動と出版文化――近代日本における知的共同体の形成』御茶の水書房、一九九八年、一二～一四頁を参照。
（8）『蟹工船』執筆当時の小林多喜二についての情報は、小笠原克『小林多喜二』新潮社、一九八五年、六七頁、島村輝「小林多喜二『蟹工船』と地下活動化する社会主義運動」『知っ得発禁・近代文学誌』学燈社、二〇〇八年、九九頁を参照。また、『蟹工船』の当時の評価については、ノーマ・フィールド『小林多喜二』岩波新書、二〇〇九年、一五七～一五九頁で詳しく議論されている。
（9）甘露寺八郎「出版書肆鳥瞰論（四）戦旗社の巻」『総合ヂャーナリズム講座　第九巻』内外社、一九三一年、二三四頁。四・一六事件当が起きたとき発売されていた『戦旗』一九二九年四月号の表紙は、三月五日の夕方に右翼テロで暗殺された、衆議院議員・山本宣治の葬儀の光景であった。山本は、一九二八年二月二〇日に行われた第一回普通選挙に労働農民党から出馬し当選した。
（10）前掲雨宮「『中央公論』と『改造』」五三七頁。
（11）時間がだいぶ経った後の回想であることを意識する必要はある。同前、五二九頁。
（12）戸田輝夫『『蟹工船』消された文字――多喜二の創作「意図」と「検閲」のたくらみ』高文研、二〇一九年の付録では、商業出版である改造文庫版や新潮文庫版の伏字の異同が詳細に比較されている。また『蟹工船』原文異同を当時の検閲の問題と結びつけながら詳論されている。

(13) 戸田は単行本が一九二九年九月、「その改訂版が一一月（性風俗の描写部分と数個所の字句が伏字）に、翌三〇年三月には一一月版の伏字のほかに、「不敬」とされた箇所を伏字に加えた改訂普及版がそれぞれ戦旗社から出版されるが、二九年の単行本はいずれも発売禁止の処分にされている」と説明している。前掲戸田『『蟹工船』消された文字』六八頁。

(14) 前掲甘露寺「出版書肆鳥瞰論（二）戦旗社の巻」二四四～二四五頁。

(15) 壺井繁治「『戦旗』時代（私の歩んで来た道）」の二、『民主評論』一九四八年四月、四九頁。

(16) 壺井繁治「プロレタリア雑誌の経営――『戦旗』を中心として」『総合ヂャーナリズム講座 第九巻』内外社、一九三一年、一九二頁。

(17) 前掲壺井「『戦旗』時代（私の歩んで来た道）」四九頁。

(18) 同前、五〇頁。

(19) 広告主も同じ期待を抱いていたようだ。一九二九年二月号までは、数こそ少ないが、いわゆる「ブルジョア資本」の広告も見あたる。岩波文庫（一九二八年二月号）、紀伊國屋書店（一九二八年七月号）、平凡社（一九二八年九～一〇月号）、三越百貨店（一九二八年一二月号）、銀座松屋百貨店（一九二九年二月号）など。

(20) 前掲壺井「『戦旗』時代（私の歩んで来た道）」の二、五〇頁。

(21) 「発生の初期に於ては、明らかに、これ等の出版社は通信販売的に一定の読者組織と結びついてゐた。政党、組合の教育部とか学生の研究会とか、さうした所と直接結びついてゐたのだから、一千部刷れば、一千部だけは完全に販売出来たわけだ。計画生産とはいへないまでも、一種のさうした意識が働いてゐたものだ」（前掲甘露寺「出版書肆鳥瞰論（二）左翼的出版社の巻」三六一頁）。

(22) 壺井繁治「『戦旗』時代（私の歩んで来た道）」の三、『民主評論』一九四八年五月、四七頁。

(23) 『戦旗』一九三〇年七月号（一七一頁）に載った、これまでの活動を総括した「芸術大衆化に関する決議」（日本プロレタリア作家同盟中央委員会）においても、この三つの作品は最高の成果として記録されている。

(24) 前掲甘露寺「出版書肆鳥瞰論（二）戦旗社の巻」二四〇～二四一頁。

(25) 「ブルジョア出版に対する我々の態度はかうでなければならぬ」『戦旗』一九三〇年六月号、一七八頁。

(26) 同前、一七六～一七七頁。
(27) 八〇〇〇部を刷った一九二八年一〇月号の「親愛なる全読者君！」(一一九頁) をみると、「『戦旗』を防衛せよ!!」「『戦旗』の読者網を全国に拡充せよ!!」といった訴えとともに、「『戦旗』読者二万獲得運動万歳!!」という標語が登場する。本文中でも「二万の読者獲得」が最優先課題であることが強調されている。この頃まだ一度しか発禁処分を経験していなかったが、検事局が発行部数の一〇〇〇部増加に敏感に反応しており、雑誌関係者の起訴が続いている状況を糾弾する文章が掲載されている。
(28) 栗原幸夫『増補新版 プロレタリア文学とその時代』インパクト出版会、二〇〇四年、第一章、平野謙ほか編『現代日本文学論争史 上巻』未來社、一九五六年、二九七～三五九頁、前田愛『前田愛著作集第二巻 近代読者の成立』筑摩書房、一九八九年、一九九～二一六頁を参照。
(29) 前掲前田『前田愛著作集第二巻 近代読者の成立』二〇八頁。
(30) 同前、二一一頁。
(31) 佐藤は、「『戦旗』が別冊として『少年戦旗』(第一～五号)、『婦人戦旗』(創刊号のみ) を刊行したこと、戦旗支局という読者組織を全国の工場や学校に約三〇〇 (一九三〇年九月現在) も作り上げたこと、いずれも『キング』の大衆的公共性に真っ向から挑んだ対抗運動」であったと述べた (佐藤卓己『『キング』の時代——国民大衆雑誌の公共性』岩波書店、二〇〇二年、六九頁)。
(32) 徳永直「「太陽のない街」は如何にして製作されたか」『プロレタリア芸術教程』第三輯、一九三〇年、五二頁。
(33) 一九二八年九月号の「全読者諸君に訴ふ」(一五七頁) には、「本誌八月号の紙質は悪かつた。これは手違ひのためで、何と申訳がない。しかし本号は見らるゝ通りの容貌を以て、諸君の前に現はれることができた」という文章が見られる。一九二八年は円本競争の絶頂期であり、円本ブームに乗って製紙業界は急成長した。円本のバブルが弾けたあと (一九三〇年～一九三三年)、製紙業界は不況に苦しむことになる (橋本求『日本出版販売史』講談社、一九六四年、四七九頁)。つまり、円本の全盛期に創刊された『戦旗』は、既存の出版資本と紙の確保をめぐる競争関係にあったのである。
(34) 無論、「発禁―摘発―拘束」の可能性が高い書籍を、改造社や中央公論社の仕事を請け負っていた秀英舎など巨大印刷所は受注しなかった。第二次日本共産党の委員長佐野学が編集長を務めていた『無産者新聞』は、李北満、金斗鎔が関与した『無産者』と同じように、合法活動を標榜しながら共産党の再建を目的に創刊された新聞である。廃刊と再刊を繰り返した『無産者新聞』の印刷所も興味深い。一九二七年一〇月には、アナーキスト労働者が共同経営をしている京橋の協友社と万朝社を利用していたようだ。「万朝社はほかにも業界紙みたいなものを引受けていた。協友社も万朝社も警察当局にはまだ嗅ぎつけられていなかった。足がつきそうになると、また秘密で印刷してくれるところを探すことにしてあった」という(石堂清倫『わが異端の昭和史 上』平凡社、二〇〇一年、一三四～一三五頁)。一〇〇人以上が検挙された一九三〇年五月の戦旗社事件では取引のあった印刷・製本業者までもが含まれていたことからもわかるように、戦旗社の仕事を引き受けていた印刷・製本業者も監視対象であった(前掲壺井「『戦旗』時代(私の歩んで来た道)」の三、四七～四八頁。

(35) 「ナップト日本共産党トノ関係」(内務省警保局編『昭和五年中ニ於ケル社会運動ノ状況』、『社会運動の状況2 昭和五年』三一書房、一九七一年、一〇一五～一〇一六頁)。

(36) 前掲壺井「プロレタリア雑誌の経営」一九八頁。

(37) 同前、一九九頁。経営部の責任者であった壺井繁治は、一九三〇年五月の戦旗社事件で逮捕された際に、全国で一四〇か所の戦旗支局があったと陳述している(前掲内務省警保局編『昭和五年中ニ於ケル社会運動ノ状況』一〇一二頁)。

(38) 山田清三郎「プロレタリア文化運動史」『日本資本主義発達史講座』第四巻、岩波書店、一九三二年、四三頁。

(39) 武田悠希「戦旗社支局における謄写版刷りニュースの発行」中川成美・村田裕和編『革命芸術プロレタリア文化運動』森話社、二〇一九年、二六四頁では、支局と読者会が発行した謄写版刷りニュースについて詳しく論じられている。

(40) 上映会では、未編集の三本の映像(メーデー、野田争議、山本宣治の労働者葬)が上映された。朝鮮労働者総同盟の東京支部で上映した際、八〇人ほどが集まったという。上映の前にそれぞれの映像について朝鮮語で説明した。「途中の説明は全部日本語でやつた上、朝鮮語に通訳した」という(関東金属労働組合××支部員M・T生「ナップの映画を初めて見て——全労働者農民諸君に告ぐ」一九二九年五月号、九七～九九頁)。

（41）「第二無産者新聞防衛基金募集」「我々の力で無新を守らう！（中略）帰りの電車賃七銭を基金にあてろ！」『戦旗』一九三〇年一月号、一九五頁。

（42）独立の時期については、前掲内務省警保局編『昭和五年中ニ於ケル社会運動ノ状況』一〇一一頁を参照。その他、前掲栗原『増補新版 プロレタリア文学とその時代』一〇八頁、前掲山田「プロレタリア文化運動史」四五〜四七頁。山田清三郎「『戦旗』復刻版に寄せて」『戦旗 別巻（資料編）』戦旗復刻版刊行会、一九七七年、二四〜二五頁を参照。

（43）内務省警保局の内部文書によると、

「戦旗」近時ノ売行ハ従来ノ通り歓迎セラレツヽアル状況ニアルモ殆ント毎号ノ発売頒布禁止処分ノ為メ相当経済的ニ窮乏ヲ示シ居ルモノヽ如ク最近一箇月ノ経済状況ハ次ノ如シ。

収入　一金二千五百円（戦旗代、其他出版物代）

支出　一金千円　経常費（人件費、家賃、其他）　一金千二百円　印刷代　一金千五百円　紙代

差引不足　一金千二百円余

現在印刷代、紙代等約一万四五千円ノ負債アリト謂フ、

尚ホ戦旗防衛基金総額（戦旗十一月号発表）ハ一金二千三百二十八円十九銭五厘ナリト称ス。

前掲内務省警保局編『昭和五年中ニ於ケル社会運動ノ状況』一〇一三頁。

（44）「外郭団体」については、奥平康弘『治安維持法小史』岩波現代文庫、二〇〇六年、一三八〜一四七頁を参照。

（45）共産党の金策について、「四、一六事件後ハ党ト「コミンタン」トノ連絡切レ、運動資金ニ窮セシ為（中略）同情者ヲ「ナップ」、医者、教授、学生、産労、記者、雑ノ各系統トナシ、系統毎ニ時々金額ヲモ指示シ、恒常的ニ運動資金ヲ集メシメタリ」（前掲内務省警保局編『昭和五年中ニ於ケル社会運動ノ状況』八六頁）。

（46）同前。

（47）『ウリトンム』は実物が見られない幻の出版物と言われていた。大村益夫がアメリカ議会図書館所蔵の米軍没収資料に含まれる旧内務省資料の中から発見し、一九九一年一〇月六日に朝鮮学会で報告することによって知られるようになった。大村益夫『朝鮮近代文学と日本』緑蔭書房、二〇〇三年、第2章には『ウリトンム』の発見経緯と雑

誌の内容（全五回発行）に関する紹介が行われており、有益な示唆を得た。

（48）コップの東京支部が階級文芸運動を合法的に実践するために設立した無産者社が、一九三一年のコップ事件をきっかけに解体したあと、その後継組織として作られたもの。

（49）五月一日創刊、値段は五銭＋送料。四六版、全一六頁の薄い雑誌で、購入代金はコップ出版所に送金しなければならなかった。

（50）荻野富士夫『思想検事』岩波新書、二〇〇〇年、五〇頁。

（51）前掲奥平『治安維持法小史』一四一〜一四二頁。

第六章　植民地

1　山本実彦の満・鮮

山本社長は満鮮視察へ出かけた。

雑誌『改造』一九三二年六月号の「編集だより」に記された一節である。『改造』は、一九一九年四月に創刊され、一九四四年六月に廃刊を強いられた。敗戦後の一九四六年一月に復刊、一九五五年二月に社内の内紛で終刊した。いまはアカデミズムの世界以外では忘れられている雑誌であるが、本書が対象とする一九二〇年代から三〇年代が全盛期であり、一時代を画した雑誌である。改造社の社長である山本実彦は、「二〇世紀前半の日本語メディア史を代表する編集者兼企業家」として位置づけられてきた。(1) 彼は自社商品への興味を喚起する華やかなパフォーマンスを得意としていた。それは『改造』が短期間のうちに『中央公論』と並ぶ総合雑誌へと急成長を遂げる原動力となった。

山本実彦は『改造』の創刊を披露する「文星招待会」を、一九一九年二月二七日、赤坂三王下の料亭三河屋で開催した。(2) 会の名称は、首相・西園寺公望が森鷗外、内田魯庵ら有名文士を招いた「雨声会」にちなんだものである。その頃は第一次世界大戦期の雑誌創刊ブームのただ中にあり、『改造』は三号まで売れ行きが伸びず苦戦した。しかし、当時編集を担当していた秋田忠義や横関愛造らの主導で、第四号から誌面の左旋回に成功し、(3) ロシア革命後の世界的な社会運動や、国内の労働運動の盛り上がりを積極的に取り上げていく。おかげで、「当時、市販されている大手の総合雑誌のなかでは、もっとも頻繁に検閲処分」を受けることになる。(4) 第四章で取り上げた「雨の降る品川駅」改造版の過剰な伏字は、長年の内務省図書課との駆け引きを通して培った技術である。

また、山本実彦は京都帝国大学の教員たちに注目し、後年「京都学派」と呼ばれる西田幾多郎らと連携をとりながら、アカデミズムをジャーナリズムにうまく取り込んだ。『時事新報』出身の瀧井孝作を編集者として招きいれ、彼の人脈を利用しながら、原稿料の値上げを断行し、次々と人気作家の作品を掲載した。哲学者のバートランド・ラッセル、物理学者のアルベルト・アインシュタイン、日本における家族計画運動の端緒を開いたマーガレット・サンガー、ノーベル文学賞を受賞したジョージ・バーナード・ショーなど、世界的な著名人を招聘して講演会を開き、大きな注目を集めて雑誌の売上につなげた。五味渕典嗣が指摘する通り、「またたく間に時代を代表するオピニオン誌の地位に駆け上がった」『改造』は、それを「手に取る読者の自尊心をも心地よく満足させることができる」媒体になっていた。(5)

山本実彦は出版史に残る「円本」ブームを巻き起こした張本人でもある。一九二六年の『現代日本文学全集』は、近代以降の名作の数々を各巻一円で予約を募り、二五万人の予約者を獲得した。円本ブームによって、今日の出版と流通の基盤となる新たなシステムが作られた(6)。またプロレタリア文化運動の担い手たちに誌面を提供し、利益を上げた。第五章で述べた通り、『戦旗』のように非合法と合法の境界にある媒体に書いていた人々が印税を得るようになり、それによって『戦旗』のメンバーたちが「共産党に対する資金提供」ができるような状況が生まれた。

この章では、このように時代の動きを察知する能力に長けていた山本実彦の満州と朝鮮への出張に注目したい。当時、『改造』の編集者であった水島治男は、山本の満州と朝鮮視察について『改造社の時代 戦前編』で次のように回想している(7)。

私は山本改造の「支那気狂」については、感心していて、大いに影響され、刺激され、勉強にもなった。この点では彼をエライとひそかにホメてもいいと思う。つまり、エキサイトしている日支関係について『改造』主幹としての立場から何らかの交流・和解を企画していたことは事実である。これが、次元の高いものとは必ずしもいい得ないし、個人的恣意の範囲を出ないが、いい意味での国士として動きまわったということは疑いない。彼は朝鮮半島から中国大陸の動きに関心を寄せていて、たえず問題をとらえ、課題を提起して彼我の専門家や学者、評論家、要路者の寄稿を要請し、また自らも飛び出して行って、ルポルタージュするというわけで朝鮮半島から大陸にかけて『改造』の読者は相当の数に達していた。それが必ずしも、雑誌を売るという営業政策から出たものではないことも確かである。今のはやりの言葉でいえば、文化交流をやったということになるのであろう。また自分の雑誌の編集傾向からいっても、日本の側では、大陸政策主義者、大陸側の民族独立国家主義者など、右派や左派の人びと、各界の人士に自由に会えたからだ。そして山本その人の本質は民族主義者であって、社会主義者ではない、と私はみていた。

水島の『改造社の時代』は、実彦の保守性に批判的な視点から書かれている。少し皮肉が入っていると思うが、実彦の中国に対する関心だけは「ホメてもいい」と述べた上で、「右派や左派」を問わず、各界の人士に自由に会える立場を活用して、朝鮮や満州国を動きまわった。それは「営業政策」ではなく「文化交流」のためであったと回想している。ただ、一九三一年九月の満州事変の勃発と翌年の五・一五事件の前後から『改造』編集部は「どのような編輯方針を立てるべきか奔命していた」[8]とも水島は述べており、実彦の移動を十重田裕一のいう通り「東アジアを市場とする経営路線」の一環ととらえねばならないのは確かである。[9]

山本実彦の『満・鮮』は、このように『改造』の方向を模索していた一九三二年五月九日から六月一一日まで、約一か月に及ぶ、実彦の「満鮮視察」の記録である。旅行中に『改造』に連載され、一九三二年一〇月に単行本が改造社から出版された。帝国日本が大陸に侵略したルート、内地の刊行物が植民地に移入するルートと同じように、実彦はまず朝鮮半島に入り、満州へ向けて北上する。水島が「山本改造」と表記するほど、実彦は『改造』そのものを象徴しており、彼の旅行は「改造社」という帝国日本の代表的な出版資本の影響下にあった植民地の出版物の生産や、流通、消費に関わる人々と接触し、新たな企画を喚起するものであった。この章では、彼の旅行を手がかりとしながら、改造社のような帝国日本の代表的な商業資本が満州事変以降「植民地」を媒介にどのような市場の再編を試みたかについて考えてみたい。

2 『改造』と『東亜日報』の宴会

まず、ある宴会の写真（図6－1）に注目しよう。

京城で一つの愉悦を加へたのは、宋鎭禹大人が余がために、京城の芸術家の人々と、接触するの機会をつくつて下さつたことである。五月十一日。その夜はもの静かな街外れの東大門外、天香園を選び、そしてその席には朝鮮文壇の耆宿たる李光洙氏をはじめ、劇作家尹白南、画家李象範、詩人朱耀翰、金炳奭、白南雲の諸氏をも陪賓として招待してあつた。（『満・鮮』一八頁。以下引用頁番号のみ記す）

山本実彦は、この宴会について東亜日報社の社長の宋鎭禹が、彼を「京城の芸術家」に引きあわせるために催した宴会だと説明している。確かに当時の朝鮮芸術界を代表する面々であったが、参加者の肩書きを見ると、延禧専門学校の教授であった白南雲以外は、みな東亜日報社の社員でもあった（表6－1）。朝鮮料理を食べ慣れている実彦は「今夜のやうな心をこめての精粋は初めてであつた」とご満悦である。名妓の歌や踊りありの宴会は、水島によると民族主義者であった実彦が朝鮮の民族主義者に接触したという単純な構図では説明できない。

図6-1　天香園の宴会（山本実彦『満・鮮』より）。『東亜日報』の社長主催で行われた。広告主への接待の意味が強い。参加者のリストは表6-1を参照。

ここまで繰り返し述べた通り、一九二〇年から一九四〇年まで、植民地朝鮮では朝鮮語の民間紙はつねに三紙という体制が維持された。しかし、実彦が京城で『東亜日報』の関係者と宴会を楽しんでいた時期、朝鮮語新聞は異例の混乱に陥っていた。『東亜日報』を除く二紙は偶然にもそれぞれ激しい内紛の最中にあり、誰が経営権を握るか、見通しが立たない状況であった。実彦に会いたくともその余裕などなかったはずである。表6-2にあるように、朝鮮語の民間紙はすべて総督府による長期の発行停止処分を何回も経験している。しかし、今回は二紙とも内紛のために発行できなくなり、一九三二年七月から一一月半ばまでの約半年間は、新聞を出していたのは『東亜日報』だけだった。[10]二紙は、一九二〇年代後半からさらに厳しくなった検閲に貧弱な財政が耐えられなかったのであり、朝

表 6-1　宴会参加者

氏名	内地での教育経験	職業（1932 年当時）	その他
1 宋鎮禹	正則英語学校，錦城中学校，早稲田大学中退，明治大学卒業	東亜日報社社長・主幹	
2 李光洙	大成中学校中退，明治学院中学校卒業，早稲田大学	『東亜日報』編集局長	『東亜日報』1923-33 年在職。1926 年から編集局長。小説家
3 尹白南	早稲田大学中退，東京高等商業学校卒業	『東亜日報』で小説「海鳥曲」連載中。1933 年編集顧問	1920 年在職。小説家，演劇人，映画監督，翻訳家。1930 年以降『東亜日報』で小説を連載。1930 年『東亜日報』創刊 10 周年記念映画を制作。1932 年京城放送局朝鮮語チャンネル開設に関わる
4 李象範		『東亜日報』学芸部。挿絵担当	『東亜日報』1927-36 年在職。主に連載小説の挿絵を担当。孫基禎「日章旗抹消事件」で逮捕され，辞職
5 朱耀翰	明治学院中等部，東京第一高等学校卒業	『東亜日報』論説班嘱託	『東亜日報』1925-32 年在職。1929 年編集局長
6 白南雲	東京商科大学卒業	延禧専門学校の教授	延禧専門の教授（1925-38 年），経済学者
7 金基鎮	立教大学中退	『朝鮮日報』	社会部長。朝鮮プロレタリア芸術家同盟（カップ）結成（1925）を主導。小説家，詩人，文学評論家
8 廉想渉	京都第二附属中学校，慶應大学中退	『朝鮮日報』前学芸部長	1929 年 9 月から『朝鮮日報』学芸部長，1931 年 6 月辞職

注：7 と 8 は，実彦が話題にした人。

出典：参加メンバーと『東亜日報』との関係については，韓鐘珉「1930 년대『동아일보』의 인적 구성과 변동」(『민족문화연구』84 号，고려대학교민족문화연구원，2019 年)，동아미디어그룹 공식 블로그「동네」を参照。

表 6-2　朝鮮語民間紙の発行停止期間

時期	『東亜日報』	『朝鮮日報』	『中外日報』『朝鮮中央』
1920–1925	1920. 9. 25–1921. 1. 10	1920. 8. 7–1920. 9. 2 1920. 9. 5–1920. 11. 5 1925. 9. 8–1925. 10. 15	
1926–1930	1926. 3. 7–1926. 4. 29 1930. 4. 17–1930. 9. 1	1928. 5. 9-1928.9. 19	『中外日報』1928. 12. 6–1929. 1. 17
1931–1940	1936. 8. 27–1937. 6. 2		『朝鮮中央』 1936. 8. 27–1937. 6. 2

注：『東亜日報』『朝鮮日報』は二大紙として 1920 ～ 1940 年まで刊行された。1920 年に両紙と同じ時期に創刊された『時事新聞』は 1921 年 2 月に廃刊。1924 年 3 月 31 日に『時代日報』が新たに創刊され，その後『中外日報』→『中央日報』→『朝鮮中央日報』へと新聞名や経営陣，版権の所有者が変わっていく。

出典：朴用圭『식민지 시기 언론과 언론인』소명출판，2015 年，54 頁。

鮮を代表する京城紡織という親会社を持つ『東亜日報』とそこが大きな違いであった。

朝鮮語雑誌『別乾坤』一九二九年六月号に、朴瓚熙は新聞産業が成長しにくい理由について、教育が普及していないため識字能力のない人が圧倒的に多いという読者難、産業基盤の貧弱さによる資金難、広告難を挙げて説明している。(11) 一九三五年になってもまだ、朝鮮には、「新聞社の力では越えられない客観的な情勢〔検閲〕」や、「教育が普及していないため、文盲の数があまりにも多くて新聞を購読する人が多くない」のが大きな障害であると言われていた。(12) 第二章で述べたように、義務教育が実施されていない上、朝鮮人が入学できる学校の数が圧倒的に足りない状況が続いたため、普通学校や中学校に通える朝鮮人はごくわずかだった。『東亜日報』はハングル普及運動を通して、三年間で朝鮮語が読める人を三〇万人に増やすと一九三〇年に宣言した。(13) だが、同紙は営業活動で「満蒙一帯をまわり、在満同胞から読者を確保」しようとしたがうまくいかなかったため、まず識字率の向上に着手したに過ぎないという批判も聞かれた[14]。すなわちハングル普及運動を純粋な文化運動と捉えることはできないのである。

しかし識字率の向上にはかなり時間がかかる。運用資金の確保のために、『東亜日報』をはじめとする朝鮮のメディアは、東京や大阪など内地企業の広告を獲得しようと競った。『東亜日報』は創刊時から庶務部・経理部・販売部のほか広告部も設置した。広告部には内地広告係、外地広告係、原稿整理係、整版校正係、計算集金係をおいた[15]。内地の広告に先手を打ったのは東亜日報社である。一九二三年、常務取締役兼編集局長であった李相協を東京に派遣し、広告の誘致と広告料の値上げに成功した。『東亜日報』が赤字経営から抜け出し始めたのはその翌年頃からである。

彼〔李相協〕は日本企業の広告料が安すぎることに気づき、東京に行って、日本電報通信の社長に会って談判したり、広告主のところを回って交渉した。その結果、彼らも、それまでの広告料がたいへん廉価であったと認め、料金を少しずつ上げることに同意した。そのおかげで、一九二八年頃には五号一行に付き一円貰うことができた。こういう状況だから、東亜日報社長の宋鎮禹も年に一度は日本へ行って広告料を上げるのに全力を注いだ[16]。

社長である宋鎮禹が自ら東京に赴き、広告料の値上げに奔走していたことがわかる。『東亜日報』は、一九二七年からは本社の外地広告係以外にも東京と大阪に支局をおき、支局長には現地の事情に詳しく広告営業に強い人を任命した[17]。他のメディアも東亜日報社の後を追う形で、同様な体制をとり[18]、広告の誘致と広告料の値上げを試みた。植民地時代を通して、民間紙の収入の三〇〜四〇％を広告料が占めた。その六〇％以上が東京や大阪の企業の広告だった。広告の獲得競争が熾烈になるにつれ、内地から広告主を招待したり、観光案内するといった接待が増え、それに対する朝鮮社会の批判が高まった。例えば、山本実彦を囲んで東亜日報社の宋鎮禹が主催する宴会があった一九三二年に、『東亜日報』のオーナー金性洙と社長宋鎮禹は東京と大阪で広告主を接待したり、朝鮮に招いて金剛山観光をさせ広告を獲得しており、これについて「日本当局に対する批判」を疎かにし、「地主と商工ブルジョアジーを代弁する機構に転落した」と非難されていた[19]。また一九三五年には「片手には朝鮮民族を、もう片手には東京大阪の商品を出してくるのが東亜日報、いや朝鮮の諸新聞である。ただ、その魔術がもっとも優れているのが東亜日報」とまで言われるようになる[20]。

それは東亜日報社に限ったことではない。朝鮮日報社の経営が安定する一九三三年以後は、広告をめぐる熾烈な競争が両社の間で展開されることになる。言論統制が厳しくなるなか、「かつては抵抗の象徴であった差押と停刊は企業利益のためには避けるべき事項になった[21]」。実彦との宴会に出席した『東亜日報』編集局長の朱耀翰は、この時期の編集方針の変化について、以下の通り回想した。

初期の日刊紙はかなり頻繁に日本総督府の発売禁止、差押処分を受けており、その度ごとに販売員は庭に集まり万歳をした。もし、しばらく差押がない日が続くと編集が無能であると批判された。しかし、私が編集局長になった頃〔一九二九年〕には、会社の方針は極力に差押処分を受けない程度の論説と記事を書く方向に変わった。したがって、編集局長の仕事は、すべての初校を丁寧に読み、必要があれば、差押の処分を受けないように文章と用語を変えることであった[22]。

まだ多くの読者は「総督府の政策を批判しながら民族意識を高揚させる記事を好んでいた。そのような読者の期待に応えると経営的には損失が出る。読者を満足させながら、総督府のご機嫌も取る記事を生産すること」が編集局長に求められる能力であったという[23]。韓萬洙は満州侵略以後の戦争景気の恩恵のあらわれとして、日本商品の広告が増えてきたと述べ、その代表的な例として『東亜日報』の広告収入を挙げている。満州国が成立し、実彦の宴会のあった一九三二年の広告収入は、一四万六六一七ウォンだったが、翌三三年には二〇万八六五ウォン、三四年には二四万六五三九ウォンへと急激に増えていった[24]。

内地において新聞の三大広告主は薬品・化粧品・出版であり、植民地も同様であった。五味渕典嗣は出版広告が「たんに取引高の額にとどまらぬ効用」があるとし、「雑誌広告であれば毎月の安定的な出稿を望めるし、出版広告は、読者層の〈格〉を記号化する格好の材料」であったと指摘している[25]。宗主国と植民地で法制度は異なるものの、『改造』も『東亜日報』も、メディアを規制する当局のもとで表現を調整しなければならなかった。ただし取引に関しては改造社の方が優位な立場にあり、本章の冒頭で取り上げた東亜日報社社長主催の宴会は、広告主の改造社社長に対する「接待」の意味合いもあったのである。

満州事変後、『東亜日報』は非常に興味深い経営環境におかれた。それまで総督府は持続的に京城紡織を支援しており、子会社の東亜日報社もその恩恵にあずかってきた。京城紡織は満州市場の開拓が進むにつれ、売り上げを急激に伸ばした。結局『東亜日報』も日本帝国の満州侵略による莫大な利益に預かったことになる。(26) それによって『東亜日報』の経営基盤は安定する。

京城紡織と東亜日報社のオーナーである金性洙と、宴会の主催者である宋鎮禹は、生涯盟友といわれる関係にあった。『東亜日報』は、ブ・ナロード運動（識字運動）、物産将来運動（国産品奨励運動）などを推進しながら成長しており、その内容だけを考えると植民地の支配政策に積極的に協力していたとは言いにくい。一方、『改造』は「社会主義」を商品化し、利益を得ていた。しかし、実彦の政治的な指向は保守的であり、「社会主義」商品から得た収益は、実彦が民政党（保守与党）から立候補するための資金へと流れた。(27) この二つの媒体は、一方が「民族」を看板とし、もう一方は「社会主義」を看板としていて、方向性は異なっていた。(28) しかし、この時期、両社とも日本軍の動きに合わせるかのように、本格的に市場として満州を視野に入れ始めたのである。

満州事変以後の『改造』は「日本国内だけでなく、中国、朝鮮など東アジアの地域を市場とし、そこでの情報を積極的に誌面に反映する編集方針をとり、社長自らもその路線と呼応する書物『満・鮮』を刊行、派手な広告をうち、社をあげて売出」そうとしていた。(29) ここから、『満・鮮』誕生の裏には、帝国日本の出版市場を成立させる新たな商品の開発と読者層の開拓が複雑に絡んでいたことをさらに考察したい。

3　改造社から社会主義を学ぶ

第四章で議論した通り、『東亜日報』に掲載された広告を見ると、朝鮮で改造社は「社会主義」書籍の出版社というイメージが強かった。改造社は朝鮮の購買層（日本語が読める読者）が、どういった本を望んでいるのかよく理解していた。図6－2は、一九二八年の現行検閲制度反対週間に東京で上演された演劇「朝鮮場」のポスターである（一月一九～二〇日、国民講堂）。戯曲のタイトルは、音読みをすれば「ちょうせんじょう：挑戦状」になるように工夫されていた。主催は朝鮮プロレタリア芸術家同盟（以下、カップと略す）、後援は日本プロレタリア芸術連盟であった。この前日には、同じ場所で「詩と音楽と講演の夕」が開かれた（図6－3）。そのポスターには朝鮮と日本のプロレタリア芸術同盟が主催

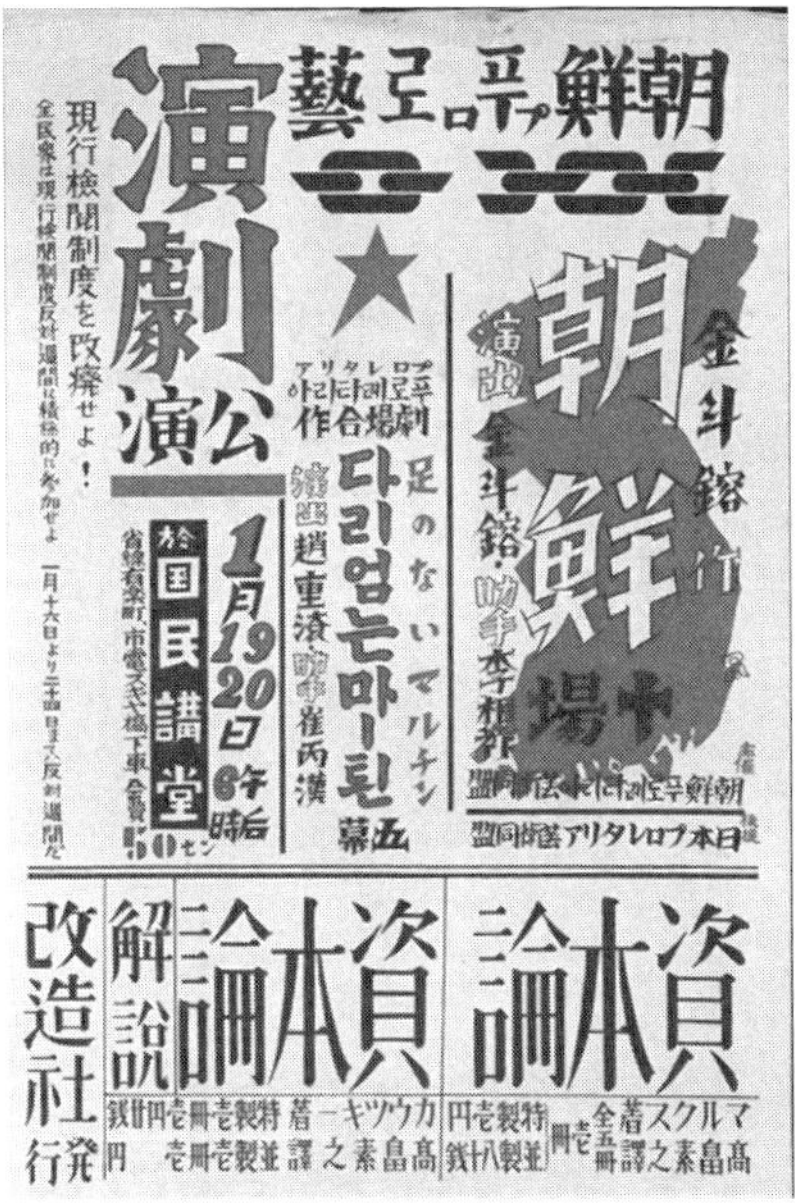

図6-2　1928年東京で上演された朝鮮プロレタリ《ママ》ア芸術家同盟と日本プロレタリア芸術同盟共催の演劇公演のポスター。唯一のスポンサーである改造社は，『資本論』の広告を載せた。大原社会問題研究所所蔵。

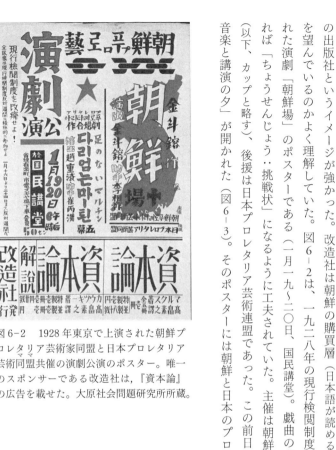

者として並んでいる。また、「朝鮮場」の台本を書いた金斗鎔が、中野重治らと共に講演を行った。

内務省に抗議するための「現行検閲制度反対週間」というイベントにカップが参加しているのは、本部のある京城では「取締の厳重なる為機関誌の発行困難なりし」、東京で機関誌『芸術運動』を発行していたからである。[30] 第四章で取り上げた朝鮮語雑誌と同様に、東京で発行し、移入書籍として朝鮮へ搬入する予定の同誌は、内地の法律を適用された。カップ東京支部が主催する朝鮮語の舞台公演に広告を出した企業は、改造社だけである。広告した本は『資本論』である。すなわち、改造社の方でも、自社の「社会主義」書籍のお得意さんとしてカップ周辺の人々を想定していたことになる。言い換えれば、

図6-3　図6-2と同じ主催者による「詩と音楽と公演の夕」。朝鮮人プロレタリア運動組織が東京で朝鮮語の雑誌を刊行していたため，内務省の検閲を受けることになる。そのため，内地のプロレタリア文化運動組織と共に，「現行検閲制度反対週間」を企画するようになった。大原社会問題研究所所蔵。

植民地朝鮮の読者に、『改造』とプロレタリア文化運動は思想が同じと思われていた可能性が高い。

第四章と五章で述べた通り、内務省警保局が社会主義関連書をもっとも強く警戒していた一九二〇年代末、実彦はそうした本を以て、市場競争で勝ち抜くため努力を惜しまなかった。改造社が円本の営業に朝鮮・満州まで社員を派遣していたことはよく知られている[31]。それは、必ずしも外地の日本人読者だけを意識したものではない。それがよくわかるのが「円本騒動のもっとも悲劇的な事件[32]」といわれた『マルクス・エンゲルス全集』である。一九二八年五月に改造社版と五社連盟版（岩波書店、希望閣、同人社、弘文堂、叢文閣）の発売が予告された。五月一二日の改造社版の広告をかわきりに、広告合戦が繰り広げられた。五月一八日の『東京朝日新聞』の改造社版の広告では、「我社が一たび本全集の計画を発表するや、爆風の如き反響」があり、「内容見本を請求する者、実に数十万を突破した」と大げさに伝えている。

改造社は、内地と同じ内容の広告を若干の時間差を置きながら『東亜日報』にも掲載した[33]（図6－4）。また、改造社版の第一回目の配本日である六月二三日付『東京朝日新聞』の「即日初版売切の盛観を呈す。明後日再版出来。大衆は圧倒的に我全集を支持す」という広告も、六月三〇日付『東亜日報』（図6－5）に掲載した。表6－2にあるように、『マルクス・エンゲルス全集』の広告合戦が繰り広げられていた時期に、『朝鮮日報』は総督府から長期発行停止処分を受けていた。内地で配本が始まった二三日から『東亜日報』には申し込みを促す広告が打たれた。内地では改造社版の配本開始の翌日である六月二四日に「迷わず改造版に‼」「翻訳をみよう‼」が載り、翌二五日には「再版出来／〆切延期」、二九日には「世界一完璧な全集」「大衆は圧倒的に我全集を支持す‼」「初版再版数万部忽ち売切れ　本日

図 6–4 『東亜日報』1928 年 5 月 22 日付の改造社版『マルクス・エンゲルス全集』，最初の広告。『東京朝日新聞』1928 年 5 月 12 日（1 面下段全 6 段広告）とまったく同じものの朝鮮語訳。広告内容は朝鮮語に訳されているが，朝鮮の読者に販売する本は日本語のまま。

図6-5 『東亜日報』1928年6月30日付の『マルクス・エンゲルス全集』の広告。『東京朝日新聞』1928年6月23日と同じ内容。朝鮮語に訳された広告には，民衆の圧倒的な支持を得ているのは改造社版であることが強調されている。

三版出来」が続く。一方、連盟版は「最も良きものを選べ＝連盟版への信頼」と対抗する（一九二八年六月二一日付。図6－6）。しかし連盟版の版元たちは改造社とは違い、植民地の読者向けの広告に積極的ではなかった。連盟版の広告が『東亜日報』にはじめて登場した六月末は、内地で第一巻の刊行が予定されていた。しかし、翻訳作業が進まず刊行が延期され、予約者に本を届けることはできなかった。

内地における激しい競争について七月一〇日付の『読売新聞』は、「検閲官が睨むマルクス・エンゲルス」という見出しで、「血みどろにするまで戦ひ続け」「廉価なれば廉価なるほど、その普及力は広大であらねばならぬ。彼の共産党一件〔三・一五事件〕以来、俄に大増員をした内務省警保局図書課の各位も、この九百数十頁を前にしては青白眼を拭つて嗟嘆これを久しうするでもあらうか」と皮肉たっぷりに伝えている（図6－7）。

興味深いのは、どちらの全集も、六月一八日の改造社版広告（『東京朝日新聞』）をさかいに、ソビエト連邦のマルクス・エンゲルス研究所（Institut für Marx-Engels. 以下IMEと略す）の所長であり、『マルクス・エンゲルス全集』の編者でもあるダヴィト・ボ

東亞日報

滿蒙外交問題는 國民政府에移牒

國民政府의諒解運動

米國의對中態度

張敬堯軍謀叛

各派의暗中飛躍

南軍과通謀事實明瞭 楊氏心腹常氏被逮

十六日張學良麾下에

奉天側調印拒絶

「日本諒解로 平和를支保」

關外撤退完了 十日以內歸奉

南京政府回避

濟南事件의要求

濟南에南軍接近

北京平穩

議會가不認하면 現行法은無効

山東撤兵

聯盟版 マルクス エンゲルス 全集

가장조흔것을選擇하라—聯盟版에의信賴

河上肇 岩波書店
櫛田民藏 希望閣
大山郁夫 同人社
森戸辰男 弘文堂
高野岩三郎 叢文閣

申込金不要 一册一圓

見本呈

マルクス=エンゲルス全集 刊行聯盟

図6-6 『東亜日報』1928年6月21日の連盟版『マルクス・エンゲルス全集』の広告。『東京朝日新聞』1928年6月14日（1面1段目）とまったく同じものの朝鮮語訳。連盟版は，朝鮮の読者向けの広告宣伝に積極的ではなかった。ここでは，翻訳者の素晴らしさが強調されている。これは朝鮮語訳ではなく，日本語訳を意味する。

リソヴィチ・リャザノフに支持されていると大々的に宣伝していることである。特に、リャザノフが、すでに亡くなったレーニンの絶大な信頼を得ていたことを強調した。リャザノフの承認がレーニンの承認を意味する回路が作られつつあったのである。

検閲官が睨むマルクス・エンゲルス

見物の手に汗を握らせたあの激烈な宣傳の競爭——改造社と岩波書店との兩『資本論』鉢合せの廣告戰——も今日では一向異とするに足らぬ。それよりも更に猛烈な販賣の苦鬪が、改造社對五社聯盟の同じ『マルクス・エンゲルス全集』を血みどろにするまで戰ひ續けられつゝある時、また他の一方では春陽堂の『クロポトキン全集』があり、北辰館の『木下尙江全集』も近く花々しい初陣振りを見せやうとしてゐる。マルクス書房、希望閣、叢文閣、同人社、白揚社南宋書院の面々また敢て肉彈戰を辭するものでない。左傾出版の盛觀蓋し今日より甚だしきは無からう。見よ、最近第一回配本を了つた改造社の『マルクス・エンゲルス全集』第一卷は四六判實に九百數十頁で以つて一圓の豫約である、天下また之に優るの廉價版ありとも覺えず。しかし廉價なれば廉價なるほど、その普及力は廣大であらねばならぬ。彼の共產黨一件以來、俄に大增員をした內務省警保局圖書課の各位も、この九百數十頁を前にしては脊白眼を拭つて喫嘆これを久しうするでもあらうか。抑もまた黑表の汗牛充棟いづれの期にか盡きん（寫眞上からマルクス次がエンゲルス）

図6-7　『読売新聞』1928年7月10日。日本の内務省図書課も『マルクス・エンゲルス全集』に注目していることを伝える記事。

改造社版と連盟版の競争が帝国日本で展開されていた頃、ソビエトのＩＭＥ版（フランクフルト社会研究所と共同出版）は一九二七年に第一巻が刊行されただけである。一九二八年になると、ドイツ社会民衆党とソ連共産党の関係が悪化したため、ＩＭＥ版は社会民主党からマルクス・エンゲルスの草稿（写真版）の提供を断られた上に、フランクフルト社会研究所の協力も得られなくなる。結局、遺稿に基づいた全集の編纂は頓挫してしまう。しかも、すでに第一巻はロシア革命一〇周年に間に合わせるため、編集や校正作業を急いで出版されている[34]。そのため、ＩＭＥ版は完成度が低いものとなった。しかし改造社版も、連盟版も、ＩＭＥ版をめぐるトラブルには触れず、リャザノフの権威に縋る形で広告合戦を展開した。実際は改造社版も、連盟版も準備の段階からIME版は使用しなかった可能性が高い。

改造社版の広告

①マルクス、エンゲルス研究の世界的絶対権威、マルクス、エンゲルス研究所長リヤザノフ氏は彼の監修せるマルクス・エンゲルス全集モスコウ版第一巻にさへ這入らなかつた補足材料を提供して改造社全集に援助する旨の電報に接す。これで改造社版全集は世界に比なき完璧無比のものとなつた。各階級諸賢の熱烈なる支持を期待す。(『朝日新聞』六月一八日)

②リヤザノフ氏援助・世界一完璧な全集。迷はず改造社版に!!/再版出来/〆切七月十日迄延期。内容増加と訳者増加/第一回配本に対し賞賛と感激の声に充つ、即日初版売切。(中略)第一巻には四百四十枚のリヤザノフ著　堺利彦訳『マルクス・エンゲルス伝』を附録とす。(『朝日新聞』六月二五日)

連盟版の広告

③去る十九日、斯学の世界的権威モスクワに於けるマルクス―エンゲルス研究所長リヤザノフ氏は突如わが連盟版の編集主任大原社会問題研究所長、高野岩三郎博士に次の電報を寄せた。/「貴下はいづれのマルクス―エンゲルス全集を支持し編集せらるるか」/厳乎たるこの事実は何を意味するか?/連盟はこの世界的認識のもとにあらゆる責任を負ふて締切を延期した。(『朝日新聞』六月

二五日）

④『連盟版マルクス・エンゲルス全集』第一回配本について

マルクス・エンゲルス全集にマルクス・エンゲルス研究所が国家事業として全力を傾けてなほ未だ完成せず、新たに多くを加へ幾多の改変を必要とする。故にこの全集の刊行は同研究所の支持なくしては正確なる端緒をすら摑み得ないものである。去月三十日同研究所長リアザノフ氏は我連盟版にその研究の成果についての権利を委ね且つ支持する旨の電文を寄せた。これ我連盟版が真に学問的良心に立脚せることを世界的に認められたる明証である。（中略）従つて既に七月十日配本の予定なりし第一回配本は翻訳者翻訳委員編集主任諸氏の異常なる努力にも拘らず、稿を更め校正を考覈すること十数回に及び、遂に第一回配本に限り三十日間延引するの已むなきに至つた。（『朝日新聞』七月一四日）

編集や翻訳責任者に注目すると、連盟版の方が日本共産党やコミンテルンと近い関係にあり、三・一五事件で被害を受けていた。しかし、これらの広告にもある通り、リャザノフの承認を先に得たのは改造社版である。『マルクス・エンゲルス全集』をめぐる広告合戦が、本書の第四章と五章で詳述した社会主義思想の取締（検閲）強化の発表から、わずか一か月後に繰り広げられていることをもう一度確認したい。連盟版の企画が立ち上がったのは、一九二八年二月一日である。しかし、三・一五事件により、この企画の中心であった編集責任者（図6-6の広告参照）の河上肇は京都帝大を追われ、翻訳者が多数所属する大原社会問題研究所は官憲の捜索を受けている。また、希望閣の社主・市川義雄は逮捕された。

三・一五事件で大きな打撃を受けた大原社会問題研究所所長の高野岩三郎は、三月二四日に全集から手を引くことを河上に伝えた。しかし、四月一〇日をさかいに状況が急変する。頓挫しそうになった連盟版について、岩波茂雄が再結成を告げ、高野に再び参画を求めた。このように紆余曲折を経て翻訳が開始されたのである。[35]

連盟版に対し、リャザノフから問い合わせがあったことが、六月二五日の広告(③)に記されている。刊行は諦めていないことが強調されている。一方、改造社版第一巻が発売初日に完売したため重版したという改造社の広告(②)が③と同じ日に出ている。それから二週間以上が経ってから、連盟版の広告(④)には「リアザノフ氏は我連盟版にその研究の成果についての権利を委ね且つ支持する旨の電文を寄せた」と記される。改造社版も、連盟版も、それぞれ自分たちの全集がリャザノフの支持が得られたと主張しているのである。

このように、新聞紙面を賑わせた激しい広告合戦の最中、改造社版側と連盟版側は、リャザノフの支持を取り付けるために、それぞれ彼に手紙を送り続けている。その資料はモスクワにある連邦政府直轄アルヒーフに眠っていたのだが、二〇〇五年に大村泉によって日本で公開された。[36] 大村が紹介した資料によると、連盟版を応援していたのはK. Omra(コミンテルン・モスクワ本部駐在の日本共産党関係者)である。リャザノフ宛の七月五日付の彼の書簡は、「連盟版がコミンテルンと日本共産党の意向を受けたものであり、改造社の企画はコミンテルンや日本共産党と対抗関係にある社会民主主義者、中央派、清算主義者の影響下にあることを再度強調し、リャザーノフが改造社版を支援したりすることがあってはならないとする」内容であったという。[37]

一方、改造社側に立ってリャザノフの説得にあたったのは、駐日ソ連大使、トラヤノフスキーである。トラヤノフスキーがリャザノフと親交があることを知っていた改造社の山本実彦は、まずトラヤノフスキーを自分の味方につけた。トラヤノフスキーから、資料の使用料を払った方が良いとアドバイスされ、改造社はリャザノフから承認を得るとすぐに四四二ルーブルを、その後も資料の使用料として九〇〇ルーブルを送金している。

六月中旬までリャザノフは、コミンテルンとの繋がりをアピールして「道徳的支援」を求める連盟版にも、使用料を値上げして交渉してくる改造社版にも、どっちつかずの曖昧な態度をとっていた。彼が改造社に使用料の受け取りを拒否し、改造社版の支持をようやく撤回したとき（六月二七日の改造社宛ての電報）、すでに改造社版第一巻の初版は完売していた。しかも改造社版の第一巻には、リャザノフ自身による「マルクス・エンゲルス伝」が付録として加えられた（広告②、堺利彦による英語からの重訳）。それが「IMEの所長」「リャザノフ」が改造社版を支持している証拠となり、販売に大きな貢献をしたのは言うまでもない。

この戦いは一か月近く続いたが、翻訳がなかなか完成しないことから、連盟版の配本の見込みがないと判断した岩波茂雄は、七月三一日に五社連盟から脱退すると決断した。岩波は脱退の声明で「競争出版の性質上配本の遅延は一日といへども忍び難い折柄、他社が既に第二回目の配本を成すに我連盟版は公約したる六月号は勿論七月に至つても第一回の配本が出来ざるのみか八月中にもなほ配本の見込をたてることが出来ない有様でした」と述べている。[38] 結局、五社連盟は解体し、一冊も出版できなかった。翻訳や組版、広告などの莫大な出費は主として岩波茂雄の負担で処理され、岩波は「多額の借金を背負

う」ことになる。(39)

一九三〇年代に入るとIME版でも状況が急変する。一九三一年、リャザノフはスターリンの指示で逮捕され、一九三八年一月には「反ソヴィエト、右派トロキスト、敵対的組織の参加者」として処刑される。(40) IME版の全集企画は一九三六年に中止された。一九二七年からリャザノフの監修で出版されたIME版『マルクス・エンゲルス全集』は全五巻のみである。しかし、日本語の改造社版は一九三二年一〇月に全三〇巻を刊行し、『資本論』も加えて、全三五巻で完結した。実彦の著書『満・鮮』が改造社から刊行されたのも一九三二年一〇月である。全集の完結を知らせる改造社版第三〇巻の「月報」に、すでに失脚したリャザノフの名が記されることはなかった。これはただの偶然と見るべきではない。実彦『満・鮮』は「社会主義」ではなく、「植民地」を前面に押し出しており、まるで新しい時代の改造社の戦略を予告するかのようであった。

4　改造社の転向

満州事変を契機に、山本が朝鮮と満州に旅立った頃、出版市場は円本ブームの後遺症に苦しんでいた。(41) 五味渕典嗣は、『婦人公論』編集部主催で、講演と座談会を行いながら全国を回る「全国読者訪問」(一九三一年)イベントが、「円本ブーム後の出版流通網の再編」を目指し、「日本帝国の植民地や軍事的勢力圏を組み入れていた」(42) という大切な指摘をしている。『婦人公論』編集部は、沖縄を除く日本列島を八つのブロックに分け、さらに朝鮮・満州・台湾の特別班を加え、全部で九つのブロックを作った。社長の嶋中雄作は朝鮮にも直接赴いて講演している。講演会は朝鮮の主要都市である釜山、大邱、京城、平壌などで実施された。嶋中雄作の「表玄関記録——鮮・満・台・旅行の印象」(『婦人公論』一九三一年一二月)によれば、一九三一年九月七日の夜に『婦人公論』一行が京城に到着すると、「愛読者、京城日報、東亜日報、朝鮮日報」の関係者が出迎えている。その晩は東亜日報社社長の宋鎮禹、朝鮮日報社長の安在鴻から明月館で接待を受けた。明月館は当時京城でもっとも高級な朝鮮料理屋であり、実彦が東亜日報社の社長に招かれた天香園と同様、名妓の歌や踊りが楽しめる店であった(43)。また、八日には大朝京城支局長の案内で長安寺と金剛山の観光もしている。他の日程もあわせて、嶋中は中央公論社の社長として、朝鮮の民間紙の接待コースを一通り経験したと言えよう。このように『婦人公論』の愛読者訪問旅行は、在朝日本人だけではなく、朝鮮語メディアにもてなしてもらいながら実施されたのである(44)。

円本ブームに乗れなかった中央公論社は、第五章で議論した通り、一九二〇年代末に経営再建のために「「編輯左翼」への路線転換(45)」を試みた。一九三一年頃には「かくて一時は日本思想界の進歩的傾向を代表してゐるやうに見えた『改造』」も、「殊に最近は、反動的風潮が一般化すると共に」、「漸次その進歩性を喪失し、今日では競争雑誌『中央公論』の方が幾分より急進的な傾向を示してゐる(46)」とまで言われるようになる。これは、『文芸戦線』対『戦旗』の構図を『改造』対『中央公論』の構図に転用し、利益を上げようとする中央公論社の戦略が的中したことを意味する。

このように「社会主義」関連書の人気が高まると、「非合法」を商品化して販売する戦旗社と、商業資本の中心にあった改造社は連携するようになった(第五章を参照)。両社は、互いに読者層がある程度

重なっていると考えたのである。『婦人公論』が愛読者訪問をし、山本実彦が満州と朝鮮をめぐっていた頃、出版警察に「戦旗派」と見なされていたナップは組織を再編した。一九三一年末にはナップの解散とコップの設立が続き、コップは朝鮮語の雑誌『우리동무〔ウリトンム〕』を創刊した。中央公論社や改造社の社長が植民地の読者や出版関係者と積極的に対話しながら、新たな市場として「植民地」を見出していた時期、崩壊の危機にあったプロレタリア文化運動の担い手たちは、内地の「植民地」とも言える朝鮮人労働者を読者として束ねようとしていたのである。

それだけではない。円本の在庫処理先として植民地市場が発見されたのも、まさに、この時期である。例えば、雑誌『経済往来』の一九三一年一二月号には「残本帝国主義」というタイトルで「円本時代以来の一大ストックが、満洲に出動した邦軍そこのけの勢で、滝の如く特価提供で植民地へ殺到した」というエピソードが紹介される。(47) 帝国の残本が植民地を媒介に、資本へと変換される。これは五味渕典嗣の指摘通り「円本ブーム後の時期、新刊本・古本・特価本を引きくるめて、日本帝国の軍事的境界が、書物市場の新たな沃野として発見されつつあった」ことのあらわれである。(48) 他の産業に遅れる形で、出版産業においても「植民地」を如何に利用するか、その手腕が問われる時代が始まろうとしていたのである。

このような出版界の動きを理解した上で、『満・鮮』を読んでみる必要がある。実彦は、この旅行の目的について「我国の行方、我等民衆の一大決意が、新満洲国のそれと、どういふ相関的の立場を歩かなくてはならぬか」考えるため、「朝鮮の思想的の動きを見る」必要があると思い、「京城と、間島とに比較的永らく滞在して見たく思つた」と述べている(「旅する心」四〜五頁)。間島を選んだ理由は、朝鮮人の抗日闘争の大きな拠点であるからである。出発前にまわりから「「間島は危いから、行くのはよせよ」と注意をしてくれる人々も多かつた。実際、そのときは共産党、反政府軍、反日軍が合流して龍井や局子街さへ、あぶない時期であつたのだ。しかし間島へ来て「ああ来てよかつた」」(五四頁)と思う実彦は、間島を「朝鮮民族陰謀の策源地」と呼んだ(五頁)。

実彦が、間島に関連することでもっとも紹介したかったのは「李亮中佐」(三六三〜三七〇頁)のことである。実彦は、「唯物史観革命を受入れ」て、間島で朝鮮の独立のために抗日運動をしていた李亮が、関東軍と協力する「吉林軍の中佐」に生まれ変わったことを、「『改造』の読者から、満洲新国家建設の一人のリーダーが出現」したと肯定的に受け止めた。まるで『改造』が、社会主義者の朝鮮青年を「転向」に導いたかのように説明しているのである。しかし実彦は、そもそも李亮が社会主義者になったのは、『改造』や改造社の本の影響を受けた可能性についてはあえて触れてはいない。李が『改造』の読者だったのは、実彦も記している通り、彼が「早稲田にゐる時分」からである。その頃彼は「朝鮮独立運動の最高指導者」を夢見ていたのであり、それを実現すべく「朝鮮民族陰謀の策源地」である間島に入り、共産主義者になったのである。すなわち、実彦自身は、『改造』が「朝鮮民族陰謀の策源地」に読者を導く可能性をはからずも露呈しているのである。

実彦は、李亮が転向したのは「東洋民族の志向が、その伝統が、唯物史観革命」とは相容れないことに気づいたためだという。まるで李亮に直接インタビューしたかのように、この箇所は話し言葉になっている。

共産主義、ファッショ運動、この二つではどうも東洋民族は救はれないことをつくづく悟りました。どうしても我々は永い間の東洋の伝統に見、民族の実践にかんがみて、あくまで西洋の政治形態と異つた、新しき形の組織を創造する使命と、そして、その組織を具体化せしめる役割を果さなくてはならぬと思ひます。即ち、満洲新国家を以て我々の理想を実現せしめる唯一の試験台とし、そして我民族伝統のよい部分をとり入れて新しい社会機構、政治機構を完成せしめることが、我々の最後の目的となりませう。（三六八頁）

この考えは、後述する佐野・鍋山の転向宣言と似た構図をしている。実彦によると、李亮は「共産主義」と「ファッショ運動」を「西洋の政治形態と異つた」ものとして位置付け、朝鮮民族の伝統を取り入れる形で「満洲新国家」建設に貢献したいと言ったらしい。実彦はインドや満州、エジプト、ベトナムなどの被圧迫民族自身の政治哲学が、時代の動きと同じ速度で変化し、発展していないので、「満洲国新機構の創建」には「異なつた経路、異つた勢力の代表的参加」と、「さうした背景の意思」を取り入れる必要があると考え、李亮のことを取り上げたと仄めかしている。

それは、間島共産党の実情を警察関係者や、日本人・中国人・朝鮮人などから聞いてきたが、実際に思想監獄を見学し、「間島の共産党の実勢力は、東京や、京城で聞いたのと想像を異にし、その規模が大きく、殆んど間島に在住する朝鮮民族四十万人が全部党員であるといふことは間違ひのない事実である」（六七頁）と実感したのである。こうした危機感から李亮についての章を立て、彼の勇姿を讃えたのは想像にかたくない。このように、満州国の建国を通して浮上するのは「朝鮮」なのである。

『満・鮮』で実彦は、改造社の主力商品「社会主義」関連書のお得意さんであった朝鮮の若い青年に対し、そうした抵抗思想よりも、民族や伝統のほうが大切だと訴えている。「京城大学訪問」（二一二頁）の章では、「大学生たる朝鮮の人々の志向」が、純文学より「哲学と、法学に傾いて」いることを憂慮し、「内地出の朝鮮芸術研究者には先づ第一に民族文化をつくりあげるところのその言語の研究から発足してもらひたい」と述べている。白南雲に誘われて延禧専門学校で行った「芸術運動の展開と特殊性」という講演でも、「政治的、社会的の運動のことは須く説くを休」めるよう勧め、伝統から題材を得た「創造的芸術運動の一面を通してその社会的の任務を果し得るやうに力むべき」と主張し、「日鮮芸術の提携を説いた」という（二七頁）。結局、政治的なことはしばらく脇に置いておき、民族文化と純文学をとおして新たな文化を創造しようと呼びかけたのだった。

また、「天香園の一夕」の章では、宋鎮禹が自分のために京城の芸術家の人々と接触する機会を作ってくれたと書いている。この本だけ読んでも、宋鎮禹が誰なのかわからないようになっている。「東亜日報」という単語は、朝鮮の代表的な小説家・李光洙を紹介する次の箇所にしか出てこない。

光洙氏の朝鮮における文壇的地位は我菊池寛氏の如く、氏を中心として金井鎮、金億、廉想渉氏が遊弋したり、離合したりしてゐる。その対立的存在として白潮派の金基鎮氏一派があるが、光洙氏といひ、基鎮氏といひ、ともに稲門出である。今でこそ光洙氏をブルジョア派の元老の如く云ふ向もあるが、当年の光洙氏は、民族的にも随分苦しい戦ひを戦ったことは作物を一読しても分明する。光洙氏は現在東亜日報の編集局宰であり、基鎮氏等は、朝鮮日報に同情者多きものの如くである。

この二つとも朝鮮文字の新聞である。その他、未来を期待せらるるものも、三、四プロ派の陣営にあるが如くであるが、我国の芸術水準にまで達せしめるには、聊かの努力を要するものの如く見られた。（二〇頁）

李光洙は『東亜日報』の編集局長の肩書きを持っていたが、出社の義務はなく、新聞小説を書くポストであった。病気がちであった李は、連絡係として医師である自分の妻を入社させるほど、特別待遇を受けていた。李光洙は、一九二二年五月に雑誌『開闢』に「民族改造論」を発表して以来、世間から冷たい目で見られていたが、『東亜日報』の金性洙と宋鎮禹は良き理解者であった。[49]

実彦は、朝鮮の文壇を李光洙（『東亜日報』、民族・ブルジョア派）と金基鎮（『朝鮮日報』、プロレタリア派）という二つの対立軸で説明している。実彦がここで「朝鮮の芸術」と説明しているのは、文学のことである。朝鮮の芸術が「我国の芸術水準にまで達せしめるには、聊かの努力を要するものの如く見られた」と感想を述べているが、興味深いのは、実彦の朝鮮文学に対する感想と、彼が名前を挙げた廉想渉や李光洙（表6－1も参照）による日本文学に対する感想が似ていることである。

廉と李は、実彦が「朝鮮民族陰謀」の温床として恐れるプロレタリア文学とは距離をとっていた小説家である。廉想渉は、独立後に「文学少年時代の回想[50]」で、植民地時代の読書経験について以下のように語っている。

日本にいたのは、大学に在籍していた二年間にすぎない。三・一運動の後、帰国したので、私の文学の勉強は、中学時代の五年間、いろいろな本を手当たり次第に読んだだけであり、体系的なものではなかった。はじめは主に『早稲田文学』（月刊誌）から文学的な知識を得ていた。作品〔日本語小説〕を読んでから、月評や合評を探して読んだ。『中央公論』『改造』、とりわけ『早稲田文学』などは、欧米の作品の翻訳・紹介及び文学理論の展開を独学しなければならなかった私にとっての講義録であった。

しかし、実際、『改造』の読者であったと思われる植民地時代には、「民族的苦難を経験したことのない」日本文学に学ぶべきものは「技術と表現だけである」と『東亜日報』の連載コラムで批判的に述べている。(51)

一方、李光洙は、朝鮮語を用いる『東亜日報』の読者には「少なくとも、〔朝鮮の〕小説だけは日本文学に劣っていないと言えるほどの進歩があった」(52)と評価したが、日本語を用いる『改造』の読者には「今日の、朝鮮文学は、未だ、世界の市場に出す程度に達して居ない」(53)と語っている。李光洙のこの批判的なエッセイと、実彦の「満鮮視察」の記事は『改造』の同じ号に掲載されており、朝鮮の芸術水準に対する李と実彦の評価は呼応する構図になっている。

廉想渉と李光洙も、朝鮮語媒体である『東亜日報』で朝鮮（民族）の小説家としての「私」という主体を立ち上げる時、日本の文壇と同等であることをアピールした。それは実彦が思い描く、日本に親和的な朝鮮民族ではない。すなわち、この宴会に参加した『東亜日報』の編集者と実彦では、「民族」という言葉の意味にズレがあったことになる。このような民族認識のズレは、『改造』の朝鮮人読者の思想傾向を誰よりも把握しているにもかかわらず、あえて知らないふりをした実彦の戦略とあわせて考える必要がある。

5　満・鮮という新商品

慶應大学三田図書館に寄贈された旧改造社の経営関係資料[54]には、改造社が広告契約のために使用した「地方新聞普通単価一覧表」が収められている。ここには「台湾・朝鮮・満州・青島・天津・上海など中国各都市、ハワイからカリフォルニアで発行されていた新聞」の名があり、「一九三二年七月一四日付・同年九月一日付けで、朝鮮と満州の地域紙が、規模の小さいものまで含めて計三二紙分[55]」が追加されている。

ここで注目したいのは、植民地の媒体が、「地方新聞普通単価一覧表」に追加された時期である。実彦が満州と朝鮮で、『満・鮮』にはあえて記さなかった取引をしていた可能性を示すからである。表6－3の通り、朝鮮と満州の地域紙や規模の小さいものまで含め三二紙の広告単価が社内資料に追加されるのは、実彦の「満・鮮」からの帰国後であった。この時期の『改造』の編集方針が、中国・朝鮮など東洋の情勢を意識したものであることは確かであるが、新たな市場を開拓したわけではなかった。

それについて、朝鮮の地方都市で小学校教師をしていた張赫宙を改造社がデビューさせた経緯と合わせて考えてみたい。張赫宙は、『改造』の第五回懸賞創作募集に当選し、朝鮮語ではなく、日本語で先にデビューした。張が応募したときの締め切りは、満州事変（九月一八日）から一か月後、一九三一年

表 6-3　山本実彦の満・鮮旅行と改造社の広告契約

	出来事
1931. 9.18	満州事変
9.18	『改造』第 5 回懸賞創作募集の締め切り
1932. 3. 1	満州国成立
4 月号	『改造』第 5 回懸賞創作 2 等当選作，張赫宙『餓鬼道』
5. 9	山本実彦，京城に着く
5.11	『東亜』関係の文化人に会う
5.15	五・一五事件
6 月号	実彦の満鮮視察「編輯だより」，李光洙「朝鮮の文学」
6.11	山本実彦，東京に着く
7.14 と 9. 1	朝鮮と満州の地域紙が，規模の小さいものまで含めて計 32 紙分追加
10 月号	『満・鮮』最初の広告，　尹白南『小説 口笛』，張赫宙『追はれる人々』
10.31	『改造』第 6 回懸賞創作募集の締め切り
1933	白南雲『経済学全集 61 巻 朝鮮社会経済史』改造社

一〇月三一日である。そして、当選が発表されたのは、満州国建国宣言の一か月後、一九三二年四月である。偶然にも、張赫宙の応募原稿の審査から結果発表までは、満州事変から満州国成立までのプロセスと軌を一にしている。張赫宙は「何うすれば文壇に出られるか？　これは文壇に一人の知己を持たなかつた私にとつては実に苦しい疑問であつた。種んな文章をよんで私は懸賞か同人誌で認められるより他に途のないことを遂に知るやうになつた。（中略）その春、芹沢氏の「ブルジョア」をみて、私でも当選するぞ、といふ、やゝ誇張した自信」[56]を持ち、投稿したと述べている。その張赫宙の当選に刺激されたのか、第六回懸賞には、「朝鮮よりの応募が多かった」という[57]。和泉司は『改造』の懸賞小説の応募

作や当選の傾向を分析しながら、植民地や日本人の移民が多かった地域での円本ブームが、投稿という形で日本に還流する構図を見出した。(58) また「『改造』が海外や外地への販売拡大を意識したこと」の傍証と指摘した。(59) このように懸賞小説の投稿は、出版社にとって、自社の読者層と受容範囲がわかる資料となった。

実彦は、満州と朝鮮で、『改造』の主幹であることを常に意識しながら移動していたという。(60)『満・鮮』でその行程を辿ると、満州と朝鮮の境界線に沿って移動していることがわかる。そこで彼は「羅津」を発見する。「北満、東満、北鮮が釜山を通過せずして羅津、雄基、清津を経由することによつて、(中略)裏日本から表日本への飛躍を遂げる」のだ(一〇八頁)。その布石として羅津の役割に期待を寄せている。実彦流の日本膨張論なのである。

私は今清津、雄基、羅津の三港についてその優劣につき論じようとは思はぬ。殊に清津は開港場として既成品であり、雄基も半既成品である。しかしながら、羅津に至りてはその内容、規模を知れる人殆んどなく、朝鮮人においても十中の九までは羅津が何れの地にありやさへ知るものが少いのである。まして此港が歴史的偉業を遂ぐべきなぞとの観念を有つものは皆目ないと云つてもよい。現にその証拠として日本内地人がただの一人も、羅津に住んでゐないのでも分明する。ただの一軒も内地人の家がないのでわかる。私は思ふところありてこの港を我国のすべての人々に紹介したい。自分の思つてゐることがやがて——十年か百年かの後に——国民の間に必らず顧みらるる時が来ると自信してゐるから。鉄道もなければ、電灯もなく、旅館もなければ汽船さへ未だ碇舶しないこの田舎の一つの港について私が力瘤を入れるのは、やがては、我国が統制的に国家の意思を以て力瘤を入れなければならぬ港であると思ふが故に、茲に貴重なる紙面を割愛する訳である。（一一二、一一四頁）

実彦は、満州側の大陸ではなく、日本側の海に面した朝鮮の清津、雄基、羅津の港にふれている。内地の人々に知られる清津は「既成品」であり、雄基も「半既成品」である。しかしながら、羅津については帝国の誰一人注目しない。日本の未来を担う新しい「商品」に気づいているのは実彦だけだという。

先述したように、『満・鮮』では、満州を媒介に朝鮮を再発見している。張赫宙が当選した時、『改造』は、日本帝国の「文壇に雄飛する最初の人」「又広く、世界に対して朝鮮文学の存在を強く主張するであらう」と評した[61]。この言葉は、同じ号の編集後記の「国民生活の安定」「国際貿易の大飛躍」と呼応する構図になっている。結局、日本語読者向けのメディアで「張赫宙」は和製の新商品となり[62]、出版帝国改造社の生産―流通―消費のレールに乗り、移動するのだ。

実彦の『満・鮮』の広告（図6―8）がはじめて掲載された一〇月号には、張赫宙の（朝鮮から満州へ）『追はれる人々』も載っていた。満州における朝鮮人の厳しい生活を描いたこの小説は、実彦流の日本膨張論である『満・鮮』と響き合っている。

間島及び琿春に散在する四十万の鮮農の地位について一言したい。彼等は朝鮮の農村における落伍者である。一日は一日と潮の如く押寄せてくる産業資本主義の荒波に太刀打ができず、納税に行き

図 6-8　山本実彦『満・鮮』の最初の広告が掲載された，『改造』1932 年 10 月号には，張赫宙「追はれる人々」と尹白南「小説 口笛」が載っている。

詰り、生活に行き詰つて故国を逐はれるが如く一台の牛車に妻子眷族や、砧、杵、鍬、犂と共々乗つてジプシーの如く間島へ！　敦化へ！　と国境を越えて漂泊の旅に上るのである。その気持、その哀調は一片の詩を以て歌はるるにはあまりに悲惨の連続である。（七一頁）

一見満州の小農たちに同情しているかのような一節だが、これは朝鮮人の関心を社会主義から民族の文化や伝統にそらせ、抵抗をなだめることが満州国の将来を左右するという彼の持論を補強するものでしかない。ほぼ同じ時期からじっさいに実彦は、朝鮮民族の文化や伝統の商品化に乗り出す。ここでもう一度、実彦と『東亜日報』関係者の宴会に立ち戻ってみたい。実彦は、李光洙を民族主義者に、金基鎮らを「プロ派陣営」に区分けし、李光洙側に寄り添う形で、朝鮮の芸術について語っている。その李光洙の「朝鮮の文学」が『改造』に掲載されるのは一九三二年六月号であり、翌七月号から実彦の満州と朝鮮をめぐるエッセイの連載が始まる。また、一〇月号には、『満・鮮』の最初の広告とともに、同じ宴会に参加していた『東亜日報』の尹白南による「小説 口笛」が掲載される。同席した朱耀翰によれば、『東亜日報』関係者への原稿依頼は、あの宴会で行われたという。

朱耀翰 前に春園〔李光洙〕も書き、〔伊〕白南も書いた時、私も改造社の山本実彦氏から「詩歌」の依頼を受けました。しかし、私は好奇の対象になるのがいやで、断ったことがあります。結論から申し上げると、現在、外地文壇〔日本〕で名高い人の作品が、必ずしも本土の我々〔朝鮮人〕の文壇より水準が高いとはいえないのです。出来れば、国内の我々は、英米文壇に、英米の語学を持って進出した方が嬉しいし、歓迎すべき現象だと思います。朝鮮がノーベル賞を取るためには、世界で多く使われている言語をもって制作すべきだと思います。(63)

『満・鮮』と『改造』における朝鮮（人）や朝鮮人の原稿の位置づけをみると、それまでの「社会主義」「思想」に代わって「朝鮮民族の文化」という新商品が打ち出されている。一方、朱耀翰は、ノーベル賞（英語）を辺境の言語・日本語よりも優位に置き、それを理由に『改造』の依頼を断ったかのように振る舞っている。

山本実彦の原稿依頼に李光洙と朱耀翰で対応が異なっていた点に注目すると、山本が『満・鮮』で日本語読者に伝える宴会の和やかな雰囲気は、実際は「민족・民族」という言葉に内在する差異をそぎ落とし成立していたことがわかる。何よりもこの宴会自体が、広告主を接待せざるをえない植民地メディ

ア『東亜日報』と帝国の中央に君臨する『改造』による、資本をめぐる駆け引きの場であったことも忘れてはならない。

一九三二年一〇月に『マルクス・エンゲルス全集』の刊行が完了し、実彦の『満・鮮』が出版された。改造社の柱が「社会主義」から「民族」へ変わったことを象徴している。よく知られているように、『改造』の一九三三年七月号には、佐野学と鍋山貞親の共同署名による「共同被告同志に告ぐる書」が発表された。それは帝国日本を巻き込む形で、様々なメディアを媒介としながら、社会主義者の転向の連鎖を生み出す要因となった。ここで前景化されるのは、日本共産党とコミンテルンの関係に対する批判であった。彼らの転向宣言の一年前には、第五章で取り上げた通り、日本を活動拠点としていた朝鮮共産党の党員が、コミンテルンの指示により、日本共産党に吸収された年である。そのため、「日本、朝鮮、台湾のみならず、満洲、支那本部をも含んだ一個の巨大な社会主義国家の成立を将来に予想する」佐野・鍋山の期待は、コミンテルンの指示とは一線を画した日本民族独自の帝国の夢であったといえよう。

このような流れを踏まえると、改造社が発掘した張赫宙は、改造社の転向を象徴するものであり、社会主義の代案として発掘された「朝鮮民族の文化」を象徴するものであったことになる。しかし、張赫宙は、植民地に根付くことに失敗し、帝国側に返品され、一九三六年には内地に拠点を移す。これは、『改造』が売りたい朝鮮民族の文学と、『改造』を欲する朝鮮語読者の間で生じた亀裂が露呈する出来事であったのである。

注

（1）五味渕典嗣「山本実彦──「出版界の四天王」の栄光と挫折」土屋礼子編『近代日本メディア人物誌──創業者・経営者編』ミネルヴァ書房、二〇〇九年、一六七頁。
（2）『改造』創刊号には、この日の様子を伝える淀江漁郎「改造社の文星招待会」が掲載された。
（3）秋田と横関の証言をもとに、四号から編集方針が転換された経緯がまとめられている。関忠果他編『雑誌『改造』の四十年』光和堂、一九七七年、四三～四五頁。
（4）紅野謙介『検閲と文学──一九二〇年代の攻防』河出書房新社、二〇〇九年、五五頁。改造社と内務省図書課の検閲や出版をめぐる攻防が詳細に論じられている。
（5）前掲五味渕「山本実彦」一七〇頁。
（6）円本ブームの今日的な意義や関連資料については、庄司達也・中沢弥・山岸郁子編『改造社のメディア戦略』双文社出版、二〇一三年を参照。
（7）水島治男『改造社の時代 戦前編』図書出版社、一九七六年、二六五～二六六頁。
（8）同前、一八二頁。
（9）十重田裕一『横光利一と近代メディア──震災から占領まで』岩波書店、二〇二一年、一〇〇頁。
（10）張信『조선・동아일보의 탄생─언론에서 기업으로』역사비평사、二〇二一年、第三章と四章、박용규『식민지 시기 언론과 언론인』소명출판、二〇一五年、第二章、第三章、第四章を参照。
（11）朴瓚熙「청춘의 꿈、나의 夢想하는 言論機關」『別乾坤』開闢社、一九二九年六月号、四三頁。
（12）金璟載「朝鮮新聞의 大衆的批判」『開闢』四号、一九三五年三月、二四頁。
（13）『東亜日報』の社長である宗鎮禹の「三年間に三十万名」。三ツ井崇、임경화・고영진訳『식민지 조선의 언어 지배 구조─조선어 규범화 문제를 중심으로』소명출판、二〇一三年、二二九頁から再引用。
（14）漢陽過客「三大新聞参謀長論」『三千里』一九三四年八月号、三二頁。
（15）『동아일보사사』第一巻、동아일보사、一九七五年、二七七頁。
（16）鄭晋錫「廣告社会史Ⅱ（日帝하의 광고）」『광고연구』가을호、一九九一年、三四九頁。

(17) 前掲鄭「廣告社会史Ⅱ（日帝하의 광고）」三四九〜三五二頁では、東亜日報社と朝鮮日報社の歴代広告部長たちの経歴を詳細に紹介している。
(18) 前掲『동아일보사사』第一巻、一〇七頁。
(19) 李甲基「新聞企業論」『批判』一九三二年九月号。ここでは前掲鄭「廣告社会史Ⅱ（日帝하의 광고）」三六七頁の再引用。
(20) 黃泰旭「朝鮮 民間新聞界 總評」『開闢』一九三五年三月号、一六頁。
(21) 前掲張信『조선・동아일보의 탄생――언론에서 기업으로』一六七頁。同様な指摘が、前掲朴用圭『식민지 시기 언론과 언론인』八八頁にも見られる。
(22) 朱耀翰「만보산 사건과 송사장과 그 사설」박용규『식민지 시기 언론과 언론인』소명출판、二〇一五年、九九〜一〇〇頁から再引用。
(23) 前掲張信『조선・동아일보의 탄생――언론에서 기업으로』一六八頁。
(24) 韓萬洙『허용된 불온――식민지시기 검열과 한국문학』소명출판、二〇一五年、二七三頁。
(25) 五味渕典嗣「『婦人公論』のメディア戦略――〈円本〉以後の出版流通の観点から」『大妻女子大学紀要』二〇〇七年三月、五九頁を参照。
(26) 前掲韓萬洙『허용된 불온――식민지시기 검열과 한국문학』。
(27) 「代議士になっても、またならなくても、「改造」で儲けた金を実彦が政治に遣う。社員たちの大部分は政治家「山本改造」を認めたがらない」。松原一枝『改造社と山本実彦』南方新社、二〇〇〇年、一五八頁。
(28) 『改造』の誌面を単純に「社会主義」とだけ表現することはできない。同じ意味で『東亜日報』の紙面も複数の声が響いていた。それについては、韓鐘珉「1930년대『동아일보』의 인적 구성과 변동」『민족문화연구』고려대학교민족문화연구원、第八四号、二〇一九年に詳細な分析が見られる。
(29) 前掲十重田『横光利一と近代メディア』一〇一頁。
(30) カップ東京支部と日本のプロレタリア芸術同盟の連帯の問題については、拙著『戦後というイデオロギー』藤原書店、二〇一〇年、第三章で詳論した。

(31) 上林曉「青春自画像　円本時代の思ひ出」『別冊　小説新潮』一九五一年一月、二二四頁を参照。同様の指摘は前掲関ほか『雑誌『改造』の四十年』一〇二頁にも見られる。

(32) 「円本時代」(『図書』一九五四年一月)を、小尾俊人『出版と社会』幻戯書房、二〇〇七年、二九八頁から再引用。『出版と社会』のii「『円本』——社会現象となる」では、『マルクス・エンゲルス全集』をめぐる改造社版と五社連盟版の競争的な広告合戦のことが、詳細に紹介されている。

(33) 植民地朝鮮で繰り広げられた両版の広告合戦や、当時の円本広告については、千政煥『근대의 책읽기』(푸른역사、二〇〇三年)第三章に、詳細な分析が見られる。

(34) マルクス・エンゲルス全集をめぐるドイツ社会民主党とソ連共産党の関係については的場昭弘『未完のマルクス——全集プロジェクトと二〇世紀』平凡社、二〇〇二年、第六章と一〇章を参照。

(35) 大村泉「2つの日本語版『マルクス゠エンゲルス全集』の企画(1928年)——高野岩三郎とD・リャザーノフの苦闘：コミンテルンと商業主義出版のはざまで」『大原社会問題研究所雑誌』法政大学社会問題研究所、二〇一〇年三月、四頁。

(36) ここで引用している改造社版と連盟版の関係者とリャザノフの間で交わされた電報、手紙は、前掲大村「2つの日本語版『マルクス゠エンゲルス全集』の企画(1928年)」、大村泉「高野岩三郎とD・リャザーノフとの往復書簡(一九二八年〜一九三〇年)」『大原社会問題研究所雑誌』二〇〇五年六月からの再引用である。

(37) 前掲大村「2つの日本語版『マルクス゠エンゲルス全集』の企画(1928年)」八〜九頁。

(38) 岩波茂雄「マルクス・エンゲルス全集刊行連盟脱退についての声明」一九二八年、岩波書店所蔵。中島岳志『岩波茂雄——リベラル・ナショナリストの肖像』岩波書店、二〇一三年、一〇八頁からの再引用。紅野謙介は、岩波の脱退理由について、「すべて翻訳者グループのリーダーである河上肇の態度に不信をつのらせた結果」だと述べている(紅野謙介『物語　岩波書店百年史1「教養」の誕生』岩波書店、二〇一三年、三〇四頁)。

(39) 前掲中島『岩波茂雄』一〇八頁。一九二八年は、十重田裕一のいうように「岩波にとって多くの難に見舞われた年」である。三月に待遇改善の労働争議が起こり、七月には『マルクス・エンゲルス全集』の中断、八月には売れ行きが芳しくなかった『思想』の休刊、九月には岩波茂雄が『漱石全集』関連で提訴などの出来事が続いた(十重田裕一『岩波茂雄――低く暮らし、高く想ふ』ミネルヴァ書房、二〇一三年、一五三頁)。
(40) リャザノフについては前掲的場『未完のマルクス』を参照した。
(41) 鈴木敏夫『出版――好不況下 興亡の一世紀』出版ニュース社、一九七〇年、二二四頁。
(42) 前掲五味渕「『婦人公論』のメディア戦略」五二〜五三頁を参照。
(43) 주영하「조선요리옥의 탄생――안순환과 명월관」『東洋學』第五〇輯、壇國大學校東洋學研究所、二〇一一年八月、一五三頁。
(44) このイベントの詳しい内容と効果については、前掲五味渕「『婦人公論』のメディア戦略」を参照。
(45) 加藤禎行「中央公論社出版部の創設とその動向」岩波『文学』二〇〇三年三・四月号、八一頁。
(46) 大宅壮一「改造論」『総合ヂャーナリズム講座 十一巻』一九三一年一〇月、一四〇頁。
(47) 湊三郎「残本帝国主義(出版屋のあがき)」『経済往来』一九三一年一二月号、一二三頁。五味渕典嗣の言う通り、このエピソードは坂東恭吾の証言である可能性が高い。坂東はゾッキ本屋さえ持て余した円本全集のストックを、満鉄の招きで「貨車一輛」分を、朝鮮、満州、台湾に持っていき、売り捌いた。前掲五味渕「『婦人公論』のメディア戦略」六五頁を参照。朝鮮の雑誌『三千里』(「美貌의 書店 마담、文士 盧春城婦人 李俊淑氏」一九三七年五月)には、東京や大阪から「残本」を仕入れて、多くの利益を上げている古本屋主人の対談が載っている。
(48) 前掲五味渕「『婦人公論』のメディア戦略」六五頁。
(49) この時期の李光洙と東亜日報社の関係については、波田野節子『李光洙――韓国近代文学の祖と「親日」の烙印』中公新書、二〇一五年、第V章「修養同友会と二つの新聞社――一九二〇〜三〇年代」を参照。
(50) 韓基亨・李惠鈴編『廉想渉文章全集Ⅲ』소명출판、二〇一四年、三〇八頁。
(51) 「民族的苦難を経験したことがない。(中略)もちろん、われわれより洗練されている。われわれよりも技術と力量を持っている。われわれよりも深く観察している。しかし、宇宙と人間社会の根幹に迫るような視野を持っていない。(中略)朝鮮文壇が学ぶべきは技巧と表現だけである」。
(52) 李光洙「朝鮮文壇의 現状과 将来」『東亜日報』一九二五年一月一日。
(53) 李光洙「朝鮮の文学」『改造』一九三二年六月号。

(54) 旧改造関係資料に関する概要については、黒田俊太郎・三浦卓「旧改造社関係資料の概要と可能性――〈自主廃業〉時の会計整理に関するものを中心として」『昭和文学研究』第五六巻、二〇〇八年三月を参照。

(55) 旧改造関係の広告資料については、五味渕典嗣「旧改造社広告関係資料から何が見えるか――メディアという表象とイデオロギー」『日本近代文学』第七七集、二〇〇七年一一月を参照。

(56) 張赫宙「懸賞創作の思ひ出」『文芸通信』一九三五年二月号、三五頁。

(57) 『改造』一九三三年四月号。

(58) 和泉司「『改造』懸賞創作と〈海外〉」(発表資料「改造社を中心とする20世紀日本のジャーナリズムと知的言説をめぐる総合的研究」研究集会、二〇〇七年九月二九日)。

(59) 和泉司『日本統治期台湾と帝国の〈文壇〉』ひつじ書房、二〇一二年、六九頁。

(60) 前掲松原『改造社と山本実彦』一八三～一八四頁は、実彦の朝鮮・満州・中国への旅行について言及しながら、「朝鮮半島から満州にかけては「改造」の読者が相当いる。中国へ出かけるとき実彦は、常に「改造」社の社長である。「改造」の名は軍関係者にも興味をもたれた。「改造」で出す臨時増刊号などを携えていき、これはと思う所へは置いてくる。のちに発刊する『大陸』(昭和十三年四月)を「至る所へ放りこんだ」と実彦自身が書いている」と紹介している。また、『満・鮮』にも「あとで、私が「改造」の主幹であると云ふことを知つた教員子は、「私も改造はお馴染みである」とていろいろ打解けてこの地方の特殊な社会事情や思想的転向などを話してくれるのであつた」(「図們鉄道」四八頁)というエピソードが見られる。

(61) 「編集だより」『改造』一九三二年四月号。

(62) 改造社・実彦との関わりを持っていた張赫宙と崔承喜が、帝国の「新商品」として表象されることによって引き起こされる文化の衝突と変容などについては、拙著『戦後とイデオロギー』(前傾)を参照。

(63) 朱耀翰「三千里社主催 文学問題評論会」『三千里』一九三四年七月号、二〇五頁。

第七章　翻訳

1　内鮮一体の表象としての翻訳

一九四〇年八月五日から六日に、京城で開かれた文芸銃後運動の京城講演会は大盛況であった。その日の様子について、当時の代表的な朝鮮語の雑誌『文章』は以下のように伝えている。

文芸銃後運動として「日本文協」の菊池寛氏を筆頭に、久米正雄、小林秀雄、中野実、大佛次郎氏の豪華陣が来城、八月五、六日、二日間の夜は府民館が爆発しそうな大盛況であった。この鋭利で深刻な頭脳人こそが銃後臣民の意気と信念と覚悟を鼓吹させる上で最も好適な現代の蘇秦と張儀たちであった。(1)

日本語雑誌や書物を通して親しんでいた菊池寛ら内地の著名人を一目みたいと願う朝鮮の読者で、会場は「爆発しそうな大盛況」であった。朝鮮でも人気があった書き手たちを動員したおかげで、戦争協力を訴える講演会は、朝鮮の人々の注目を引きつけることに成功した。この記事を、一九三九年に京城を訪れた文藝春秋の社員・池島信平の証言と合わせて見たい。

当時、文藝春秋社は社員全員に大陸を見せるという方針を打ち出し、最初に選ばれたのが池島である。彼が「朝鮮に渡つて、一番驚いた」のは、内地では想像もできなかった「朝鮮の軍国調」であったという。

京城の街を歩くと、木刀や竹刀を持つた小学生に頻りに出食はす。膝小僧のツンツルテンのズボンをはき、真黒な小倉の上着を着た朝鮮の小供達が、言ひ合せた様に、木刀を肩にして、胸を張つて行くのである。

これは各小学校で、木刀を振り廻す体操をやる為めであつて、京城ばかりではなく、今や全朝鮮を通じて、徹底的に行はれてゐるのである。国語化運動、皇国臣民の誓詞、勤労奉仕、忍耐訓練等々、今や半島の教育会には、ペスタロッチの入り込む隙はない程、徹底的な日本化の運動が行はれてゐるのである。(2)

このとき同行した朝鮮のインテリの「あの少年たちの言葉は、もう純粋な朝鮮語ではなくて、日本語とチャンポンなのです」という嘆きのあと、「十年前の小学校では、日本語を一言喋つたために袋叩きに会つたものだ相だ」と付け加えている。この状況について七〇年代に池島は、「なんともいえない息苦しさを感じた。たまらない感じであった」と回想している。[3] 戦時体制に積極的に協力した菊池寛が経営する文藝春秋社の記者を当惑させた京城の風景は、内地よりもむしろ植民地において若い「皇国臣民」の養成が順調に進んでいたことを物語る。

文芸銃後運動の講演会の四日後には、『東亜日報』と『朝鮮日報』が用紙の節約を理由に廃刊させられた。それによって朝鮮人の書き手たちが朝鮮語で表現し、収入を得ることのできる大切な場がさらに減ってしまった。朝鮮語メディアが明確に規制された直後、講演会で京城に来ていた菊池寛、小林秀雄、中野実を囲んだ「文人の立場から菊池寛氏等を中心に半島の文芸を語る座談会」が、総督府機関誌である『京城日報』(日本語新聞)で七回にわたって掲載された。出席者は文芸家協会(菊池寛・小林秀雄・中野実)、国民精神総動員朝鮮連盟(塩原時三郎・増田道義・奥山仙三)、朝鮮文人協会(李光洙・金東煥・兪鎭午・鄭寅燮・朴英熙・辛島驍・杉本良夫・寺田瑛)、徳永進(大阪毎日新聞記者)であった。

①八月一三日　文人協会の成立
②八月一四日　内鮮血の繋がり
③八月一五日　文人と書く機関
④八月一六日　国語普及の期間
⑤八月一七日　内鮮力を協せて
⑥八月一八日　「文学賞」の問題
⑦八月二〇日　中央文壇と交流

座談会の司会は塩原時三郎総督府学務局長が務めた。南次郎朝鮮総督の皇民化政策の有能な企画者であった塩原は、朝鮮語を随意科目へ格下げするといった朝鮮教育令改正を一九三八年に実現させ、「皇国臣民」を造語したと言われている。(4) また、彼が関わった小学校国史教科書は「内地の文部省のより遥かに優れたもの」と評価され、とりわけ「国体明徴」や「皇国臣民の育成」を掲げた朝鮮の皇民化教育は内地のそれを先取りした形となった。(5) この座談会での塩原の肩書は、国民精神総動員朝鮮連盟理事長である。彼の他にも同連盟の理事と企画課長が参加していた。朝鮮側からは小説家の李光洙をはじめとする朝鮮文人協会（一九三九年一〇月結成）のメンバーが参加している。主に塩原、菊池、李光洙を中心に進められた座談会で、内鮮一体を進める上で有効な道具として「翻訳」が浮上した。ここで求められるのは、内地の読者を満足させる文章の質の確保である。

李光洙　半島人の一番悩みは（但し私は中学からずつと東京で教育されてをりますが）何時も諺文でかいてをるから、国文で書くとなると、中々自由にかけない。どう書いていゝものか悪いものか迷つてをります。

小林秀雄　秋田雨雀さんが編輯なさつたものがありましたが、汽車の中で読んで見て訳が下手だと思つた。もつとうまく訳せると思ふ。

菊池寛　然し去年あたりから、内地に朝鮮文学が伝はり出したぢやないか。

塩原時三郎　それは、文人協会が結成されたのと前後してはやりはじめたわけですね。（「内鮮血の繫がり」）

ここでのやり取りは、一九三九年から四〇年にかけて起きた朝鮮文学の日本語訳ブームを前提としている。小林秀雄が酷評した秋田雨雀・村山知義・張赫宙・兪鎮午編『朝鮮文学選集』(赤塚書房、一九四〇年)だけではなく、『文藝春秋』、『文藝』、『文学界』などの主要雑誌にも日本語訳された朝鮮文学が紹介されたし、朝鮮の創作やエッセイなどをたくさん載せた、文藝春秋社『モダン日本』の臨時大増刊・朝鮮版(一九三九年一一月号、一九四〇年八月号)という企画は大きな話題になった。特に李光洙の作品は集中的に翻訳され、一九四〇年三月には、菊池寛が創設した朝鮮芸術賞を受賞する。この賞の選考委員は、川端康成・菊池寛・久米正雄・小島政二郎・佐藤春夫・室生犀星・横光利一ら当時の芥川賞選考委員が担当した。金史良の「光の中に」を芥川賞(一九三九年下半期)の候補作に選んだ審査委員と同じメンバーである。朝鮮語がわからない彼らの読む朝鮮文学作品は、日本語訳されたものに限られる。

改造社の山本実彦とともに、朝鮮文学の強力な支援者であった菊池寛は「感情的に融和するには、やはり文学とか映画といふものによつて一致するより他にない」とし、朝鮮総督や塩原に対し、雑誌を刊行する資金や植民地朝鮮独自の文学賞に支援を求めている。

李光洙 文人達も新しい心持ちで待機の姿勢をとつてをりますが、書くところがないのです。

徳永進 一つは翻訳が難しいのですね。私も大いに朝鮮版に朝鮮の作家に書いて貰つたのですが、私の方にゐる今度創氏した後藤といふ記者が赤ん坊がもう少しで生れるときに唸る、それをどういふ風に訳していゝか分からない。(中略)

李光洙 国民教育が義務となつて国語が普及され、朝鮮人全体に国語が読めるやうになるのは早くても三十年、若くは五十年後になると思ひます。だからと云つて、諺文しか読めない人を放つたらかして置くわけには参りません。一時的でも皆国語のわかる朝鮮人が出来るまでは、諺文文学でなければならぬと思ひます。

塩原時三郎　勿論さうなんです賛成だが、これは余程考へなければならぬ問題だ。一応は並行して進んで行くが、何処かで一本にしようといふときに、どういふ手段を執つたらいゝか、といふのが問題だね。(「国語普及の期間」)

この座談会で朝鮮人の作家は、塩原、菊池寛、小林秀雄らから、二つの手段で創作するように求められる。まず、質の良い朝鮮語の作品を書き、翻訳を媒介に、内地の目の肥えた読者に興味を持ってもらう。そうした朝鮮語作品は朝鮮人にも提供する。二つ目は、植民地内部で刊行される媒体において日本語で創作し、在朝日本人や朝鮮人に読ませる。興味深いのは、この座談会で、朝鮮向けのメディアに掲載される日本語作品については、誰も日本語の質を問おうとしないことである。

同様の議論は、内地と朝鮮の作家が一緒に参加したはじめての座談会と言われる一九三八年の「朝鮮文化の将来と現在」(『京城日報』一九三八年一一月二九日、三〇日、一二月二日、六日、七日、八日。図7-1)と、一九三九年の「朝鮮文化の将来」(『文学界』一九三九年一月号)にも見られる。[6] この二つの座談会は、『文学界』同人の林房雄、村山知義が秋田雨雀、張赫宙とともに満州に向かう途中に京城に寄った際に行われ、『京城日報』と『文学界』がそれぞれ編集し、掲載した。[7] 内地のメンバーは、先述した小林秀雄が批判的に取り上げた『朝鮮文学選集』の編者たちである。朝鮮からは辛島驍(京城大国大学

京城日報
趣味と學藝
苦しい半島の作家
舞台が少くて生活は不如意
朝鮮文化の將來と現在
❶座談會
出席者
バックミラー
伏見丸に

図 7-1　『京城日報』1938 年 11 月 29 日。内地と植民地の作家が一緒に行ったはじめての座談会。ほぼ同じ内容が『文学界』（1939 年 1 月号）に掲載された。

教授）、古川兼秀（総督府図書課課長〔出版検閲の責任者〕）のほか、鄭芝溶（詩人）、林和（評論家）、兪鎮午（普成専門学校教授）、李泰俊（小説家）、金文輯（評論家）、柳致眞（劇作家）らが参加した。

ここで朝鮮人作家たちは創作言語として朝鮮語を手放すことができないし、義務教育制度のない朝鮮で読者層を広げるには、朝鮮語を使う必要があると力説する。しかし、それは先頭に立って皇民化を推進していた塩原の悩みでもあった。結局、朝鮮向けの日本語作品は、日本語リテラシーのある朝鮮人読者にとっては物足りないし、日本語リテラシーのない朝鮮人読者は、そもそもこの政策から排除されている。そこで、この時期の朝鮮人による日本語創作が、読みものというよりも、内鮮一体の証となっていた可能性について議論する必要がある。

すなわち、朝鮮人作家の日本語と朝鮮語による創作は、内地と植民地では異なる意味を持っていた可能性がある。しかも、ひとくちに朝鮮語話者と言っても、言語能力には違いがあるため、同じ皇民化政策を受けられなかったはずである。

そのため、植民地で皇民化が本格化する日中戦争前後は、内地と中国戦線だけを追っても戦争と文化の関係を充分に分析したことにはならない。第六章で山本実彦の『満・鮮』は満州事変をきっかけに朝鮮を捉え直していたことを思い出してもらいたい。ここでは、日中戦争の勃発を契機とした内地と植民地の作家の接触が文学の場をいかに変容させ、翻訳がどのように内鮮一体を作り上げたのか考えてみたい。

2　雑誌『文章』と内地からの「戦線文学選」

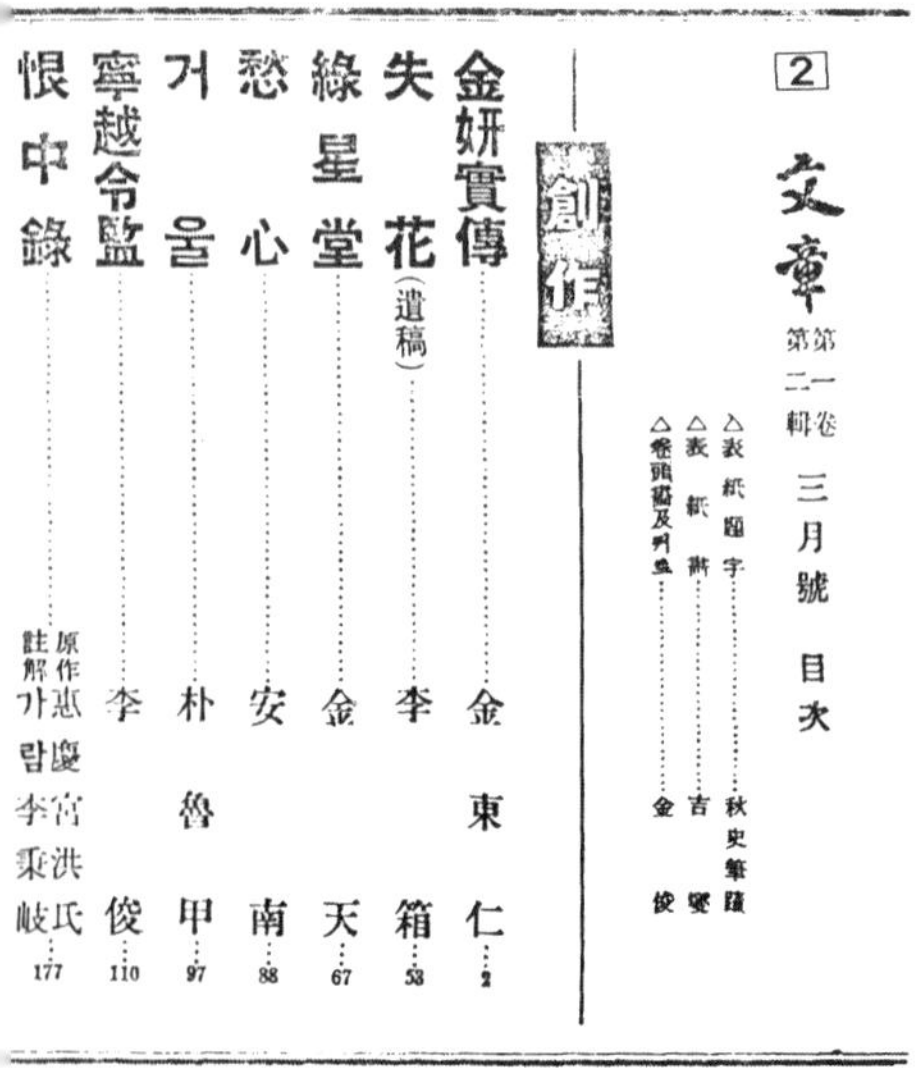

2

文章 第一卷 第二輯 三月號 目次

△表紙題字……秋史筆蹟
△表紙……吉 ■
△卷頭畵及컷畵……金 俊

創作

金姸實傳……金東仁…2
失花（遺稿）……李箱…53
綠星堂……金天…67
愁心……安南…88
거울……朴魯甲…97
寧越令監……李俊…110
恨中錄……原作 惠慶宮洪氏 註解 가람 李秉岐…177

日本人作家の従軍記が朝鮮語訳で紹介された。1回

雑誌『文章』は、朝鮮で戦時動員のための皇民化政策が本格化していた時期に、朝鮮人の文学者が朝鮮語で活動するために作られた雑誌である。一九三九年二月に創刊され、一九四一年四月まで、わずか二年しか続かなかった。にもかかわらず、同じ年に創刊された雑誌『人文評論』（一九三九年一〇月～一九四一年四月）とともに、植民地時代の末期を代表する雑誌として位置付けられてきた[8]。

『文章』の創刊は大きな期待を持って迎

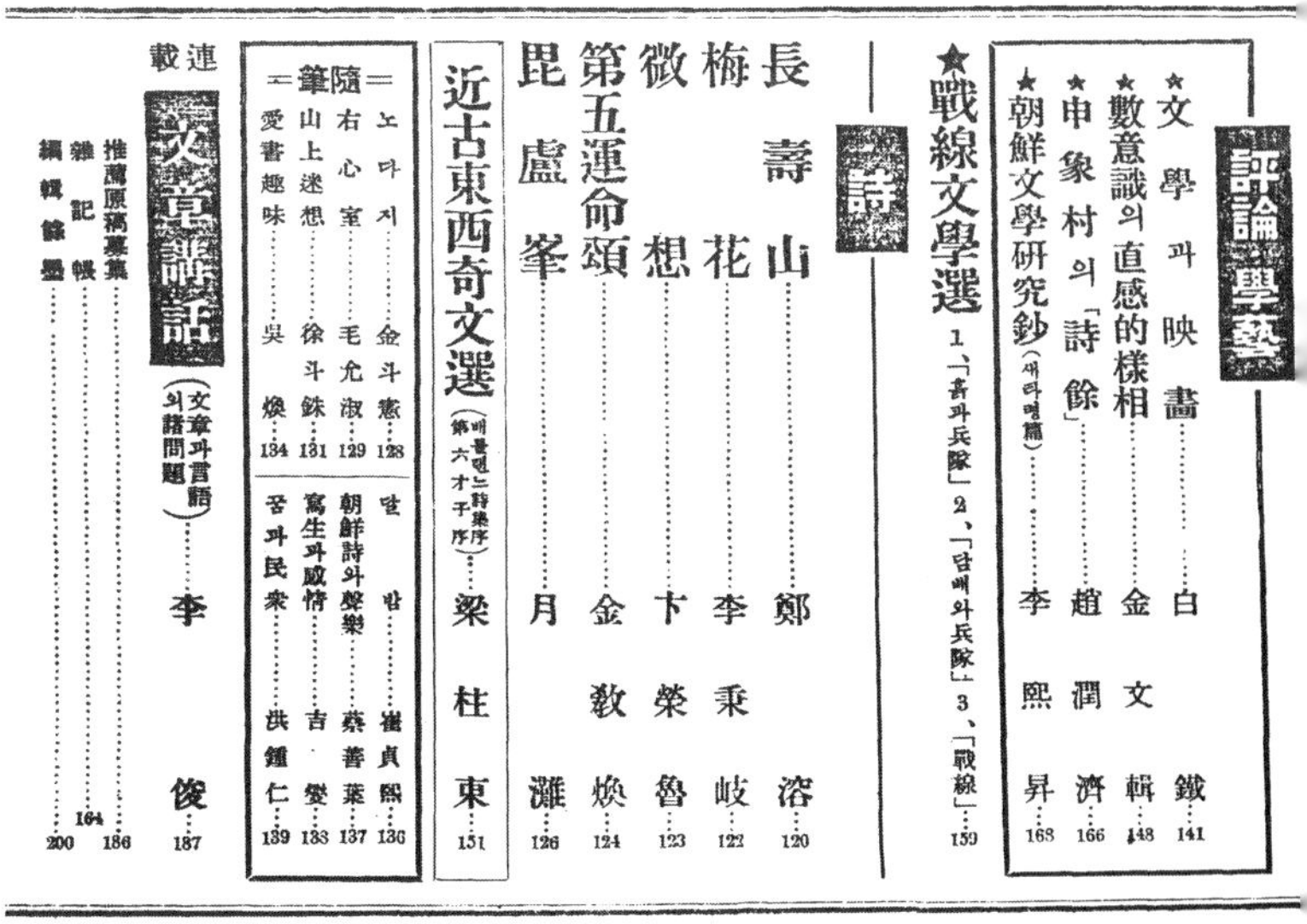

評論・學藝

詩

＝隨筆＝

図7-2 『文章』第1巻第2号の目次，1939年3月。「戦線文学選」という欄が作られ
目は，火野葦平と林芙美子の作品が掲載された。

えられた。創刊号は五日ほどで売り切れ、すぐ三〇〇〇部を増刷するが、それも一週間で完売した。紙の入手が困難でさらなる増刷はかなわず、地方からの注文には応えられなかった(9)。当時の損益分岐点が三〇〇〇部であったことを勘案すると、創刊号の売れ行きは雑誌の持続を期待させるものであった。朝鮮総督府警務局が把握していた一九三九年末の雑誌の頒布状況から、内地の代表的な総合雑誌『改造』や『中央公論』の移入部数と『文章』の刊行部数はあまり変わらないことがうかがえる(表7-1)。しかし、朝鮮人読者だけに着目すると、『文章』の方が多くを獲得していた。

　内容は、パンソリ、古典小説、漢文学、古時調(朝鮮の伝統的な定型詩)、歌辞(朝鮮初期に現れた詩歌と散文の中間形態)などの古典文学から、近代的な文学作品(小説、

表 7-1　移輸入雑誌頒布状況（1939 年末現在）

雑誌名	総部数	朝鮮人購読
キング（1位）	41,994	10,763
主婦之友（2位）	34,259	6,283
改造	4,922	1,435
中央公論	3,181	1,271
婦人倶楽部	27,704	3,822
婦人公論	6,219	1,214

出典：朝鮮総督府警務局『朝鮮出版警察概要　昭和 14 年』1940 年 5 月，132-147 頁。

詩、時調、随筆、評論）、研究論文、翻訳、注解など学術的な文章、「戦線文学」をはじめとする時局を扱う文章に至るまで、文芸誌と限定しにくいほど、多彩な作品が混在していた[10]。このような雑誌に、第二号から「戦線文学選」という欄が作られ、廃刊直前まで続いた（図7－2）。この欄では、火野葦平や林芙美子など人気のある内地作家の従軍記を、関連情報をまったく付記せず、原文を切り取り、編集を少々加えた形で、朝鮮語に訳して掲載した。林芙美子の『戦線』は複数回掲載されるが、同じ作品からの翻訳であるにもかかわらず、掲載のたびに内容が変わっている。各回とも一頁に収まる長さで切り取られていたからである（図7－3）。このような形式で廃刊するまで続いた「戦線文学選」は、日本語書物の受容のしかたとして、当時としては異例であった。

すでに第六章で分析した通り、一九二〇年代から一九三〇年代にかけて、朝鮮語の雑誌・メディアで日本語の出版物の広告が占める割合は急増する。朝鮮語新聞に掲載された広告は日本語のままのものと朝鮮語訳のものが混在していたが、新聞・雑誌・単行本は日本語のまま移入され、読まれていた。日本語の刊行物が朝鮮語に訳されることは稀である。特にこの時期になると、日本語の書物に興味を持つ読者は、朝鮮語の訳が必要ないほど日本語能力を持っていたからである。特に『文章』は、高い教養を持

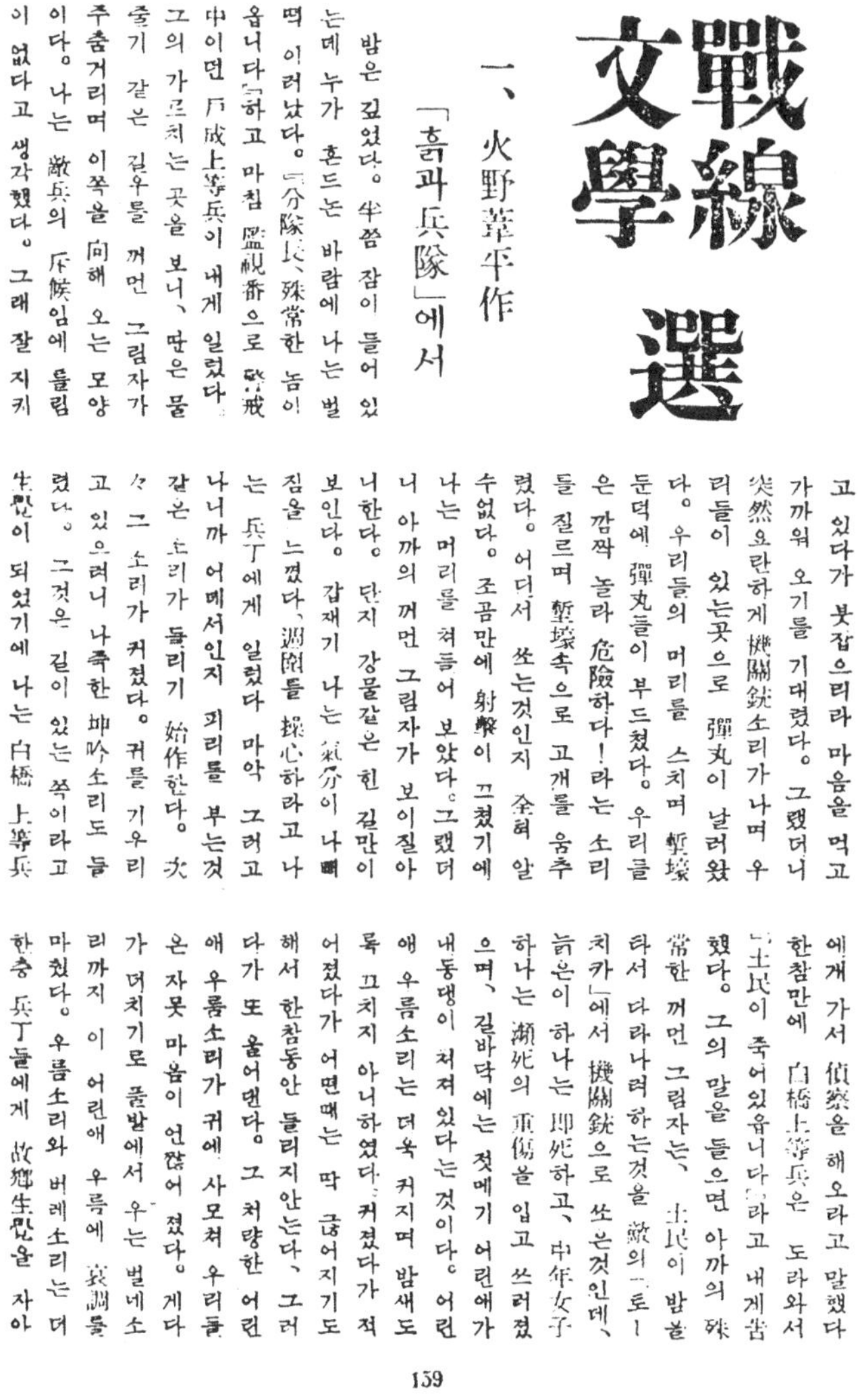

戰線文學選

一、火野葦平作

「흙과兵隊」에서

밤은 깊었다。半쯤 잠이 들어 있는데 누가 흔드는 바람에 나는 벌떡 이러났다。「分隊長、殊常한 놈이 옵니다」하고 마침 監視番으로 警戒中이던 斥成上等兵이 내게 일렀다。그의 가르치는 곳을 보니、딴은 물줄기 같은 길우를 꺼먼 그림자가 주춤거리며 이쪽을 向해 오는 모양이다。나는 敵兵의 斥候임에 틀림이 없다고 생각했다。그래 잘 지키고 있다가 붓잡으리라 마음을 먹고 가까워 오기를 기대렸다。그랬더니 突然요란하게 機關銃소리가 나며 우리들이 있는곳으로 彈丸이 날러왔다。우리들의 머리를 스치며 塹壕둔덕에 彈丸들이 부드쳤다。우리들은 깜짝 놀라 危險하다!라는 소리들 질르며 塹壕속으로 고개를 움추렸다。어디서 쏘는것인지 全혀 알수없다。조곰만에 射擊이 끄첬기에 나는 머리를 쳐들어 보았다。그랬더니 아까의 꺼먼 그림자가 보이질아니한다。단지 강물같은 흰 길만이 보인다。갑재기 나는 氣分이 나쁜짐을 느꼈다、淵陷들 操心하라고 나는 兵丁에게 일렀다 마악 그러고 나니까 어데서인지 괴리를 부는것 같은 소리가 들리기 始作한다。次々 그 소리가 커졌다。귀를 기우리고 있으려니 나죽한 呻吟소리도 들렸다。그것은 길이 있는 쪽이라고 生覺이 되었기에 나는 白橋 上等兵에게 가서 偵察을 해오라고 말했다 한참만에 白橋上等兵은 도라와서 「土民이 죽어있읍니다」라고 내게告했다。그의 말을 들으면 아까의 殊常한 꺼먼 그림자는、土民이 밤볕타서 다라나려하는것을 敵의「토ー치카」에서 機關銃으로 쏘는것인데、늙은이 하나는 即死하고、中年女子하나는 瀕死의 重傷을 입고 쓰러졌으며、길바닥에는 젖메기 어린애가 내동댕이 처저있다는 것이다。어린애 우름소리는 더욱 커지며 밤새도록 끄치지 아니하였다。커졌다가 적어졌다가 어떤때는 딱 긏어지기도 해서 한참동안 들리지안는다、그러다가 또 울어댄다。그 처량한 어린애 우름소리가 귀에 사모쳐 우리들은 자못 마음이 언짢어 졌다。게다가 더치기로 풀밭에서 우는 벌네소리까지 이 어린애 우름에 哀調를 마쳤다。우름소리와 버레소리는 더한층 兵丁들에게 故鄕生覺을 자아

159

図7-3 『文章』第1巻2号，1939年3月，火野葦平「『土と兵隊』から」。翻訳された従軍記はほとんど1頁を超えないように編集されている。

つ、あるいは持ちたいと願う読者を想定し、作られた雑誌である。そういった読者であれば、日本語の従軍記をわざわざ朝鮮語訳で読まなかったはずである。

千政煥は、『文章』が創刊された「一九三九年は韓国近現代史全体を通して、「出版活況」が起きた数少ない年であった」とし、「それは「事変」関連の一時的で例外的な現象というより、「新文学」をめぐる読者層の累積と大衆文化・大衆知性の成長」の側面から考えるべきだと述べた。そして千は朝鮮総督府の朝鮮語機関紙『毎日申報』の社説を一部引用しながら、一九三九年の「出版活況」に朝鮮総督府も大きな期待を寄せていたと指摘した。[11]

近年出版物は戦争の武器と変わらない重要な役割を担っている。銃後の国民精神をもっと昂揚させ興亜の大理想を一般に徹底させるには文章報国の力が必要だからである。兵站基地としての半島の地位がますます重要になってきた昨今だからこそ、銃後国民の結束はもちろん、ひいてはその任務を全うするため今後の半島の出版界が担う任務は実に至大である。(『毎日申報』一九三九年一二月二四日)

確かに「銃後の国民精神」の昂揚と結束のため出版物が果たす役割に、大きな期待を寄せている。それは、この社説の末尾に掲げられた、朝鮮総督府警務局図書課長・古川兼秀の言葉と響きあう。彼は、朝鮮人読者の成長は国民精神総動員運動の目的にかなっているので、内地では全体的に紙の節約に努めているが、「内容が充実し戦時色を帯びているものであれば多少無理をしても「紙の節約」の例外を作る予定」だと述べている。

戦時色の強い出版物は「戦争の武器」であると、比喩のレベルではなく現実に実践してみせたのが、朝鮮総督府の指示で[12]検閲官・西村眞太郎が訳した『麦と兵隊』朝鮮語版である。[13]西村は、この翻訳中に、古川図書課長の後押しで、作品の空間的な背景となった上海まで視察に行っている。[14]朝鮮総督府警務局渾身の企画であった『麦と兵隊』の朝鮮語訳は、「朝鮮語翻訳権と出版権の無償譲渡をうけ[15]」、「犠牲的な普及版[16]」として出された。一九三九年七月半ばに刊行されるや否や初版一万二〇〇〇部が売り切れ、一〇月までに二〇版を重ね、[17]朝鮮で大きな反響を呼んだ。

このように『文章』は、朝鮮総督府が出版物に「戦争の武器」として大きな可能性を見出し、積極的に利用し始めた時期に刊行された雑誌である。『朝鮮出版警察概要　昭和十四年』によると、一九三七年七月一二日に「半島に於ける言論の中枢地たる京城府内発行新聞社代表を始め各支局長等五十余名」を警務局図書課に集め、「協力を求めたる所何れも当局の意図を諒解し民心の導同に協力する事を快諾し」たという。また、一九三八年四月および一〇月の二回にわたって、「全鮮に於ける言論機関代表者及編集責任者を総督府に招致し政府の声明を始め総督府に於ける対策及記事の取締方針並に対外宣伝要旨等を説示懇談」したことが報告されていた。その後も一九三九年七月、一二月まで朝鮮半島全体に範囲を広げながら、「各社共克く当局の方針を」「社説に或は一般記事に依り民心の指導と与論の喚起に努」め、「其の存在価値の疑はしきものありたるを以て、之等出版物に対しては断乎たる態度を以て第三十四條の出版差止を為す等厳重なる取締を加へ」た。[18]

当時の状況を鑑みると『文章』の「戦線文学選」は、出版社独自の企画ではなく、総督府警務局の指示による可能性が高い[19]。廃刊するまで長く続いたこの欄について、『文章』編集部は連載の目的や意図などを読者に説明することはなかった。ただもっともよく登場したのが火野葦平であり、警務局主導で『麦と兵隊』の朝鮮語訳を進めていた期間と掲載時期も重なることから、『文章』の研究で「戦線文学選」は植民地支配の抑圧を象徴するものとして扱われた。しかし、問題は単純ではない。『文章』編集部も戦時協力をしていたことも合わせて考えなければならない。一九三九年三月に結成された皇軍慰問作家団の運営に大きく貢献したのが、『文章』の編集主幹であった小説家の李泰俊である。李は皇軍慰問作家団のために朝鮮文壇使節派遣費として一〇〇円を寄付し、皇軍慰問品代の名目で編集部員全員は、それぞれ一円ずつを出している[20]。こうして文壇使節として、小説家・金東仁、批評家・朴英熙、詩人・林學洙が派遣された。『文章』の一九三九年七月号と八月号には、林學洙の「北支見聞録」が二回にわたって掲載され、一一月号には朴英熙と林學洙の従軍記が新刊紹介で取り上げられている。

ここには、警務局の指導や検閲といった抑圧だけでは説明できない問題が付随していると考えなければならない。金在湧は、一九三八年一〇月の日本軍による「武漢三鎮の陥落」を契機に、朝鮮で「親日協力」が始まったと述べた。そして「親日協力」は「外部の強要に耐えきれず行った行為」ではなく、「徹底した自発性による」ものであったとし、その「自発性を支える内的論理」に目を向けるべきだと主張した[21]。確かに武漢作戦で日本が勝利すると、「朝鮮の独立は不可能」だというあきらめムードが広がり、文壇は「協力」と、非協力を通した「抵抗」へと分裂していく[22]。その動きには、つねに朝鮮語と日本語の、どの言語で創作するのかという議論が付随していた。そこに、これらのテクストを誰が読むのかという読者の問題を接合させると、かなり複雑な様相が浮かび上がる。

五味渕典嗣の指摘通り、火野葦平の『麦と兵隊』（一九三八年）以後、「文学は、戦争遂行権力にとって思想戦・宣伝戦の一翼を担うプロパガンダとしての機能を期待され、現実に担ってしま」う。一九三八年九月に内閣情報部の主導で組織されたペン部隊[23]が戦争権力による思想戦・宣伝戦の象徴そのものであることを考えると、「このときの日本の軍と政府が具体的にはいかなる報道宣伝戦略を企て、文学者や文化人に何を期待したかという検討」は避けて通れない[24]。しかも、それは内地の文学だけ見ていては把握できないものである。日中戦争後の文学政策は、内地と朝鮮でほとんど時差なく進められ、接合されていくからである。

ここで注目したいのは、帝国の中心・東京で組織されたペン部隊の従軍記[25]が、皇軍慰問作家団を支えた『文章』に掲載され、朝鮮人文壇使節の従軍記と一緒に、朝鮮語で並んでいることである（表7－2）。

陸軍班：**林芙美子**、久米正雄、片岡鉄兵、川口松太郎、**尾崎士郎**、**丹羽文雄**、浅野晃、岸田國士、佐藤惣之助、瀧井孝作、中谷孝雄、深田久弥、冨澤有爲男、白井喬二

海軍班：吉屋信子、杉山平助、菊池寛、**佐藤春夫**、吉川英治、小島政二郎、北村小松、浜本浩（太字は従軍記が『文章』に掲載された作家）

この問題について、単独作品としてはもっとも掲載回数の多かった林芙美子の従軍記『戦線』（朝日新聞社、一九三八年一二月）を例に考えてみたい。このテクストは、一九三八年九月にペン部隊の一員として中国戦線に派遣された芙美子が書いた手紙という形をとっている。ペン部隊は文芸家協会会長菊池

		尾崎士郎 林芙美子	戦場雑感 戦線	戦場雑感 戦線
1940. 1	2 巻 1 号			興亜展望
				新春座談会「文学의諸問題」：戦争と文学
		印貞植（朝）		内鮮一体의 新課題
		火野葦平	꽃과兵隊	戦場의正月
1940. 2	2 巻 2 号	尾崎士郎		散文詩
		（中）	『申報』	支那抗戦作家의行方
1940. 3	2 巻 3 号	林芙美子	戦線	戦線
1940. 4	2 巻 4 号	謝冰蛍（中）	女兵	밤의火線
		謝冰蛍（中）	女兵	文学部隊長
		張赫宙（朝）		文学雑感（附記：内地朝鮮文学）
		尹圭渉（朝）		芥川賞候補作品其他　三月創作評
1940. 5	2 巻 5 号	謝冰蛍（中）	女兵	恐怖의一日
		周文（中）	重京被爆撃記	防空壕에서
		모오로와（朝）		戦線에나가면서
1940. 7	2 巻 6 号			事変第三周年을마지하며
		平野義太郎		日支文化提携에의길
1940. 9	2 巻 7 号	大佛次郎	『文藝春秋』「宜昌従軍記」	襄東作戦従軍記――宜昌
1940. 1	2 巻 8 号	佐藤春夫	『新潮』	文化開発의 길――文学者로서의　対支方策
		田原（中）	上海『興建』	興亜建国의特殊性과普遍性
1940. 11	2 巻 9 号	陸軍省情報部陸軍少佐　鈴木庫三		日独伊同盟의意義
		李泰俊（朝）		志願兵訓練所의一日
		今日出海	『朝日新聞』	文芸新体制
1940. 12	2 巻 10 号	伊藤整		国民文学의基礎
		清水幾太郎		新体制와文化人
1941. 1	3 巻 1 号	松岡浩一	欄：時局と文化	対外文化宣伝의政治性
		榊山潤	欄：時局と文化	国民文学이란무엇인가
1941. 2	3 巻 2 号	火野葦平	西村眞太郎訳에依함	『보리와兵丁』에서

表 7-2　雑誌『文章』の「戦線文学選」および従軍記

年月	巻・号	作家	出典	タイトル
1939. 3	1 巻 2 号	火野葦平	흙과兵隊	「흙과兵隊」에서
		火野葦平	담배와兵隊	「담배와兵隊」에서
		林芙美子	戦線	(가) 젊은少尉의死
				(나) 눈물의漢口入城
1939. 4	1 巻 3 号	林芙美子	戦線	별밝던하로밤
		火野葦平	흙과兵隊	敵前上陸
		徳永進	雪中従軍日記	大部隊의 敵
1939. 5	1 巻 4 号	尾崎士郎	文学部隊	上空一五〇〇米
		木鍋牛彦	中間部隊	特務兵隊
		林芙美子	戦線	戦場의道徳
1939. 6	1 巻 5 号	丹羽文雄	돌아오지않는 中隊	観戦
		尾崎士郎	文学部隊	陸軍飛行隊
		上田広	建設戦記 或る分隊長の手記	建設戦記
1939. 7	1 巻 6 号	林學洙（朝）		北支見聞録（一）
1939. 8	1 巻 7 号	林學洙（朝）	皇軍慰問文壇使節	北支見聞録（二）
		竹森一男	駐屯記	駐屯兵
		尾崎士郎	戦場노ート	非戦闘員
		稲村隆一	海南島記	匪賊
		芹澤光治良	잠못자는밤	病院船
1939. 9	1 巻 8 月	鄭人澤（朝）	書評	보리와兵丁
		火野葦平	海南島記	東洋의南端
		細田民樹	大興安嶺을넘어서	蘇連機空襲
1939. 1	1 巻 9 号	李軒求（朝）		戦争과 文学
		火野葦平	東莞行	달과 닭
		大江賢次	湖沼戦区	湖沼戦区
1939. 11	1 巻 10 号	火野葦平	꽃과兵丁	戦塲《ママ》의正月
		尾崎士郎	文学部隊	将軍의얼굴
		民村(이기영)(朝)		国境의 圖們，満洲所感
		尹圭渉	新刊評（朝）	林學洙『戦線詩集』
		鄭人澤		朴英熙『戦線紀行』
1939. 12	1 巻 11 号	印貞植（朝）		時局と文化
		火野葦平	꽃과兵丁	戦場의正月

寛を中心に陸軍班一四名、海軍班八名からなり、女性作家は陸軍班に林芙美子、海軍班には吉屋信子だけであった。発表当初からメディアなどでは、二人の女性に焦点を当てる形で、二人の競争関係を前景化させる議論が多かった。(26) そのような期待に応えるかのように、出発前に『朝日新聞』に寄せた記事で「女の作家なんかは従軍は出来ないだらうとおもつてゐたけれど、案外にも今度の従軍行で吉屋さんと私が選出」された。「戦場で吉屋さんと一緒になれるかどうかは判らないけれども、もしも一緒だつたら、よく協力して元気で歩きたい」と述べている。(27) しかし、二人が協力するような場面は演出されなかった。吉屋は一〇月一一日に他の海軍班とともに先に帰国したからである。それに対し、芙美子は九月一一日に陸軍班第一陣として東京を出発、一三日には上海に到着し、一〇月一七日からは朝日新聞社のトラック「アジア号」で前線を目指すのである。

「戦線文学選」には、全一五名の作家の作品が翻訳して掲載されており、内地の日本人作家が一三名、中国人作家が二名という構成である。日本人作家の従軍記を掲載回数の多い順にならべると、火野葦平が八回、尾崎士郎が六回、林芙美子が五回である。しかし、表7－2の通り、作品別に見ると林芙美子の『戦線』がもっとも多い。『戦線』については次章で議論するが、「戦線文学選」の欄がなくなる一九四〇年七月前後から、『文章』では日本人が戦時協力を促す様々な文章を翻訳して載せることが急増した。例えば陸軍省情報部陸軍少佐・鈴木庫三（一九四〇年一一月号）、総督府警務局図書課長・岡田順一（一九四一年三月号）、国民総力朝鮮連盟文化部長・矢鍋永三郎（一九四一年四月号）といった情報戦、検閲、新体制運動を指導する当局側だけではなく、大佛次郎や佐藤春夫、伊藤整、今日出海、榊山潤ら文化人による時局を強く意識した文章が誌面に登場した。このように翻訳を通して内鮮一体の理念を広めようとする場において、林芙美子は内地の代表として可視化されたのである。

3　帝国の小説家・林芙美子の戦線

林芙美子は「言論報国というジャンルの中でも、「報告報国」の第一人者[28]」と言われるほど、日中戦争と文学の問題を語るうえで欠かせない存在である。一九三七年七月に日中戦争が開戦し、林芙美子は『東京日日新聞』、『大阪毎日新聞』の特派員として中国戦線に派遣された。また一九三八年には、ペン部隊の陸軍班の一員として漢口攻略戦に同行し、『朝日新聞』にいくつかの記事を連載したあと、『戦線』（書簡体）、『北岸部隊』（日記体、『婦人公論』一九三九年新年特別号に掲載後、中央公論社から出版）という二つの従軍記を発表した。当時発行部数のトップを争っていた二大紙と相次いで特派員の契約を結んでいることからも、メディア側の林芙美子に対する期待がうかがえる[29]。

芙美子が高い注目を浴びたのは、すでに多くの論者が指摘している通り、『毎日新聞』や『朝日新聞』などのメディアが華々しく演出した、戦勝の場への「一番乗り」によるところが大きい。例えば、南京に入った時の見出しは「林芙美子女史　南京一番乗り――日本一色の上海新風景」であった（『東京日日新聞』一九三八年一月六日）。また、ペン部隊のときは、『朝日新聞』と契約をかわしている。戦線では朝日新聞社のトラックに乗ってペン部隊とは別行動をとり、一九三八年一〇月二六日に漢口が陥落すると早くもその二日後に現地に入った。『東京朝日新聞』の号外「皇軍堂々漢口入城」（図7‐4）が出ると、翌日から「ペン部隊の女丈夫　漢口へ一番乗り」（『大阪朝日新聞』一九三八年一〇月二九日）、

東京朝日新聞

號外

この號外は本紙には再錄致しません

地軸も搖げ萬歳／皇軍堂々漢口入城

二十六日・大木特派員撮影・けふ本社汐風機空輸

寫眞 （上）感激・陸海勇士の挨拶―漢口日本人小學校にて （下右）イタリー兵の敬禮をうけて漢口特別區を前進する佐野部隊 （下左）イタリー領事ブリジデ氏（左端）の歡迎 漢口特別區入口にて

図 7-4　朝日新聞の号外（1938 年 10 月 28 日）。「皇軍堂々漢口入城」の号外が出た翌日から林芙美子の活躍を伝える記事が続く。

「ペン部隊の「殊勲甲」芙美子さん決死漢口入り」（『東京朝日新聞』一九三八年一〇月三〇日。図7－5）

と続く。

林さんがあの荒涼たる武漢平原を行くのはそれこそ戦場の奇蹟である、林さんは忽ち戦場の人気の

ペン部隊の「殊勳甲」
芙美子さん 決死漢口入り

【漢口にて渡邊特派員二十八日發】たゞ一人の日本女性として林芙美子女史が漢口に入城した

林さんは本社[illegible]一行に加はり去る十八日[illegible]を出發、本社の[illegible]トラツクアジア號に乘り或は行軍を續け[illegible]に從つて決死の行軍を續けた、戰場に日本の女が來たと、全軍將兵は夢ではないかと驚いた

林さんがあの荒涼たる武漢平原を行くのはそれこそ戰場の奇蹟である、林さんは忽ち戰場の人氣の中心となつて林さんの勇敢さと[illegible]さに全軍將兵心から[illegible]した、[illegible]の中を、雨の中を行き[illegible]に[illegible]れて[illegible]して進んだ、[illegible]はいつ[illegible]に引つかゝるか知れない、林さんも[illegible]決死の[illegible]で從軍した、二十五日夜漢口北方大[illegible]の[illegible]でアジヤ號は[illegible]ず、[illegible]漢口突入であるので記者（渡邊特派員）は林さんに[illegible]つて貰つた、林さんは一日遅れて入城しそれでも[illegible]のペン部隊での漢口一番乘りである、林さんの漢口入城は全日本女性の誇りである

從軍姿の林女史

[illegible]レー・ボールと共に先攻の[illegible]井上[illegible]ボツクスに立つた

早稻田の淺井中堅手は「早慶戰は最後だ」とばかり日章旗に「都の西北」の校歌を[illegible]書いたものをとり出してベンチにかゝげて元氣でシートにつく

◇

試合は午後1時5分より審判[illegible]田（球）角田、天知、山島（壘）四君慶大先攻に開始

慶大	020	012
早大	000	106

図 7–5 「ペン部隊の「殊勲甲」芙美子さん決死漢口入り」『朝日新聞』1938 年 10 月 30 日。林芙美子の写真付きで，ペン部隊の中では，彼女が一番乗りであることを伝え，「日本女性の誇り」であると高く持ち上げた。

中心となつて林さんの勇敢さと謙譲さに全軍将兵心から尊敬し感激した、砂塵の中を、雨の中を行き夜露に濡れて露営して進んだ、自動車はいつ地雷に引つかゝるか知れない、林さんも勿論決死の覚悟で従軍した、二十五日夜漢口北端大賽湖の堤防決潰でアジヤ号は渡れず、愈漢口突入であるので記者（渡邊特派員）は林さんに後に残つて貰つた、林さんは一日遅れて入城したがそれでも陸のペン部隊での漢口一番乗りである、林さんの漢口入城は全日本女性の誇りである

漢口にたどり着くまで「決死の覚悟」で露営も辞さなかった芙美子は最前線の兵士たちと行動を共にし、彼らから「尊敬」を勝ち取ったという。この記者は、ペン部隊を出し抜いた芙美子を「全日本女性の誇り」だと高く持ち上げている。朝日新聞社は「武漢作戦に記者、連絡員から無線班、写真班、映画班、航空部員など総勢四〇〇人を動員」した。この人数は「日本放送協会、各地方新聞、雑誌社など全メディアで動員した約二〇〇〇人の報道関係人員」の五分の一にあたる。まさに社運をかけて臨んだ取材合戦で、「国策通信社・同盟をしのぐ速報をおこない、他社にさきがけて漢口に入城」した。[30] その輝かしい自社の偉業を「林芙美子」を使って喧伝しているのである。[31] そのため、林芙美子および彼女の『戦線』をめぐるメディア・イベントは、発行部数首位を誇る『毎日新聞』を『朝日新聞』が追撃し、その座を奪還する一因になった。[32]

このようなメディア・イベントは朝鮮にどのように伝わったのだろうか。『朝鮮出版警察概要　昭和十四年』は、一九三九年度末「移輸入新聞・雑誌の一般状況」をこうまとめている。

最多数を占むる新聞紙は大阪毎日新聞の八三、三三九部（前年より八、四六八部増加）にして、之に亞ぐは大阪朝日新聞の七二、八五九（前年より四、五〇八部増加）なり、近時此両新聞は其の大資本を以て内容を充実し急速に鮮内に勢力を拡大し地盤の獲得に努め其成績刮目に価するものあり、次に福岡日々新聞、読売新聞、東京朝日新聞、東京日々新聞並に報知新聞等にありては其数遥かに少なく到底大毎、大朝の両大新聞に及ばざる[33]

『大阪毎日新聞』と『東京日々』、そして『大阪朝日新聞』と『東京朝日新聞』がそれぞれ同系列であり、移入部数でも上位を占めている。この二つの新聞社の広がるスピードは他のメディアを遥かに超えるものになったはずである。出版警察はさらに、内地の新聞や雑誌は、内容でも価格競争でも「朝鮮内発行のものゝ能く競争追従し得ざる所」にあると分析していた[34]。同資料によると、移入された『大阪毎日新聞』八万三三三九部のうち、朝鮮人の購買者数は一万四三一九人である。『大阪朝日新聞』は七万二八五九部のうち朝鮮人の購買数は一万二五二七人である[35]。第二章で議論した通り、図書館で新聞を閲覧する朝鮮人が多かったことを考えると、実際に両紙を読んでいた朝鮮人は、出版警察の調査を上回ったはずである。林芙美子の南京と漢口の「一番乗り」を華々しく演出した二大紙は、日本語のまま朝鮮にも大量に届いていたのである。

五味渕典嗣は、「〈従軍ペン部隊〉計画をめぐる文学者たちの反応は、〈何をするのか〉ではなく、〈誰が行くのか〉という一点に集中して」いたとみる。そして、久米正雄が「悲壮な声を張上げて「靖国神社で会はう」と仰つしやつた」（「日本女性の覚悟」『東京日日新聞』一九三八年九月八日）という吉屋信子の言葉を引用しながら、この興奮ぶりは、「別に久米だけが突出していたわけでは」なかったという。さらに、ペン部隊の参加者が大手メディアと次々と契約し、従軍作家の壮行会が「中央公論、改造、日本評論、新潮、主婦之友、講談社、松竹、東宝、新興といった名だたるメディア企業の共催」で開かれていることからもわかるように、「〈従軍ペン部隊〉計画それ自体が、メディア企業どうしの激烈な報道合戦を見越して練り上げられていた」と指摘している[36]。

日中戦争開戦後について考える際、情報統制により、戦争協力的な報道を強制されていたというステレオタイプに囚われやすい。しかし、どのような状況であっても、利益の追求を考える必要があるマスメディアは、読者の反応を意識しながら、表現のレベルを調整していたことも見逃してはならない。朝鮮でも多くの読者を獲得していた『婦人公論』『主婦の友』『婦人倶楽部』『新女苑』などは、日中戦争を契機に時局を強く意識した内容となっていった。この時期の雑誌の売上部数を見ると、婦人雑誌は上位八誌だけで、全商業誌の売上部数の二五〜三〇%を占め、返品率が〇・一%と非常に低く、比較的経営は安定していた。三鬼浩子は、情報統制する側が「女性雑誌を世論喚起＝銃後世論の積極的利用の舞台として設定しようと」し、「用紙配給で比較的優遇」していたと指摘する[37]。このようなアメを与えながらも、一九三八年の『出版警察報』には、以下の記述がみられる。

当四月は婦人雑誌が此の非常時局下に旧態依然たる編集方針を持続し恋愛又は卑俗なる小説或は低級な告白記事其の他所謂反時局的の記事、広告等を無反省的に掲載するを以て、之等の方針を改めしむべく十九日先づ「主婦の友」社及「婦女界」社の編輯責任者を本省に招致し本文末尾登載の

「婦人雑誌に対する取締方針」を基礎に記事編輯上の指導懇談を行ひ、同二十一日には「婦人倶楽部」社、「婦人公論」社、翌二十二日には「婦人画報」社の編輯関係者を招致し「主婦の友」社同様の指導を行つた。(38)

ここでいう「婦人雑誌に対する取締方針(昭和十三年五月)」とはすべて性や風俗に関する警告であり、戦局や銃後生活などをいかに伝えるかについては指示していないように見える。(39) 一九三八年に入ってから、婦人雑誌における戦時色はますます強くなっていくことを考えると、ここでの「指導」とは時局に関してではなく、掲載を控えるべき内容に関してであったと言える。

若桑みどりが婦人雑誌で活躍していた女性たちを戦争の「チアリーダー」であったと批判するほど、婦人雑誌の戦争協力は自発的かつ積極的になっていた。若桑は「戦時における女性の役割が「繁殖用雌馬」と「劣等な労働力」のみであるとするならば、端的に言って、女性は戦争の単なる犠牲者であり被害者である」だろうが、「反対に、大多数の女性たちが、戦争そのものを熱心に応援し、息子や夫を「進んで」戦場に行かせたのである(いやそれは本意ではなかったと多くの女性は言うであろう。だが、社会的現象と言説はそのあきらかな証拠を残している)」と指摘した。(40) さらに、多くの女性リーダーの戦時協力を訴える言葉が、「新聞婦人欄、婦人雑誌などのマスコミにとりあげられ、平土間にいる女性民衆は、このリーダーの挙止に合わせて大応援をはじめ」たとし、それは「止むを得ず協力させられた、といった程度のものではない」と厳しく批判している。(41)

このような傾向は「愛国婦人会にも国防婦人会にも入りたくなく、といって婦選運動や各種の実践運動の団体にも入ることをためらう文学好きなインテリ女性たちの拠り所[42]」であった雑誌『輝ク』にも見られた。[43]『輝ク』は、『女人芸術』の後継誌として、月刊リーフレット形式で一九三三年四月に創刊され、長谷川時雨の死によって一九四一年一一月に廃刊した。よく知られている通り、林芙美子は『女人芸術』で連載した「放浪記」（一九二八年一〇月～一九三〇年一〇月。その一部が一九三〇年六月、改造社の新鋭文学叢書として刊行）がのちにベストセラーになる。『女人芸術』は、「一九三〇年前後の女性表現者・知識人が立場を超えて集い、それゆえ「女性」の多数性が顕著に現れた雑誌」であった。[44]『輝ク』も創刊号から「左傾した『女人芸術』の色合いのままに、他の婦人雑誌には見られなくなったプロレタリア小説や詩歌、ソヴェト讃歌、海外通信など、自由でインターナショナルな誌面が五十二、三号まで続く[45]」。

しかし「皇軍慰問号」（一九三七年一〇月一七日。図7－6）から突然戦時協力を始め、一九三九年に「婦人の立場より時局認識を深め、国策に添ひたる婦人向上及国家奉仕の実現に努力[46]」すべく、女性文学者一一二名を集めて「輝ク部隊」を結成するにいたった（図7－7）。「輝ク部隊」の評議員たちは、海軍とのパイプを生かして続々と海外慰問に赴いた。この活動は、一九三七年に婦人団体が国民精神総動員中央連盟に包摂され、組織的に女性の戦争協力が確立していくなかで開始された。長谷川時雨が主導した、いわゆる「女性文壇総動員[47]」と呼ぶべき集まりや活動は、先述した他の女性雑誌に連動するものであった。「輝ク部隊」のリーダー格といえる長谷川は、「母である女性」という言葉を前面に出し、「各自身に応じた動きを、国に捧げたいものである」と女性に戦争協力を促した。[48]

しかし、雑誌『輝ク』のメンバーがみんな同じ方向性から戦時協力を考えていたわけではない。代表

昭和十二年十月十七日　輝ク　第五年第十號　（一）

昭和八年七月廿八日第三種郵便物認可（毎月一回十七日發行　十五日印刷）

★黎明は近づく——われらのゆく手！　さんさんたる光の中に立つわれら！

輝ク

皇軍慰問號

わが將士を想ふ言葉

岡本かの子

出征軍人將士となりたまふ時、日本男子は既に神なるを感じる。一體光る。その萬億の光、合して今、唐土の野に續々と進み給ふを感ずる。

今し、日本の秋の金風に、鉞を振つて出で立たんとする軍馬も赤、神の光を放つ。人間の女の私がふかく〳〵頭を垂れて袂別の禮をばなせり。

何故に戰ふかを問ふは既に人類中の閑人である。既に戰ふ現象中にあつて、誠意それに當つて勝つこそよけれ。人力以上の氣魄あつてこそ大敵に勝つ。たとへ寸時分時の敗れありとも大局に於て勝つ。武器は双方にあつて備ふるところ。誠意と優秀なる氣魄を備へ、人類の絶頂所に達したる剛偉切實なる魂あつて遂に勝つ。

あゝ、一心凝つて大君を想ひ、祖國同胞を憐むが爲めに身を忘れて戰ふ男士よ。

たましひ光り給へるわが日本の將士達よ。君達を遠く送りて淋しけれども、今、日本の秋は晴れに晴れて國土豐饒のみのりに惠まる。

女子は、もすそをかゝげて銃後の役に、また愼ましく賢き家所に、おん身等が殘したまへる父母、愛し妻、可憐なる子達の護りに、いそしみつゝあり。今や君が祖國の、日本女性等こそ、君達の男々しき光に對照して、優しく凛々しき光となり銃後の國に充ち滿つるを知り給へ。

さらば、朝には朝の陣を、夜はまた遠き夜陣の君達をひたすら想ふ祖國日本の女性より。

銃後の心

永瀬清子

泥土の中に陽はのぼり
苦しき夏もすぎ去れば
早や近づける極寒の
高粱はためく胡砂の風

東洋平和の礎と
さゝげて悔ひぬをのが骨
君いまいづこに戰ひて
破邪の劍を振へるや

とる手をそしと日毎みる
新聞紙上の寫眞面
をのれをすてし將卒の
いづれも顔の美しき

眠りもふかき東洋の
光り輝く平和鋳
はや目覺めませ國のため
わが兄弟や夫のため
（遠空の詩にてうたはれ度し）

母のたより（××にて）

大田洋子

××は出征兵隊さんの落ちつき場所で、丁度戰爭場のやうです。送る人、送られる人それに對する深山の巡査さん馬が走る、車が走る、タンクが何十と大きな音を立てゝ止る。トラックは若い兵隊さんを桃の山のやうに積んで走る兵隊さんの行列がラッパを吹いて軍歌をうたつてどこまでも續く、港は人がいつぱいなので、町內の人は皆旗を持つて戶外へ竝んで、アイス、キヤンデーや氷のぶつかきを持つて行列を待つてゐるが、兵隊さんは立止つてそれを受取る暇がないので、皆行列を追つて行つて渡す。どこの誰ともわからぬ兵隊さんが、今は皆がわたしの息子のやうな氣がいたし、可愛ゆくいとほしく思はれます。

夜中に兵隊さんの宿のふれいが出る、此間はうちへ五人來られるとふれが出たのが夜の十二時で、二時に來られるとのことで、西瓜を買つて來て井戶につるすやら、風呂を沸かすやら、五もく御飯を炊くやらして待ちましたが、來られたのは三時でした。

馬の調練や積荷でとても忙しいとのことで、上つてゐる時間はないと申され、靴のまま玄關へ頭を竝べて眠られました。××の××部隊の人たちでした。戰爭へ行つたら便りをするとのことで、名前を書いてゆかれましたが、私はその若い五人の兵隊さんを生涯忘れますまい。

又時にはほゝゑましいこともあり、自分のヘンゴウが無いと云つてベソをかいてさがし廻り、上の人に叱られたりする人もあり、本部から大きな西瓜やキャラメルやお辨當を買つて來て嬉しさうにしてゐる人もあり、昨日は若い將校が靴で足を痛めて、ヘチマがほしいと云はれ、買ひにゆく暇がないとのことで、私が買ひに行つて上げました。お金は要らないと云ふのに、とう〳〵傍の石の上におかれましたので、それも私は獻金箱へ入れておきました。

青空訪問　時雨

私が映畫を作製するならば——映畫とはいふものの、その全くは實現したい望みを多分に持つ空想なのだが——曙の光が流れるのを合圖に、空にパアンと一つぶの點がはぢけると、忽ちに夜空の星のやうに無數の細かいきらめかしいものが撒らばる。と、見る間にそれは花傘のパラシュート、降りこぼれてくる花少女たちの群れとなる。

この、無數の天女の一團は、大きな一輪の花でありもすれば、その大きな花がまた集れば、一團は全體での一ツの花しべにしかすぎない。繽々とみだれ、翩翻とひるがへり、錯台し、幾千條の彩虹と亂舞し、見るかぎりの空一ぱいに、彼女たちが、彼女たちによつてあなた方の目の前に描きいだす空中文字は、

國民の感謝！

また、かうも書くだらう。

故國の空は守る。

お心安かれ！

中空からの慰問、空のページエント、その準備こそ、ちつとばかりおくれたが、やがて、その希望も達しるだらう。私たちはいま、兩手を擧げてお腹の底から叫んでゐる。

ありがたうみなさん、ほんとに有がたうみなさん、お互に日本の子です——

通巻五五號　（一部五錢）一年五十錢

図 7-6 『輝ク』の「皇軍慰問号」（1937 年 10 月 17 日）。雑誌『輝ク』は，この号から戦時協力を本格化した。

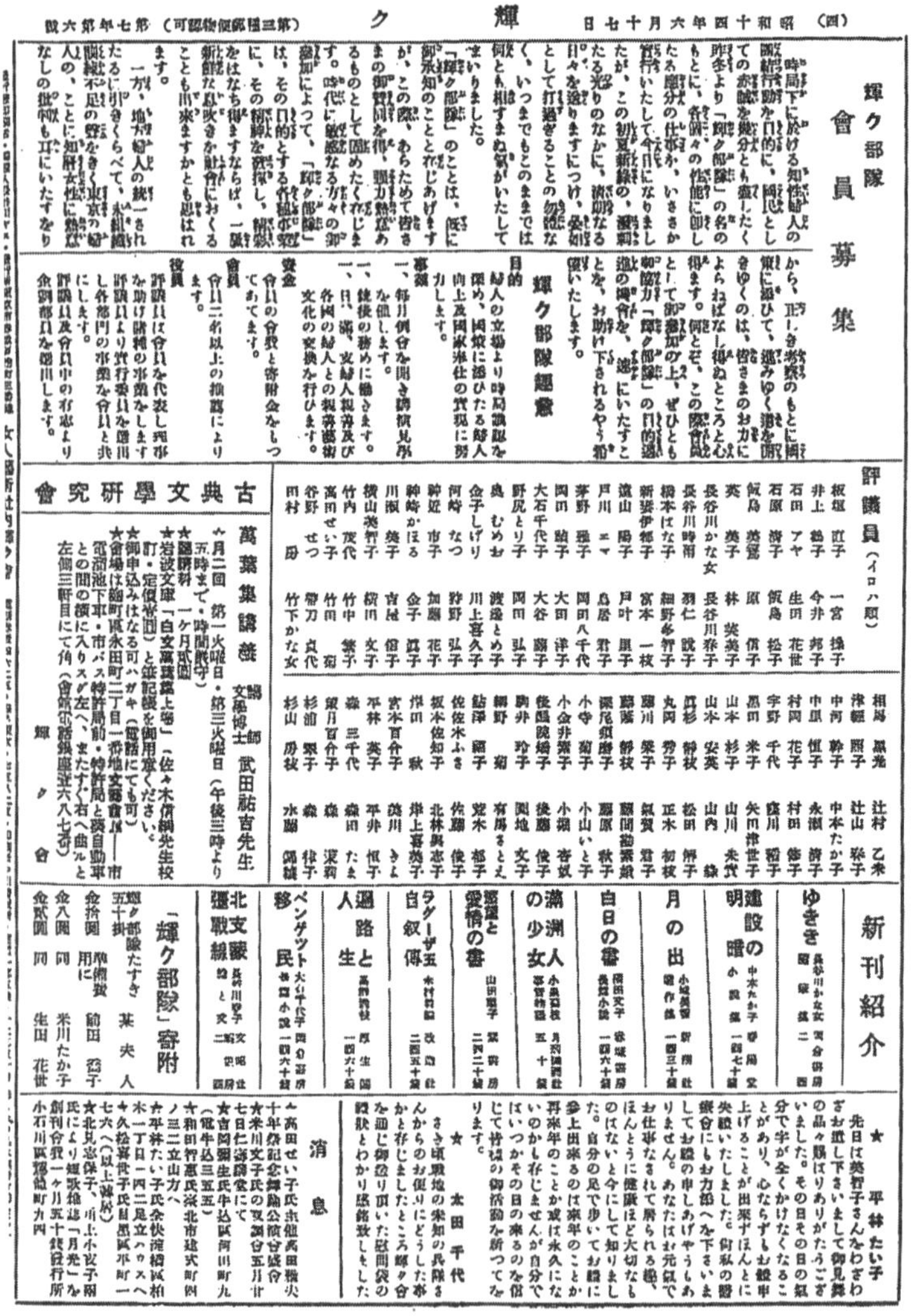
（四）　昭和十四年六月十七日　輝ク　（第三種郵便物認可）第七年第六號

輝ク部隊 會員募集

時局下に於ける知性婦人の戰線的行動を目的に、同志としての赤誠を幾分とも盡したくて昨冬より「輝ク部隊」の名のもとに、各個々の性能に即したる應分の仕事を、いささか實行いたして今日になりましたが、この初夏新綠の、潑剌たる光りのなかに、清明なる日々を送りますにつけ、晏如として打過ぎることの勿體なく、いつまでもこのままでは何とも相すまぬ氣がいたしてまいりました。

「輝ク部隊」のことは、既に御承知のことと存じあげますが、この際、あらためて皆さまの御賛同を得、強力熱烈なるものとして固めたく存じます。時代に敏感なる方々の御參加によって、「輝ク部隊」は、その目的とする各種の奉仕に、その精神を發揮し、一層光をはなち得ますならば、一層新鮮な息吹きを社會におくることも出來ますかとも思はれます。

一方、地方婦人の統一されたるに引きくらべて、未組織團體の不足の聲をきく東京の婦人の、ことに知識女性に熱烈なしの批判も耳にいたすなりから、正しき考察のもとに國策に添ひて、進みゆく道を開きゆくのは、皆さまのお力によらねばなし得ぬところと心得ます。何とぞ、この際會員として御參加の上、ぜひとも御協力「輝ク部隊」の目的遂行の機會を、速にいたすことを、お助け下されるやう切に願いたします。

輝ク部隊趣意

目的

婦人の立場より時局認識を深め、國策に添ひたる婦人向上及國家奉仕の實現に努力します。

事業

一、毎月例會を開き講演見學等を催します。

一、銃後の務めに勵みます。

一、日、滿、支婦人親善及び各國の婦人との親善藝術文化の交換を行ひます。

資金

會員の會費と寄附金をもつてあてます。

會員

會員二名以上の推薦によります。

役員

評議員は會員を代表し理事を助け諸種の事業をなします。評議員より實行委員を選出し各部門の事業を會員と共にします。

評議員及會員中の有志より幹事部員を選出します。

評議員（イロハ順）

板垣直子　一宮操子　井上鶴子　今井邦子　石田アヤ　生田花世　石原清子　飯島松子　飯島英雅　原信子　英美子　林英美子　長谷川かな女　長谷川春子　長谷川時雨　羽仁説子　根本はな子　細野多賀子　新妻伊都子　宮本一枝　遠山陽子　戸叶里子　戸川エマ　鳥居君子　茅野雅子　岡田八千代　岡田禎子　太田律子　大石千代子　大谷藤子　野尻とり子　岡田弘子　奥むめお　渡邊とめ子　金子しげり　川上喜久子　河崎なつ　狩野弘子　神近市子　加藤花子　神崎かほる　金子眞子　川瀬美子　吉屋信子　横山美智子　楼川文子　竹内茂代　竹中繁子　高田せい子　竹田菊　谷野せつ　帯刀貞代　田村母　竹下かな女

相馬黒光　辻村乙未　津軽照子　辻山春子　中河幹子　中本たか子　中原恒子　永瀬清子　村岡花子　村田ゆき子　宇野千代　窪川稲子　黒田米子　矢田津世子　山本杉子　山川菊栄　山本安英　山内緑　真杉静枝　松田解子　丸岡秀子　正木初枝　藤川栄子　氣賀君子　藤蔭静枝　藤間勘素娥　深尾須磨子　藤原秋子　小寺菊子　小山いと子　小金井喜美子　小堀杏奴　後醍院嬌子　後藤俊子　駒井玲子　圓地文子　網野菊　有馬さとえ　鮎澤露子　荒木郁子　佐佐木ふさ　佐藤俊子　坂本佐知子　北林與志子　岸田秋　井上喜美子　宮本百合子　鶴川きよ　平林英子　平井恒子　森三千代　森田たま　望月百合子　森茉莉　杉浦翠子　森律子　杉山房枝　水島錦綾

古典文學研究會

萬葉集講義　講師　文學博士　武田祐吉先生

六月二回　第一火曜日・第三火曜日（午後三時より五時まで・時間嚴守）

★聽講料　一ケ月貳圓

★岩波文庫「白文萬葉集上卷」（佐々木信綱先生校訂・定價壹圓）と筆記帳を御用意ください。

★御申込みはなる可ハガキ（電話にても可）

★會場は麹町區永田町二丁目一番地文藝會館——市電溜池下車・市バス特許局前・特許局と東京自動車との間の横に入りスグ左へ、またすぐ右へ曲ルと左側三軒目にて角（會館電話銀座六八七番）

輝ク會

新刊紹介

ゆきき　長谷川かな女

建設の明暗　中本たか子

月の出

白日の書　横田文子

滿洲人の少女　小泉菊枝

感謝と愛情の書

ラゲーザ玉自叙傳　木村毅編　改造社

道路と人生

ベンゲット移民　大石千代子

北支蒙疆戰線　長谷川春子

「輝ク部隊」寄附

輝ク部隊たすき五十掛　某夫人

金拾圓　準備費用に　鈴田滋子

金八圓　同　米川たか子

金貳圓　同　生田花世

消息

★平林たい子　先日は英智子さんがわざわざお見舞の品々贈りましてありがたうございました。その日その日の氣分で字が全くかけなくなることがあり、心ならずもお禮申上げることが出來ずほんとに失禮いたしました。何私の爲に會にもお力添へ下さいまして御禮の申しあげやうもありません。あなたはお元氣でお仕事なされて居られる由、ほんとうに健康ほど大切なものはないと今にして知りました。自分の足で歩いてお禮に參上出來るのは來年のことか再來年のことか或は永久にないのかも存じませんが自分ではいつかその日の來るのを信じて皆樣の御活動を祈つてをります。

★太田千代　さき頃戰地の未知の兵隊さんからのお便りにどうした事かと存じましたところ輝ク會を通じ御送り頂いた慰問袋の禮狀とわかり感銘致しました。

★高田せい子氏　舞踊十年祭記念舞踊公演會盛會

★米川文子氏の箏調會五月廿七日仁壽講堂にて

★吉岡彌生氏　牛込區河田町九（舊牛込三五五）

★和田智惠氏

★平林たい子氏

★久松喜世子氏

★北見志保子氏により短歌雜誌「月光」を創刊

図 7-7　「輝ク部隊 会員募集」と，役員である「評議員」名簿が載っている『輝ク』（1939 年 6 月 17 日）。

である長谷川時雨は自らの立ち位置を、兵隊を送りだす銃後に置いていたのに対し、林芙美子は「看護婦でも何でもいゝから戦地へついて行きたい気持ちもする」(「感想」一九三七年九月一七日)という異なる位置から発言していた。日本帝国は敗戦するまで女性を兵力として動員せず、銃後での支援に限定するジェンダー分離体制をとった。そのため、戦死して「軍神」になる「栄光」から女性は排除されていたのだが、例外的に従軍看護婦として殉職すると靖国神社に祀られた。[49] ここに注目して金井景子は、従軍した女性作家たちも「靖国に合祀される可能性をもつ一握り」の例外であったとする。総力戦体制のジェンダー編成において、「女性に与えた「指定席」は「靖国の母」(上野)という時代にあって、戦地へ赴き現地報告をすることで報国した女性作家たちは、戦死すれば軍神になりえた極めて特権的な存在であった[50]」という興味深い指摘をしている。女性従軍作家として「私」を語る芙美子の視点は、自らを「母」という位置に置くものではなかった。先述の長谷川をはじめとする「輝ク部隊」のメンバーがあらゆる女性を「母」という位置に縛り付ける態度を認めつつも、自らはそれとは距離を取った。

先述した通り、内閣情報部は、一九三八年八月二三日に「文壇を動員して、長期戦下の民論昂揚に乗り出す」ために「漢口陥落を描けと文芸陣に〝動員令〟」(『朝日新聞』八月二四日)を出した。その翌日の『朝日新聞』には、「予定の人員を超過」するほど作家たちの参加希望が集まり、菊池寛が人選に悩む様子が伝えられる。同じ記事の中で、芙美子は「是非ゆきたい、自費でもゆきたい、(中略)女が書かなければならないものが沢山ある[51]」と戦場に行きたい思いを披歴する。そして、芙美子は銃声が飛び交う戦線で兵士と行動を共にした強みを、帰国後の講演や文筆活動で遺憾なく発揮していく。

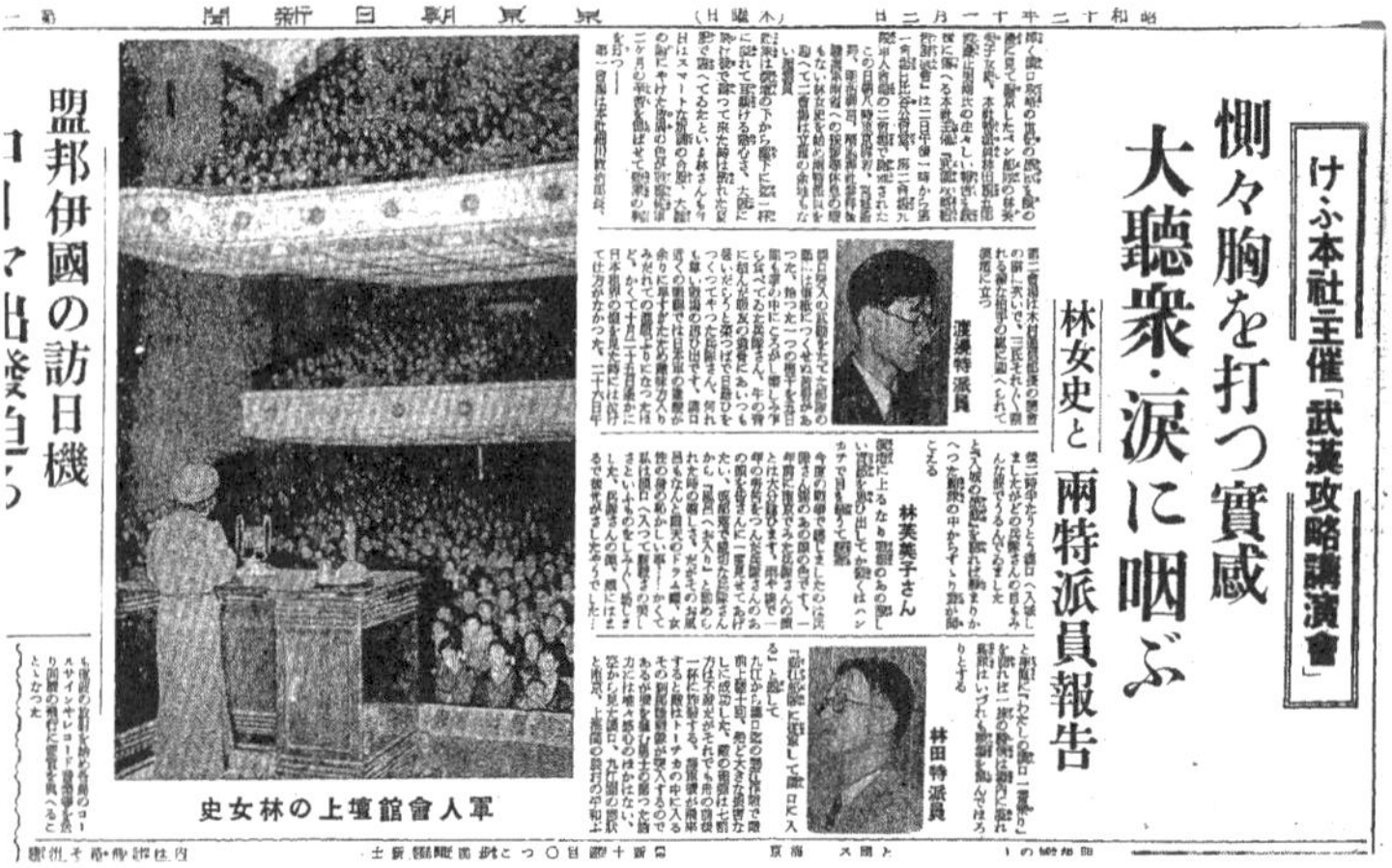

昭和十三年十一月三日　（木曜日）　東京朝日新聞

けふ本社主催「武漢攻略講演會」

惻々胸を打つ實感
大聽衆・涙に咽ぶ
林女史と兩特派員報告

渡邊特派員

林芙美子さん

林田特派員

軍人會館壇上の林女史

盟邦伊國の訪日機

図 7-8　『朝日新聞』1938 年 11 月 3 日。林芙美子と『朝日新聞』特派員の講演会は，日比谷公会堂がほぼ満席になるほど大盛況であった。読者の関心の高さが窺える。

今度こそ本当に弾丸の飛んで来る第一線に従事しました、女の身で、とよく仰しやいますが、それだけによく気を使ひました〔、〕朝も兵隊さんよりは必ず早く起きて身支度をしました、だつて兵隊さんの足手まとひになつては切腹しても御詫びしきれませんものね(52)

芙美子は、「男の文士方も大部分お帰りになつたあと」であることをさり気なく強調し、自分が女性の立ち入り禁止区域である戦線に足を踏み入れた特別な女であることを前面に押し出しつつ、「女」と「兵士」の媒介者であろうとした(53)。一九三八年一一月二日に行われた「武漢攻略講演会」の記事は、広い日比谷公会堂を埋め尽くした観客と芙美子の後ろ姿の写真と共に報じられた（図7-8）。ここで彼女は「今度の戦争で感じましたのは兵隊さん達のあの顔の色です、一年前に南京でみた兵隊さんの顔とは大分違ひます、雨や埃で一年の労苦をつんだ兵隊さんのあの顔を皆さんに一度見せてあげたい」と涙声で語っている。[54] 一九三七年一二月の南京陥落後に戦線の兵士たちと入城した時の自らの記憶を想起させながら、兵士たちへの深い思いから感極まって涙まで見せるのである。

『朝日新聞』主催の慰問婦人の座談会「私達は何を感じたか?」では、戦線では「兵隊さんと一緒にゴロ寝して過ごした」と言い、[55] 兵士たちとの距離の近さを際立たせた上で、兵士たちが「子供・女性・母」たちに何を求めているのか彼らの気持ちを代弁するかのような口調で読者に語る。[56]「〃愛〃に飢ゑて居る」兵士たちが「お母さんの愛、子供の愛、殊に故国の女性の愛をどんなに求めてゐるかといふことを切実に感じ」たと述べ、慰問袋よりは手紙を送ってほしいと言うのである。[57]

このような芙美子の発言に対して、「女性の声」欄は「女史は五千万の我が女性を代表して漢口へ入城した」(平井恒子「林芙美子女史へ」『朝日新聞』一九三八年一一月二日朝刊)、「林芙美子さんの此の行がどんなに兵隊さん達を温かい感激で充たし、銃の前と後に隔たる心同士を結んで下さつた事かと感謝せずに居られない。林さん、心から有難う!」(三鷹村・三田かすみ「女性の声 林さん、有難う」『朝日新聞』一九三八年一一月四日朝刊)と好意的な反応があふれた。「銃の前と後」を結んでくれたという感謝の言葉は、女性と兵士の媒介者として芙美子の役割が承認されたあらわれである。林芙美子の声は、内地の女性だけに届けられたわけではなかった。小説家「林芙美子」は、植民地朝鮮の日本語リテラシーの高い女性たち、すなわち主に中産階級以上の教養のある女性あるいは、上昇志向の高い女性たちの期待を背負う記号でもあったのである。

4　女たちの内鮮一体

林芙美子がはじめて朝鮮の読者の前に姿を見せたのは、文芸銃後運動の講演会であった。彼女は小林秀雄、河上徹太郎、新居格と共に、一九四一年一〇月二〇日から一一月三日まで、大田・京城・平壌・咸興・清津を回った。芙美子は、「元祖バックパッカー」[58]と言われるほど移動を繰り返していた。その経験から誕生した『放浪記』（改造社、一九三〇年）と『続放浪記』（改造社、一九三〇年）は相次いでベストセラーになり、芙美子はその印税で内地の外へと移動範囲を広げていく。一九三〇年八月半ばから九月末までハルビンなど中国大陸を旅行し、一九三一年にはシベリア鉄道に乗り、パリ、ロンドンで半年以上過ごした。彼女がもっとも好む旅行先の一つが中国大陸であった。しかし、中国はペン部隊として、あるいはメディアとの契約によって戦場を経験した場所でもあった。一九四二年一〇月末から翌年五月初頭までは、陸軍報道部報道班員としてシンガポール、ジャワ・ボルネオに滞在している。

台湾や朝鮮など植民地に対しては、積極的に訪問したいほどの関心はなかったように思える。台湾については、一九三〇年一月には台湾総督府の招きで毎日新聞社主催の「婦人文化講演会」に参加しているが、それを除くと一九四三年五月に南方からの帰りに一泊しただけである。朝鮮についても、一九三一年四月にパリへ向かう途中と、一九四〇年に北満へ向かう途中に立ち寄り、あとは一九四一年に小林秀雄らと文芸銃後運動の講演旅行をしただけである。台湾訪問をめぐってはいくつかのエッセイを残しているし、小説の題材にもしているが、朝鮮に関してはほとんど見当たらないことから、まったく興味がなかったようだ[59]。

しかし、朝鮮で芙美子の人気は高かった。管見の限り、日本の植民地支配の時代に、雑誌『文章』を除くと、林芙美子の小説やエッセイなどは朝鮮語訳されていない。それにもかかわらず、梨花女子専門学校の学園生活を特集した雑誌『三千里』では、学生がもっとも好む作家として名前を挙げたのが、まさにペン部隊で派遣された林芙美子と吉屋信子であった[60]。一九三〇年代後半になると雑誌『女性』に「東京の留学生はもちろんこの頃朝鮮内の中学生までもが朝鮮の本は読まないし、つまらないものだと決めつけている」という文章が見られるほどである[61]。内地から移入される日本語の単行本、新聞、雑誌は新刊、古本、図書館、輪読（回し読み）などの様々な経路で植民地空間に拡散していった[62]。

林芙美子がはじめて京城に姿を見せた、文芸銃後運動の講演会（一九四一年一〇月二四日）は、大盛況であった。この日の様子について、小説家の李石薫は創氏名である牧洋の名で以下のように伝えている。

東京の文人達による文芸銃後運動の京城講演会をきいた。講師は小林秀雄、河上徹太郎、林芙美子、新居格等の諸氏で、氏等が日本文壇の中堅として知名の人達であるだけに、さしもの府民館も定刻前既に満員と云ふ盛況振りだつた。聴衆は学生を始めインテリが大半で、若い女性達が相当多数押掛けて来てゐたのは「放浪記」、や「聖貧の書」《ママ》の作者林芙美子の影響なのだらうか。氏等の壮挙には敬意を表しておく[63]。

これは京城帝国大学教授の津田栄が創設した緑旗連盟が刊行した日本語雑誌『緑旗[64]』に掲載された一

節である。小説家・金聖珉は小説『緑旗連盟』（羽田書店、一九四〇年）の「作者のことば」で「「緑旗連盟」とは現下の朝鮮に於ける内鮮一体化運動の標語」であり、「半島人の皇民化運動の尽す」ところの多い団体であると述べている。この『緑旗』で、皇民化運動（図7－9）に協力的な「聖地参拝通信」「進もう日章旗と共に」などを書いていた李石薫が、講演会の様子をまとめている。ただし、李の報告は単純に内地からの著名人を称賛するものではなかった。例えば、「注意力を集中し一言もきゝもらすまいと努力しない限り、何が何んだかさつぱり訳が分らない程の速口調」で、話にまとまりのない小林秀雄の講演を批判したり、京城を京都に例える芙美子を皮肉ったりしている。そんな李なので、若い女性が目立つ観客席や、芙美子が登壇すると「ひとしきり拍手が鳴りも止まな」い雰囲気に、「やつぱり女流作家は割りがいゝわいと思つた」ともらすほど、この日の講演会になじめなかったようである。

李石薫によると、在朝日本人だけではなく、朝鮮語に訳されていない『放浪記』を日本語で読んだ朝鮮人読者もたくさん押し掛けた講演会で、芙美子は「銃後婦人問題」というタイトルで、『戦線』『北岸部隊』に結実した従軍経験を語った。

揚子江岸方面へ従軍した時のことを語り、形にとらはれずに出征軍人に対し銃後の気持を伝へて欲しいこと、お花やお茶や、お料理は形式にとらはれず自己の生活の実情に即して創意ある工夫をすることを主張したのはよいと思つた。

先述した戦線の兵士と銃後の女性の媒介者という立ち位置からの語りは、内地の講演会と同様な構図

諸名士に訊く・ハガキ訪問（到着順）
戰時下の朝鮮に何を期待するか

佐藤春夫（詩人）
すべて内地同樣に考へますけれど、その地理的關係と人智の程度とに鑑み、特に流言を愼んで人心の動搖とスパイの跳梁とに用心すべきかと存じます。爲政者の方には民を安んぜしむる用意を期待してゐますが、これは別に申しません。一たい現今は、庶民よりも官公吏、それも上層ほど緊縮の必要ある時代かと愚考致します。右愚答のみ。

高濱虛子（俳人）
取り敢へず豊年なるを祝福す。

林房雄（小說家）
私は半島の文學に注目してをります。最近では李光洙、李泰俊兩君の作品集を讀んで非常に感服いたしました。その激しさと美しさ、深い悲しみと慟哭は我々内地の者にもよく解ります。朝鮮の美しさは李朝の壺にのみあるのではありません。半島の同胞の美しさと激しさは、そのまゝ内地人の胸にと傳ります。
戰時下の半島にのぞむことは、この「魂の高さ」の發揮だけであります。

鈴木正文（朝日新聞）
朝鮮同胞に大らかな建設的氣魄を望みたい。
戰ひはそれ自體いゝことではないかも知れぬが、戰爭は民族を鍛へる。戰後日本はむろん、支那も、その他各民族も、鍛へなほされた民族生命力を提げて新しい歴史を出發するでせう。朝鮮同胞も、この戰ひの裡で鍛へなければ又歴史に遲れる。それには、大らかな建設的精神を民族として身につけなければならぬ。些々たる不平や非建設的小乘的批判なんか並べてブツ〳〵言つてゐると、また歴史から轉落するほかない。
日本も新なる日本になる。半島同胞もこの新なる日本の中に溶け込んで立ち上る。この根本的な認識をもつことを何を措いても半島同胞に要望したい。爲政者もこの線に沿つて、政治に一層の魂を持たせてほしい。

江田俊雄（駒澤大學教授）
その全的徹底的日本化、これである。然らずんば、半島は大日本構成の一要素として、超非常時下の日本の手足の如く働くことが出來ないであらう。
こゝに半島の日本化の具體的二方法として要望したきことは、
（一）創氏制の徹底。國民教育の重大なる任務を分擔せる各種教育者に、せつに望む。
（二）朝鮮佛教の日本化。最近つけ燒刃の不徹底なる總本山制できたる如きも積弊依然たるべし。今日現代宗教の日本化の傾向にあるも、漸を逐ふの意味にて朝鮮佛教に對して、先づ日本佛教の輔導を受くべき制度を造るの要あるを思ふ。

大竹十郎（朝鮮[illegible]會會長）
愈々益々「皇國臣民ノ誓詞」の趣旨を徹底せしむる事、眞に切要と存候。

張赫宙（小說家）
眞の内鮮一體の實現。
——在半島の内地人は眞心から内鮮一體運動を支持してゐるか。半島人の態度はどうであるか。
——この兩者の積極的な努力によつて始めて成るものであることは再論をまたないが、戰時下國民緊張の折こそ絶好の時期であると思ふ。

池田林儀（報知新聞）
大政翼贊運動の根本精神たる生命體國家の建設理念を深く確實に認識することを希望します。之によつて東亞共榮圏の意義を知ると同時に、半島の地位及使命をはつきりと認識することが出來ると信ずるからであります。
現下の半島への期待としては、この意味から「生命體國家理念の認識」の外はありません。

図7-9 『緑旗』1941年10月号。「諸名士に訊く・ハガキ訪問（到着順）戦時下の朝鮮に何を期待するか」のように，朝鮮人を「同胞」として呼びかけながら励ます，内地からの著名人の言葉が並ぶことも多い。

を持っていたようだ。芙美子を前面に押し出した『朝日新聞』のメディア・イベントは朝鮮の読者も巻き込んだ。

また、芙美子のもう一つの従軍記「北岸部隊」を掲載した『婦人公論』は、当時朝鮮で読者が急増していた媒体である。女性雑誌の動向について総督府警務局は、「婦人雑誌にありては従来主婦之友圧倒的勢力を有し年々増加しつゝあるも婦人倶楽部、婦人公論の如きも亦其の移入部数漸時之に近づきつゝあ」[65]ると分析しており（表7−1も参照）、これは先述した雑誌『女性』の座談会で話題となった朝鮮の女性たちの読書傾向と合致している[66]。

一九三八年に入ると女性雑誌の戦時色はますます強まる。だからと言って植民地朝鮮での人気が衰えることはなく、むしろ移入部数は増えていく。しかし、たとえ内地で合法的な出版物であったとしても、思想や風俗にかかわる言葉は朝鮮で異なる意味を持つ可能性があり、朝鮮へ持ち込めないものも多かったことに留意しなければならない(67)。このような情報統制システムを経由して移入される単行本、雑誌、新聞に触れることができる人々にとって、人気媒体の常連であり、連日メディアを賑わせる林芙美子は無視できない作家であった。

しかし、芙美子の講演や戦争協力の言葉は、内地と朝鮮で同じ響きを持っていたわけではない。芙美子のいう「兵隊さん」は内地の日本人を指していた。植民地朝鮮では一九三八年四月から「陸軍特別志願兵令」が発布された。導入直後の志願兵の選考基準は厳しかった。志願者の資格として、六年制の小学校の卒業者であること、民族運動や共産主義運動に加担したことがないこと、日本語の口頭試験に合格することが求められた。一度入所した者は自分の意思で退所はできない。陸軍特別志願者訓練所で半年間にわたる「訓育と普通学科、術科、精神訓練に重きを置く教育を受けた」。このような教育について権学俊は「兵士育成の方針というよりも、植民地統治政策の一環として志願兵を朝鮮人の手本にしようとしたもくろみが読み取れる」と指摘している(68)。一九四〇年には志願者の資格を四年制小学校卒に下げるなど募集条件を緩和する。このような条件を満たすことのできる朝鮮の志願兵は、一九三九年七月に国民徴用令(内務省・厚生省次官通牒)の「朝鮮人労務者内地移住ニ関スル件」に規定された集団的強制連行の対象者とは違う階層の人々であった。また、主に軍隊を支える底辺の労働力と見なされていた朝鮮人と、内地の日本人を暗黙の前提とする「兵隊さん」の間には、民族の位階構造がそのまま投影されていた。このような戦争協力の分裂した様相は、朝鮮の女性にもはっきりとあらわれた。

芙美子は戦時協力にあまり積極的でない若い女性に対するもどかしさを繰り返し表現した。例えば、長谷川時雨と平井恒子を銃後の女性代表として据えた、「林芙美子女史に聴く会(1)今・母国の土を踏んで漢口従軍を語る」(『朝日新聞』一九三八年一一月五日)では以下のようなやりとりがみられる。

林芙美子氏　支那の女軍のやうに鉄砲を持つて行くことだけが戦線においての女の仕事ぢやないと思ひます、ミシン部隊とか、給水部隊とか、衛生部隊などといふものに女の人がもつと出て行つていゝのぢやないかと思ひますね、私が帰つて来て感じたことは若い娘さんが(中略)何か情熱を持つてもらつて欧州大戦の時にドイツの女性が率先して看護婦を志願したやうに、さういふことを志願する人はゐないものかと思つて淋しい気が致しました

平井恒子氏　国内の若い女の人がさういふ風に戦争とは離れたやうな状態で生きてゐるといふことはどこに原因があるとお考へになりますか

林氏　或ることについては私自身にも分ります、女は家にゐて子供を守つてゐればいゝんだといふやうな考え方です、しかし戦場にさまぐ〳〵な兵隊さんがゐる如く、さまぐ〳〵な女性がある筈です、家を守るべき人は家を守る、看護婦になる人はなるといふやうに何か激しい生活力を持つてもらひたいのです

ここで若い女性が「戦争と離れたやうな状態で生きて」いる原因の一つとして、女性を「母」として家に縛りつける規範の問題があると指摘する芙美子は、「激しい生活力」を持つ好例として従軍看護婦

東京朝日新聞　第一萬八千八百八十七號　昭和十三年十一月五日（土曜日）

家庭

今・母國の土を踏んで 漢口從軍を語る

林芙美子女史に聽く會（1）

女性の働く分野

ミシン部隊の活躍を見て

新しい材料が續出 革製品が生み出した流行 ・ハンドバッグ形も千變萬化

社會の一隅に身を置く 弁護士試驗に合格の女性

久米愛

図7-10　『朝日新聞』1938年11月5日。林芙美子の従軍経験を聞く企画である。芙美子の発言に対する読者の反応も交互に掲載されていく。

を勧めるのである[69]。芙美子の苛立ちは、上野千鶴子のいう「「国家総動員」にあたって最後まで日本が「ジェンダー分離」体制を崩さな」いことへの不満ではない[70]。ただ「母（になる／である）」という位置に止まるのではなく、戦時下に合わせる形で女性はそれぞれ自分に適した役割を見出す必要があることを促しているのである。それが「激しい生活力」に込められた意味である。このような芙美子の言葉を、『朝日新聞』は「銃後の女性がひとしく渇望してゐた同性の現地報告であり、今後の日本女性の行くべき道も示」すものとして掲載した（図7-10[71]）。

様々な女性があるはず、と多様な役割を訴える芙美子の議論は、女性の戦争協力が本格化し、皇民化政策が進む植民地朝鮮があってはじめて成り立ったことを忘れてはならない。日本では母親の役割が「軍国の母」のような形で社会的に拡大されていくが、朝鮮では「狂信的な母性称揚の様相を見せていな」かった。朝鮮では「女性に対しては、産む母たることを奨励しない一方で労働者・娼婦として動員することとひきかえに、内地女性に対しては、産む母たること、良き妻たることを奨励していた[72]」。その理由について、川本綾は「母性称揚がアジア諸国の先頭に立つ日本民族の優秀性を示すものとして利用されたため、植民地朝鮮では適用がためらわれた」のではないかと述べている。これについては細かな検討が必要であるが、朝鮮で皇民化政策を遂行する際、「日本人女性を模する」よう求めて女性たちの内鮮一体が進められたのは確かである[73]。このような帝国の政策と林芙美子のいう多様な女性の役割を、植民地朝鮮の文脈にあわせて見事に変奏させたのが小説家・崔貞熙である。

5　朝鮮の林芙美子＝崔貞熙

林芙美子と崔貞熙は、芙美子が文芸銃後運動の講演会に出席するため京城を訪れた時に出会った。崔貞熙は植民地朝鮮の代表的な女性作家である。崔は一九三一年のデビュー以来、植民地支配、解放、朝鮮戦争、四・一九事件、五・一六軍事政変、ベトナム戦争など激動する朝鮮半島を舞台にした小説を、五〇年にわたって書き続けた。韓国の女性作家としては珍しいケースである。彼女は一九二九年から一年半ほどの短い東京留学を経験している。東京では三河幼稚園で保母として働きながら、学生芸術座に参加した。帰国後、一九三一年に三千里社に入社し、記者をしながら短編小説「정당한 스파이（正当なスパイ）」でその年文壇にデビューした。一九三四年二月には朝鮮プロレタリア芸術同盟（カップ）事件で逮捕され、翌年一二月に無罪放免される。この時期までは社会主義傾向の作品を書いており、警察に

監視されていた。

一九三〇年代に入ると、一九二〇年代に女性解放を強く訴え脚光を浴びた新女性たちの勢いがなくなる。女性作家は、「より賢明な方法で社会制度の中から自らの居場所を探すための努力をした。その過程で登場したのが母性言説である」[74]。その先頭に立ったのが社会主義的な小説から距離をおいた崔貞熙である。また、四〇年代に入ってからは戦争協力的な文学活動に力を入れていくことになる。現在、崔貞熙については、「女流らしい女流」という評価と、「まるで男のような女性らしくない作家」という評価に真っ二つに分かれている[75]。それは彼女の作品の変化にも表れている。

日中戦争以後、戦争協力した代表的な女性作家として、毛允淑・張徳祚・崔貞熙が挙げられる。彼女らは作品や講演会などで積極的に戦争協力を訴えたからである。そうした皇民化政策に応えた日本語の小説は七作品が確認されており、そのうち崔貞熙の作品が六篇を占めている[76]。

①「幻の兵士」『国民総力』、一九四二年二月
②「二月十五日の夜」『緑旗』、一九四二年四月
③「黎明」『夜談』、一九四二年五月
④「薔薇の家」『大東亜』、一九四二年七月
⑤「野菊抄」『国民文学』、一九四二年一一月
⑥「徴用列車」『半島の光』、一九四五年二月

繰り返しになるが、崔貞熙が林芙美子にはじめて直に会ったのは、一九四一年一〇月である。彼女が日本語創作を開始する半年ほど前である。その日のことについて、崔は「林芙美子と私」という日本語のエッセイを書いている。(77)

何時から私は林芙美子が好きになつたか判らない。あまり好いたゝめであらうか誰からともなく、朝鮮の林芙美子だと云はれたりしたこともあつた。私はさう云はれて不愉快とも思はなかつた。（中略）もともと私と云ふ女は自分の好きな作家になると恋人にでも対する様な感情を抱くのが普通であることはあるのだが女の作家を夢の中に見たりしたのは林芙美子だけであつた。（中略）それで私は彼女のものならどんなものでも読む氣になつた。紀行文などにはあまり興味を持たないのだが彼女のものは読んだ。読んで彼女が景色より人間に愛着を持つたりしたところに心がひかれたのである。人間の中でも常に不遇な人間、貧し人間、弱い人間に愛着を持つのであつた。（中略）十月二十四日、彼女が京城へ来た。彼女に逢つた初めの印象はたまく夢の中で見た彼女と大した違ひがなかつた。（中略）彼女は京城が好きになつたと子供の様にはしやいでゐた。自分は旅が好きであつて安東県までよく行つたことだが京城に友達がゐないので寄らなかつたと後悔してゐた。これからどんく朝鮮の文学、朝鮮の美術を勉強するのだと云つてゐた。今までは李泰俊さんの『福徳房』などを読んだゞけだと云つてゐた。

崔貞熙がいつから芙美子の作品を読むようになったのかはわからない。『放浪記』は朝鮮でも広く読

林芙美子と私

崔貞熙

何時から私は林芙美子が好きになつたか判らない。あまり好いたゝめであらうか誰からともなく、朝鮮の林芙美子だと云はれたりしたこともあつた。私はさう云はれて不愉快とも思はなかつた。

それが他の人の場合ならきつと私は不愉快であつたに違ひない。さうでなかつたのは彼女がひどく好きであつたからであらう。好きだつたと云ふ程度を越して肉身の情まで覺えたのでなかつたかと思ふ。

私は月の美しい夜などたま〳〵彼女の夢を見たこともあつた。もともと私と云ふ女は自分の好きな作家になると戀人にでも對する様な感情を抱くのが普通であることはあるのだが女の作家を夢の中に見たりしたのは林芙美子だけであつた。

それだと云つて私の好きな女の作家が彼女一人だけとは言はない。彼女の外にもまた海外の女流作家を數へて大勢あるであらうが、その中で彼女一人を夢の中に見たりしたのは彼女が他のものより異つた道を歩いて來たからである。

それで私は彼女のものならどんなものでも讀む氣になつた。紀行文などにはあまり興味を持たないのだが彼女のものは讀んだ。讀んで彼女が景色より人間に愛著を持つたりしたところに心がひかれたのである。人間の中でも常に不遇な人間、貧しい人間、弱い人間に愛著を持つのであつた。

彼女はいま公使館みたいなお邸でかなり裕かな暮しをしてゐると知つてゐながらもどうしてもさう云ふ風の彼女は目の前に浮ばずして秋刀魚が食べたくてもたべられなかつた昔の貧乏な彼女ばかりが思ひ浮ばれる。

かう云ふ心理は私が貧乏をしてゐるせゐでもあらうがとにかく私は昔の林芙美子がもつと好きだつた。

× ×

十月二十四日、彼女が京城へ來た。彼女に逢つた初めの印象はたま〳〵夢の中で見た彼女と大した違ひがなかつた。

背は思つたよりも低い。顔は美人とは相當な距離にあつた。彼女自身に言はせると自分はみにくいからもらひ手がないことと思ゝつてゐたと云つてゐた。

併し彼女は決してみにくい女ではなかつた。背は低いし、顔はみにくいのにどうしてみにくい女でないと云へるかと云ふだらうが、彼女は背の高い女よりも、顔のきれいな女よりも美しかつたと思ふ。背の高い女、顔のきれいな女、さう云ふ女が持つてゐないものを彼女は心の中に持つてゐたからであつた。だから彼女はちつとも美人ではなかつたがその顔、頭から足先までの全體にたゞよふ、目にははつきり見えない何かのものは彼女をして美人より以上の美人に見せたのであつた。赤地に黒線の絣の着物と、まつ赤なコートが花の様に美しく見えたのもそのせゐであらう。

演壇に立つた彼女も實によかつた。少しも演說をする感じがしなかつた。愛する人の前での様な愛情のこもつた聲で静かに語るのであつた。

――「家庭科學は女の人が美しく生き様とする努力と希望を持つところから解決出來ます」

と云つてゐた。

彼女はどこまでも女であつた。女の中でももつともいゝ女であつた。彼女は確かに金を使はずに美味しいおかずを美味しくとしらへ様とする女であつた。そして美しく生きるためにはどんな努力でもおしまないとと思つた。その代りきたない努力は一生一度もしないことゝ思つた。

× ×

彼女は京城が好きになつたと子供の様にはしやいでゐた。自分は旅が好きであつて安東縣までよく行つたとだが京城に友達がゐないので寄らなかつたと後悔してゐた。これからはどん〳〵朝鮮の文學、朝鮮の美術を勉強するのだと云つてゐた。今までは李泰俊さんの「福德房」などを讀んだゞけだと云つてゐた。李さんの小說がチエホフのものゝ様だと感激しながらその方はお若いですかと少女の様な顔をして見せるのであつた。

――終り――

林芙美子女史――（藤田嗣治氏のスケッチ）

図 7-11　藤田嗣治が書いた戦場の林芙美子（『戦線』に収録されたものを，崔貞熙のエッセイに転載）。

まれたため、朝鮮に移入された日本語の書物やメディアで林芙美子のものなら「どんなものでも」読んだと思われる。彼女が「朝鮮の芙美子」と呼ばれたのは、貧困と切り離せない生活を二人とも送っていたからかもしれない。それは崔が貧しい暮らしをしていた時期の芙美子の作品の方が好きだと述べているところにもうかがえる。また、崔貞熙は皇民化政策に協力的であったので、芙美子の文芸銃後運動の講演も好意的に書いたのは意外ではない。

ここで注目したいのは、雑誌『三千里』に掲載されたエッセイ「林芙美子と私」に林芙美子の肖像画がさりげなく使われていたことである（図 7-11）。これは芙美子の従軍記『戦線』に収録されている挿絵で、戦場で偶然遭遇した藤田嗣治の作品である。崔のエッセイは『戦線』や芙美子の従軍記について何も触れていない。しかし、崔貞熙が「朝鮮の林芙美子」だと自己紹介し、激しい戦場で描かれた芙美子の肖像を掲げているのである。これは、まるで崔貞熙のその後の活動を示すかのような配置である。二人の出会いは、内地と植民地朝鮮をそれぞれ代表する女性小説家が、あたかも連携するかのように植民地で披露された。このような文脈から考えると、芙美子の肖像画は崔貞熙が自分自身を「朝鮮の林芙美子」だと紹介している発言と重なる形で、戦時協力を誓い合う「内鮮一体」を象徴する記号として機能することになる。

芙美子は、一九四二年から南洋に向かい、その後は内鮮一体を語る場に登場しなかった。一方、崔貞熙は「母性」を前面に押し出す、内鮮一体の理念を語る代表的な小説家として世間に認められるようになる。ただ、崔貞熙の小説は、女性の規範として母性を強要するものではなかった。しかし、崔は芙美子の『戦線』を引き継ぎ、芙美子の「報国」言説は、本人は何の興味のなかった朝鮮で翻訳され広がっていったのである。

注

(1) 「文芸銃後運動　半島各都에서 盛況」『文章』一九四〇年九月号、九八頁。
(2) 池島信平「半島軍国調」『文藝春秋』一九三九年五月号、九七頁。
(3) 池島信平「日本を離れて想うこと——雑誌編集者の哀歓　その四」『中央公論』一九七三年七月号、一四六頁。
(4) 塩原の造語説は、「謂はば塩原の新造語」という岡崎茂樹の記録を典拠とする(『時代を作る男　塩原時三郎』大澤築地書店、一九四二年、一六三〜一六四頁)。それについて、稲葉継雄は、一九三六年や一九三七年に「皇国臣民」という言葉が朝鮮の民間や朝鮮軍で使われており、塩原の造語と断ずることはできないが、「朝鮮総督府の公式用語としたのが塩原」であると述べている（「塩原時三郎研究――植民地朝鮮における皇民化教育の推進者」『九州大学大学院教育学研究紀要』創刊号、一九九八年、一八九頁）。

(5) 小熊英二『〈日本人〉の境界』新曜社、一九九八年、四一九頁。

(6) 大澤聡『批評メディア論 戦前期日本の論壇と文壇』岩波書店、二〇一五年、第三章「座談会論」は、同人制を採用している『文学界』の座談会を媒介に、座談会が文壇再編の中ではたした役割、とりわけ「多様な価値観の交渉を多様のままアマルガムに再現」することによって「その多様性」が「〈政治〉的諸機能を帯びていく」様子を明らかにした（一四八頁）。興味深いのは、大澤の分析には朝鮮での座談会に関する視点が欠落しているとはいえ、『文学界』側が、京城の座談会を緻密な意図を持って編集を行ったことを前提としている。ここに、신지영『不／在의 시대』소명출판、二〇一二年や、박광현「〝경성좌담회〟다시 읽기」『일본연구』六二号、二〇一四年一二月の研究と大きな温度差がある。

(7) 韓国文学研究においては、この座談会をめぐる研究が蓄積されてきた。両方の内容や表現の類似性に注目した金允植「国民国家の文学観から見た二重言語創作の問題」白川豊訳『朝鮮学報』第一八六号、二〇〇三年は、『京城日報』版が『文学界』版に転載されたと主張した。それに対し、両方の表現の違いに注目したのが권나영「어긋난 조우와 갈등하는 욕망들의 검열」연세대학교 국학연구원편『일제 식민지 시기 새로 읽기』혜안、二〇〇七年、前掲신지영『不／在의 시대』である。これらの研究を踏まえながら、前掲박광현「〝경성좌담회〟다시 읽기」は、日本語について植民地読者には「国語」という表現が選ばれ、内地の読者には「内地語」という表現が使われたことに注目しながら、この座談会が植民地と内地でどのような機能をしていたのか議論した。

(8) 雑誌『文章』に対する韓国文学研究での評価の変遷は、차혜영「〝조선학〟과 식민지 근대의 〝지（知）〟의 제도――『문장』을 중심으로」『국어국문학』二〇〇五年九月、五〇五～五〇九頁、이봉범「잡지『문장』의 성격과 위상」『반교어문연구』二〇〇七年二月、一〇七～一一〇頁を参照した。

(9) 『文章』の「余墨〔編集後記にあたる〕」は、紙の入手に苦労している話から始まることが多い。例えば、「今後のことで一つだけ心配なのは、紙飢饉である。毎月のように値上げされるのはさておき、頻繁に品切れの状態になる」（一九三九年五月）、「これまで使っていた紙が品切れになった。類似品も手に入らない」（一九三九年六月）など。その後も「六月号は組版までやったが、紙がなくて、印刷できなかった」（一九四〇年七月）と続く。

（10）李奉範は、媒体のどの側面に注目するかによって、『文章』の評価が分かれると述べ、近代的な出版制度のなかで、この媒体の意味を捉え直した。それは차혜영の議論と同様な方向性を持っている。李奉範「잡지『문장』의 성격과 위상」前掲、一〇七～一一〇頁を参照した。

（11）千政煥「일제말기의 독서문화와 근대적 대중독자의 재구성（1）——일본어 책 읽기와 여성독자의 확장」『현대문학의 연구』第四〇号、二〇一〇年二月、七八～八二頁。

（12）朝鮮語版『麦と兵隊』の序文には朝鮮総督府図書課長の名で「本府に於ては国語を解さない半島同胞に此の本を紹介せんが為に、原著者の承諾を得て通訳官西村眞太郎君をして翻訳せしめ、茲に普及版として汎く世上に頒布せしめるもので、聖戦認識の好資料たらんことを頼む」と記されていた。この文章は同書に朝鮮語で発表されたものを、翻訳者である西村眞太郎が「「麦と兵隊」を朝鮮語に訳して」『モダン日本・臨時増刊号・朝鮮版』第一〇巻一二号、モダン日本社、一九三九年一一月、一四七頁で再録したもの。

（13）同前、一四六頁。また、박광현によれば、西村は『麦と兵隊』の翻訳の経緯や苦労について、『京城日報』に「諺文訳まで＝翻訳着手と決定する前後」というタイトルで、七回（一九三九年四月一一日～一九日）にわたって連載しているという（박광현「검열관 니시무라 신타로（西村眞太郎）에 관한 고찰」『한국문학연구』第三二号、二〇〇七年六月、一一二頁、注35を参照）。西村眞太郎の経歴などについては박광현の論文を参照。『麦と兵隊』の英語訳、中国語訳、朝鮮語訳については이상경「제국의 전쟁과 식민지의 전쟁문학——조선총독부의 기획 번역 히노 아시헤이（火野葦平）의『보리와 병정（兵丁）』을 중심으로」『한국현대문학연구』第五八号、二〇一九年八月に詳細な分析が見られる。

（14）前掲西村「「麦と兵隊」を朝鮮語に訳して」一四八頁。

（15）『毎日申報』一九三八年一二月二五日。朝鮮語版が準備されていた時期から、『東亜日報』（一九三九年四月九日）をはじめとする朝鮮語メディアには、戦争認識の普及のために「十数万部を刷って、特殊機関には無料配布、その他は実費で配布することになった」と同書が朝鮮全土にばら撒かれる旨予告されていた。朝鮮語訳に関するメディア報道については、강여훈「일본인에 의한 조선어 번역——히노아시헤이의『보리와 兵丁』을 중심으로」『일

본어문학』三五号、二〇〇七年一二月、三八九～三九二頁、정선태「총력전 시기 전쟁문학론과 종군문학——『보리와 병정』과 『전선기행』을 중심으로」한국동양정치사상사학회『한국동양정치사상사연구』第五巻二号、二〇〇六年九月、一三七～一四一頁を参照。

(16)『国民新報』第一八号、一九三九年七月三〇日の『麦と兵隊』朝鮮語訳の広告。この広告は同誌第五〇号（一九四〇年三月一〇日）まで続いたという。前掲이상경「제국의 전쟁과 식민지의 전쟁문학」一三五頁から再引用。

(17) 朝鮮語訳をめぐる図書課の動きおよび宣伝戦などについても同前、一三三～一三七頁から示唆を得た。

(18)『朝鮮出版警察概要　昭和十四年』（朝鮮総督府警務局、一九四〇年、八九～九三頁。ここでは鄭晋錫編『秘密朝鮮総督府　言論弾圧　資料叢書〈4〉』韓国教会史文献研究院による復刻版を使用）。

(19) 前掲박광현「검열관 니시무라 신타로（西村眞太郎）에 관한 고찰」一一七頁を参照。

(20) 前掲이봉범「잡지『문장』의 성격과 위상」一一三頁を参照。

(21) 金在湧『협력과 저항—일제 말 사회와 문학』소명출판、二〇〇四年、三頁。金がもう一つの側面として注目したのは、欧米の個人主義に対する批判である。「一九三〇年代半ば前後からヨーロッパでファシズムと反ファシズムの対立が高まる中、ヨーロッパ文明に対する悲観的な論調が増え始めた。パリが陥落する事態を受けて、ヨーロッパ文明の没落は避けられないこととして受け止められた。その過程で西洋の近代、特に個人主義を超えた集団主義に対する関心が高まった」（六五頁）という。

(22) 同前。

(23) 松本和也は『日中戦争開戦後の文学場　報告／芸術／戦場』神奈川大学出版会、二〇一八年、第三章で「従軍ペン部隊」言説に関する詳細な分析を行っている。

(24) 五味渕典嗣『プロパガンダの文学——日中戦争下の表現者たち』共和国、二〇一八年、八九頁。

(25) ペン部隊の従軍記については、荒井とみよ『中国戦線はどう描かれたか——従軍記を読む』岩波書店、二〇〇七年、第二章「「ペン部隊」の人たち」に詳論されている。

(26) これまで、研究の場でも二人の従軍記を比較するものが多かった。板垣直子「支那事変下の戦争文学」『現代日本の戦争文学』六興商会出版部、一九四三年が当時の代表的な議論である。飯田祐子『彼女たちの文学』名古屋大学出版会、二〇一六年、二三七〜二三九頁には、林芙美子の従軍記における兵隊の描写と、吉屋信子の『戦禍の北支上海を行く』新潮社、一九三七年などの従軍記における中国女性の描写を比較する研究方法がどのように展開されたのかについて議論している。また、久米依子『「少女小説」の生成――ジェンダー・ポリティクスの世紀』青弓社、二〇一三年は当時の人気作家であった二人の従軍記を「「紅二点」の活躍」(二六頁)として意味づけし、批判的な考察を行いながらも、女性作家の「戦争期の言説」に対し、「われわれは繰り返し〈であるが〉を接続して分析」し、飯田のいう「「テクストの重層性」を体制側や読者との関係の函数としても確認する必要がある」(二八一頁)という大切な指摘をしている。ただ、このように、描写される中国の女性と描写する日本の女性作家という軸をもとに分析を行っていることと、「われわれは繰り返し〈であるが〉を接続して分析」をすることが、時と場合によっては「マジョリティ・女性」に対する都合の良い免罪符になる可能性があることについても考えなければならない。また、林芙美子や吉屋信子が植民地の女性作家に与えた影響を考えた時、日本と朝鮮の女性作家の間に介在する位階の構図も視野に入れる必要がある。

(27) 「漢口従軍を前にして　行つて来ます」『朝日新聞』一九三八年九月二日。

(28) 佐藤卓己「林芙美子の「戦線」と「植民地」――朝日新聞社の報国と陸軍省の報道と」林芙美子『戦線』中公文庫、二〇〇六年、二四六頁。

(29) 同前、二五一頁の「新聞の部数変化」表によると、日中戦争報道をきっかけに、一九四一年前後に、『朝日新聞』が『毎日新聞』を抜いて新聞発行部数のトップに踊り出ていることがわかる。一九三八年当時は『東京日日』『大阪毎日』(毎日新聞社)は二八五万部、『東京朝日』『大阪朝日』(朝日新聞社)は二四八万部であった。

(30) 『朝日新聞社史』一九九五年、ここでは前掲佐藤「林芙美子の「戦線」と「植民地」」二五五頁から再引用。

(31) 「敵逃走の遑なし〔黄陂へ一番乗〕」『朝日新聞』一九三八年一〇月二五日。

(32) 前掲佐藤「林芙美子の「戦線」と「植民地」」二五五頁。

(33) 前掲朝鮮総督府警務局『朝鮮出版警察概要　昭和十四年』一〇〇頁。

(34) 同前、一〇一頁。

(35) 同前、一二八頁。

(36) 前掲五味渕『プロパガンダの文学』一〇三～一一五頁を参照。
(37) 三鬼浩子「戦時下の女性雑誌――一九三七～四三年の出版状況と団体機関誌を中心に」近代女性文化史研究会編『戦争と女性雑誌――一九三一年～一九四五年』ドメス出版、二〇〇一年、一七～二〇頁。
(38) 「内地出版物取締状況」『出版警察報』第一一二号、一九三八年四月～六月、六頁。
(39) 「婦人雑誌ニ対スル取締方針(昭和十三年五月)」前掲『出版警察報』二三～二七頁。
(40) 若桑みどり『戦争がつくる女性像』ちくま学芸文庫、二〇〇〇年、一一二頁。
(41) 同前、一二三頁。
(42) 尾形明子『『輝ク』の時代――長谷川時雨とその周辺』ドメス出版、一九九三年。
(43) 金井景子「「前線」と「銃後」のジェンダー編成をめぐって――投稿雑誌『兵隊』とリーフレット『輝ク』を中心に」『岩波講座 アジア・太平洋戦争3 動員・抵抗・翼賛』岩波書店、二〇〇六年、一〇九頁。
(44) 飯田祐子・中谷いずみ・笹尾佳代編『女性と闘争――雑誌「女人芸術」と一九三〇年前後の文化生産』青弓社、二〇一九年、一一頁。
(45) 尾形明子「解説」『輝ク 解説・総目次・索引』不二出版、一九八八年、二頁。
(46) 「輝ク部隊趣意」『輝ク』一九三九年六月一七日。「皇軍慰問号」に批判的であった宮本百合子、窪川(佐多)稲子は参加しているのに対し、与謝野晶子、平林たい子、野上弥生子は参加していない。
(47) 長谷川時雨は「皇軍慰問号」の準備の過程が「輝ク女流文壇総動員であつた」と意味づけ、「本誌を前線の兵隊さん慰問号とすることは、輝ク誌友の悦びでなくつてはならない」と述べた(「兵隊さんに送りたい」『輝ク』一九三七年九月一七日)。
(48) 長谷川時雨「女性知識人に求める活動――輝ク部隊について」『新女苑』一九三九年三月号。
(49) 上野千鶴子『ナショナリズムとジェンダー』青土社、一九九八年、三七頁を参照。
(50) 金井景子は、前掲上野『ナショナリズムとジェンダー』を引用しながら議論を展開した(「報告が報国になるとき――林芙美子『戦線』、『北岸部隊』が教えてくれること」『国文学解釈と鑑賞別冊 女性作家《現在》』至文堂、二〇〇四年、八三頁。

(51)「何を考へ何を書く？漢口戦従軍の文壇人」『朝日新聞』一九三八年八月二五日朝刊一一面。
(52)「見せたい灰色の兵隊　愛に飢うる現地 林女史 けふ大阪で講演」『朝日新聞』一九三八年一一月一日。
(53)成田龍一は、『戦線』での芙美子の語りの構図を「準当事者(b)」としての芙美子が自らの立場を介し、「「内地」の人びと（非当事者＝c）を、当事者(a)に接合させることによって、abcの一体感を形成」したものとして分析している。さらにここから「ジェンダーをテコとしてつくられる共同性であり、ナショナリズムの喚起へとつながっていく。「前線」と「銃後」を結ぶ感情の共同性が、「女性」というジェンダーにおける劣位の立場から形成されるという逆説」を見出している。成田『〈歴史〉はいかに語られるか――1930年代「国民の物語」批判』NHKブックス、二〇〇一年、一八二～一八三頁。
(54)「けふ本社主催「武漢攻略講演会」惻々胸を打つ実感　大聴衆・涙に咽ぶ」『朝日新聞』一九三八年一一月三日夕刊。
(55)「戦塵をあびて　慰問婦人の座談会(2)「私達は何を感じたか？」竹輪のお土産　気軽な銀座姿で南京まで」『朝日新聞』一九三八年一月二〇日。
(56)「戦塵をあびて　慰問婦人の座談会(6)　女・子供は大切　小学生の作文に泣いて感激」『朝日新聞』一九三八年一月二五日朝刊。
(57)前掲「見せたい灰色の兵隊　愛に飢うる現地 林女史 けふ大阪で講演」『朝日新聞』。
(58)角田光代・橋本由起子『林芙美子　女のひとり旅』新潮社、二〇一〇年、七頁。
(59)山下聖美「林芙美子における台湾、中国、満州、朝鮮――基礎資料の提示と今後の研究課題」『日本大学芸術学部紀要』第五六号、二〇一二年九月、同「日本軍政下インドネシアにおける林芙美子の文化工作――ジャカルタにおける足跡の紹介とともに」『日本大学芸術学部紀要』第六八号、二〇一八年一〇月、同「林芙美子の南方従軍についての現地調査報告(1)」『日本大学芸術学部紀要』第五五号、二〇一二年三月、同『林芙美子とインドネシア――作品と研究』鳥影社、二〇二一年には、芙美子の移動日程と関連小説、エッセイ、記事および研究論文のリストが収録されている。
(60)「梨花女専 나오는 꽃 같은 新婦들、梨花女子専門生의 学園生活」『三千里』第一三巻三号、一九四一年三月一日。

(61)『女性』一九三九年一一月号、一二三頁。これは高等教育を受けているエリート層だけではない。一九三〇年代末になると、表7-1にあるように、朝鮮でもっとも読まれていた『キング』の読者欄に朝鮮からの苦学生や労働者の葉書が紹介されるようになる。例えば、平壌の鉄筋労働者は一二歳の時孤児になり、学業は中断したが、『キング』が大好きで繰り返し読んでいるうちに日本語を習得できたと述べながら、『キング』を「わたしの恩師」だと称えた（『キング』一九三九年三月号）。

(62) 前掲千政煥「일제말기의 독서문화와 근대적 대중독자의 재구성 (1)」参照。

(63)「文芸銃後運動講演会をきく」『緑旗』一九四一年一二月号。

(64) 雑誌『緑旗』は一九三六年一月に創刊され、一九四四年三月号から『興亜文化』と改題し、一九四四年一二月まで刊行された。この雑誌については、神谷忠孝「朝鮮版『緑旗』について」『北海道文教大学論集』第一一号、二〇一〇年を参照。

(65) 朝鮮総督府警務局『朝鮮出版警察概要 昭和十四年』一九四〇年五月、一〇〇頁。

(66)「女性과 読書座談会」『女性』一九三九年一一月。

(67) 손성준・박헌호「한국 근대문학 검열연구의 통계적 접근을 위한 시론――『조선출판경찰월보』의 식민지 조선의 구텐베르크 은하계」『외국어문학연구』三八호、외국어대외국문학연구소、二〇一〇年五月、二〇五～二〇六頁参照。

(68) 権学俊『朝鮮人特攻隊員の表象――歴史と記憶のはざまで』法政大学出版局、二〇二二年、四〇頁。

(69) 芙美子は繰り返し、若い女性に従軍看護婦になることを勧めている。たとえば、帰国直後のインタビューでも「戦地に接近して女でなければ出来ない傷病兵士の御世話や慰問やその他に活発に働きこの国家の重大時期に際してもっと愛国の情熱を燃やして戴きたい」と述べている（「見せたい灰色の兵隊　愛に飢うる現地」『朝日新聞』一九三八年一一月一日）。

(70) 前掲上野『ナショナリズムとジェンダー』三五頁。

(71)「林芙美子女史に聴く会 (1) 今、母国の土を踏んで漢口従軍を語る」『朝日新聞』一九三八年一一月五日。

(72) 河かおる「総力戦下の朝鮮女性」『歴史評論』第六一二号、二〇〇一年四月、一三頁。

(73) 川本綾「朝鮮と日本における良妻賢母思想に関する比較研究——開国期から一九四〇年代前半を中心に」『市大社会学』第一一号、二〇一〇年、六二頁。

(74) 許允「신체제기 최정희의 모성담론과 국가주의」동서대학교 일본연구센터『차세대 인문사회연구』3권、二〇〇七年、四三二頁。

(75) 공임순「최정희의 해방 전/후와 〝부역〟의 젠더 정치」한국여성문학학회『여성문학연구』第四六号、二〇一九年四月、七頁。

(76) 박수빈「최정희 친일문학의 특수성 연구——〝민족〟과 〝여성〟의 기표 사이에서」『현대소설연구』第七八号、二〇二〇年六月、一三九~一四〇頁。

(77) 崔貞熙「林芙美子と私」『三千里』第一三巻一二号、一九四一年一二月。

第八章　戦争

1　旧帝国の総力戦と軍需株の暴騰

一九五〇年六月二五日、朝鮮半島で戦争が勃発した。朝鮮戦争である。この戦争には、大韓民国と朝鮮民主主義人民共和国だけではなく、南側にはアメリカを中心とする一八か国の国連軍、そして北側には中国軍が参戦した。ソ連の強力な支援なしでは北側が戦争状態を維持できなかったことは言うまでもない。日本は公式には参戦国ではないが、南側の戦争遂行に大切な役割を担っていた。朝鮮戦争には、北と南の分断を固着させせまいとする地域戦争の要素に、世界戦争の要素が複雑に絡んでいたのである。原爆投下以降はじめての本格的な世界戦争の場になった朝鮮半島は、第二次世界大戦末期に開発されたジェット戦闘機、ロケット砲、ナパーム弾などの新兵器の実験場になった。その過程で東アジアにおける冷戦体制の拡がりと資本の再編が可視化された。

アメリカと連携をとりながら、日本政府や企業が積極的に朝鮮戦争に関わった事実は、『朝日新聞』

の朝鮮特派員による以下の記事「朝鮮戦線に日本兵器」からも確認できる。掲載日は、戦争勃発から二年が経過した一九五二年一一月一六日である（朝刊二面。図8－1）。

まずそれは「対岸の火災ではない」ということだ。日本で、日本人の手で造られた兵器、弾薬が

朝鮮戦線に日本兵器

共産側に火を吹く

韓国人はいう　ふところ手の日本人

【朝鮮戦線＝中村特派員十五日発】

図8－1　『「朝鮮戦線に日本兵器」『朝日新聞』1952年11月16日。朝鮮戦争に日本が深く関わっていることを伝える記事。

ここではすでに共産側に向って火を吹いている。ジープはほとんど日本の工場で組立、または修理されたもの、完成年月日と工場名がはっきり刻んである。トラックもそうだ。とくに韓国軍が受持つ前線はアメリカ製でなく、いすゞ、日産、トヨタばかりだ。アメリカ軍のザンゴウの中にも、日本製の軍用毛布がふえ、外トウや被服類がめだってふえてきた。

日本の軍需会社は現実にこの前線の戦いに参加している。昨夜も日本からのラジオが「戦車、飛行機の修理引受をはじめ、また近くTNT爆薬三千トン、無煙火薬五千トンの発注があるだろう」と威勢よく伝えてくるのを聞いた。軍需株はあがり、株主はホクホクし、そこに働く人々はまたこの冬のボーナスの皮算用に忙しいのだろう。（中略）日本と朝鮮半島の間はもう海がないのと同じほど密接なのだ。国連軍の司令部が東京にあり、補給基地も航空基地も日本にある。そして戦闘部隊がこの半島にいる。ジャパン・コリア・エリア（日本・朝鮮地区）とよく外人記者はいうが、それがアジアのいまの現実なのだ。

朝鮮半島での戦闘が激しくなればなるほど、ニューヨークの株価は上がり、日本にはたくさんのドルが落とされた。このように、「メードイン・ジャパン」なしでは戦争遂行が不可能な事態は、すでに開戦直後から予想されていた。朝鮮戦争が勃発したのは、一九五〇年六月二五日、日曜日の午前四時頃。その情報が世界に広まったのは、同日午前一〇時頃、UP通信の急報を通してである。

開戦翌日（月曜日）の日本橋兜町では、朝から株の買い注文が殺到した。二四日（土曜日）の出来高が一〇三万株であったのに対し、二六日は七割増の一八〇万株となった。買い人気が集中したのは、それまで三、四〇円の安値圏に低迷していた「旧軍需株」である。株価は急騰を重ね、休戦協定が調印された一九五三年七月二七日までの三年間で四倍になったという[1]。そのため停戦成立前後に、株価暴落の問題に注目が集まったのは言うまでもない。朝鮮戦争の休戦交渉が李承晩が独断で反共捕虜を釈放したせいで一か月遅れたことが「現実には見事な「冷却期間」となった。ニューヨーク株式の大暴落もなかった」という記事が、朝鮮戦争停戦成立前日（七月二六日）の『朝日新聞』に現れるほどである。ドル稼ぎを優先したい国にとって、平和ほど都合の悪いものはない。朝鮮半島の有事を如何にうまく使うのかは、旧宗主国側の次なる課題であったと言える。

朝鮮戦争を契機に、帝国日本の侵略戦争を支えていた軍事産業が活気づけられただけではなく、植民地朝鮮の支配の経験までもが召喚されることになる。北と南を問わず、朝鮮半島の地理と設備にもっとも詳しいのは、植民地支配を行った旧宗主国日本だったからである。一九五二年に初代駐日大使として赴任したロバート・マーフィーは、「朝鮮戦争が起こったのは、日本人にとってまるで、思いがけない幸いであった」と述べつつ、「日本人は、驚くべき速さで、彼らの四つの島を一つの巨大な補給倉庫に変えてしまった」と回想した。

> 日本人は、われわれを助けるために兵隊を補給するよう要求されもしなかったし、そんなことは許されもしなかった。けれども日本人の船舶と鉄道の専門家たちは、彼ら自身の熟練した部下とともに朝鮮へ行って、アメリカならびに国連の司令部のもとで働いた。これは極秘のことだった。しかし、連合国軍隊は、この朝鮮をよく知っている日本人専門家たち数千名の援助がなかったならば、

第23478号

休戰の場合と経済界

一時的打撃を予想

政府に緊急対策要望か

産業界

金融

輸出停滞観測

米国援助の規模を重視

図 8-2　朝鮮の休戦協定について，日本で心配されるのは，まずは経済的な打撃であった。『朝日新聞』1951 年 7 月 1 日。

朝鮮に残留するのにとても困難な目にあったことであろう。[2]

「朝鮮をよく知っている日本人専門家たち数千名」が朝鮮半島に渡って「極秘」の援助をしなければ、米軍は朝鮮に残留できなかっただろうというマーフィーの証言は他でも確認できる。日本は、一九名の死傷者を出した海上保安庁の「特別掃海隊」や、移動手段としての船舶など、多様な旧帝国の資源を用い参戦した。[3] 例えば、朝鮮戦争の流れを変えた仁川上陸作戦の大勝利にも一役買っている。戦争勃発直後から一九五〇年八月頃まで、韓国軍と連合軍は朝鮮半島の最南端の洛東江辺りまで追い込まれ、朝鮮民主主義人民共和国による朝鮮半島統一は間近かと言われるほど苦戦を強いられていた。まさにこの時期、マッカーサーは日本から上陸部隊七万人を送り込み、仁川上陸を敢行した。日本から

12月16日	トルーマン，国家非常事態を宣言。原爆使用の許可はしない。米軍首脳は再度共産軍が南下すれば，最終的には朝鮮撤退もやむなしとする考えに傾く
12月24日	マッカーサー，原爆の標的のリストとともに爆弾を政府に要求
12月31日	中朝軍，38度線を越えて南進
1951年1月4日	中朝軍，ソウルを再占領
3月7日	米軍はリッパー作戦を開始
3月14日	米韓軍，ソウルを奪還
3月末	中朝軍，38度線以北に撤退
4月11日	トルーマンはマッカーサーを解任。リッジウェイが後任の国連軍司令官に
4月22日	中朝軍はみたび38度線を越えて南下。ソウルの北まで進んだところで，前進がストップ。国連軍の反撃。中朝軍，38度線以北へ。中国人民志願軍1個師団が全滅
6月3日	金日成，北京を訪問し，毛沢東らと会談。そのまま高崗とモスクワへ向かいスターリンと会談。スターリンは停戦会談の開始を主張
7月10日	開城で停戦会談開始
1952年はじめ	停戦交渉は捕虜問題を除いてはほぼ合意に達する
6月～	リッジウェイの後任のクラークが朝鮮民主主義人民共和国に猛烈な爆撃を開始。水豊ダムは連続攻撃をうけ，朝鮮民主主義人民共和国は電力の90％を失う
7月	平壌空襲は1日で1,254回に及ぶ。平壌放送は死者7,000人と報じる
1953年1月	金日成は朴憲永ら南労党系を粛清し，南のパルチザン工作の部局を壊滅させる
2月23日	米国が傷病捕虜の交換を提案
3月	スターリンの死。彼の葬儀は中国が自らの方針をソ連側と調整する場。スターリンの後継者たちは即時停戦を望む
4月25日	停戦会談が再開。李承晩は停戦に抵抗
1953年7月27日	休戦

表 8-1　朝鮮戦争関連年表

1950 年 6 月 25 日	朝鮮戦争勃発。国連安保理事会による朝鮮民主主義人民共和国の侵略を非難する決議
6 月 27 日	未明に韓国の李承晩大統領，ソウルを脱出する。国連加盟国が韓国援助を求める決議を採択
6 月 28 日	朝鮮民主主義人民共和国軍がソウル占領
6 月 30 日	米政府はマッカーサーに地上軍の派遣を許す決定。九州の第 24 師団，関西の第 25 師団が出動
7 月 5 日	米軍の部隊，はじめて戦闘に加わる
7 月 7 日	国連軍統一司令部の設置が決定
7 月 8 日	マッカーサーは日本政府に警察予備隊（75,000 人規模）の設置を指示
7 月 25 日	～ 29 日，米軍による老斤里良民虐殺事件
8 月	韓米軍は洛東江まで追い込まれる
9 月 1 日	米国政府，38 度線以北での軍事行動を認める
9 月 15 日	マッカーサー，日本から 7 万人の兵員を送り込み，仁川上陸作戦を敢行→朝鮮民主主義人民共和国軍の退却が開始される
9 月 27 日	韓国軍および連合軍によるソウル奪還
9 月 30 日	金日成と朴憲永は連名でスターリンに手紙を出し，援軍を要請
10 月 1 日	朴一禹が中国人民解放軍の出動を要請する金と朴の親書をもって北京に到着。スターリンは中国指導部に出兵を要請する電報を打つ。マッカーサーは金日成に放送を通じて降伏を勧告。韓国軍は東海岸の港元山に向かって進撃を開始
10 月 5 日	～ 12 日，中国の毛沢東は参戦に向けて調整。周恩来の空軍援助の要請に，スターリンは後方支援だけと返答。
10 月 7 日	国連総会の決議：全朝鮮において統一した政府を樹立することを確認。国連軍も 38 度線を越えて北進
10 月 19 日	中国人民志願軍の 12 個師団が鴨緑江を越え，朝鮮半島へ。18 万を超す大兵力は静かに米韓軍に接近
10 月 20 日	米韓軍，平壌を陥落
10 月 25 日	中国軍の攻撃によって，米韓軍は大きな打撃を受け，退却
12 月 5 日	米軍は平壌を放棄。38 度線に向けて退却
12 月 9 日	マッカーサー，原爆使用の裁量権を求める

出発したLST（戦車兵員揚陸艦）四七隻のうち、三七隻は日本人の船員が操船していた(4)。

このような日本語メディアの朝鮮戦争への関心は、日本橋兜町の株価の反応と同様に、戦争から得られる利益と強い関係があった（図8－2）。また、日本の朝鮮戦争との関わりを通して、過去の朝鮮半島との関係が再整理されることになる。本章では、「もう海がないのと同じほど密接」な関係であったジャパン・コリア・エリア（旧日本帝国の勢力圏）が総動員された朝鮮戦争において、旧帝国の記憶が如何に浮上し、日本を米国とアジアとの関係の中でどのように位置づけていたのかについて注目したい。

なお、朝鮮戦争の詳細については、表8－1の年表を参照されたい。

2 「広場の孤独」と植民地・日本

朝鮮戦争中、東京は米軍の軍事拠点の一つであり、メディアの発信地でもあった。それを垣間見ることのできる小説が堀田善衛の「広場の孤独」である。この作品の前半は、雑誌『人間』の一九五一年八月号に発表された。しかし、この雑誌が休刊となったため、一〇月に『中央公論文芸特集』第九号に前半と後半がひとまとめに発表され、一一月に同名の作品集『広場の孤独』が中央公論社から刊行され、芥川賞を受賞した(5)。この年は、朝鮮戦争の停戦交渉が水面下で進められ、九月には日米安全保障条約が調印された。

朝鮮戦争を物語内容の動因とするこの小説は、発表直後から高く評価されたが、戦場であった朝鮮半島は物語の中で実体をもって登場することはない。東京と横浜がその舞台なのである。時間は「一九五〇年七月某日」に設定されていて、朝鮮戦争の勃発から一か月も経っていない。冒頭の場面が東京に本社を置く新聞社の渉外部なのは偶然ではない。休戦会議が始まったのは、一九五一年七月一〇日である。開戦からほぼ一年以上、韓国と国交がない日本のメディアは従軍記者の派遣を許されず、外信報道に頼らざるを得なかった。ほとんどの海外メディアが東京を朝鮮戦争の発信基地にしていたが、日本のメディアはその情報をわざわざ外国から取り寄せていたのである（図8-3）。

このように日本のメディアは朝鮮戦争を直接取材するのではなく、外信の翻訳合戦にしのぎを削っており、その現場がこの小説の主な舞台なのである。

電文は二分おきぐらゐに長短いりまぢつてどしどし流れ込んで来た。

「え――と、〈戦車五台を含む共産軍タスク・フォースは〉と。土井君、タスク・フォースつてのは何と訳すのだ？」

「前の戦争中はアメリカの海軍用語で、たしか機動部隊と訳したと思ひますが……」

「さうか。それぢや、戦車五台を含むタスク……いや敵機動部隊は、と」

副部長の原口と土井がそんな会話をかはしてゐた。木垣は『敵』と聞いてびくつとした。敵？敵とは何か、北鮮軍は日本の敵か？

「ちよつと、ちよつと。北鮮共産軍を敵と訳すことになつてゐるんですか？それとも原文にエネミイとなつてゐるんですか？」

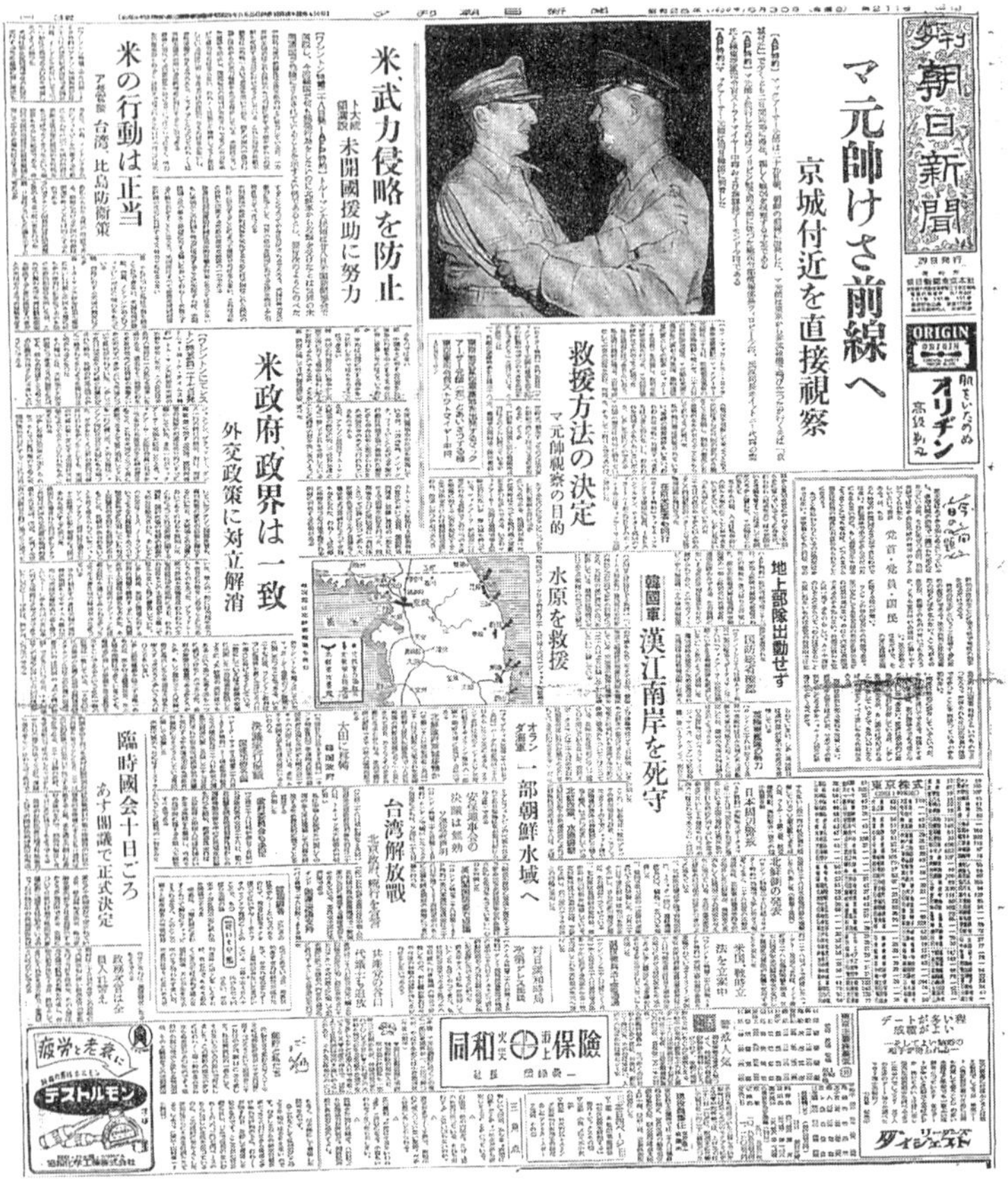

夕刊 朝日新聞

マ元帥けさ前線へ
京城付近を直接視察

米、武力侵略を防止
未開國援助に努力

米の行動は正当
台湾、比島防衛策

米政府、政界は一致
外交政策に対立解消

救援方法の決定
マ元帥視察の目的

水原を救援

韓國軍 漢江南岸を死守

地上部隊出動せず

一部朝鮮水域へ

台湾解放戦

臨時國会十日ごろ
あす閣議で正式決定

図 8-3 『朝日新聞』1950 年 6 月 30 日夕刊，朝鮮戦争関連のすべての記事が AP など外国メディアからの翻訳記事である。

『広場の孤独』の冒頭で、「北鮮軍は日本の敵か?」と問うているのは、この小説の視点人物（主人公）である木垣幸二である。敗戦後、上海で抑留された彼は、引き揚げてくると「追放資本」の導入が疑われていたS新聞に二年間勤めた。「日本が完全独立するまでは」新聞にかかわれば「Commit（罪・過）などを行ふ、犯す」ことになるという考えから、朝鮮戦争が勃発するまで妻の京子と翻訳の下請仕事をしていた。その彼が「戦争の当事者たる米国人」の影響下にあり、まだ独立していない日本人の読む日本語新聞では「北鮮軍を敵と訳すことになつてゐるんですか?」と確認しているのである。

ここで彼は、米軍側に立った英語の記事に潜在する「〔われわれアメリカの〕敵」をそのまま日本語の「〔われわれ日本の〕敵」に置き換えてよいのか問うているのである。しかし、翻訳の政治的な操作に敏感に反応したのは木垣だけではない。この質問に、「『お社用部長』といふ仇名で呼ばれてゐた」東亜部兼渉外部長の曾根田は、「前後の関係をよく見極めて適当に訳しておいてくれ」と指示を出す。それこそが日本語メディアにおける朝鮮戦争の本質を物語っている。

この日は「日本共産党弾圧のニュース」が「号外を売り歩く鈴の音」とともに広まった。すなわち「北朝鮮軍は日本の敵か?・」という問いは、おそらく一九五〇年七月一八日の日本共産党中央機関紙『アカハタ』の無期限発行停止処分を意識しながら発せられた可能性が高い。一九五〇～五二年にかけて、『朝日新聞』『読売新聞』『毎日新聞』は、朝鮮戦争に関する報道に多くの紙面を割いていた。一方『アカハタ』は、朝鮮戦争が始まった翌日から、戦争を曲解報道したとして三〇日間の停刊に処され、七月一八日からは無期停刊を命じられる。(6) 開戦翌日に「韓国軍から発砲」「共和国軍七カ所で進出」「李承晩日本へ亡命準備か」など朝鮮民主主義人民共和国の発表にそって報じたことが問題になった。(7) GH

Q／SCAPによるメディア検閲はすでに終わっていたとはいえ、この『アカハタ』に対する厳しい処分が、他のメディアの戦争報道に影響を与えたことは想像に難くない。『アカハタ』の停刊は、どちら側の視点で報道すべきかというGHQ／SCAPの基準を日本のメディアに明確に示したのである。

だが、日本のメディアが戦場報道の拠り所としていた外国メディアも、やはり七月に入ってから厳しく規制されていく。『広場の孤独』で木垣が敵について質問した、開戦から一か月ほど経ったころ、表8−1にあるように朝鮮半島のほとんどの地域は朝鮮民主主義人民共和国軍に占領され、国連軍と韓国軍は大邱を突破されれば釜山しか残らない状況に追い込まれた。国連軍による厳しい報道規制は、負け続けている側の焦りを反映していた。七月二五日にアメリカ陸軍は報道基準を拡大し、国連軍指揮官が下した決定を批判するような記事を禁じた。すでに、マッカーサー司令部は特派員たちを「反逆者」と決めつけ、「敵に援助と安心を与えている」と非難し、見せしめに一部の特派員を朝鮮半島から追放したり、取材の拠点である東京から朝鮮半島に戻ることを禁じたりしていた(8)。

そもそも、GHQ／SCAPによる雑誌メディアに対する検閲は、一九四六年九月から民間検閲支隊(Civil Censorship Detachment: CCD)のもとで始まっていた。一九四七年頃より徐々に事前検閲から事後検閲へ緩和され、一九四九年一〇月三一日にCCDが廃止されていわゆる「公式的」な検閲は終わった(9)。しかし、『朝日新聞』のような日刊紙は、事後検閲のほうが「事前検閲時代よりも自己責任を問われる」と判断し、発売禁止、回収命令による経済的損失や編集責任者の軍事裁判送りを避けるため、「プレスコードに忠実なメディアとしてGHQに印象付けようとする努力」を惜しまなかった。朝日新聞社出版局長は一九四八年九月の社報で以下のように述べた。

自由になった検閲制度の下にわれわれが執筆し、編集する場合にも、やはり各自の心に検閲制度を設けることを忘れるならば、人災は忽ちにして至るであろう。事後検閲は考えようによれば、自己検閲に他ならぬわけである。油断と不注意から、野放図にハメをはずすならば、人災は他人事ではなくなるのである。(10)

「各自の心に検閲制度を設けること」。このような方針が機能しているかどうかは、事後検閲への移行期（一九四八年一月一日～五月三一日）における検閲処分件数を通して確認することができる。『アカハタ』が六三三回、『共同通信』が五四五回であったのに対し、処分件数の少なかったメディアとして、『毎日新聞』（一六七回）『読売新聞』（一五四回）、『朝日新聞』（一一三回）の名が並んでいる。(11)

「お社用部長」曾根田が、朝鮮民主主義人民共和国を日本の「敵」とするのか、「前後の関係をよく見極めて適当に訳しておいてくれ」と言っているので、この新聞社は処分件数が少なかったことを物語る。(12) 東木垣の「北鮮軍は日本の敵か？」という問いは、この後「思想が悪い」ことのあらわれと認識され、東亜部全員と論説委員による朝鮮戦争対策会議で「大分問題」にされる。

同じ日、国籍不明の飛行機六機が日本海の沖合で空中戦を行ったという地方部長が持ち込んだ特種ネタは、複数の特約外国通信社に電話で確認した結果、それらの取材網に引っかかっておらず、「ニュースとして公式に権威づけられ」ないためボツとされた。事実ならば日本が参戦する可能性も浮上する特ダネを潰したのは、リークした地方の警察筋よりも外国通信社と歩調を合わせた方が安全と考えたからである。日本語メディアによる「朝鮮戦争」報道の現場からは、占領軍の支配下に置かれた「植民地・日本」という構図だけが前景化される。[13]

3　朝鮮（人）なき朝鮮戦争

『広場の孤独』の冒頭には「研究者・新英和大辞典・第十版」から引用された Commit の三つの意味が掲げられており、読者はまずこれを確認することになる。

Commit (A)（罪・過）などを行ふ、犯す……(B) 託する、委す、言質を与へる、危くする、危殆に陥らしめる、……(C) 累を及ぼす…… That will commit us. それでは我々が危うくなる……

英和辞典から Commit という動詞がこの小説の読解の方向を導くかのような形で切り抜かれ、本文の中では「コミットメント」という名詞の補助線として機能する。例えば、翻訳戦争が遂行中の新聞社の場面がそれである。「共産党弾圧の政府発表」のため、号外発行を知らせるブザーの音がした後、原口政治部副部長は電話で「朝鮮の戦況の悪いことなどを誰かに報告し出した。恐らくは政界か財界のボスに情報を提供してゐるのであらう」と木垣は思った。この小説では、朝鮮戦争の当事者であるはずの韓国は抹消され、もっぱら「国連対北鮮の生きるか死ぬかの戦争」として提示される。[14] そのため原口政治副部長は「朝鮮」ではなく、国連にとって、より正確にいえばアメリカにとって戦況が悪いと報告すべきだったはずである。「悪い」に振ってある傍点は、主語が明確な原文（英語）から、主語を曖昧にすることが許される日本語へ翻訳する過程で、アメリカという主語が抜け落ちてそこに「日本」を当てはめてしまう状況に木垣が違和感を持っていることを表している。しかも「木垣自身が朝からつづけさまに訳しつづけて来た新聞記事すらが、無署名なるが故になほ一層動かし難い真実として人々の眼にうつるのではないか」と恐れ、「彼は再び、コミットメント」という言葉を連想するのである。

彼は、占領軍の弾圧を受ける共産党系のメディア側に立っているわけではない。「赤追放令《レッド・パージ》」で職場を追われた御国と立川に対し「彼の立場から云えば朝鮮の戦争は、はつきり解放戦争であらう」と言い、距離を取る。「日本が完全に独立するまでは、新聞にたづさはるまいといふ、誓ひみたいなものをどこかにひつこめようとさへ、彼は努力した」。それは占領軍の視点から翻訳することを受け入れようとしたことを意味する。しかし、「時々自分でも、おれはナショナリストかしら、と疑ふ」木垣は、「国の独立と精神の独立とは不可分の関係にあるといふ、偏執概念」にとらわれている。このような木垣に寄り添う語りによって展開される『広場の孤独』において、アメリカ占領下でアメリカの視点で翻訳する行為は、Commit という動詞と重ね合わせられ、

> (A)〔日本に〕(罪・過)などを行ふ、犯す……(B)〔日本を〕託する、委す、言質を与へる、危くする、危殆に陥らしめる……(C)〔日本に〕累を及ぼす…… That will commit us. それでは我々が危うくなる……

へと変換されていく。翻訳によって「我々〔日本〕が危うくなる」のである。

一方、「「前線基地」日本の最前線」の一つは横浜の飛行場であり、それを支えているのは「日本の民衆」だという。彼の朝鮮戦争に対する想像力は、日本の内地と日本人の外に広がらない。木垣は横文字だらけの横浜の風景に「外国租界の中で保護されている」気持ちに陥りそうになった自分を警戒しながら、むしろそのような風景の裏に、日本の民衆（アジアの民衆――植民地、半植民地、および占領国民）が「真直に伸びえない」抑圧的な状況が隠れていることを意識する。しかし、このように日本の民衆が前景化される作品に、朝鮮人は名前のある登場人物として一切出てこない。

外国人記者たちのジープやセダンを洗う日本人少年の表情は「戦争中、香港で、上海で、西貢でシンガポールで、日本人の車や靴を磨いてゐた少年たちや、車の番や門番をしてゐた大人たちの表情そつくりそのまま」であり、「中国人、安南人、インドネシア人、フィリッピン人、印度人、白系ロシア人など、彼らが日本人の下で、いま自動車を磨いてゐる少年たちの顔をしてゐた」。さらにそこに木垣や御国、張國壽の顔まで重ね、「いま日本人があれらのアジア人たちと同一水準にあることをあまりにも明か」に物語っているると、占領や植民地支配下にあったアジアの諸民族と、現在の日本人は変わらないと可視化させる。不思議なのは、朝鮮戦争を物語の背景にしながら、ここには朝鮮人の顔が出てこない。日本帝国と朝鮮の関係についても、一切言及しない。しかも、武器を運んでいる労働者、「白人の商人や船乗り、それに印度人、中国人、インドネシア人」が混在している横浜にも朝鮮人はいない。「朝鮮」および「朝鮮人」という言葉は、玄海灘の向こうに追いやられ、ただ「朝鮮では、何十万といふ難民があてどもなく食もなく、夜の中を彷徨し死に果ててゐる」と表記されるだけで、新生日本とはまったく関係ないかのように語られる。

『広場の孤独』の主要登場人物は「朝鮮の戦線からとびかへつたばかり」のOA通信のハワード・ハントのほか、木垣が戦後上海に抑留されていた頃知りあった、国民党系の中国人記者の張國壽とティルビッツ男爵である。張は中国共産党から逃れるために台湾行きを選んでおり、ティルビッツは旧オーストリア貴族で、ナチに追われた亡命者である。三人は、朝鮮戦争の最中に戦争物資や武器、人、情報などが行交う横浜で再会しているのである。木垣はティルビッツと再会した際、彼に「得態の知れぬ恐怖感」を感じていた上海時代を思い出す。それはティルビッツが「国家であれ何であれ、何か大規模なものが地すべりを起して陥没する、その現場にいつでも存在してゐるやうな男〔傍点：原文〕」だからである。

> ティルビッツは、人の噂を綜合すると、大規模な没落が行はれる場所には必ず姿を見せる葬儀屋のやうな男であつた。（中略）第二次大戦が勃発するぎりぎりまでパリーにゐて、避難するブルジョアたちの家財道具を引きうけた。そして最後の船で南米にわたり、南米にゐるドイツ人、イタリー人の動産不動産を買ひ占め、終戦後は、どういふ手づるでか国際連合の救援機構に参加し、いち早く上海に姿を現したのであつた。彼は日本人の所有品や略奪品にろくなものがないことに呆れながら、そのまま居据つて中共の南下に脅えた国民党要人や金持の所有品を二束三文に叩いて買ひ、良質のものはマニラにうつした……。そして戦後五年たつて一応復興しかけてゐる日本に姿を現したとは——木垣は自然、これからの日本で没落するものとは？　と考へざるをえなかつた。（五二頁）

ティルビッツは、滅びゆく国の支配階級‐民族の所有品や略奪品を買い叩く「葬儀屋」である。崩壊のぎりぎりの瞬間の立会人でもあるティルビッツが「朝鮮」ではなく「日本」にあらわれている。この物語の力学に基づいて考えると、朝鮮戦争によってもっとも危機的な状況に陥る可能性があるのは「日本」なのである。

彼の登場が日本の「没落」の前触れであるかのように捉える木垣に、ティルビッツは日本を脱出し、アルゼンチンで永住するための「千三百ドル。闇相場で大体五十二万円にあたる」資金を渡す。中国人の張が国連記者として栄転し、ハントは別の戦場であるハノイへ向かう一方で、木垣は「得態の知れぬ」怪しい大金を前に日本から脱出すべきか悩む。上海で崩壊した帝国日本の残骸から得た資金の上に、朝鮮戦争が生み出した資本の一部、すなわち朝鮮民衆の血までもがしみ込んでいるはずの「百ドル紙幣・一三枚」によって木垣の心は揺れ、葛藤が生みだされる。

4　張赫宙の朝鮮戦争従軍記

朝鮮（人）なき朝鮮戦争物語である「広場の孤独」が雑誌『人間』に掲載された、まさにその時期、日本のメディアもようやく朝鮮半島で取材が許される。その直後、張赫宙という朝鮮出身の小説家が、先述した処分件数の少なかったメディアの一つである毎日新聞社の従軍記者として送り込まれた。第六章で議論した通り、張赫宙は一九三二年の『改造』懸賞創作の二等に選ばれ、東京文壇で活躍の場を確保した。日中戦争が始まると「朝鮮の知識人に訴ふ」（『文藝』一九三九年二月）を発表して以来、内鮮一体政策に賛同する立場をとった。朝鮮が独立すると、日本のリベラルや朝鮮人から戦争協力の姿勢を問われ、苦しい立場に置かれていた。

『毎日情報』一九五一年九月号に掲載された「本誌特約 祖国朝鮮に飛ぶ（第一報）」は、「私が母国へ

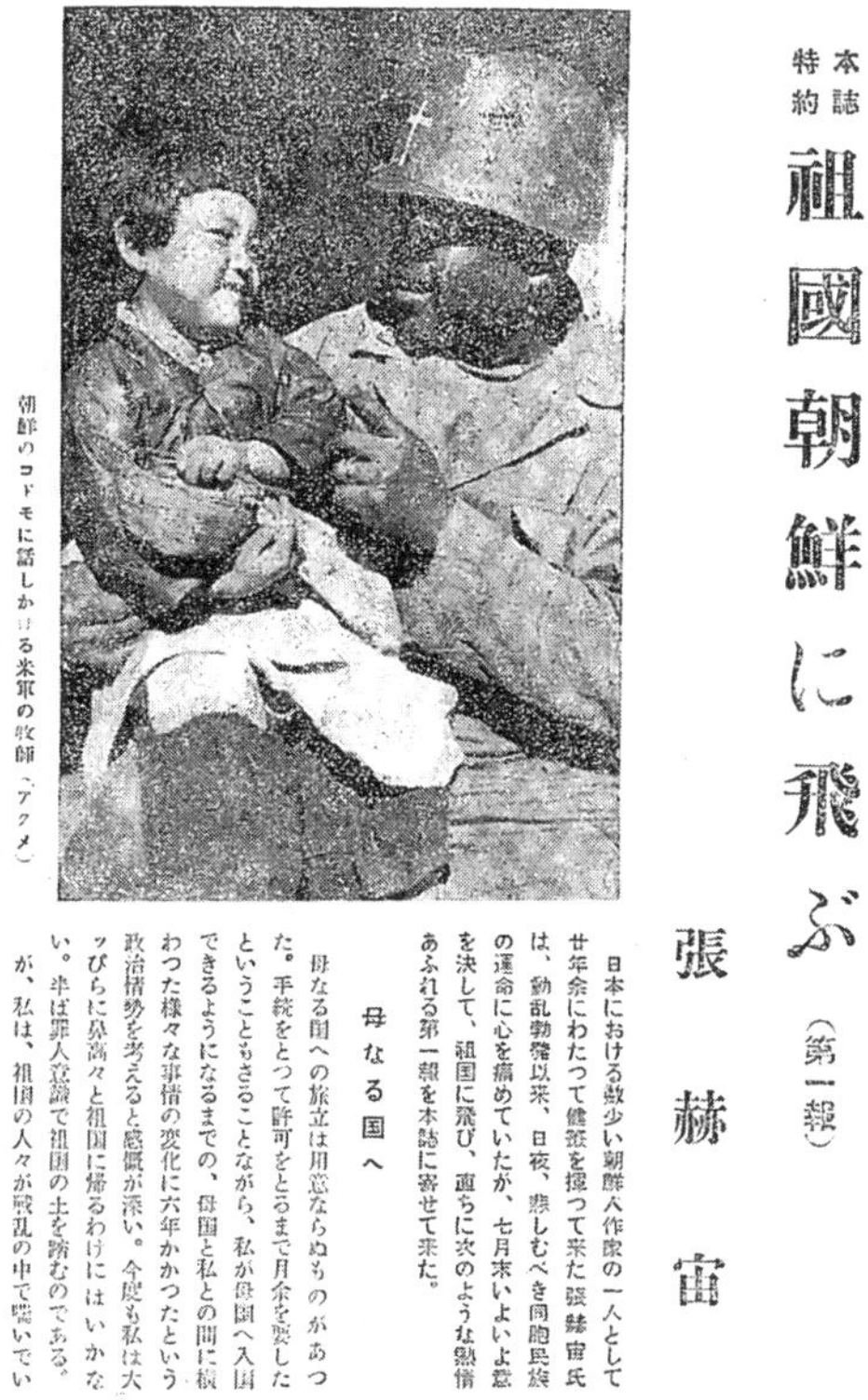
本誌特約

祖國朝鮮に飛ぶ（第一報）

張赫宙

朝鮮のコドモに話しかける米軍の牧師（アクメ）

日本における数少い朝鮮人作家の一人として廿年余にわたつて健筆を揮つて来た張赫宙氏は、動乱勃発以来、日夜、悲しむべき同胞民族の運命に心を痛めていたが、七月末いよいよ意を決して、祖国に飛び、直ちに次のような熱情あふれる第一報を本誌に寄せて来た。

母なる国へ

母なる国への旅立は用意ならぬものがあつた。手続をとつて許可をとるまで月余を要したということもさることながら、私が母国へ入国できるようになるまでの、母国と私との間に横わつた様々な事情の変化に六年かかつたという政治情勢を考えると感慨が深い。今度も私は大ッぴらに鼻高々と祖国に帰るわけにはいかない。半ば罪人意識で祖国の土を踏むのである。が、私は、祖国の人々が戦乱の中で喘いでい

図 8-4　張赫宙が朝鮮半島に到着してからはじめて送った記事。『毎日情報』1951 年 9 月号。

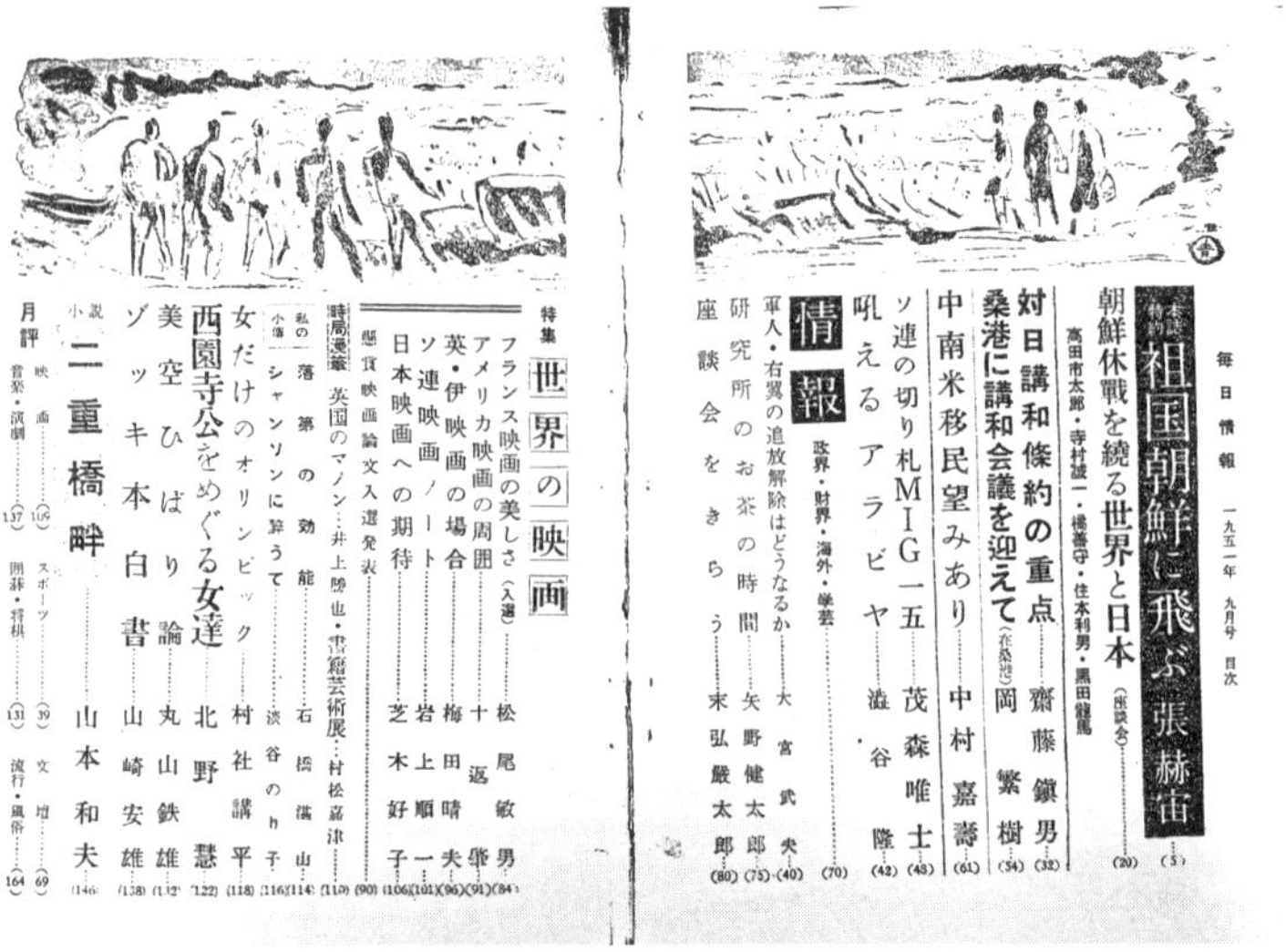
毎日情報　一九五一年　九月号　目次

本誌特約　祖国朝鮮に飛ぶ　張赫宙……（5）
朝鮮休戰を繞る世界と日本（座談会）……（20）
高田市太郎・寺村誠一・楊善守・住本利男・黒田健馬
対日講和條約の重点……齋藤鎭男（32）
桑港に講和会議を迎えて（在桑港）岡　繁樹（34）
中南米移民望みあり……中村嘉壽（61）
ソ連の切り札MIG一五……茂森唯士（48）
吼えるアラビヤ……澁谷　隆（42）
情報　政界・財界・海外・学芸……（70）
軍人・右翼の追放解除はどうなるか……大宮武夫（40）
研究所のお茶の時間……矢野健太郎（75）
座談会をきらう……末弘嚴太郎（80）

特集　世界の映画
フランス映画の美しさ（入選）……松尾敏男（84）
アメリカ映画の周囲……十返　肇（91）
英・伊映画の場合……梅田晴夫（96）
ソ連映画ノート……岩上順一（101）
日本映画への期待……芝木好子（106）
懸賞映画論文入選発表……（90）
時局漫歩　英国のマノン…井上勝也・書籍芸術展…村松嘉津（110）
私の小傳　落第の効能……石橋湛山（114）
シャンソンに拜うて……淡谷のり子（116）
女だけのオリンピック……村社講平（118）
西園寺公をめぐる女達……北野　慧（122）
美空ひばり論……丸山鉄雄（132）
ゾッキ本白書……山崎安雄（138）
小説　二重橋畔……山本和夫（146）
月評　映画……（109）　スポーツ……（39）　文壇……（69）
音楽・演劇……（137）　囲碁・将棋……（131）　流行・風俗……（164）

図8-5　張赫宙「祖国朝鮮に飛ぶ」が目立つ構成になっている。『毎日情報』1951年9月号の目次。

入国できるようになるまでの、母国と私との間に横わった様々な事情の変化に六年かかった。……今度も私は大ッぴらに鼻高々と祖国に帰るわけにはいかない。半ば罪人意識で祖国の土を踏む」と書き始めている（図8－4）。「本誌特約・第二報」でも、「朝鮮には来る資格のなかつた」張が朝鮮半島に渡って来たことを批判する「人たちの心に残つた反日感情と、親日的な立場の、というより日本の作家である私に対する二重の感情を、私は充分に理解する」と語っている。

毎日新聞社は、このような反感も充分計算済みで、張赫宙を朝鮮半島に送ると、その記事を図8－5のように大きく掲載した。それは張が朝鮮語を話せて日本語がうまく書けるからという単純な理由ではなさそうである。独立からわずか六年しか経っていない朝鮮半島は、日本語が充分通じる環境であったことを忘れてはならない。韓国政府や軍は、戦争勃発三日目にソウルを占領されるほど、苦戦を強いられていたにもかかわらず、その情報を韓国の国内にいる人々に伝えなかった。そのため多くの人々は避難の判断すらできず、ソウルに留まっていた。なかには自衛手段として、アメリカ国営放送「米国の声（VOA）」[15]、米軍のUN総司令部ラジオ放送（VUNC）だけではなく、NHKラジオを利用する人々もいた[16]。韓国政府の情報を信頼できない人々は、外国の情報を頼りにしたのである。

朝鮮民主主義人民共和国軍のソウル占領中もこうした状況は続いた。当時、国営のソウル中央放送（KBS）のアナウンサーであり、朝鮮戦争の勃発を最初に伝えたことで知られる韋辰禄は、自宅に隠れ小型真空管六個が入っている中波と短波ラジオでNHKを聞いた。韋によると、NHKの電波は非常に安定しかつ鮮明であり、「特に彼らの韓国戦争に対する時事解説は命の綱であった」という[17]。短波受信機を所持しているだけで銃殺の可能性すらあったほど情報統制が厳しい中で、NHKを受信することは命がけであった。人々がマッカーサーの仁川上陸作戦の情報を手に入れたのも、ラジオの情報に基づいたウワサをとおしてである。このように日本語の情報は瞬時に朝鮮語へと翻訳され、民衆の口コミで広がったのである。

ところで張赫宙の渡航は法的にみると、特別な措置なしでは実現できなかったはずである。現在、確認できている張の戦場取材は、一九五一年七月（毎日新聞社）、一九五一年一〇月下旬（『嗚呼朝鮮』取材のため）、一九五二年一〇月（『婦人倶楽部』）である。彼は、韓国軍または国連軍が支配している地域で、両方の支援を受けながら取材を行っている。一九五二年一〇月一七日に三度目に渡航する直前に日本に帰化し、「野口稔」となって「国連従軍記者のパスポートをふところに立川基地から空路」で朝鮮半島に飛んだ（『読売新聞』一九五二年一〇月二九日）。ようやく「従軍記者のパスポート」を手に入れたのである。日本への再入国が許されるかどうか心配しながら、羽田空港からノースウエスト機で渡航した一九五一年の取材の時とはかなり違う待遇である。

先述の「本誌特約・第一報」には、出入国をめぐる不安が散りばめられている。一九五〇年暮れから張赫宙の朝鮮戦争取材の話は出ていた。しかし、旅券が発行されないため、計画は中止となった。一九五一年の朝鮮渡航は「正規の往復旅行ではない。韓国へ引揚者として片途だけの旅券をとつただけ」であり、その旅券すら一か月半もかかって手に入れたらしい。このルポは釜山から送っており、「これより日本へもどれなくなるかも知れない」という不安を語っている。このように一九五一年の取材は、例外的な措置（支援）なしでは実現できなかったはずである。当時、韓国と国交のない日本人だけではなく、日本にいた朝鮮人の記者が、公式ルートで朝鮮半島に渡って取材を行うには制限が多かったからである。

解放後も日本に残留する朝鮮人がかなりの数に上ると予想され、日本政府は日本在住の朝鮮人の在留資格などに関わる権限をＧＨＱ／ＳＣＡＰに強く求めていた。米国国務省、ＧＨＱ／ＳＣＡＰ、朝鮮米軍司令部の関連文書に基づいて考えると、この問題の争点は、朝鮮人を連合国民として扱うか、日本国民として扱うべきかにあった(18)。ＳＣＡＰは、一九四六年一二月一五日の引き上げ期限終了を一か月後に控えた一一月五日に「朝鮮人の引揚に関する総司令部民間情報教育局発表」、一二日に「朝鮮人の地位及び取扱に関する総司令部民間情報教育局発表」と「朝鮮人の地位及び取扱に関する総司令部渉外局発表」という、朝鮮人の法的地位に関する方針を公表した。その見解は、「日本にいる朝鮮人で総司令部の引揚計画に基いてその本国に帰還することを拒絶するものは、正当に設立された朝鮮政府がかれらに対して朝鮮国民として承認を与える時まで、その日本国籍を保持しているものとみなされる」という総司令部係官の言葉に集約されている。[19]

「日本国籍を保持しているものとみな」すとは、朝鮮人を日本政府の支配下に置くことを意味する。これを受けて日本政府は、一九四七年五月二日付で勅令第二〇七号「外国人登録令」を発布したが、実際は、一九四五年八月から既に、何ら法的根拠もないまま、一方的に旧植民地出身者を外国人とみなし、登録証明書の常時携帯を義務付けるなど、治安管理の対象としてきた。[20] 鄭栄桓によると、占領期における再入国許可の運用実態については不明な点が多い。日本政府による帰還計画に基づいて帰国した朝鮮人は、基本的に日本へ再渡航することを禁じられていた。ただ、残留した朝鮮人が一時的に出国した場合は再入国許可を得られた人もいたが、朝鮮半島の北の方へ渡航した場合は再入国が困難だったという。

再入国許可制度が正式に日本の入管法令に組み込まれたのは一九五一年である。張赫宙が朝鮮半島で取材を行っていた時期と重なる。一九五二年四月一九日の法務省事務局長通達により朝鮮人・台湾人は日本国籍を喪失したため、朝鮮人は入管令にいう「外国人」となり、以後は再入国許可を得ずに出国した場合、日本在留資格を失うことになった。[21] 張赫宙がこうした入管法の変動期に、朝鮮半島に渡航できたのは、特例であったと考えるべきである。[22]

張赫宙が東京に戻って執筆したうちもっとも大きな反響を呼んだのは、『嗚呼朝鮮』（新潮社、一九五二年五月）である。[23] この本が出る前年には、別の著者による同じタイトルの『あゝ朝鮮』（五月書房、一九五一年四月）が刊行され、話題になっていた。『あゝ朝鮮』は、国連軍の支配領域で取材していた張と

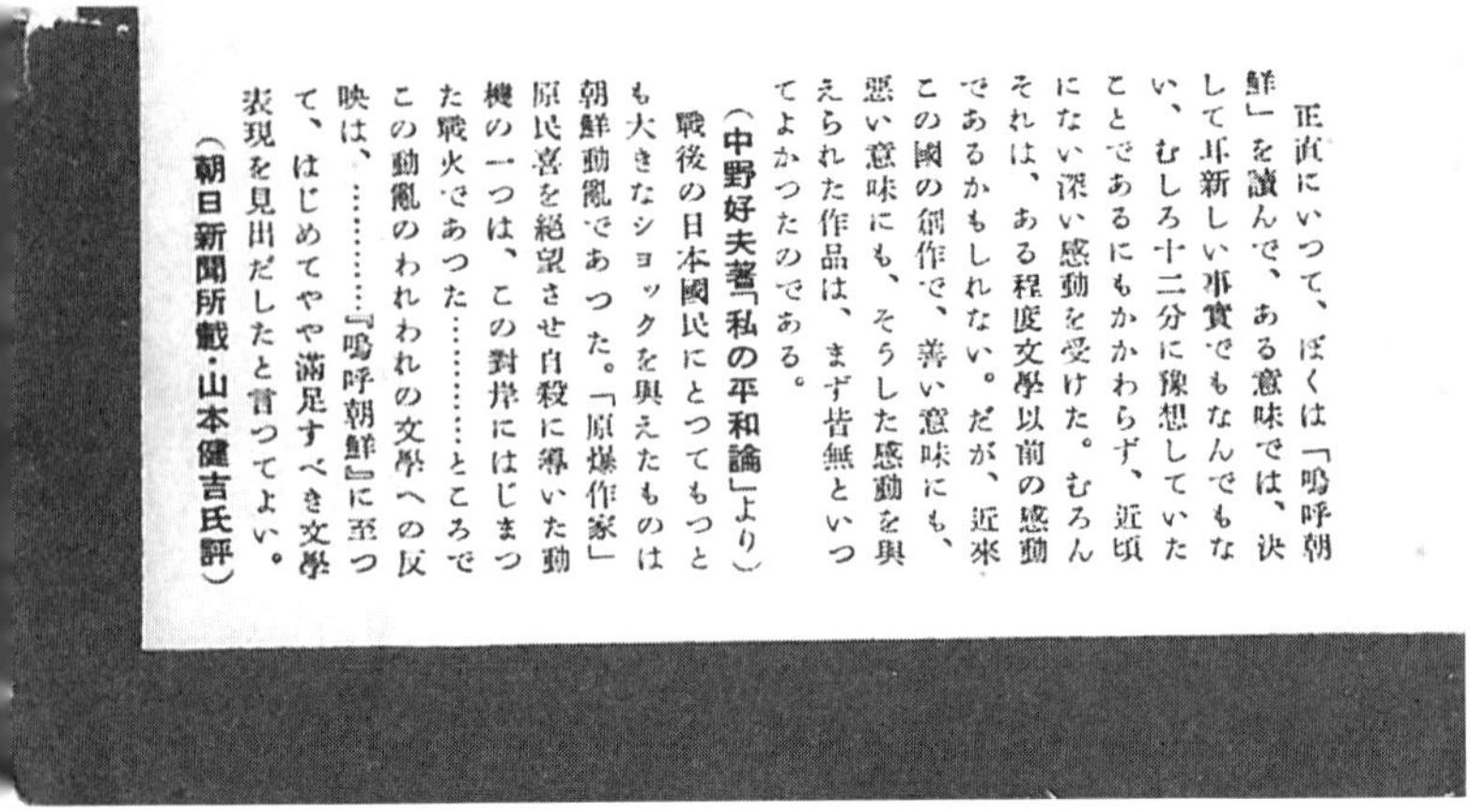
正直にいつて、ぼくは「嗚呼朝鮮」を讀んで、ある意味では、決して耳新しい事實でもなんでもない、むしろ十二分に豫想していたことであるにもかかわらず、近頃にない深い感動を受けた。むろんそれは、ある程度文學以前の感動であるかもしれない。だが、近來この國の創作で、善い意味にも、惡い意味にも、そうした感動を與えられた作品は、まず皆無といつてよかつたのである。

（中野好夫著「私の平和論」より）

戰後の日本國民にとつてもつとも大きなショックを與えたものは朝鮮動亂であつた。「原爆作家」原民喜を絶望させ自殺に導いた動機の一つは、この對岸にはじまつた戰火であつた……ところでこの動亂のわれわれの文學への反映は、………『嗚呼朝鮮』に至つて、はじめてやや滿足すべき文學表現を見出だしたと言つてよい。

（朝日新聞所載・山本健吉氏評）

いる。

は違って、『コムソモリスカヤ・プラウダ』紙の特派員アレクセイ・コージンが、一九五〇年八月から一一月まで朝鮮民主主義人民共和国側の進軍領域で行った取材をもとに書いた本である。序文にあたる「戦う朝鮮」に「アメリカ帝国主義軍と傀儡李承晩政府軍」と記されている通り、人民軍側の視点に立った構成になっている。それに対して張の『嗚呼朝鮮』は、韓国軍対人民軍の戦いを俯瞰するかのような構図で、物語の進行とともに視点人物の位置は変わり続ける。それは視点人物である朴聖一が人民軍の義勇軍から韓国軍の捕虜になり、それから韓国の国民防衛軍兵士になっていく過程で、おのずと浮かびあがる構図である。

一方、張の『嗚呼朝鮮』は、金史良の従軍記とも対立軸を作っていた。張赫宙の従軍記は、処分件数の少なかった日本のメディアが、朝鮮人自身が語る朝鮮戦争物語（南側）として使っていた。それに対し、人民軍として従軍し、戦死した金史良の「海がみえる」は、占領軍と日本政府の朝鮮戦争参戦を批判する立場にあった金達寿

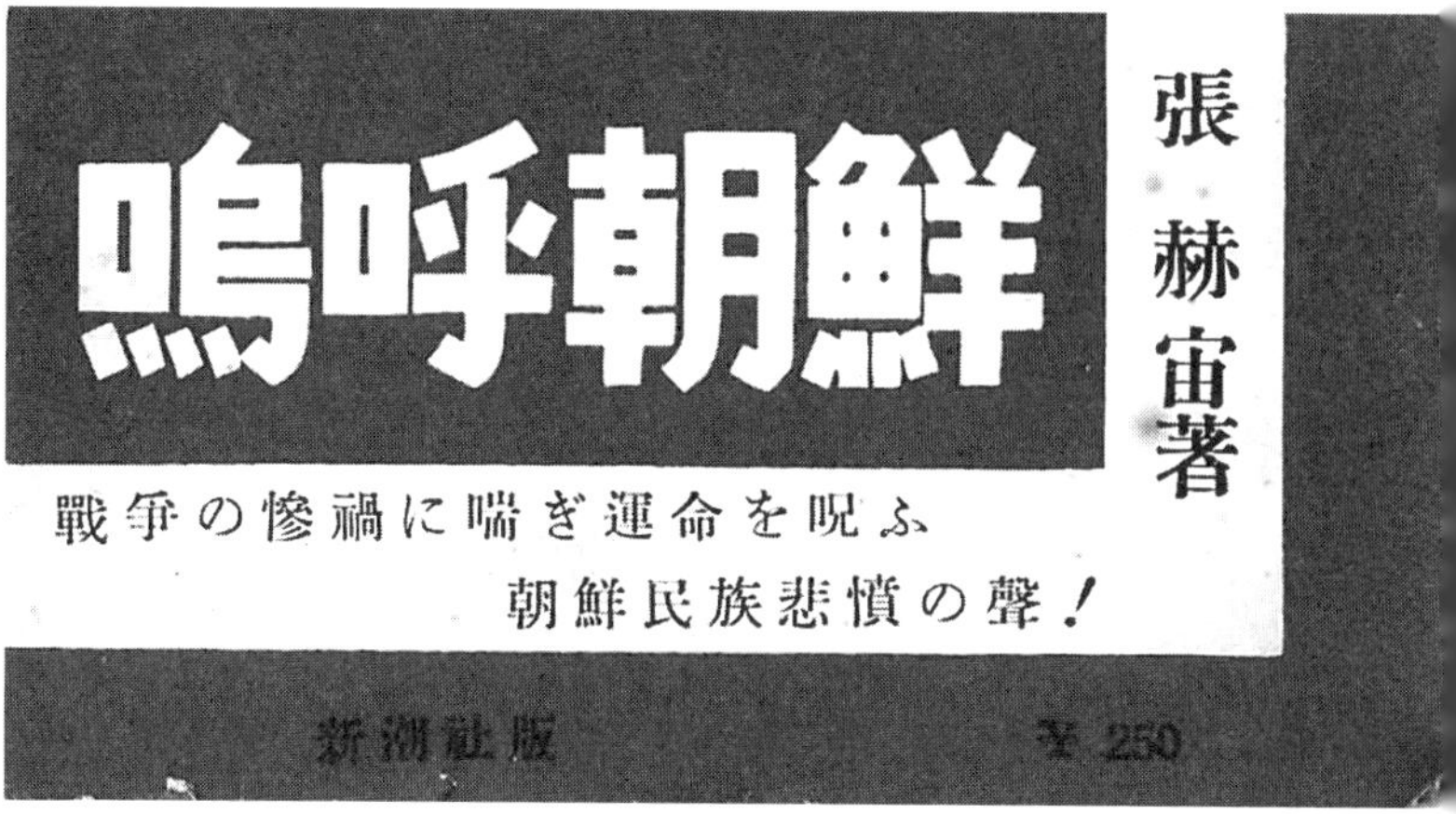

図8-6　張赫宙『嗚呼朝鮮』初版の帯。中野好夫の評価を推薦の言葉として転載して

の翻訳で『中央公論』（一九五三年秋季文芸特集）に掲載された、人民軍側の視点で描かれる従軍記である。当時、金達寿は国際派の一人として分類され、日本共産党だけではなく、朝鮮人の組織であった在日朝鮮文化団体連合会からも「白眼視」されていた。朝鮮戦争が勃発した一九五〇年、民主主義文学運動における大きな出来事の一つは、雑誌『新日本文学』（国際派）と『人民文学』（所感派）の対立である。一九五〇年一月六日、コミンフォルム（モスクワの共産党・労働党情報局）の機関紙に「日本の情勢について」[24]が載り、当時、日本共産党が採用していた野坂参三の平和革命路線が徹底的に批判される。その対応をめぐって、日本共産党は徳田球一らの主流派（所感派）と宮本顕治を中心とする反主流派（国際派）に分裂してしまう。在日朝鮮人の作家もこの対立に巻き込まれ、『民主朝鮮』や『新日本文学』で金達寿と共に活動し、日本文壇でも共に高い評価を得ていた詩人・許南麒が所感派の『人民文学』を中心に活動するようになると、金と許は対立関係に置かれることになる。金史良の

戦死特集が組まれたのは、多くの朝鮮人活動家を抱えていた所感派系の『人民文学』ではなく、国際派系の『新日本文学』一九五二年一二月号であった[25]。

遺作になった「海がみえる」について、石上稔は「その生き方は正しいのかも知れないが、あまりにハツキリした割切つた公式がありすぎる」（「ああ、金史良」『文芸首都』一九五三年一二月号）と批判している。金達寿によれば、同様の批判が『東京新聞』『新日本文学』にもあらわれたという。人民軍側の視点が批判の対象となっていることは明らかである。金達寿は、その批判を受け入れながらも、「いまの日本のこちら側からみれば、裏側である朝鮮側にこれだけ即してかかれたものは、いまのところまだでてきてはいない」と指摘し、「朝鮮人民軍といっても、それについてはまるで知らないか、あるいは知らされていないというのが現状である」と述べている[26]。

当時の日本のメディアでは、朝鮮戦争に関して、中野好夫が張赫宙の『嗚呼朝鮮』を「北鮮側の同情者としてでも、南鮮側の味方としてでもなく書いているのは、非常によい」と評価したようなスタンスが求められていた。それは、人民軍の虐殺現場と韓国軍の虐殺現場を一緒に描いてみせることによって得られる効果であるのはいうまでもない。中野の言葉を借りると「両者ともに、自由の名において、いかに多くの罪悪が平然として犯されているかということであろう。（中略）いかに非人間的な狂気と化するかという容赦ない現実[27]」が浮き彫りになっているのである。中野はこのような「現実」を日本の再軍備反対へと接合させていく（図8－6）。

中野好夫は『嗚呼朝鮮』の内容が「ある意味では、決して耳新しい事実でもなんでもない、むしろ十二分に想像していた」という。このような既視感について張允馨は、『読売新聞』『朝日新聞』『毎日新聞』の朝鮮戦争報道と張の『嗚呼朝鮮』が非常に類似した構図を持っていたためだと的確に指摘している。[28]「南北いずれにも偏らぬ中立的な視点」からの叙述だと白川豊は張赫宙を肯定的に評価するが、[29]中立とは没政治的と言い換え可能である。「没政治的な態度は結果的に、本人の意志とは無関係に特定のイデオロギーに奉仕する危険性を孕んでいる」[30]のは言うまでもない。政治権力にとっては、自分へ批判の矢を向けない、もっとも好ましい従順な態度であろう。張赫宙『嗚呼朝鮮』と、GHQ／SCAPプレスコードを内面化した日本の「朝鮮戦争」報道との相似性、とりわけ、南と北を同じ距離から俯瞰する姿勢は、朝鮮戦争は自分と直接的には関係のない、海の向こうの出来事だという構図を作り出すことになる。これはまさに、前節で取り上げた『広場の孤独』の木垣幸二が置かれていたメディアの現場にほかならないのである。

5　日本は誰の味方でもない

朝鮮戦争中のほぼ同じ時期に日本語圏に流通し、日本の文化権力から高い評価を受けた『嗚呼朝鮮』と『広場の孤独』の構図に注目すると、視点人物の位置が微妙に重なっていることがわかる。『嗚呼朝鮮』の視点人物である朴聖一は人民軍と韓国軍の間を移動しているが、朴に寄り添う語りは南にも北にも距離を置く。

『広場の孤独』の木垣や彼に寄り添う語りも、『嗚呼朝鮮』の朴と同様にどちらのイデオロギーにも加担しない、両方を俯瞰する位置から物語を進めている。そのため木垣は、副部長の原口からは警察保安隊に誘われ、レッドパージにより新聞社を追われた御国からは自分も追放される可能性があったことを知らされる。この小説では、木垣が求める「広場の孤独」がクレムリンやワシントンの広場ではないこと、それが彼の完全講和への思いと重なっていることに注目する必要がある。その思いはまさに、平和問題談話会などが中心になっていた「非武装中立論〔全面講和論〕」と隣接した位置にあるからである。(31) 非武装中立論は、朝鮮戦争を契機に本格化した日米主導の単独講和派とも、共産党系の全面講和派とも、批判的な距離を取って展開される。

一方『嗚呼朝鮮』は、中野好夫のように平和懇談会のメンバーとして非武装中立論を推進していた読者によって高く評価されていた。しかし、物語内容に即して考えると、視点人物である朴は朝鮮民主主義人民共和国にも韓国にも違和感や距離を感じているが、語りは「美国《アメリカ》」に親和的であるため、冷戦構図から抜けだすことはできない。さらに、張赫宙の帰化を伝える一九五二年一〇月一二日付『読売新聞』の記事を見ると〔図8−7〕、日本のメディアが朝鮮半島の北と南を同時に批判できる位置に日本を置くことも可能にしていることがわかる。

張氏の話によると今春出版した〝嗚呼朝鮮〟の第三部、〝絶望の彼方〟に韓国防衛軍上層部の腐敗を鋭く暴露した場面があり、これが大韓民国で問題化していたところ、さらに七月十五日の日共卅周年記念日に当り本紙上に手記〝朝鮮同胞に告ぐ〟の一文を発表したことから北鮮系朝鮮人の迫害ばかりでなく大韓民国政府をも痛く刺激し、韓国の友人からの情報によると〝民族反逆者〟として逮捕状までが出る一方、駐日韓国代表部からは昨秋十月下旬張氏が〝嗚呼朝鮮〟の取材に南鮮を旅

☆（3）14版　昭和27年10月12日（日曜日）　讀賣新聞

張赫宙氏が帰化

南北両鮮に容れられず

滞日廾年、宿願の手続き

張赫宙氏

まだいる日本兵

バンコクに二百　引揚者の話

陛下、国鉄記念式典列席ご中止

『小泉八雲のように』

条件にかなっている

図 8-7　張赫宙の帰化を伝える記事。『読売新聞』1952 年 10 月 12 日。

行するに当り交付された一年間有効のパスポートも取消される運命となった。

張赫宙は分断された朝鮮半島の両方から厳しい批判を受けていることがわかる。この記事について張赫宙は、野口稔という日本名を併記して書いた「ルポルタージュ朝鮮」（『群像』一九五三年一月）で、「私の帰化の記事が又々刺激的な文章で同紙〔『読売新聞』、図 8-7〕に報道され、朝鮮行きを極力秘密にしてゐたところ、これ又同じ記者に嗅ぎつけられ」、それが「大変にえげつなく、針小棒大に、嘘まで混へて、さも私が韓国へ密入国でもしたやうな印象」を与えたと批判している。このルポには、張が朝鮮戦争関連の文章を発表してから多数の脅迫状や「暗殺予告」まで届いたと書かれている。[32]「南北両鮮に容れられず」（図 8-7）という見出しからもわかる通り、朝鮮半島にも日本にも張赫宙の居場所はないと示唆するこの記事は、彼の帰化を支える著名人の名前で締めくくられている。帰化請求の保証人として、福永健司代議士、日本ペンクラブ会長川端康成、読売文芸家協会長青野季吉、日本ペンクラブ会長川端康成、読売新聞の小島編集局長などの名前が並び、帰化の「条件にかなっている」という法務省第五課長のお墨付きまで掲げられたのである。

『鳴呼朝鮮』における朴の立ち位置は、摘発件数の少ない日本メディアによる朝鮮戦争報道と似ていたことをもう一度確認したい。張赫宙はさらに「朝鮮同胞に告ぐ 他人の国で騒ぐな 逆効果を生むテロ行為」（図8－8）という手記を『読売新聞』に寄せ、これは日本メディアにおける「暴力鮮人」（不逞鮮人）言説を支える役割を果たした。彼の南と北の「誰の味方でもない」という立ち位置は、メディア

7154号 （第三種郵便物認可） ☆

朝鮮同胞に告ぐ

他人の国で騒ぐな

逆効果を生むテロ行為

張赫宙

きょう十五日の共産党創立卅周年を前に発表された「徳田論文」があれとこれ批判の対象になっているとき「鳴呼朝鮮」の著書で有名な作家張赫宙氏（四七）（埼玉県入間郡高麗村高岡一）は十四日「朝鮮同胞に告ぐ」と題する次のような手記を本社浦和支局に寄せてきた、これは「一部在日鮮人が他人の国で騒ぐのはいたずらに反感をそゝるばかりだ」と日鮮平和を希う一人の朝鮮人の立場から訴えた切実な叫びである—

張赫宙氏

最近の大きな騒擾事件にはかならず朝鮮同胞が加わっている、新聞の報道ではその主体が朝鮮人であるかのような印象をうける、私はその現場を一つも見ていないので何ともいえないし、同胞諸君から「民族反逆者」「親日家」と呼ばれ、北鮮系諸君からはとくに「反動だ」と指示されているので「同胞に告ぐ」文章を掲くなどおこがましい行為だ、しかし私は国籍如何にかゝわらず、れっきとした朝鮮人なのだから朝鮮人の在日立場について大へん心配している、それは同胞に対する私の愛情だ、

諸君のこのところの暴力行為は日共の指令によるといわれるが、それ自体の善し悪しは別として何らの効果がない、「日本人民のため日本を解放する」という諸君の目的からすれば全く逆効果で、日本の人民は「朝鮮人は怖い」「朝鮮人がまた騒いだ」「他人の国で騒ぐのはもってのほかだ」といっている、その通りだ 諸君は日本人にとって「外国人」である、「日共」内部では「日鮮一体」であろうけれども一般日本人は「外国人」だと思っている、当然なことだ、外国人に政治干渉されたくないのが日本人の正直な気持だ

私は日本人が朝鮮人に対して憎悪を持つの余り、関東大震災当時のあの「鮮人虐殺」に類する不祥事が起きるのではないかと心配するあるいは日本政府に「強制送還」の口実を与え、何の関係のない穏かな朝鮮同胞に災難がふりかかるのを恐れる、暴力はとかく人に憎まれる、暴力戦術を止めて納得のゆく方法を考え出すことを敢て忠告する

張赫宙氏 明治卅八年大邱に生れ、大邱高校卒業後小学校教員となり、やがて反抗労働者として来日、処女作「餓鬼道」「追はれる人々」など民族主義的傾向の作品を発表、戦後は「権といふ男」「ガルボウ」など朝鮮人の風俗小説に転じた、現在は浦和市常盤町二の七八大韓民国居留民団埼玉県支部が県下にわたり展開している左翼系朝鮮人への啓蒙運動にも関係している

図8−8 『読売新聞』は「他人の国で騒ぐな」という刺激的な見出しをつけている。『読売新聞』1952年7月15日。

の差別的な朝鮮人表象に都合よく使われていたことは否めない。小説家・張赫宙は、朝鮮戦争前後の講和論をめぐる議論が激しさを増す時期と重なる形で、日本のメディアで復活した。しかし、その議論が収まりを見せていた時期に、日本語メディアから再び切り捨てられた。

『広場の孤独』の芥川賞受賞を祝う会が、一九五二年二月二五日に、『近代文学』『中国文学』『荒地』同人の主催で開かれた。この日の記録として、参加者二六名全員と堀田の言葉が雑誌『近代文学』(33)に収録されている(図8-9)。驚くことに、『広場の孤独』の感想として、参加者の誰一人「朝鮮」について語らない。司会を担当した本多秋五は「〔日本の〕平和、〔日本〕国の独立、あるいはわれわれの自由と人権――かういうものが脅かされているという感じ、霜をふんで堅氷いたるという恐怖と不快感は今日誰の胸にもひそんでいると思われます。堀田君の作品はこのわれわれの気持に訴えるもの」だという言葉で会を始めている。これは、日本が永続的にアメリカの支配下に置かれる恐れがあると訴えていた当時の講和条約をめぐる議論から出た発想である。さらに本多は、「平和擁護運動に参加することによつて自分が共産党と誤認されるのはいやだ」と思う立場(自由な立場)から「平和や独立の問題について、御意見や御感想をのべて」ほしいと要請している。すなわち、本多は『広場の孤独』を通して、講和論に関する見解を述べるよう参加者に求めているのである。

それに続く多くのコメントは、その時期の話題作であるルーマニアの作家コンスタンティン・ゲオルギウの小説『二十五時』の主人公に、日本の人々を重ね合わせていた。この小説は、善良なルーマニア人農夫の主人公が、第二次世界大戦中にはユダヤ人だと誤解されたり、高貴な家柄のゆえにソ連に追放されたり、ナチスによってドイツ人と美化されたり、コミュニストとしてアメリカ軍に収容されたり、

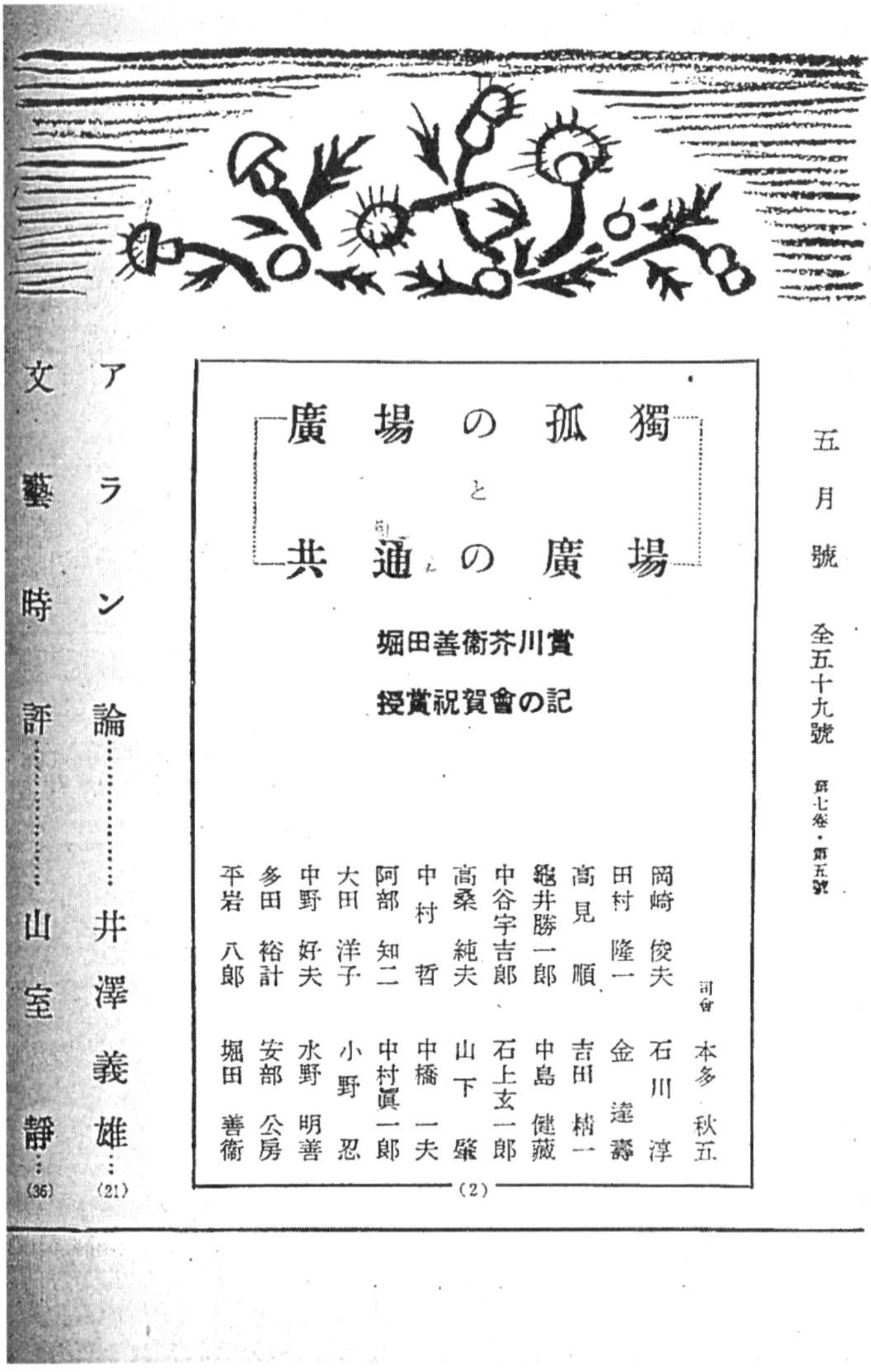
五月號
全五十九號
第七卷・第五號

廣場の孤獨と共通の廣場

堀田善衛芥川賞授賞祝賀會の記

司會 本多秋五
岡崎俊夫 石川淳
田村隆一 金達壽
高見順 吉田精一
龜井勝一郎 中島健藏
中谷宇吉郎 石上玄一郎
高桑純夫 山下肇
中村哲 中橋一夫
阿部知二 中村眞一郎
大田洋子 小野忍
中野好夫 水野明善
多田裕計 安部公房
平岩八郎 堀田善衛

(2)

アラン論……井澤義雄……(21)
文藝時評……山室靜……(36)

図 8-9　特集「広場の孤独と共通の広場」では，堀田善衛の芥川賞受賞祝賀会に参加した人々のコメントを紹介している。『近代文学』1952 年 5 月号。

目まぐるしく次々と他者から差別的な烙印が押され、迫害を受けつづける物語である。これは、張赫宙の『嗚呼朝鮮』や堀田善衛の『広場の孤独』の視点人物が置かれている境遇と類似している。祝う会に参加している人々は、どちら側にも属することができず、迫害を受けつづける主人公の位置に、「日本人」を置いていた。

山本健吉は「堀田君の文学が二十五時的といわれる」ことに賛成できないが、「今迄の日本に欠けていた広い視野から日本の運命を見つめていることとアジア人としてアジアの問題と取組んでいること」を評価している。武田泰淳や小野忍が中国の記憶を語っているが、そこに中国の人々に対する記憶は出てこない。例外は、安部公房が「中国人が我々の搾取に苦しんでいるのもみましたし、奉天近辺で八路軍と打ち合うのをみたこともありますし、学生を水責めにして拷問するところをみたりして、これらに現実に対する頼りなさを感じて」いたと語ったくらいである。

知識人の立場から日本の民衆に寄り添えるかどうか、あるいは弱い立場に置かれている日本人の位置を『広場の孤独』を通して見出す発言が続いている。祝う会に参加した唯一の朝鮮人であり、当時朝鮮戦争について積極的に発言していたはずの金達寿すら以下のように述べていた。

朝鮮の文学は一九〇〇年以来新しい出発をしましたが、間もなくその芽はまた摘み取られてしまいました。こゝには絶望すらないのです。日本もこうならないようにして欲しいし、自由を強く求めてもらいたいと思うのです。再軍備反対に頰かむりして、現在の作家は仕事は出来ないのです。堀田さんもかゝる場から書くのだろうと思いますが、今後もそのような事に対する意志表示をしてもらいたいと思います。

金達寿は、この小説を朝鮮戦争の物語として読んでいない。朝鮮が日本の植民地になった記憶を呼び起こし、日本がそうならないことを願っていると述べている。金達寿の言葉は、朝鮮の植民地支配の記憶について語りたいわけではない。日本が植民地化される危険に晒されていること、そのような構図が『広場の孤独』に内在していることを肯定的に評価しているのである。

これは、単純な忘却とは違うレベルの話である。朝鮮戦争の最中、講和条約をめぐる議論を媒介としながら、「完了した過去・日本帝国」の植民地であった朝鮮は、「新しい国家・日本」がアメリカの従属的な位置にあることを説明するための比喩として使われる。また、朝鮮戦争をめぐる議論は、朝鮮半島の分断を俯瞰する位置から、暴力的な朝鮮人（不逞鮮人）たちを批判的に捉えながら、中立的な平和国家・日本への欲望を露呈するものであった。このような捻れた構図が力を得ていた「戦後」という空間において、本書で議論した日露戦争から内鮮一体まで目まぐるしく変化しながら拡張していった出版帝国日本の不逞なものたちの歴史が呼び出される余地はなかったのである。

注

（1）山本剛士「朝鮮特需」山室英男編『昭和の戦争　ジャーナリストの証言10　朝鮮戦争・ベトナム戦争』講談社、一九八五年、九七〜九八頁を参照。

（2）ロバート・マーフィー『軍人のなかの外交官』古垣鐵郎訳、鹿児島研究所出版会、一九六四年、四四三頁。

（3）前掲山本「朝鮮特需」一〇七～一一一頁。
（4）大沼久夫「朝鮮戦争への日本の協力」大沼久夫編『朝鮮戦争と日本』新幹社、二〇〇六年を参照。
（5）本書での本文引用は、『広場の孤独』中央公論社、一九五一年による。本文では頁だけ明記する。
（6）法政大学大原社会問題研究所編『日本労働年鑑』第二四集一九五二年版（時事通信社、一九五一年）第二部労働運動第五編労農政党第三章共産党第八節「朝鮮に戦争勃発、中央機関紙「アカハタ」の発禁」を参照。ここでは、m1952-729.pdf (hosei.ac.jp)（二〇二三年六月一六日確認）を使用。
（7）和田春樹『朝鮮戦争全史』岩波書店、二〇〇二年、一六〇頁。
（8）フィリップ・ナイトリー『戦争報道の内幕――隠された真実』芳地昌三訳、時事通信社、一九八七年、「11 朝鮮、国連軍の戦い 1950-1953」を参照。
（9）雑誌メディアに対する検閲を担当していたPPB（Press, Pictorial and Broadcasting Division. CCDのメディア専門の検閲組織）の活動については、山本武利『占領期メディア分析』法政大学出版局、一九九六年、奥泉栄三郎編『占領軍検閲雑誌目録・解題――昭和二〇年～昭和二四年』雄松堂書店、一九八二年を参照した。
（10）山本武利「検閲とメディアのブラック化」『占領期雑誌資料大系 文学編Ⅱ』岩波書店、二〇一〇年、一五頁から再引用。
（11）前掲山本『占領期メディア分析』三二〇～三二一頁を参照。
（12）陳童君は、木垣の勤める日本語メディアが『読売新聞』をモデルとしている可能性について述べている。陳童君『『広場の孤独』の表現手法」『堀田善衛の敗戦後文学論――「中国」表象と戦後日本』鼎書房、二〇一七年、第四章。
（13）同様の構図は、当時の日本共産党系のメディアや民主主義文学運動に参加していた金達寿・許南麒をはじめとする多くの日本の文化運動の主体たちも共有していた。それについては、拙著『戦後というイデオロギー――歴史／記憶／文化』藤原書店、二〇一〇年の第七章五節「「共闘」をめぐる陥穽」で詳論した。
（14）このような構図については、同前で詳論した。
（15）장영민によると、VOAは朝鮮戦争中に、韓国人を対象とする韓国語の宣伝放送を行ったという。韓国語放送は反

共メッセージの発信が主要な目的であり、戦争が終わるまで、毎日午前と午後に一時間一五分間放送した。主なリスナーは比較的裕福な上層階級であった。「한국전쟁기 〝미국의 소리(Voice of America) 한국어방송〟에 관한 연구」 부산경남사학회『역사와 경계』二〇一四年三月を参照。

(16) 김영희「한국전쟁 초기 전쟁소식 전파와 대응의 커뮤니케이션」『韓国言論学報』第五八巻四号、韓国言論学会、二〇一四年八月。

(17) 韋辰祿『고향이 어디십니까?』모노폴리、二〇一三年、一九二頁。

(18) 朴慶植『解放後在日朝鮮人運動史』三一書房、一九八九年の「第二章 在日朝鮮人の民主的民族的権利を守る運動」、金太基『戦後日本政治と在日朝鮮人問題』勁草書房、一九九七年の「第三章「解放民族」から「敵国民」(日本国民)へ」を参照した。

(19) 外務省政務局特別資料課『在日朝鮮人管理重要文書集 1945～1950』一九五〇年。ここでは復刻版『現代日本・朝鮮関係史資料 第六輯』湖北社、一九七八年を使用。一四～一五頁。

(20) 鄭暎恵『〈民が代〉斉唱』岩波書店、二〇〇三年の「第五章「戦後」つくられた植民地支配」を参照。

(21) 鄭栄桓『歴史のなかの朝鮮籍』以文社、二〇二二年、三七二～三七五頁を参照。

(22) ただ、どのような手続きを経て渡航できたのかは、はっきりとしない。

(23) 張赫宙が朝鮮半島で取材をした後書いた文章は、張允馨「朝鮮戦争をめぐる日本とアメリカ占領軍」日本社会文学会『社会文学』第三二号、二〇一〇年七月、一五九頁に整理されている。

(24) 全文は、神山茂夫編著『日本共産党戦後重要資料集 第一巻』三一書房、一九七一年に所収。この論文は、朝鮮戦争を目前に控えて、日本共産党にアメリカとの全面対決を求めたものであると言われている。

(25) 在日朝鮮人を巻き込む形で激しく対立した所感派と国際派の問題については、前掲高『戦後というイデオロギー』第七章で詳論した。

(26) 「金史良・人と作品」金達寿編『金史良作品集』理論社、一九五四年、三二五頁。

(27) 中野好夫『私の平和論』要書房、一九五二年、一二八頁。

(28) 前掲張允馨「朝鮮戦争をめぐる日本とアメリカ占領軍」。

(29) 白川豊『朝鮮近代の知日派作家、苦闘の軌跡――廉想渉、張赫宙とその文学』勉誠出版、二〇〇八年、三〇二頁。
(30) 岡真里『彼女の「正しい」名前とは何か――第三世界フェミニズムの思想』岩波書店、二〇〇〇年、七二頁。
(31) 平和問題懇談会「講和問題についての平和問題談話会声明」『世界』第五一号、岩波書店、一九五〇年三月号。
小熊英二『〈民主〉と〈愛国〉――戦後日本のナショナリズムと公共性』新曜社、二〇〇二年、第一一章には、当時の全面講和論をめぐる対立的な構図が詳細に記されている。水溜真由美は木垣が「全面講和論という中立的な立場を「独立」という言葉を用いて語っている」ことに注目し、それが「一般に「中立」という言葉がイメージさせるような判断停止を意味するわけではない。それは、一つの明確な政治的な選択である」と指摘している（水溜真由美「第一章　朝鮮戦争　二〇世紀における政治と知識人――「広場の孤独」」『堀田善衛　乱世を生きる』ナカニシヤ出版、二〇一九年）。また竹内栄美子は「日本は誰の味方でもない」という言葉を「木垣の寄る辺ない「孤独」」と、堀田が捉えていた「アジアの孤児」というAA作家会議での日本の立場」に結びつけて分析している（竹内栄美子「堀田善衛『広場の孤独』の位置――一九五一年、アジア・アフリカ作家会議へ」『文芸研究』第一三七号、二〇一九年）。これらの議論は、本論で示した「朝鮮（人）なき朝鮮戦争」という枠組み、すなわち中国との戦争の記憶やアメリカの占領を前景化させ、植民地支配の記憶を後景に追いやるような「戦後」という枠組みと類似した構図をもっている。
(32) 張赫宙は、この経験を題材とする「脅迫」という短編小説を『新潮』の一九五三年三月号に発表する。この小説が、当時の日本語メディアにおける「暴力鮮人」言説と響きあう構図については、拙稿「占領・民族・検閲という遠近法――「朝鮮／韓国戦争」あるいは「分裂／分断」、記憶の承認をめぐって」紅野謙介・高榮蘭・鄭根埴・韓基亨・李惠鈴編『検閲の帝国――文化の統制と再生産』新曜社、二〇一四年の「3　横領される「分断」と「分裂」」で詳論した。
(33) 「広場の孤独と共通の広場」『近代文学』一九五二年五月号。

初出一覧

「出版帝国の戦争」というテーマに合わせて、流れのある本を作るために、大幅な加筆修正を施した。原型を留めていないものが多い。初出は以下の通りである。

・はじめに　「「不良分子」の指紋と「朝鮮人」の位置づけから――高野麻子著『指紋と近代』を手がかりに」『クァドランテ』東京外国語大学海外事情研究所、第二〇号、二〇一八年。

・第一章　「「平民」行商たちの情報戦――革命時代における日本語メディアの抗争」『JunCture 超域的日本文化研究』名古屋大学「アジアの中の日本文化」研究センター、第六号、二〇一五年三月。第一節は書き下ろし。

・第二章　第一節・三節・四節は「帝国日本の空間フレームと図書館――雑誌『朝鮮之図書館』」『日本文学』日本文学協会、第六五巻一一号、二〇一六年一一月。第二節は「移動する検閲空間と拡散する朝鮮語――一九二八年「三・一五」と一九二九年「四・一六」の間から」『Intelligence』20世紀メディア研究所、第一四号、二〇一四年三月。

・第三章　書き下ろし。

・第四章　第一節は「ポストコロニアリズム　翻訳という植民地」石川巧・飯田祐子・小平麻衣子・金

子明雄・日比嘉高編『文学研究の扉をひらく――基礎と発展』ひつじ書房、二〇二三年。第二節は書き下ろし。第三節は「拡張する検閲〈帝国〉と〈非合法〉商品――玄海灘に交錯する雑誌『戦旗』の読者網」鈴木登美・十重田裕一・堀ひかり・宗像和重編『検閲・メディア・文学』新曜社、二〇一二年。

・第五章「제국 일본의 출판시장과 전략적 〝비합법〟 상품의 자본화 경쟁」シンポジウム「近代検閲と東アジア」報告集、成均館大学東アジア学術院・人文韓国（HK）事業団、二〇一〇年。

・第六章「出版帝国の「戦争」――一九三〇年前後の改造社と山本実彦『満・鮮』から」岩波書店『文学』第一一巻二号、二〇一〇年三月。第三節は“The Concept of ‘Empire’ and the Russian Revolution Common Revolution: From the Crossroads of Transmission and Reception”, *CONCEPTS AND CONTEXTS IN EAST ASIA* 3, December 2014, Korea: Hallym Academy of Sciences.

・第七章「전선 보국과 내선 번역공동체」（翻訳：신현아）、金在湧編『동아시아 식민지문학 비교연구 중일전쟁 이후를 중심으로』소명출판、二〇二一年。

・第八章「非武装中立「日本」と「朝鮮戦争」物語――堀田善衛『広場の孤独』と張赫宙『嗚呼朝鮮』の磁場から」蘭信三・松田利彦・李洪章・原佑介・坂部晶子・八尾祥平編『帝国のはざまを生きる――交錯する国境、人の移動、アイデンティティ』みずき書林、二〇二二年。

・おわりに「歴史研究における死角地帯 シベリア抑留から植民地支配と冷戦の歴史をつなぐ――金孝淳著『朝鮮人シベリア抑留』」『週刊読書人』二〇二三年五月一二日。

おわりに

ナショナルな記憶の場において、過剰とも言えるほど特別な意味が与えられてきた言葉が、実は人々の想像力に死角を作る場合がある。例えば「シベリア抑留」もそうであった。金孝淳『朝鮮人シベリア抑留──私は日本軍・人民軍・国軍だった』（渡辺直紀訳、東京外国語大学出版会、二〇二三年）の書評を書く機会を得るまで、私はそれに気づかなかった。

この本の翻訳者である渡辺直紀は、著者の金孝淳と協議し、韓国版のタイトル『私は日本軍・人民軍・国軍だった──シベリア抑留者、日帝と分断と冷戦に踏み躙られた人たち』を『朝鮮人シベリア抑留──私は日本軍・人民軍・国軍だった』に変えて日本語版のタイトルにしたという。「シベリア抑留」をめぐる日本と韓国の認知度が明らかに違うからである。この本の推薦辞で中野敏男が指摘する通り、日本語空間において「シベリア抑留」は「広島・長崎」や「引揚げ」と並んで戦争により「日本人が被った「被害」を想起させる事実として」繰り返し召喚される。被爆者や引揚者、抑留体験者を日常の中で差別したり、その差別を黙認してきたマジョリティ（日本人）が、「日本」の戦争の記憶を語る際には、彼ら・彼女らと同等な被害者の位置に横滑りし、当事者（同じ日本人）になりすます。

それに対し、韓国ではシベリア抑留について、ほとんど語られてこなかった。この本の帯にあるように「韓国人のシベリア抑留は、いまだ基礎的な事実さえ明確でない」。すなわち抑留者に関わるあらゆる記録が調べられたり、整理されたりしてこなかったのである。それは「シベリア抑留者」が、当事者の生を危うくする危険な記号として機能したからである。日本では戦争被害として語られ、たくさんの資料が蓄積されてきた「シベリア抑留」が、韓国では歴史的な固有名としてすら成立していない。

上記の韓国語タイトルは「シベリア抑留」ではなく、「シベリア抑留者（시베리아 억류자）」である。韓国語タイトルは「シベリア抑留」という歴史的な出来事ではなく、日本軍から（朝鮮民主主義人民共和国の）人民軍、（韓国の）国軍へと、激しく二転三転する当事者たちの位置が、個人のレベルを遥かに超える形で、日本の植民地支配や朝鮮半島の分断と絡み合っていたことをあらわすところに重きが置かれている。

韓国が「敵性国家」と分類していたソ連と国交を樹立（一九九〇年）するまで、軍事独裁政権を支えるイデオロギーは「反共」であった。そのため韓国では関東軍に従軍し、共産主義国家・ソ連で抑留された後、朝鮮民主主義人民共和国を経由して、軍事境界線に突然現れた朝鮮人に、「アカ」の烙印が押される可能性が高かった。当事者たちが、「アカ」を厳しく取り締まる国家保安法や在日留学生に対するスパイ事件の捏造、「アカ」に対する冤罪が適用される社会で生き延びるために選んだ手段は「沈黙」である。しかも関東軍出身の大統領（朴正熙）や韓国軍の最高指揮官たちが権力の上層部に君臨しており、権力者自身の恥部を晒す過去は歴史化されないまま放置されたのである。日本の植民地支配責任を議論する場においても、朝鮮人抑留者は朝鮮人戦犯や朝鮮人特攻隊員よりも排除され、日本と韓国の歴史研究の死角地帯になっていた。

これまで、日本語で韓国人のシベリア抑留者の声に触れることができるのは、林えいだい『忘れられた朝鮮人皇軍兵士――シベリア脱走記』（梓書院、一九九五年）だけであったという。著者の金孝淳は、韓国人のシベリア抑留者にインタビューを重ね、『ハンギョレ新聞』などに連載してきた文章を再編集して、二〇〇九年にこの本を出版した。

『朝鮮人シベリア抑留――私は日本軍・人民軍・国軍だった』は歴史書である。日本語で書かれたシベリア抑留や植民地支配、日中戦争、第二次世界大戦に関する文献を精査し、日本の植民地支配から現代に至るまでの日本と朝鮮半島の関係史を、シベリア抑留に軸を置きながら書き直したのである。シベリア抑留者の声を切り取り、歴史のなかに再配置する手法をとっている。これは韓国人のシベリア抑留者の「生」が、植民地支配の歴史と冷戦史の大切な一部であることを明確にするための試みである。

著者・金孝淳のインタビューに応じた方を含め、この本に登場する方々は、日本語訳の刊行前に、全員亡くなっている。彼らが所持していた資料の行方も分からなくなったようである。韓国人のシベリア抑留をめぐる歴史が、韓国（語）から日本（語）へようやく辿り着いたというのに、生き証人たちによる「ナマ」の声を聞くことはできないのである。だとすれば、これを受け取る日本語の読者はどのように、この本との対話を繋いでいけば良いのだろうか。もはや当事者のいない、日本帝国の名の下で行われた戦争の記憶にどのように向き合えばよいのだろうか。

『出版帝国の戦争』を書き出す時にはあまり考えなかった事態である。

新たな議論の方法を模索しなければならない！

『出版帝国の戦争』の目次を見て驚いている方もいるかもしれない。プロレタリア・図書館・不逞鮮人・検閲・資本・植民地・翻訳・戦争など、誰もが意味くらいは知っていると考える言葉が各章のタイトルとして並んでいるからである。先述した通り、「シベリア抑留」という同じ出来事を経験したとしても、いま・ここの状況により、異なる意味づけがされたり、記憶自体が沈黙によって抹消の危機にさらされたりすることがある。そのため特定の言葉が日本語や朝鮮語、韓国語においてどのような磁場に置かれているのかを意識しなければならない。それと同時に、帝国崩壊以降の領土的、言語的な境界に囚われ、実際は民族・人種・ジェンダー・言語・階級を綺麗に線引きできないほど、複雑に交錯しながら作り出された近代の文化史の大切な断面を見落としてきた可能性も合わせて考えなければならない。「その言葉はよく知っている」という思い込みが死角を作るからである。本書はわたしがこれまで研究を進めるなかで頻繁に遭遇した言葉の捉え直しを通して、日本の近現代文化史に新たな問いを立てるための準備作業である。研究はこれからも続く。

日本大学文理学部に赴任した頃からコロナ禍で移動が難しくなるまで旅を続けてきた。旅先では専門が異なる研究者たちとの出会いも多く、刺激的な学びを得たことをありがたく思っている。ここでは謝辞として本書の執筆過程で直接お世話になった方々のお名前をあげるのみにとどめる。

二〇〇〇年代半ばから出版や検閲に関する研究を本格的に行っている。本書では日清・日露戦争から朝鮮戦争の間に朝鮮語と日本語で刊行された新聞や雑誌、検閲資料を調査対象とした。コロナにより多くの図書館が休館に入ったり、外部の人を入れなかったり、人数制限を行なっていた時期に資料を調べ直さなければならなかった。雑誌や新聞資料は基本的に貸し出し禁止である。しかし、二〇二〇年から二年間は多くの図書館が快く資料を送ってくださった。日大文理学部図書館のみなさまは貸し出しが可能な図書館を見つけ、より良い条件で閲覧ができるように交渉をしてくださった。早稲田大学には朝鮮関連の資料が多く所蔵されている。大切な研究仲間でもある鳥羽耕史さんのおかげで早稲田大学の資料が利用できた。

このテーマに本格的に取り組むきっかけとなったのは、五味渕典嗣さんに誘われて慶応義塾大学三田メディアセンターに寄贈された改造社関係資料の整理・調査に参加したことであった。本書第六章の原型となる論文はこの時期の調査の成果である。その五味渕さん、Edward Mack さん、千政煥さんとは毎年研究旅行をしながら研究の視野を広げてきた。お互いの研究に対する信頼があったからこそ、旅を続けてこられたと思う。また紅野謙介先生や鄭根埴さん、韓基亨さん、李恵鈴さんとは五年にわたって、多くの研究者を巻き込みながら検閲に関する共同研究を行なった。その成果は『検閲の帝国』というタイトルで日本語と韓国語で出版し、話題になった。移動を伴う研究活動に日程調整をしながら積極的に協力してくださった日韓の研究者や出版関係者に御礼を申し上げたい。特に吉田裕さん、木村理恵子さんのおかげで岩波書店の隔月刊雑誌『文学』の二〇一〇年三・四月号に「日韓トランスナショナル」という特集を組むことが出来た。現在至るまでの韓国の研究者との信頼関係はここからスタートしており、二人には心から感謝している。

ジェンダー・クィア研究会、TPW（Trans Pacific Workshop）、東アジア文学を読む会でご一緒した皆さんとの対話を通して多くのことを学んだ。金子明雄先生、成田龍一さん、岩崎稔さん、坪井秀人さん、渡辺直紀さん、Setsu Shigematsu さん、Davinder L. Bhowmik さん、平野克弥さん、小田原琳さん、川口隆

行さん、Maja Vodopivecさん、小平麻衣子さん、久米依子さん、武内佳代さん、堀井一摩さん、村上陽子さん、金景彩さん、呉世宗さん、友常勉さん、李静和さん、黄鎬德さん、金美晶さん、林泰勳さん、孫知延さん、金在湧さんとは国際会議を一緒に企画したり、本を一緒に作ったり、調査旅行を共にしながら、様々な議論を重ねてきた。本書を書く過程でたくさんの刺激を与えてくださった大切な友人たちである。また韓国で歴史書を作り続ける푸른역사社の박혜숙さんもその一人である。本書の韓国語版の刊行も勧めてくださっている。

二〇一八年はサバティカルの年であった。ワシントン大学・ライデン大学・シカゴ大学を拠点としながら、その周辺地域やアジア圏、日本国内を歩き続けた。主に戦争や紛争の記憶が深く刻まれている場所を回っており、その過程で多くの友人・知人たちの助けを得た。本書のテーマでもある知の移動に関する考えを深めるための時間となった。

二〇一九年一月からシカゴ大学に滞在し研究を始めた矢先に病気を発症した。Michael K. Bourdaghsさん、Norma Fieldさん、Kyeong-Hee Choiさんにはご心配をおかけした。Michaelさんは、シカゴ大学での研究が円滑に進むように様々な配慮をして迎えてくださった。しかし、すぐ帰国することになったのに、後片付けまで手伝ってくださった。Normaさんは車で病院まで運んでくださった。Kyeong-Heeは歩行困難であったわたしを病院に連れて行ったり食事の世話をしてくれた。わたしが回復するまで彼女からは毎日のように温かいメッセージが届いた。アメリカでは専門医に会うのは難しいし、わたしが持っている保険では適切な治療を受けることはできない。Samuel Chunと彼の同僚の脳外科医は、至急東京に戻ることをアドバイスしてくれた。二人とも、わたしが東京の自宅にたどり着いたことを確認するまで、携帯を通してメッセージのやり取りを続けてくれた。心強かった。今もSamuel、Sarah Suh、Jiyoung Suh、David Suhの深い愛に支えられている。また職場の同僚たちにも学務の面においてご配慮をいただいたことを今も感謝している。この年、わたしのゼミ生が無事に卒業できたのは代講を引き受けてくださった逆井聡人さんと金ヨンロンさんのおかげである。二人ともありがとうございました。

東京女子医科大学病院の川俣貴一先生と堀場綾子先生に感謝したい。眠気で意識はもうろうとしていたが手術当日の夜、ICUでうかがった川俣先生の質問から患者に対する深い思いやりを感じた。常に患者の体調や都合を最優先してくださることに頭の下がる思いである。堀場先生はとても忍耐強く、こちらが納得するまで丁寧に説明をしてくださる。わたしが前向きでいられるのは堀場先生のおかげである。信頼できる二人の先生に守られて、思いっきり研究に専念できる今がとても幸せである。

今年で、東京暮らしも三〇年目を迎える。交換留学生として来日したので、一年滞在の予定であった。体調不良であったのに手術前の説明に毎回同行してくれた中谷いずみ、入院期間中に遊んでくれた内藤千珠子、金ウネ、高義善、姜みんよんの支えがなければ、長い外国暮らしを続けることはできなかったと思う。いつも感謝している。

この本は奥田のぞみさんとの出会いがなければ世に出ることはなかった。本書は帝国日本の近代的な出版システムを作り上げた多くの編集者たちの記録を参照しながら書いたものである。少し長くなるが、ここにもう一人の素敵な編集者のことを書き加えておきたい。奥田さんとはじめてお話した日のことはなぜか今も鮮明に覚えている。それは二〇一六年一一月一九日、わたしが主催した、権赫泰『平和なき「平和主義」——戦後日本の思想と運動』（鄭栄桓訳、法政大学出版局、二〇一六年）の書評会であった。

その本も奥田さんが編集したものである。この日の懇親会で、わたしは奥田さんに、本書の第五章の原型となる非合法出版物の移動について熱く語った。そして二〇一七年七月一日のシンポジウム「日米地位協定から見える沖縄・日本・世界」に登壇した日に再会した。それから四か月後わたしの研究室に来てくださった。単行本の話はここからスタートした。自分でも理由はわからないのだが、入院中に全体の内容を大幅に変えることを決めていた。しかしなかなか書き進まない。奥田さんにお願いし、一章ずつお送りすることにした。「はじめに」から順番に書く方法をとり、一章ずつお送りし、大まかな流れを確認していただいた。その都度かなり具体的なコメントが帰ってきた。単著の下書きを最後まで書き上げたあと、いただいたコメントを生かす形で修正したものを、一章ずつ再度お送りした。奥田さんから送られた添付ファイルをあけて驚いた。これまで経験したことのないほど細かいコメントや質問、修正案などが届いたからである。それに応答したあと、もう終わったのだとほっとしていたら図版・表・注釈までも含める形で多くの質問が続いた。初校が楽だったかと言えばそうでもない。奥田さんからは、文章のレベルだけではなく、単語のレベルでも責任をもって書かなければならないことを教えていただいた。ここまで徹底に「職業人としての編集者」を生きる方に出会ったことはない。この幸運に感謝したい。多分、奥田さんが生涯を通して作れる本の数には限りがあると思う。その一冊に並ぶことができたことは、私にとって大きな誇りである。人間的にも非常に思いやりのある方で、病気のあと本を書くことに前向きになるまで励ましの言葉をかけ続けてくださった。われわれは長い時間をかけて対話を続けており、奥田さんと交したたくさんのメールはわたしの宝物である。奥田さん、ありがとうございました。

コロナ禍のあいだ、一人暮らしの母ががんの手術を受けていたのに戻れなかった。コロナ対応で韓国と日本、両国とも入国者の隔離政策をとっていたし、日本政府が永住権者であっても入国禁止にする可能性があると思ったからである。母は徹底して自己管理をする人で、弱みを一切見せない。少しは弱みを見せてもいいのにといつも思うのだが、人に甘えることができないようである。その彼女からたくさんのことを学んできた。日本の植民地時代にマサコ（正子）と名付けられ、独立後はジョンザ（正子）として生きてきた母・李正子に新しい本を届けることができる。それが嬉しい。

二〇二四年四月

高榮蘭

＊本書はＪＳＰＳ科研費（18K00294・21K00271・23KK0006）の成果である。

著者

高 榮蘭（こう・よんらん）
韓国光州広域市生まれ。2003 年日本大学大学院文学研究科博士後期課程修了。博士（文学）。
現在，日本大学文理学部教授。近現代日本語文学，翻訳，ポストコロニアル文学研究。
主な著書に『戦後というイデオロギー 歴史／記憶／文化』（藤原書店，2010 年；韓国語版は김미정訳，현실문화，2013 年），共編著に『検閲の帝国 文化の統制と再生産』（新曜社，2014 年；韓国語版は푸른역사，2016 年），論文に「文学の路上を生きる――在留資格から考える「日本語文学」という落とし穴」（『日本近代文学』第 105 集，2021 年），「レイプの位相と男性セクシュアリティ――大島渚『絞死刑』と大城立裕『カクテル・パーティー』のあいだから」（坪井秀人編『戦後日本の傷跡』臨川書店，2022 年）など。

サピエンティア　73
出版帝国の戦争
不逞なものたちの文化史

2024 年 6 月 1 日　初版第 1 刷発行

著　者　高 榮蘭
発行所　一般財団法人 法政大学出版局
〒102-0071　東京都千代田区富士見 2-17-1
電話 03（5214）5540 ／振替 00160-6-95814

組版　村田真澄／印刷　平文社／製本　積信堂
装幀　奥定泰之

ISBN 978-4-588-60373-0　　Printed in Japan

人名索引

あ　行

さ 行

た　行

な　行

は　行

ま　行

や　行

ら　行

わ　行

事項索引

あ　行

か　行

さ 行

た 行

な　行

は　行

ま 行

や 行

ら 行